让档案活起来 亮起来

杨冬权——著

中国文史出版社
CHINA CULTURAL AND HISTORICAL PRESS

图书在版编目（CIP）数据

让档案活起来、亮起来 / 杨冬权著. —北京：中国文史出版社，2018.3
（政协委员文库）
ISBN 978-7-5205-0067-8

Ⅰ. ①让… Ⅱ. ①杨… Ⅲ. ①档案工作—中国—文集Ⅳ. ① G279.2-53

中国版本图书馆 CIP 数据核字（2018）第 014539 号

责任编辑：戴小璇

出版发行：**中国文史出版社**
网　　址：www.chinawenshi.net
社　　址：北京市海淀区西八里庄 69 号　邮编：100142
电　　话：010—81136606　81136602　81136603（发行部）
传　　真：010—81136655
印　　装：廊坊市海涛印刷有限公司
经　　销：全国新华书店
开　　本：787×1092　1/16
印　　张：26.25
字　　数：428 千字
版　　次：2018 年 3 月北京第 1 版
印　　次：2022 年 6 月第 2 次印刷
定　　价：75.00 元

目録

辑一　档案史与档案内容研究

辑二　档案工作理论研究

辑一

档案史与档案内容研究

亚洲档案学的发展

在人类社会进入2000年的时候，国际档案理事会和国际档案界恰当地关注亚洲地区的档案学是很有必要的。因为亚洲是人类文明的重要发源地，世界历史上最初的四大古文明区域有三个在今天的亚洲。同样，亚洲也是人类档案工作的重要发源地，而自觉地建立、管理并利用档案是人类文明的一个显著标志，是人类进步的革命性因素。今天世界上发现的最早档案残存和最古老档案遗迹是在亚洲，世界上唯一有着延续三千多年档案工作传统的国家是在亚洲。无论是古代还是当代，亚洲都出现过世界档案史上的许多第一和惊人成就。因此，亚洲地区档案学有着悠久的历史、丰富的实践和重要的成果，它们不仅照亮过世界档案工作的历史，而且也正辉耀在国际档案事业的今天。亚洲地区档案学同欧美地区的档案学以及其他地区的档案学一样，值得我们重视、继承、发掘、研究，并进一步发扬光大，它们共同对保存人类集体记忆，积累世界文化遗产，促进全球文明进步起着重要作用。

在本文中，我不得不较多地提到中国。这是因为：

第一，中国的档案学成就在亚洲最大，最能代表亚洲的水平。无论是古是今，中国的档案工作都是世界上的典型之一。这不仅是我一个人的感觉，而且是许多了解中国档案工作的人的共同感觉。四年前，当第十三届国际档案大会在我国召开的时候，我陪同一批外国档案工作者参观我所在的中央档案馆。参观结束后，一位瑞典的同行真情地对我说：未到中国之前，我以为档案工作的典型在欧洲；到了中国之后，我感到档案工作的典型在中国。他的话我想是真诚和客观的，并不是出于对主人的恭维。

第二，中国在亚洲地域最广，人口最多，并处于中央。当我们把一幅亚洲地图横着对折、竖着对折或斜着对折时，其对称线都经过中国，其交叉点也落在中国。作为亚洲的中心，中国不仅是东亚地区的一个重要国家，而且还独一无二地分别与东亚地区以外的东南亚、南亚、中亚等各地区都相接壤。因此，中国的档案学与亚洲各地区的档案学交互影响，最能体现亚洲地区档案学的特点。

一、西亚地区出现的人类档案工作第一缕曙光

近现代考古成果表明，世界上至今发现的最早的档案、最古老的档案保存场所、最初的档案工作者都诞生于西亚地区，人类档案工作的第一缕曙光是在亚洲出现的。

大约在4000年以前，当世界上许多地区的人们还在摸索创造文字、更不知道以文字书写的档案为何物的时候，在幼发拉底河和底格里斯河两河流域，已经产生了大量的文字档案。它们以楔形文字刻写在泥板上，保存在当时的神庙或王宫里。在苏美尔的基什、拉格什、乌尔、乌鲁克、乌玛、拉尔萨、埃勃拉等城邦，都发现了4000多年前的泥板档案库，其中的大批泥板档案都分类排放，井然有序。在属于4400多年前的埃勃拉王宫档案中，每块泥板档案的边缘都刻有内容提要，还有分类标记。在倍洛斯神庙遗址，还发现了一座4100多年前约有80间库房的档案图书馆。这些泥板档案和泥板档案库，都是目前世界上所知的最古老文字档案和最古老档案保存场所。泥板档案被有序地分类排放，则是世界上档案管理的最古老遗迹。在一些神庙档案图书馆中，还附设有祭司学校，专门培养文书拟写、管理等的祭司和书吏。他们中的一部分就是世界上最早出现的档案人员。两河流域最早出现的档案、档案库、档案人员、档案管理这些档案学赖以建立的基础，是人类保存集体记忆、传播文明种子的起点，开启了人类档案工作的洪荒，为人类文明的进步和发展带来了新的革命性因素。

二、中国古代深厚的档案学土壤和档案学思想的萌芽

中国是世界四大文明古国之一，至今已有5000年以上的文明史，有据可查的档案工作历史就有3000多年，而且持续绵延，不曾中断，这在世界上是独一无二的。这期间，中国档案工作在很多方面都有着杰出的建树，在亚洲和世

界档案史上长期保持着先进的水平，形成了朴素档案学思想赖以滋生和萌芽的深厚土壤。

第一，绵延3000多年的档案工作历史。100多年前，中国在商王朝的都城遗址发现了刻写在龟甲和兽骨上的档案。它们形成于公元前13世纪以前，内容主要是商王朝占卜活动的记录。甲骨档案大多存放在商王宗庙或陵墓区的地下窖穴中，其中有一个窖穴集中存放了17000多片龟甲。甲骨在窖穴中有的按朝代集中排列，有的按龟甲和兽骨而分别保管，有的甚至全年的甲骨卜辞都完整地保存下来，还有把几片甲骨穿上洞眼编在一起的。它们说明当时这些档案是经过档案人员加工整理有意识地集中有序保存的，证明早在3300多年前，中国就已经有了档案工作。以后的各个朝代，都继承了注意保存档案的优良传统，不断地提高档案管理水平。

第二，影响深远的档案副本制度。公元前11世纪建立的周王朝，对许多重要档案都要求录写副本，分别保存于不同的机关。这种为档案建立多套副本并在多处保存的制度，既便于档案的安全保管，又便于档案的多方面利用，以后历代都沿袭这一做法。3000多年前的这一古老制度，至今仍有旺盛生命力，以新的形式得到广泛运用。

第三，具有特色的“石室金匮”保存档案方法。以石头建造档案库房，用金属箱柜盛放档案，在中国有着两三千年的传统，公元前1世纪的伟大史学家司马迁称之为“石室金匮”。石室金匮，既坚固，又可防火，利于档案长久保存，表明了中国在保证档案安全方面的智慧和技术。在我国的首都，现仍完好存在着一座16世纪建造的皇家档案库，叫皇史宬。它全部用石头砌建，墙厚达6.14米，室内地面高出地基1.42米，上面放置着铜皮木柜，柜内盛放皇帝的最重要档案。它不但可以防火，而且可以自然地、较稳定地保持室内温度和湿度。皇史宬以其设计巧妙、功能完美和风格独特而成为中国古代石室金匮保存档案方式的典型。这座建于世界工业革命前夕的档案建筑，树立了人类成功利用自然条件长久地保护档案的范例，达到了农业社会人类利用自然条件保护档案所能达到的最高水平，是工业文明出现以前人类遗留下来的最好档案建筑之一，它可以作为古代档案文化的一种象征而在世界档案史上永放光芒，它所包含的丰富档案保护技术原理仿佛一部不朽的档案学著作，对于今天以至明天的档案保护都具有良好的启示和借鉴作用。

第四，世界上最早的全国档案保管机构网络。在上一个千年之交，中国的宋朝建立了当时世界上最庞大的档案保管机构网络：995年，皇帝下令各州、县设立收藏本地区赋税档案的档案库，从而在全国一千多个地方政权机构普遍建立了档案馆。同时，在中央机关，995年、996年，三司和六部先后设立档案保管机构——架阁库，以后，其他中央机关也陆续设立架阁库。998年，宋真宗又建立了一座皇帝档案图书馆，叫龙图阁，专门收藏他的前两任皇帝的档案、图书、礼品等。以后，每位新皇帝都照例为其前任皇帝建立一座这样的机构。到13世纪70年代宋朝灭亡，一共建立了13座皇帝档案图书馆。这已经很类似今天一些国家每位总统都建立总统图书馆的做法了。1005年，宋朝又建立了具有中央档案馆性质的金耀门文书库。当时规定，各中央机关的档案，在职能部门保存两年后，集中送本机关的架阁库保存；八年后，再集中送到金耀门文书库保存。因此，金耀门文书库是一个集中保存各个中央机关档案的中央档案馆，各机关的架阁库则是专门保存本机关档案的机关档案室。宋朝建立的从中央到地方县级政权机关的各级档案保管机构的庞大网络，在中国一直延续存在了约一千年。这一全国档案保管机构网络的建立之早、规模之大和延续时间之长，不仅在亚洲，在世界上也是独一无二的。

在中国历代众多的档案保管机构中，规模最大的是始建于14世纪集中收藏全国赋役档案的明朝的后湖黄册库，它建造在湖心岛屿上，全盛时共有库房700多间，建筑面积约2万平方米，收藏黄册170多万册，是当时世界上罕有其比的大型档案馆。

第五，较早设立的专职档案人员。从周朝（约公元前11世纪至公元前771年）起，大的档案机构中就设有专职的档案人员。周朝的中央档案馆——天府中，设有上士、中士、府、史、胥、徒等不同职掌的档案管理人员，各中央机关中的不同种类档案，也分别有专人收藏。以后各代也基本如此。特别是在宋代和元代，各级档案保管机构都叫架阁库，架阁库的官员都叫“主管某架阁文字”，因此“架阁”也便成为社会上人们对档案人员的专门称谓。这说明档案工作这一专门行业和档案人员这个专业角色已得到社会的承认。

第六，比较系统的档案工作法令和严密的档案管理制度。在周代的国家行政法规中，有很多关于档案工作机构、人员及其职责的规定。在2000多年前的秦国法律中，有关于档案库房防火、禁止档案人员出卖档案等内容。唐代除在《大唐律例》中对文书立卷归档、档案汇交保存、档案鉴定销毁、丢失档案的处罚等作了规定外，还制定了专门的《诸司应送史馆事例》，对全国各主要机关应向史馆报送档案的项目、办法等作了明确规定。宋代的法令中有不少档案工作的内容。编纂于800年前的法律汇编《庆元条法事类》中把档案专门列为一类，共辑录了关于档案工作的23条法令。在元、明、清三朝的法律中，也都有关于档案工作的内容。通过这些法令，中国建立了严密的档案管理制度。其中，对现代档案学最有启示的是实行于7—10世纪唐代的档案鉴定销毁制度。唐代法令规定：凡失去现行价值、无须长久保留的文书，每三年“拣除”，即鉴定销毁一次。鉴定的标准和销毁的办法是：凡皇帝的命令、官员的上奏、官吏任免考察的材料，有关人民婚姻、身份、财产的文书等，应长久保留；其余文书，每年一次挑选出来，三年集中销毁，但销毁前要逐一登记下目录。10—13世纪的宋代基本沿用这一制度，只不过将无须长久保留的文书定为保存10年以后再每三年鉴定挑选一次，申报有关部门派人复查，然后再销毁。复查时如发现有属于长久保留的档案，仍要移交到档案库去。这就比唐代更加谨慎、严密了。

第七，丰富的档案编纂实践和理论。中国每个朝代都注意将档案分门别类编纂成册，以便于人们使用。2000多年前的著名思想家孔子就运用上古遗留下来的档案文献，编纂了《尚书》这部中国古老的政治和文化典籍。他在丰富的文献编纂实践中总结提出的“述而不作”“多闻阙疑”，忠于档案原文而不妄加校改的思想，成为后世档案编纂理论的基石。从汉朝开始，几乎每个皇帝都设立专门的机构和人员，根据朝廷档案编写皇帝的起居注、实录、诏令汇编和本朝的法律、制度汇集，每个朝代都形成了丰富的档案文献编纂成果以及根据这些成果总结出来的档案文献编纂理论。

以上所举这些中国档案工作的杰出建树，不仅本身包含着可供总结和挖掘的档案学理论、原则、技术和方法，而且为产生朴素的档案学思想形成了土壤和环境。因而中国古代也形成了一些档案学思想的萌芽。例如：

公元前4世纪，商鞅提出过把法令副本在国王殿中建立禁室锁上封好，严禁有人偷看或篡改的档案保密思想。

2世纪，应劭提出过编纂档案文献是治国的头等大事，可以使官员明辨是非、赏罚得宜并永久为后人参考的观点，论述了档案文献编纂的重要性。

5世纪虞玩之和6世纪沈约，对当时的文书作伪现象进行了深刻揭露，并提出过用过去档案校对今日文书以纠正文书作伪的档案防伪与辨伪思想。

11世纪，韩琦、韩缜父子提出过关于治理国家应以档案为急务、为根本的关于档案重要性的思想。

11世纪末，杨天惠提出：档案文书是由政府处理事务所形成的，其数量因形成者事务的繁多而相应增长，从而揭示了档案形成和积累的规律。同时，他还提出了档案"数量多而容易散失、时间久则必然消亡"的观点，揭示出档案的致命弱点；提出了档案散失不仅会使国家的钱粮被侵吞，而且会导致国家的法令制度松弛，建造库房收藏档案是为维护国家法令制度所作的万年大计的观点，进一步提高了人们对档案作用的认识。

12世纪，李大异提出过自古以来档案对国家非常重要，被人们视为重宝，档案可以让人们考察事物的过去和现在，并找出其发展的根本规律；档案工作若缓而急的思想。

14世纪，归旸提出过档案与国家政治相关甚紧，不可忽视，整理编纂档案绝不仅仅是整理故纸，而是可以辅佐治国的认识。

15世纪，何乔新提出了档案保管对政治的帮助很大，档案库的建造所关系的责任很重的观点。

16世纪，丘浚提出过档案可使"今世赖之以知古，后世赖之以知今"的著名看法，对档案的作用有了深刻认识。

18世纪，章学诚提出了档案是史书和文章的来源，是行政事务的凭借的认识；提出了档案是编写地方志书的主要依据，应在州县设立志科这一机构以收集档案、准备资料的建议；提出了档案应该录写副本、别处保存的认识；提出了对档案应该专门建立防水防火、锁钥森严的档案库房，按照形成的机关以及时间顺序分类保存的思想，提出了档案编纂要忠实于档案的思想。

中国古代档案工作实践中体现的一系列档案学理论、原则、技术、方法和朴素的档案学思想，在亚洲以至世界档案历史上曾经长时间放射着耀眼的光芒，是亚洲地区档案学宝库中的一份珍贵遗产，也是近现代亚洲地区档案学理论的重要来源之一。它作为亚洲地区档案学建立的基石和发展的基础，对亚洲地区档案学的形成有着不可缺少的滋补和借鉴作用。我们今天研究和探讨亚洲地区档案学，应理所当然地总结和继承这份历史遗产，用昔日人类档案工作的智慧之光，照亮今天档案工作在信息时代的探索之路，使我们站在前人的肩膀上，站得更高，看得更远，想得更深，干得更好！

三、西风东渐后亚洲地区档案学的形成

日本从1868年明治维新后，开始学习西方的档案工作制度，翻译了《法国档案馆》《德国档案馆》等档案学参考文献，西方档案学随着其他西方知识一起传到了亚洲。以明治维新为代表，亚洲国家逐渐开始向西方学习，从国家体制等方面进行了变革，因而档案工作也发生了相应的变革。例如，建立了具有近代意义的档案管理机构，采用了具有近代意义的档案管理方法，档案利用不断扩大等。档案工作实践的这些变化，推动了档案工作者对档案工作理论的研究和探讨，档案工作逐步摆脱其他工作的附庸地位而渐渐成为一门专业，档案学也逐步吸收其他学科的营养，并从其他学科分离出来而独立成为一门学科。在总结数千年亚洲档案工作传统经验并吸收百余年西方档案学新理论的基础上，亚洲地区的档案学终于在20世纪30—40年代形成起来。它有以下主要标志。

（一）档案专业教育的开展

亚洲的档案专业教育最早是在中国开办的。1934年年底，武昌文华图书专科学校开设了档案管理课程。1940年又设立了档案管理专科班，学制两年。开设的课程有：档案经营法、档案行政、档案通论、档案分类、档案编目、西洋档案史、检字法、目录学、人事档案管理等。从这些课程来看，中国档案界在档案分类、编目、管理以及对档案、档案工作行政组织等方面已有了系统的认识，对欧美档案学也有了研究和介绍。1946年，档案管理专家殷钟麒又在重庆开办了崇实档案学校，内设文书处理和档案管理两个科，两科各设高级和初级班，教授文书处理概论、档案处理概论、公文程式、检字法等课程。

1943年，印度国家档案馆在新德里创办了一所档案学院，学制2年，讲授档案学、史料学、图书馆学等课程。

此外，法国殖民政府1931年年初在越南河内开办过培养印度支那档案图书人员的训练班，由法国的档案专家讲授档案分类和文书收发等课程，开了亚洲地区档案人员职业培训的先河。

（二）档案学论著的产生

亚洲第一本档案学著作是日本学者渊时智于1931年出版的《文书整理法理论与实践》。作者20世纪20年代从美国回国，深受当时欧美文书整理方法的影响，回国后为改变日本公私行政机关的落后现象，使日本的文书管理科学化，因而把欧美的文书管理方法引进日本。他认为，文书档案是否进行了合理的整理、保管和利用，不单纯是事务管理的问题，而应看作国民效率的问题。全书共分20章，介绍了文书整理法的发展，文书整理的专门用语，文书整理部门的地位与任务，文书整理的必需用品，各种整理方法及其选定，主题整理和分类原则，档案人员的选择、培训与管理，文书的出借、移交与销毁办法等。这本最早把欧美档案学引入亚洲的日本档案学专著，1943年被译成中文介绍到中国来，进一步影响了中国档案学的形成。

1935年，中国档案工作者周连宽著的《县政府档案处理法》一书出版，这部专门研究县级机关档案管理方法的论著，是中国档案学著作的发端之作，书中创造的“档案纲目分类法”，被很多机关所采用。1936年，程长源又编著出版了《县政府档案管理法》一书，详细介绍了十进分类法在档案分类中的应用。1938年，何鲁成编著了《档案管理与整理》一书，阐述了档案定义、功用及研究方法等档案学的一般理论、观点，对集中制、分司制、集中分司制、分司集中制四种档案管理方法进行了比较研究，提出了档案机构应为行政之枢纽，“档案管理应有独立组织”，并以档案管理各程序为分工原则等观点，论述了文书点收、分类、编目、归卷、调卷、庋藏等各个工作环节的功用、现状及改革方法，构建了较为完整的机关档案管理理论体系，集中反映了中国行政效率运动时期文书改革的成果。之后，又相继有龙兆佛《档案管理法》（1940年）、蔡天石《县政府档案管理》（1940年）、秦翰才《档案科学管理法》（1942年）、周连宽《档案管理法》（1946年）、陈国琛《文书之简化与管理》（1946年）、黄彝仲《档案管理理论与实际》（1947年）、傅振伦《公文档案管理法》（1947年）、殷仲麒《中国档案管理新论》（1949年）等档案学著作出版。这些著作，论及档案的定义、性质、种类、作用等档案学一般概念和档案工作环节划分，档案分类、编目，档案鉴定，档案保管期限，档案行政组织，档案人员选拔等问题。尤其值得重视的是，有些著作中总结和介绍的“文书档案连锁法”，将现行文件和非现行文件在两个阶段的管理活动联系和贯通起来，有利于对档案从开始形成便得到有效控制和管理，对于今天在信息时代运用电子计算机实行文件、档案一体化管理仍然具有借鉴意义和启示作用。而且，这些著作对档案分类作了深入的探讨，并提出了各自的不同于欧美档案分类法的档案分类方法、原则等，丰富和深化了亚洲以及世界档案学中的分类理论，为促进档案学的发展作出了贡献。此外，一些著作还分别运用了“档案学”“档案馆学”的术语，标志着酝酿已久的档案学终于从档案专业人员的口中呼唤出来。

在东南亚，1934年，越南出版了印度支那总督府档案图书管理局编辑的《档案人员手册》。

（三）档案专业期刊的创办

中国在1934年创办了《行政效率》杂志，它虽然不是档案专业的专门期刊，却把发表档案学论文作为其重要内容，刊登了一批机关档案管理的调查报告和档案工作方面的论文与规章制度，为档案工作者进行业务交流提供了园地。1935年，专门收藏明清历史档案的故宫博物院文献馆又出版了馆刊《文献特刊》，刊载了一批有分量、有影响的关于明清历史档案分类、整理、编目等方面的工作报告和介绍外国档案馆、论述档案馆与现代历史学的关系等方面的文章。1944年和1945年，该馆又出版了两期《文献专刊》，刊载研究和介绍档案的论文。在20世纪30年代和40年代，由这些刊物和其他刊物发表的档案学论文、报告共有几十篇之多。这些论文分别从现行档案管理和历史档案整理两个不同侧面，论述了档案对于行政管理和学术研究的两方面价值与作用，表明了诞生初期的中国档案学是带着行政学与历史学的脐带而走出母体的。

1947年，印度国家档案馆创办了半年刊《印度档案》，它除刊载档案学理论与实践方面的文章外，也报道一些其他国家的档案活动，并较多地注意热带和亚热带地区的档案保护问题。这是亚洲最早定期出版的档案学专门刊物。

（四）开始进行对档案史的研究

随着档案教育的开展和档案学研究的深入，档案史的研究也开始进入档案工作者的视野，在中国和印度的档案学著作和论文中，都有关于档案史的内容。中国在最初开办档案教育时，就开设了西洋档案史的课程。1949年出版的殷钟麒《中国档案管理新论》一书中，用了若干篇幅专门叙述中国档案的历史，并介绍欧美国家的档案史。

四、最近50年亚洲地区档案学突飞猛进的发展

第二次世界大战后，亚洲许多国家摆脱殖民主义统治，纷纷获得独立，致力于本国经济与文化的发展，档案工作受到各国政府的重视而较快地建立和发展起来，特别是1949年中华人民共和国成立后，逐步建立起具有世界先进水平的有中国特色的档案事业体系；1948年国际档案理事会成立后，开展了一系列国际性和地区性档案工作交流与合作，并对亚洲各国档案工作给予了一定的指导，为亚洲地区档案工作带来了新的动力；近几十年悄然兴起、今天已在世界范围内引起一系列社会变革的信息革命，给各国档案工作带来了新的课题和新的挑战，使档案学内容产生了一系列变化。所有这些，都促使亚洲地区档案学在最近50年得到突飞猛进的发展，达到了在当今国际档案界整体上比较先进、某些方面有所领先的水平。

（一）档案学的研究条件有了很大的发展

第一，档案专业教育不断发展，档案人员的专业水平不断提高。以中国为代表的亚洲档案教育在最近50年间蓬勃发展，后来居上，在世界上取得先进地位。1952年中国在中国人民大学开办了档案专修班，并设立了档案学教研室，1955年又正式建立了历史档案系，学制四年，开设20多门课程。该系1985年改建为档案学院。1979年以后，中国档案教育迅速发展，很快形成了世界上规模最大、形式最多、层次最全、覆盖最广的档案教育体系。20世纪80年代末，全国共有41所普通高等学校开设大专以上的档案教育，70多所普通中学设立了档案中等专业，并有4所档案中专学校。目前，全国仍有20多所普通高等学校和十几所中等学校开办档案专业教育。这些学校共有教授、副教授200多人。培养的学生，既有中专和大学专科学生，又有具有学士、硕士和博士学位的本科生和研究生。其中，档案学专业的博士教育在当今世界上是颇为罕见的。这些学校开设的专业课程，不但包括当代档案学的所有新兴领域和新兴学科，而且涉及档案学的许多相近领域和相关学科。此外，中国还开办了档案专业高等电视教育、函授教育和自学考试等远程教育。

同档案学历教育一样，中国的档案在职教育也非常发达。从1988年起，国家档案局设立“档案干部教育中心”，每年培训上千名各级档案部门的领导

干部。之后，许多省也相继成立了培训本地区档案工作者的在职教育机构。这种系统的档案在职教育专门机构，在世界上是少有的。

亚洲其他国家，在最近50年中也纷纷开办了档案专业教育。如越南在河内大学设立了档案专业，在河内市和胡志明市设立档案培训中专学校。朝鲜先后在金日成大学和平壤师范大学开设了学制五年的档案专业教育。20世纪70年代，在伊拉克的首都巴格达开创了阿拉伯档案学院。1988年、1989年土耳其先后在三所大学设立了档案专业。1992年，伊朗成立国家档案组织学院。1993年，乌兹别克斯坦共和国在塔什干国家大学历史系开始进行档案专业教育，学制为5年。1994年，印度尼西亚大学文学院也开始了有学位的档案专业教育。此外，许多国家还先后举办了各种形式的档案专业人员培训。正是这些档案专业教育和培训的广泛开展，才带来亚洲地区档案学的不断繁荣。

第二，档案学术阵地不断扩大。首先是档案专业期刊更加普及。在中国，1951年创办了《材料工作通讯》，现名为《中国档案》，是国家档案局主办的对全国档案工作进行业务指导的月刊，发行量4万多份，高峰时曾达10万余份。主要栏目有：档案事业管理、法规与标准、机关档案工作、企业档案工作、科技档案工作、档案馆工作、档案学研究、国际档案界、档案与社会、档案宣传工作、档案保护技术、计算机技术应用等。至今，该刊已出刊320多期，发表各种文章近万篇。1978年以后，中国的档案专业期刊又不断增多，公开发行的曾达70多种。其主办者有档案行政管理部门，有档案馆，有高等档案专业教育机构，有群众性档案学术团体；其种类有综合档案业务指导期刊和专业档案业务指导期刊，有档案学术研究期刊，有档案史料期刊，有档案学文摘期刊。它们每年发表档案学术论文3000多篇。其中，1982年开始公开发行的《档案学通讯》和1987年创刊的《档案学研究》杂志，都是专门发表档案学术研究论文的重要阵地。中国档案专业期刊的数量之多、种类之全和每年发表的论文之多，不但创亚洲各国之最，而且创世界各国之最。

在其他国家，1968年，国际档案理事会东南亚地区分会的会刊《东南亚档案》创刊，为东南亚地区各国档案工作者提供了交流档案工作经验和学术成果的阵地。同年，菲律宾档案文件局出版了《档案》杂志，日本也出版了《古文书研究》杂志。1975年，国际档案理事会阿拉伯地区分会创办了会刊《阿拉伯档案》，成为中亚地区各阿拉伯国家档案工作者进行理论与实践交流的园地。1978年，国际档案理事会南亚西亚地区分会又创办了会刊《南亚西亚地区分会期刊》。20世纪70年代，日本国立文书馆出版有刊载本馆研究报告的《北之丸》杂志和刊载本馆工作报告的该馆年报，韩国档案与文件局出版有年刊《记录保存》，印度尼西亚国家档案馆出版有馆刊。1983年，斯里兰卡国家档案馆出版了年刊《斯里兰卡档案》。次年，巴基斯坦国家档案馆出版半年刊《巴基斯坦档案》。1989年，乌兹别克斯坦共和国国家档案局开始出版半年刊《信息通报》。同年，土耳其文献局也创办了《信息通报》双月刊。1990年，日本全国资料保存利用机关联络协议会创办了年刊《文件与档案》。1993年，国际档案理事会东亚地区分会会刊《东亚档案》创刊。此外，印度等国的一些地方档案馆也出版有馆刊。

第三，创办了档案专业出版社。1982年，中国创办了世界上第一个国家级档案专业出版机构——中国档案出版社，专门出版文书学和档案学专著，档案工作业务书籍，档案馆指南，档案文献汇编，档案工作译著，以及其他与档案学有关的书籍。这个出版社，至今仍是世界上唯一的档案专业出版社。它的成立，对中国档案学论著的繁荣起了很大的推动作用。该社成立前，中国档案学著作只有几十种；成立后，中国的档案学著作已有400多种，其中大部分是由该社出版的。

尤应指出的是，我国还创办了档案专业报纸。中国于1994年试办、1995年正式创办了亚洲和世界上第一份，而且到目前为止也是唯一的一份全国性档案专业报纸——《中国档案报》。该报现为每周2期，对开4版，每期发行量3万多份。它在报道国内外档案工作动态的同时，刊载国内外档案工作者撰写的档案学术性文章，交流档案工作的经验，成为档案学研究的一个新的重要阵地。

第四，档案工作者专业组织广泛建立。1976年，印度在亚洲首先成立了全印度档案工作专业组织——印度档案工作者协会。日本也于1976年成立了全国历史资料保存利用机关联络协议会。之后，日本还于1981年成立了企业史料协议会。1981年，中国成立了全国性档案工作者学术团体——中国档案学会，随后，许多地区和行业又成立了几百个地区性、行业性的档案工作者学术团体。1990年，菲律宾也成立了全国性的档案工作者协会。这些档案工作者专业组织的建立与它们所开展的各种形式的学术活动，进一步推动了亚洲地区档案学的发展。

在加强档案工作者国内交流的同时，亚洲地区档案工作者还加强了国际交流，积极成立了国际间的档案专业组织。1948年国际档案理事会成立后，亚洲国家积极参加该会活动。与此同时，从1968年开始，在国际档案理事会的促进下，又陆续成立起亚洲各个地区国家之间的区域性国际档案组织。1968年在吉隆坡成立了国际档案理事会东南亚地区分会。1972年又成立了国际档案理事会阿拉伯地区分会。1976年，成立了国际档案理事会西亚南亚地区分会。1993年，成立了国际档案理事会东亚地区分会。这些地区性国际档案组织定期举办学术研讨活动，出版档案刊物，对促进亚洲地区档案学的发展起了很大作用。特别是1996年中国举办第十三届国际档案大会，更促进了亚洲地区档案学的进一步繁荣。

第五，档案科学技术研究机构设立。中国从20世纪50年代开始，在国家档案局设立了档案学研究室，后又筹备成立了档案科学技术研究所，专门开展档案保护技术、缩微技术、自动化管理技术等方面的研究。最近20年间，又有十余个省档案局相继设立了档案科学技术研究机构。此外，有的大型档案馆和一些档案教育、培训机构也设有进行档案学理论或技术、方法研究的机构。越南国家档案局也设立了档案科学研究中心，一些国家的档案馆内也有机构进行档案学理论与技术、方法的研究。这些档案学研究机构的设立，把档案学研究带入了有组织、有规划、有保障并由集体进行联合攻关的新阶段，有力地促进了档案学研究的繁荣和提高。

第六，档案学研究资助和成果奖励制度建立。从20世纪80年代起，中国政府每年都拨出专门经费，用于资助档案科学技术研究项目的开展和奖励优秀的档案科学技术研究成果。各级档案行政管理机构和档案学术团体，也通过评奖等办法，奖励优秀的档案科研成果。这种制度，对档案学的发展也起到了很大的促进作用。

（二）档案学研究内容有了很大充实和深入发展

在亚洲，近50年，档案学的研究范畴由过去比较单纯的档案管理研究，扩大到档案学基础理论研究、档案事业管理研究、档案应用技术研究以及档案专业史的研究，研究内容不断充实、不断深入，研究水平不断提高、不断发展。

第一，档案学基础理论研究不断深入，全面发展。在档案学基础理论研究方面，中国编著出版了《档案学理论与历史初探》（1986年）、《论档案学和档案事业》（1988年）、《档案学概论》（1988年）、《档案学基础》（1995年）、《档案学论衡》（1994年）、《档案哲学》（1997年）、《档案经济学》（1995年）、《档案馆学》（1988年）、《中国大百科全书档案学分册》（1993年）、《档案学词典》（1994年）、《外国档案管理概论》（1987年）、《文件运动规律研究：从新角度审视档案学基础理论》等专著、教材和工具书几十种，并发表了一大批学术论文。这些论著在下列问题上取得了重要成果和进展。

关于档案学的研究对象，比较有代表性的观点认为：档案学是以档案、档案工作和档案事业为研究对象，并探索它们的结构、功能、运动规律、管理方法以及它们与相关学科相互关系的一门科学。关于档案学的性质，则有社会科学说、应用科学说、边缘科学说、综合性科学说、交叉性科学说、管理科学说等。对档案学的学科体系，有的把档案学分成理论档案学、技术档案学、应用档案学三部分或基础理论、档案事业管理学、档案管理学三部分，有的把档案学分为理论档案学、应用档案学、档案史料学、档案历史学、档案技术学、档案法学六个部分。对档案的性质，由20世纪50年代较普遍地认为档案是机关形成的具有一定保存价值并按一定的归档制度集中保存起来的文件材料，转变到80年代比较普遍地认为档案是国家机构、社会组织和个人从事政治、经济、科学、文化等社会实践活动直接形成的文字、图表、声像等形态的历史记录。对档案的规律，由60年代总结出档案由文书部门或有关人员立卷归档形成档案开始，经过档案室，最后集中到档案馆的档案形成规律，到90年代进一步提出档案利用扩展规律、档案利用价值潜在规律、档案机密程度递减和科学作用递增规律。对档案的价值与作用，不仅揭示出档案的特殊价值——凭证价值，而且揭示出档案的一般价值——参考价值或情报价值；不仅揭示出档案价值与作用的潜在性，而且揭示出档案价值与作用的现实性；不仅对档案价值与作用进行了很多定性的描述，而且对档案价值与作用进行了一些定量性的探讨，定出了计算档案发挥实际效益的公式；不仅揭示了档案中蕴含着的各种信息，而且揭示了档案中包含的社会劳动。此外，对外国档案工作理论与实践以及对国际档案理事会各种重要学术成果的介绍和研究，也构成中国档案学基础理论研究的一个重要方面。

在档案学基础理论研究方面，中国人民大学教授、原档案系主任吴宝康著述丰富，成果众多。他提出档案学是一门科学，并提出了这门科学的体系结构设想；他重视档案利用理论的研究，提出“档案工作贵在做活”的思想，主张通过档案利用把档案工作与国家各项建设事业联系起来并为其服务。他是中国档案学基础理论研究的学科带头人。

除了中国，土耳其1980年编著了《档案与档案学》，日本1982年编著了《现代档案学的发展》，以色列1993年编著了《档案术语词典》等档案学基础理论著作。其他国家也发表了一些研究探讨档案学基础理论的论文。

第二，档案管理理论研究继续开展，多所创新。在档案管理研究方面，中国编著出版了《档案管理法》（1953年）、《历史档案的整理方法》（1957年）、《档案管理学》（1962年）、《档案管理概要）（1990年）、《文书档案管理》（1988年）、《科技档案管理学》（1989年）、《科技档案效益学概论》（1998年）、《专业档案管理》（1984年）、《中国环境保护档案管理》（1989年）、《司法文书档案管理》（1991年）、《诉讼档案讲义》（1990年）、《预防医学档案管理》（1986年）、《病历档案管理基础》（1982年）、《林业档案管理学》（1991年）、《人事档案管理学》（1990年）、《艺术档案管理》（1992年）、《城建档案工作概论》（1993年）、《学校档案管理基础》《家庭档案管理》《专门档案管理问答》《档案整理方法》（1986年）、《档案鉴定的理论与实践》（1999年）、《档案分类》（1998年）、《档案目录学》（1991年）、《档案著录与标引手册》（1986年）、《档案检索自动化基础》《档案信息资源开发》《档案管理新技术》等上百部专著、教材和工具书，并发表了几千篇论文。这些论著论述了从文书档案到科技档案以及各行各业的专门档案的收集、整理、分类、鉴定、检索、统计、保管、利用等各个工作环节。其中，对各种专业档案管理的论述之全、之细，在亚洲乃至世界各国中是最为突出的。据不完全统计，有专文或专著研究论述的专业档案已达近300种。可见中国档案学研究的触角之广和范围之大。时刻关注并深入研究现实生活中新出现的各种专业档案，是以中国为代表的亚洲地区档案学的一个重要特点，也是对世界档案学的一个重要贡献。

在档案收集方面，不少论著介绍的中国档案部门对散存在社会上，包括散存在外国和散存在个人手中的各种档案的收集方法与经验，提出的关于档案馆要丰富馆藏的思想和关于加强馆藏建设的理论、原则与方法，对世界上初步建立档案工作的国家如何收集本国的档案史料、更多地保存本国的历史文化遗产，有着很大的参考价值。

在档案分类和检索方面，制定并在全国统一使用了以职能分类为基础的《中国档案分类法》以及《中国档案主题词表》，提出并应用了档案实体分类和档案信息分类的概念，形成了具有中国特色的档案分类体系；对档案主题标引、分类标引和计算机自动标引理论进行了深入探讨，创造了一些实用易行的档案检索方法，特别是对建立全国档案资料目录中心进行了理论探讨和实践总结。

在档案统计方面，不但建立了一个单位档案统计工作的理论和方法，而且建立了全国档案统计工作的理论、体系和方法。在档案工作标准化方面，制定并在全国统一推行或推荐使用了几十个档案工作国家标准和行业标准，并对档案工作标准化的理论与实践进行了有益的探讨和总结，建立了全国档案工作标准体系框架。

在档案利用方面，创造了多种档案利用形式，开展了档案用户研究，研讨了档案利用的效果反馈方法，对档案利用效益的计算建立了数学公式，对档案信息资源开发的意义、方法等进行了深入探讨。

此外，亚洲其他国家也编著出版了《文件归档制实例》（日本，1974年）、《史料馆、档案馆学初探》（日本，1985年）、《史料保存与档案馆学》（日本，1986年）、《文件管理与档案馆》（日本，1987年）、《档案馆建设之路》（日本，1988年）、《史料的整理与管理》（日本，1988年）、《地方档案馆的建设》（日本，1990年）、《文件生命周期》（日本，1995年）、《档案管理与保护基础》（印度，1973年）、《斯里兰卡公共档案处理》（斯里兰卡，1993年）、《现代文件管理》（斯里兰卡，1994年）、《公共文件管理和保护》（斯里兰卡，1995年）、《档案与档案目录学》（土耳其，1978年）、《档案目录学》（土耳其，1995年）、《档案和文件的提供文集》（以色列，1995年）等档案管理论著。新加坡还对口述档案的收集、保存与开发利用实践作了理论总结，形成了一批学术成果。

第三，档案事业管理理论研究异军突起，形成特色。中国从开始建立国家规模的档案事业起，就既注意学习和引进外国先进的档案事业管理方法，又注意结合自己的国情，走自己的路，搞中国版的档案事业管理模式，建立了党政档案集中统一、分级管理这一具有中国特色的档案管理体制，并相继建立起机关和企事业单位档案工作、档案馆工作、档案宣传工作、档案教育工作、档案法制工作、档案科研工作、档案对外交流工作、群众性档案学术团体工作等，从而形成了世界上最为健全的档案事业体系。在探索建立这一体系的过程中，形成了独具中国特色的档案事业管理理论。《曾三档案工作文集》（1990年）、《裴桐档案工作文集》（1995年）、《（冯子直）论档案事业》（1995年）、《档案工作文件汇集》（1—7，1985—1999年）、《档案行政管理概论》（1992年）、《档案事业管理学》（1994）、《档案工作实用手册》（1991）、《档案工作全书》（1992年）、《档案法学》（1990年）、《档案工作全面质量管理》（1991年）、《企业档案工作探索》（1991年）、《现代企业档案管理》（1999年）等一批文集、专著和论文就是这一理论的代表。

在机关和企业事业单位档案工作方面，中国形成了一套有效的在全国各级政府机关和各类企业、事业单位普遍建立机关档案工作，在全国农村普遍建立县、乡、村、农户四级农业科技信息网络的理论和方法，进行了建立综合档案室、联合档案室、文件中心和档案图书情报一体化的信息中心的探索，总结了各级档案室如何为本单位工作服务的经验，创造了档案行政管理部门通过检查、考核、评比等手段对机关档案室进行业务指导从而促进机关档案工作不断提高的经验。

在档案馆工作方面，提出了建设全国各级各类档案馆网络的理论，总结了在档案馆内部进行各项业务建设和实行岗位责任制、定额管理制等科学管理制度的经验，总结了按照全国或各省统一的标准和办法对各级档案馆进行目标管理考评定级的经验，探讨了档案馆为政府管理、经济建设、学术研究、社会教育服务的各种职能。

在档案宣传工作方面，提出了立足档案、面向社会的档案宣传工作方针和开展社会教育，提高全社会的档案意识和思想道德、科学文化水平的任务，总结了在编辑出版档案报刊、图书，举办档案展览、知识竞赛、演讲比赛，制作档案题材电视节目、广播节目，开展街头咨询等方面的经验。

在档案教育工作方面，进行了根据社会需求开展档案人才预测的研究，总结了开展高等和中等档案专业教育、档案在职教育、档案远程教育等方面的经验，探讨了档案教育课程设置、教学方法、教材编写、教育管理等方面的理论。此外还总结了在档案专业技术职务评聘方面的经验。

在档案法制工作方面，研究了中外档案立法的历史、理论和特点，建立了中国档案法规体系的框架结构，总结了中国特有的档案行政执法工作的经验。

在档案科研工作方面，对科研工作在档案事业中的地位、作用，档案科研工作的指导思想、重点方向、攻关措施等进行了研究，提出了坚持档案科技创新、有所为有所不为、坚持重大项目集体攻关、注重档案科技成果应用等思想。

在档案对外交流工作方面，研究了档案对外交流工作的意义和开展的方法，总结了开展档案对外交流工作的经验。

在群众性档案学术团体工作方面，总结了各地开展群众性学术研究的经验，研究了档案学会的性质、任务、工作方法和群众性档案学术团体在档案事业中的地位和作用。

档案事业管理理论，是中国和亚洲地区档案学理论中具有特色的一个方面，在世界档案学理论中占有突出的地位。在构建中国档案事业管理理论方面，曾三、冯子直、王刚作出了重大的贡献。国家档案局首任局长曾三是中国档案事业管理理论的奠基人，他对党政档案统一管理的原则，对国家档案馆网建设的理论，对机关档案工作在全国档案事业中的基础地位和档案馆工作在全国档案事业中的主体地位以及档案干部队伍建设对档案事业的关键作用，对科技档案的作用和地位，对建立档案学会的重要意义等，都作了重要阐述，对中国档案事业管理理论的最初形成起了关键作用。在档案事业管理岗位上工作了30多年的原国家档案局局长、国际档案理事会副主席冯子直，是建立档案事业管理学的倡始人，并对建设中国门类齐全、结构合理、管理科学、服务有效的社会主义档案事业体系做了大量的理论创建和组织领导工作，提出了许多关系档案事业长远发展的战略问题以及解决这些战略问题的思路，特别是根据中国以经济建设为中心的战略提出了“经济建设发展到哪里，档案工作就延伸到哪里”这一著名的档案工作指导方针，对促进档案工作在为历史服务的同时进一步为现实服务、在发挥社会效益的同时进一步发挥经济效益，使档案工作受到更多的重视，得到更快的发展起到了重要作用。在中央档案馆国家档案局前后担任了10年领导工作的现任国际档案理事会主席王刚，对中国档案事业以及档案事业管理理论的最新发展作出了杰出贡献。他集中全馆力量，持续对中央档案馆的大量积存零散档案和亟须重新整理的重要档案进行了整理，从根本上改变了全馆的基础工作状况，为特大型档案馆如何在短时间内迅速改变基础工作落后状况提供了经验；他以档案工作为党和国家工作大局服务为指导思想，围绕大局部署档案工作，使档案事业更加紧密地为国家的各项事业服务；他提出建立符合社会主义市场经济体制和档案工作规律的有中国特色社会主义档案事业体系的目标，并为建立这一体系做了卓越的组织领导工作；他坚持把履行档案保管利用和档案事业行政管理两种职能作为中国档案工作的一大特色放在档案工作的重要位置上，并提出了履行好这两种职能的一系列原则和方法；他积极倡导并大力推动中国档案工作者到国外进行学习和交流，扩大了中外档案工作、档案工作者和档案学的互相借鉴与交流；他对中国档案事业管理工作的经验作了新的概括和总结，促进了中国档案事业管理理论的新发展和新提高。

第四，档案应用技术研究不断突破，成果众多。在档案应用技术研究领域，中国编著出版了《档案保管技术学》（1961年）、《档案保护学》（1992年）、《档案保护技术学》（1984年）、《档案保护与复制技术学》（1987年）、《档案图书害虫及其防治》（1985年）、《库房防潮与除湿》（1991年）、《中国档案修裱技术》（1999年）、《档案缩微摄影技术实用手册》（1990年）、《档案保护技术实用手册》（1989年）、《档案计算机管理教程》（1993年）、《档案管理自动化基础》（1989年）、《档案管理新技术》（1995年）、《新型档案材料概要》（1994年）、《电子文件归档与电子档案管理概论》（1999年）、《档案文献编纂学》（1990年）、《科技档案编研学基础》（1988年）、《档案文献编研学概论》（1990年）等著作，并取得了“褪色蓝墨水字迹恢复技术”“褪色、扩散圆珠笔、复写纸字迹恢复剂的研制”等几百项档案科技研究成果，此外还发表了一大批学术论文。印度编著出版了《档案材料的保护和修复》《文件的修复与保护》《档案馆、图书馆火灾的预防、监测和控制指南》《档案馆、图书馆防止白蚁侵害大纲》《档案修复导读》《档案缩微》等著作，斯里兰卡编著出版了《档案、图书保护的基本要求》等著作，以色列编著出版了《档案记录保护指南》等著作，日本编著出版了《历史档案修复六十年》《文件的危机管理与灾害对策》《档案的保存与保护》等著作。

在档案灾害预防和档案保护技术方面，中国为档案馆建筑制定了统一的设计标准，使得档案库房从设计开始就能与其他建筑有所不同而更符合保管档案的特殊要求，为档案保存创造有利的环境条件；对档案的30多种害虫的形态特征、生活习性、传播途径等进行了研究，提出了防治方法；对中国古代传统的和世界各国现代的档案保护技术与方法进行了总结和研究，提出了适合中国情况的防火、防水、防光、防幅射、防虫、防鼠、防有害微生物、防潮、防高温、防霉、防污染等档案保护技术措施；对传统的档案纸张材料、字迹材料的耐久性以及现代各种新型载体、特殊载体的耐久性进行了研究，并提出了有针对性的指导意见，推荐了更适合长久保存的档案制成材料。印度等国在热带气候条件下档案的保存和白蚁的防治方面，总结出了宝贵的经验。

在档案修复和恢复技术方面，中国不仅在利用化学方法、计算机处理技术等对纸张档案进行字迹加固、恢复方面取得多项震惊世界的成功，而且在磁介质等新型载体档案信息的恢复方面也取得重要成功，从而在国际档案信息恢复技术领域处于领先地位。同时，中国对传统的档案手工修裱技术和经验进一步加以发展，并研制应用了档案自动化修裱技术、丝网加固技术等新型修复技术，各种纸张去酸、去污技术也得到了研究和开发应用。日本、印度在传统载体档案的修复方面，新加坡在新型载体档案信息的恢复方面都进行了较深入的研究并取得良好的成果。

在档案缩微复制技术方面，无论是静电复印技术，还是照相缩微技术，以及最新的光盘贮存技术，中国和其他亚洲国家都开展了充分的研究并进行了广泛的应用。

在计算机应用技术方面，中国和亚洲其他国家不但研究开发了电子计算机在辅助进行档案立卷、实行文件与档案一体化管理、档案自动检索、库房管理等方面的各种软件，运用计算机进行档案管理，而且还研究开发了它在字迹处理、信息传输等方面的软件，使计算机在档案保护、档案利用方面发挥作用。

与计算机技术相关联，在机读档案、电子档案的管理方面，中国已经开展了大量的研究，并组织专门力量，制定了有关计算机辅助设计档案和其他电子档案的技术标准和管理方法，使档案人员对电子档案的控制关口前移到文件形成阶段，实现了档案人员对电子档案管理的提前介入；编撰了《电子文件归档与电子档案管理概论》《拥有新记忆——电子文件管理研究》等专著，初步建立了符合中国国情、具有中国特色的电子文件和电子档案管理理论。鉴于电子档案具有不可直读、容易丢失信息等弱点，为了确保信息专家们关于当今的信息时代在未来可能会成为信息空白时代的担心不会成为现实，中国强调在当前一个时期内，重要的电子档案必须复制为纸质档案同时保存，以此来保证国家档案的完整与安全。其他亚洲国家也对电子文件、电子档案问题给予了关注和研究。

在档案文献编纂技术方面，中国不仅研究了文书档案编纂的理论与方法，而且研究了科技档案编纂的理论与方法，在此基础上，还研究了利用档案开展更广泛的编撰和研究的理论与方法。

第五，档案专业史研究深入开拓，不断发展。中国从20世纪60年代初开始，在中国人民大学历史档案系，专门开设了中国档案史、世界档案史两门课程，并形成了两本教材，即《中国档案史讲义》和《世界档案史讲义》。分别系统介绍了公元前2000年以来中国各个朝代和世界各国档案工作起源、发展及变化的历史。从那时起，档案史成为档案学的一个重要分支科目正式建立起来。之后，又编著出版了《世界档案大事记》（1993年）、《中国档案事业史》（1994年）、《档案工作简史》（1992年）等档案通史著作和《当代中国的档案事业》（1985年）、《宋代档案管理研究》等档案断代史著作，以及《中国档案分类的演变与发展》（1992年）、《中国古代档案保护方法与技术》（1993年）等档案专门史著作，还编著出版了《陕西省志·档案志》（1991年）、《河南省志·档案志》（1994年）、《河北省志·档案志》（1994年）、《江苏省志·档案志》（1999年）等全省档案通史和《江苏高校档案十年》（1994）等研究专门档案工作历史的著作，更为突出的是还出版了研究档案学发展历史的专著《档案学理论与历史初探》（1986年）。1994年，土耳其也出版了本国的档案史著作《土耳其档案简史与国家档案总局的活动》。档案专业史研究的发展，表明人们对档案工作经验的总结和档案工作规律的探讨有了新的深入，进入了新的阶段。

（三）档案学研究呈现出新的特点

第一，不仅关注已保管的档案，而且关注正在和将要形成的文件。档案的前身是文件。文件的规格、载体、处置等对档案的保管与利用有着直接的关系。因此，在亚洲各国档案工作者的研究视野中，文件成为重要的一部分。在档案人员的教育、培训中，文书学是一个重要科目；许多档案学论著把对文书的研究纳入其中；档案工作者以制定或参与制定文件标准等形式，提前介入对文件的控制；文件档案一体化管理、电子文件前端控制理论的提出等，无一不说明亚洲地区档案学不仅关注已由档案工作者管理的档案，而且关注将由档案工作者管理的文件；不仅关注目前正在占主导地位的传统形态的文件，而且开始关注未来将要占主导地位的电子形态的文件。

第二，不仅关注档案工作者，而且关注档案的形成者和档案的利用者。在亚洲地区档案学论著中，不仅论及档案工作者的职业道德、知识、能力、观念、心理、修养、素质等，而且论及对参与文件制成的人员和文书处理人员的要求、培养，以及对档案利用者的类型分析、心理分析、需求分析等。

第三，不仅关注档案的管理工作，而且关注支持和推动档案事业的其他工作。亚洲地区档案学研究者中，不仅有从事档案管理的专家，而且有从事档案事业行政管理的专家。因此，亚洲地区档案学研究成果中，涉及档案接收、征集、保管、保护、鉴定、统计、整理、编目、检索、修复、复制、利用等档案管理工作的固然很多，但也有相当数量是论述档案法制、档案教育、档案科研、档案宣传、档案工作对外交流、档案专业组织、档案行政组织等档案事业行政管理方面的内容。

第四，不仅关注专业内的交流与合作，而且关注与其他专业的交流与合作。亚洲地区档案学论著，不仅研究介绍了档案专业的理论、技术和方法，而且研究介绍了图书、情报、信息、文物、科技等其他专业中与档案专业有关或值得参考的理论、技术与方法；不仅总结了国内外档案部门之间开展交流与合作的经验，而且总结了档案部门与科研部门、文化部门、教育部门、宣传部门以及其他档案形成部门、利用部门以合作编纂档案史料、合作编写书籍、合作拍摄电视、合办展览、合作整理开发档案等形式开展合作与交流的经验。

第五，不仅关注档案事业自身，而且关注发展档案事业的社会环境。亚洲地区档案学不仅论及档案工作各个环节和档案事业各项工作之间的相互关系，而且论及档案工作如何主动为社会各方面服务，争取社会各方面对档案工作的支持，给档案事业的发展创造更好的社会环境。

第六，不仅关注本国的档案工作实践，而且关注世界其他国家的档案学研究和档案事业发展成果。以中国为例，研究、评介国际档案界和外国档案学成果的论文、论著和译著在全国档案学论著中占相当大的比重，国际档案界的许多理论、原则、技术、方法被及时介绍到中国来并被广泛吸收到中国档案学论著中。档案工作者更多地以国际的视野而不仅是国家的视野来研究档案学，各个国家的档案学具有越来越多的普遍性和共同性。

这六个方面的特点，表明了亚洲地区档案工作者眼界的开阔和目光的远大，表明了亚洲地区档案学的开放性、广泛性与前瞻性。可以说，经过几千年的孕育、积淀和几十年的发展、成长，亚洲地区档案学已经发展为比较成熟的档案学，它已由过去视野狭窄、太过纯粹、完全局限于档案的档案学演进为基础宽厚、内涵丰富、包容博大的档案学，凡与档案、档案工作、档案工作者、档案事业有关的一切，几乎无不在它的研究范围之内，也无不有着一定的研究成果。正由于此，亚洲地区档案学对档案事业实践的总结就更全面，对档案工作未来的指导作用就更大，也更符合档案学的发展方向，更能代表档案学的未来。这是亚洲地区档案学对世界档案学、亚洲档案界对国际档案界的一个贡献。从这一点来说，关注和研究亚洲地区档案学也就更有意义了。

（原载于《第14届国际档案大会文集》2002年5月）

宋代的皇帝档案图书馆

我国宋代曾经有过专门保管某一皇帝的诏令、诗文、书籍、家谱等档案的机构，可以称之为皇帝档案图书馆。宋代皇帝档案图书馆的建立，在我国历代王朝中是比较突出的，它同宋代架阁库的建立一样，是宋代档案工作发展的显著标志。因此，它应该是我国档案史上的一个重要建置。本文根据《宋史·职官志》《宋会要辑稿·职官七》等材料，特为介绍如下。

宋代的第一个皇帝档案图书馆，是11世纪初建立的龙图阁。龙图阁建于真宗大中祥符初。阁分上、下两层。阁上藏宋太宗的御制、御书、文集计五千一百一十五卷、轴、册，御书纨扇数十幅及宗正寺所进的属籍、世谱等。阁下藏御用图书及各种宝物，共分六个部分：经典阁藏经部书籍三千三百四十一卷；史传阁藏史部书籍一千二百五十八卷；子书阁藏子部书籍八千四百八十九卷；文集阁藏集部书籍七千一百零八卷；天文阁藏天文书籍两千五百六十一卷及图画七百零三卷、轴、册；瑞总阁藏奇瑞二十三种，瑞木十六种，众瑞一百一十种，杂宝一百五十九种。阁内设勾当官四人进行管理，由内侍充当。另外还有典书、楷书、装裁匠等工作人员。过不几年，到了天禧四年，宋真宗又下令为自己修建一座这样的档案图书馆，这就是天章阁，次年二月建成后，即举行隆重的仪式，将真宗的有关档案，从玉清昭应宫迁移到天章阁收藏。共入藏御制三百卷，御集二百三十余卷，以及依据至道至大中祥符年间中书省与枢密院所记的《时政记》，史馆所修的《日历》《起居注》而撰录的《圣政记》一百五十卷。嘉祐八年，宋英宗即位，又令将原来的宝文阁，用来收藏宋仁宗的档案。神宗即位以后，又将英宗的档案也附藏于此。天章阁、宝文阁，也同龙图阁一样，同时保存图籍、符瑞、宝物、属籍、世谱等。其设官也一如龙图阁。哲宗元祐年间，初令将宋神宗的档案收藏于宝文阁，元符元年，又另建显谟阁收藏。这批档案中，神宗御集共有九百三十五篇，分为九十卷，其中有四十卷是给中书省、枢密院官员及边臣关于攻守秘计的手札。徽宗大观二年，又建徽猷阁，收藏哲宗皇帝的档案。这是北宋年间建置的五座皇帝档案图书馆。

南宋诸帝也一直沿袭北宋成法，仿五阁之制，建阁收藏皇帝档案，以使之“藏于无穷”。绍兴十年，编辑徽宗皇帝御集成，特建敷文阁收藏。孝宗淳熙初，又建焕章阁，收藏高宗档案，其中包括诗、词、赋、序、记、碑、经解、政事手札、边机手札等一百卷。此后又于庆元二年，建华文阁，藏孝宗皇帝档案。嘉泰三年，建宝谟阁，藏光宗皇帝档案。宝庆二年，建宝章阁，藏宁宗皇帝档案。咸淳元年，建显文阁，藏理宗皇帝档案。南宋六座皇帝档案图书馆的收藏范围及职官建置，也基本同于北宋诸阁制度。

这样，两宋一共建了十一座皇帝档案图书馆，分别收藏各代皇帝的有关档案。这在中国历史上是少见的。每一座皇帝档案图书馆建成后，凡是新发现的有关这个皇帝的档案，都集中向这里移交。如元丰四年，有一个官员在编排中书省各房档案时，发现英宗即位以前的转官文字六件，即诏送天章阁保存。有时，皇帝还带领百官到这里来看前代皇帝的档案。如庆历八年、嘉祐七年，宋仁宗就曾两次带领文武百僚及皇亲宗室到龙图阁、天章阁观看上几代皇帝的御书文集。

（原载于《档案工作》1983年第3期）

新见宋代关于六部架阁库的几篇档案学文献

最近，笔者先后从宋人周紫芝的文集《太仓稊米集》（下简称《集》）中发现了一篇《尚书六部架阁（记）》；从清人张英等辑《渊鉴类函》（下简称《类函》）中发现了一篇节录的宋人李大异《六部架阁库题名记》；从宋人潜说友纂《咸淳临安志》（下简称《志》）中发现了包括上述两篇文献在内的宋代档案学文献共四篇，其另两篇是：綦更生撰《三省枢密院架阁库题名记》，陈晦撰《六部架阁库续题名记》。本文先将有关六部架阁库的三篇题记介绍于此，以飨读者。关于三省枢密院架阁库的一篇，拟另撰文加以介绍。

一、周紫芝《尚书六部架阁（记）》介绍

周紫芝，字少隐，号竹坡居士，安徽宣城人。绍兴十二年（1142年）以61岁高龄得中进士，曾担任过左司员外郎、枢密院编修官，并在兴国军（相当于县）当过知军。著有《竹坡诗话》《毛诗解义》《太仓稊米集》等。绍兴十五年（1145年）南宋复置六部架阁官，周紫芝是首任的四官员之一，以右迪功郎的官阶主管礼、兵部架阁。这篇记文，就是他任此职期间于次年九月撰写的。全文如下：

尚书六部架阁（记）

周紫芝

朝廷设官以主吏曹之牍旧矣。后废而不置者几（按:《集》作“凡”）二十年，常以司门之官兼掌其事，往往书无几（按:《志》作“机”）阁，户无缄縢，甚者委而投诸地，其积

如山，岁久辄蠹腐缺落，漫漶而不可考。官索故牍，则六曹吏自入取，莫能谁何，出纳之籍，姑为（按:《志》作“以”）文具，其弊有不可胜言者。朝廷知之，会上章者以为言，于是诏复旧官如故。吏部之有两铨，所以升黜百吏；司徒掌（按:《集》无“掌”字）舆地图以稽户口之登耗，均赋入之多寡，其牍号为最繁，故部（按:《集》作“都”）以一官主之，余不能如二部之多，则以一官而兼（按:《集》作“无”）二曹，所以因时制宜而为之损益者当如是也。

初，架阁有屋数十楹，皆上（按:《集》无“上”字）依山阜，下即湫隘而为之所，久及弊坏弗枝。又其文字之积，至于充溢栋宇，而六曹之法案，阅二岁则命聚而藏之，常以二者不能受其藏，人（按:《集》无“人”字）皆患之。吏部主管文字、右迪功郎彭炤，始与其寮户部右从政郎艾若讷（按《集》作“纳”）、礼兵部右迪功郎周某（按:《志》作“紫芝”）、工刑部右迪功郎苏鉴条其事，以有请于尚书六曹之长，欲治其坏而增新之，且为架阁廨（按:《志》作“厅”，）事，以处其吏，使不得杂齿于部曹之厅为便，六曹始具其请而上之朝。绍兴十有五年秋九月，有旨命两浙转运使司（按:《志》作“司使”，）为之。越明年秋八月始告成。初，架阁移文，止用公牒，而衔（按:《集》作“御”）附以名（按:《集》作“召”），使者怒其礼轻，乃大沮其事，有请皆不报，故其成甚缓而略，且不如其乞也。

朝廷自罢兵息战以来，凡祖宗大典礼有废而未修者，一切蒐讲，靡有阙遗，至于百官有司，莫不具举，下至架阁之职，亦修其废官而复其旧制。骎骎乎，其向于（按:《集》无“于”字）太平矣。况创复之初（按:《集》无“之初”二字），首被推择，非特目见耳闻，而身（按:《集》无“而”字，又“身”作“自”，道光本《志》也作“自”）亲其事，固已幸矣，其可不书以告后人乎！九月二十一日周某谨记。（按:《志》无最后一句）

——据《文渊阁四库全书》本宋周紫芝《太仓稊米集》卷61；清乾隆序刻本和道光刻本宋潜说友《咸淳临安志》卷5

本文共分三部分。第一部分主要记述架阁官员的设置。作者先记述了六部架阁官员的设置沿革。他说朝廷设立专门官员以主管吏部的档案已经很长时间了，后来废除此官有将近20年。在这近20年中，由于常以看门的人员兼管档案，因而档案缺少搁置的柜架，档案库房的门窗也不加以封锁，甚至还有不少文书被丢弃在地上，时间长了，便被虫蛀得腐烂脱落，字迹也模糊难认。政府需要利用旧档，六部的吏员们都自己入库去取，没有人来过问。出纳文书的登记簿，完全成为虚设。朝廷知道了这些弊病，正好又有官员上疏，专言其弊，因而皇帝下诏按照原来的制度，恢复设立架阁官员。这就是六部架阁官员在宋代从设立到废置又得到恢复的过程。

接着，作者介绍了六部架阁官员的设置数量。由于吏部、户部形成的档案最为繁多，因而每个部设立一个官员主管档案，其余几个部的档案不如这两个部多，则以一个官员兼管两个部的档案。这是根据各部门的档案数量而决定其档案官员设立多少的。这样，六部共设四个主管档案的官员。

第二部分主要记叙了六部架阁库的兴修经过。他说，以前，六部架阁库共有房屋几十间，由于时间长，房屋都颓坏欲倒。另外，以往多年累积形成的文案，已经堆满了所有的房子，而按照规定，六部所形成的所有重要文书，过了两年则要集中起来加以收藏。这样，一来房屋坏了不宜再收藏档案，二来也没有地方再收藏新形成的档案。于是，主管吏部档案的彭焰和他的几位同事即户部档案官员艾若讷、礼兵二部档案官员周紫芝、工刑二部档案官员苏鉴，一起把这一情况陈述上报给六部的长官们，请求修理旧的库房，增建新的库房，并新建架阁库的办公用房。六部长官把他们的请求全部上报皇帝。绍兴十五年九月，皇帝命令两浙转运使司主办这件事。直到第二年八月，工程才全部完成。

第三部分主要论述了恢复架阁官员职位和修建架阁库的意义。他说，朝廷自与金人暂时停战以来，凡是祖宗时代所曾实行过的典章制度有废失尚未实行的，全都加以搜集讲求，没有任何缺漏，政府的所有机构和官职，无不逐一恢复。下至架阁官员这样低微的职位，也重新加以设置并恢复以前的建制。

二、李大异《六部架阁库题名记》介绍

李大异，字伯珍，豫章人，乾道八年（1172年）进士，历官司农寺丞，知平江府，担任过六部架阁官员，后任至谏议大夫、知建康府。这篇题名记是他绍熙二年（1191年）担任太学正时撰写的。全文如下：

六部架阁库题名记

李大异

皇朝肇建中台，分六官而设之属，文书之伙，月益岁滋，枋在胥手，并缘奸蠹，识者病之。崇宁间，何公执中为吏部侍郎，始建议置吏部架阁官，于是插架万数，揭而目之，前最后凡，一索而获，人以为便。后诸曹皆置官如吏部之制。未几，悉省之。迄宣和，再置、再省。绍兴三年，立六部架阁库，十五年，复置官四人，今四十七年矣。异时百司庶府，皆有款刻，以识前后居官者，兹独因仍，阙而未著。绍熙二年，主管官王君次春、陈君邕、雷君孝友，相与裒集题名。三月题名成，属大异为之记。

大异窃惟古昔以来，（按:《类函》节文自“古昔以来”始。）图籍为重；是官之建，实谨其藏。其任似周司书，其选似汉掌故，可以考阅故新，寻绪本元，所谓若缓而急者。尝试以旧章参之今日，虽或稍异，而其归则同。旧制，官庀其司，置于六部之内，或遇其废，则以郎官（按:“郎官”《类函》作“省郎”。）兼之，否则以监六部门兼之，迨于绍兴，与（按:《类函》无“与”字）寺、监簿、正官俱复，然始庀司于外，一也。旧制，金耀门文书库多藏三司账籍，三司，今版曹也，自铨曹而下，储藏账籍之所，未之详焉，其后置六部架阁库（按:《类函》“库”后有一“下”字），大抵成案留部二年，

然后畀而藏之，又八年，则委之金耀，今金耀无复曩日，则悉藏于架阁库，二也。二者不同，而至于诸曹二十四司之文书，尽归储蓄（按:《志》无“储蓄”二字），以待有用，则今犹昔也。（按:《类函》节录至此）夫岂特文书为然，惟官亦然。故其职闲无事，视他司为最。自公退食，得以挟册读书，充其素业。畴昔著定，有缺多于此焉取之。朝廷之于士，可谓无负矣。虽然，凡士之处于世道、积厥躬德、足乎已者，皆储蓄之义也，知此，则无负于朝廷也。大异虚薄不足算，虽尝居是官，而于此则有愧焉。愧焉而复言之，盖自知其不能，而将以懋夫能者也。

题名之作，所以书名氏，纪岁月，其有轶而不可考者，姑俟后之人续志之。惟书建官之本意，以命镌者。四月戊子。

——据清张英等辑《渊鉴类函》卷82：清乾隆序刻本和道光刻本宋潜说友《咸淳临安志》卷5

本文共分三个部分。第一部分为记事。作者首先记述了六部架阁库这一机构在宋代的设置沿革。他说，本朝设置尚书省，按吏、户、礼、兵、刑、工六个方面设置官属，文书众多，吏胥借此窃取权柄，肆行奸弊。崇宁年间，何执中担任吏部侍郎，开始建议在吏部设置档案官员，管理本部的架阁库。于是，档案柜架上插放着的上万卷档案，都标上了题目，并且置备了查找的目录。后来其他各部也都像吏部那样设置了档案官员。不久，又都被裁减掉。到宣和年间，共两次设置，两次被裁。绍兴三年，设立了六部架阁库；绍兴十五年，又设置了4名专门官员。至今已经47年了。

接着，他又记述了六部架阁库这次征集题名的经过：过去大小各个官署，都有镌刻文字，以记载官署的历任官员，但唯独六部架阁库还缺少这种题刻。绍熙二年，六部架阁库的主管官员王次春、陈邕、雷孝友共同征集六部架阁官的题名。同年三月，题名刻成，让作者撰文记叙此事。

第二部分为议论。作者首先论述了档案官员的重要性。架阁官员的职责和人员选用，类似周朝的司书和汉朝的掌故。档案官员可以利用档案去考察事物的过去和现在，并寻找出事物发展的根本规律。它们表面上看起来对国家不是急务，实际上都是急需的。

接着，他对六部架阁库今昔不同和相同的地方作了分析。过去，架阁库官员是六部各部的内部官员，遇到裁减，则以尚书省郎官或六部监门来兼其职。到了绍兴年间，六部架阁官与其他官署中的簿、正等官员一起恢复设置后，开始在六部的各部之外设立官署，从而不再是六部各部的内部机构了。这是第一点不同。过去的制度，金耀门文书库多为收藏三司的账籍文书，那时的三司，相当于今天的户部。自吏部以下，各部就不知道还有收藏其账籍文书的场所了。后来设置了六部架阁库，大体上办理完毕的案卷在各部留存两年后，即交付架阁库收藏。在架阁库收藏8年后，则全部存放到金耀门文书库去。而今天已不再像过去那样有金耀门文书库了，于是全部都收藏在六部架阁库。这是第二点不同。虽有这两点不同，但六部二十四司的所有文书，都归于一处加以储蓄，以备利用，则今天还是和过去完全一样的。

档案文书的储以待用的性质，自然而然地引发出作者一段关于档案官员的议论。他说：岂止文书是归之储蓄以待有用呢？管理文书的官员也是如此。因而这一职务比起其他职务来是最清闲无事的。每天退朝以后，就可捧着书读起来，充实自己的儒学根底。过去曾经规定，官员有缺，多从六部架阁官中选取。朝廷对于士人可以说没有对不起的。士人凡是暂未显用于世，正在积累自己的功德、充实自己的学业的，都是国家暂时储蓄以待将来大用的人才。知道这一点，就不会辜负朝廷了。

最后，作者交代了这篇题记写作的中心意旨，说，题名是用来书写官员名氏、记载任官岁月的。其中有遗漏不可考证的，这里先暂时空下来，等待后来的人们加以补续。我仅仅叙述了朝廷建立架阁官员的本来意图，交给镌刻者刻写于此。

三、陈晦《六部架阁库续题名记》介绍

陈晦，字自明，湖州长兴人，淳熙初赐童子出身，绍熙元年（1190年）中博学鸿词科，担任过秘书郎、著作佐郎、蕲州知州，嘉定元年（1208年）起又先后担任礼部员外郎，兼国史院编修官及实录院检讨官、调枢密院检详文

字、殿中侍御史等职。这篇题记是他在庆元四年（1198年）担任户部架阁时撰写的。全文如下：

六部架阁库续题名记

陈 晦

今尚书六曹有文书几阁之官，其汉掌故之遗乎？汉掌故主故事，今所掌直吏牍，若不相似，然是殆类。强名者虽然列属文昌台，而巋设其局，凡图籍文案之藏咸在，其事严；且朝入所治，同僚相与言，不过论文字，抵掌剧谈，卒食数刻而退，其职清。职事官有阙员，间于此焉取之。日者有诏，非科目及人材卓异与县令之著绩，弗授其选，重事之严。职之清，选又益重，然则官虽视汉掌故小异，而所以待是官之意何遽不若汉？

前刻登载，凡百有十六人，为相若执政者三人，为法从者加多焉。接武鹤鸾，骎骎向用，方兴未艾，又不可険度也。晦以不肖，得备员，幸既识名氏，属同僚至而石已遍，乃砻它石以识，谕晦实前记之余，书后记之初为宜，辞不获，亦喜贱名氏列两记间也。敬叙梗概，若置官之详，有前记在，故不著。庆元戊午五月既望。

本文分为两部分，第一部分论述宋代架阁官员的地位。他说：今天尚书省六部所设的管理文书的官员，大概是沿用了汉代的掌故一职。汉代的掌故主管朝廷的礼乐制度，今天的架阁官员掌管官府的公文卷牍，两者好像不同，但大致相近。架阁官员虽然属于尚书省，然而设置有专门的官署，凡是版图、册籍、文书案卷全在这儿收藏，因而这一职事是很严肃的；各部门的办事官员有缺职，往往由架阁官员去递补。过去，皇帝曾有诏书，不是经过科举考试合格和具有出众的才能以及有显著政绩的县令，不能担任架阁官员。这更加重了架阁官员这一职事的严肃性。

后一部分记述写作这篇题名记的缘由。他说，前次题名刻石上记载的架阁官员，共有116人，其中后来官至宰相和执掌国家大政的要员有3个人，官至皇帝亲信的随侍官员的数量更多。从那以后，继任这一高尚职务的人们，继承他们前任的品德，迅速地受到朝廷的信任，正在蓬勃成长，兴盛起来，其前途是不可限量的。我虽然并无贤能，但也曾经滥充此职，得以凑数，并有幸把名字刻在了前次题名上。在我之后的同僚们来任此职时，这一刻石已经题满了。于是他们另外磨了一块石头来记录这些后来者的名氏，并说我在前一题刻上列名最后，应当首列于后来这次的题刻上。我虽推辞，但大家不同意，我也很乐意把自己的贱名列到两个题名刻石上。因而恭敬地把这次事情的大概经过记录下来。

四、这组档案学文献的价值

这组档案学文献，记述了宋代中央机关的一个重要档案机构——六部架阁库的各方面基本情况，为我们研究和了解宋代档案史提供了不少第一手史料；同时，它还论述了档案和档案工作者的重要性，揭示了档案行政管理中的一些原则，从而为我们探讨和总结古代档案学思想提供了一些新的素材。

这组文献记述的六部档案工作情况包括：

1. 关于六部架阁官员的设置情况。

（1）六部架阁官员的设置沿革。北宋崇宁年间，在吏部侍郎何执中的建议下，开始在吏部设立专门的架阁官员，管理本部的档案文书。后来，尚书省的其他各部也仿吏部制度，分别设立本部架阁官员。但过不久便被裁撤掉。从崇宁至宣和年间，两次设立，两次被裁。南宋绍兴三年，先恢复建立六部架阁库，到了绍兴十五年，才又接着恢复建立了专门的架阁官员。由此可见，我国早在880多年前的北宋后期，就开始在一些中央的国家机构中设有专职的管理档案的官员。不过在开始设立时，这一专职档案官员还不稳定，随时有被裁汰的危险，在开始设立的20年中，就曾两遭裁撤，后又随着亡国之患而再度废缺。直到南宋王朝建立了比较稳固的政权后，这一官职才稳定地成为常职。

（2）六部架阁官员的设置数量。六部架阁官员在最初设立时，曾经是每部一人。南宋恢复设置时，吏部、户部各一人，礼、兵部各一人，刑、工部各一人，共设4个人。

（3）六部架阁官员的姓名和职级。绍兴十五年恢复设立六部架阁官员时的4位官员是：吏部主管文字、右迪功郎彭炤，户部右从政郎艾若讷，礼兵部右迪功郎周紫芝，工刑部右迪功郎苏鉴。绍熙二年时担任六部架阁库的官员有王次春、陈邕、雷孝友等人。庆元四年时担任六部架阁库之户部架阁的是陈晦。他们的职级，大多是宋代文官中最低一级的右迪功郎，只有个别是稍高一些的右从政郎。

2. 关于六部架阁官员的特点。

（1）挑选严格。虽然架阁官员的地位并不特别重要，但由于六部地位特殊，而六部架阁官员也列名六部，故宋代对六部架阁官员的挑选比较严格。皇帝曾经专门下过诏令：不是科举考试出身的人或人才卓异者以及政绩显著的县令，一般不能担任六部架阁官。可见朝廷对这一官职的人选是比较重视的。

（2）职事清闲。由于宋代架阁库属于六部的机关档案室，只保存六部本身档案，并为六部本身服务，因而架阁库的事务不多，架阁官员的职事比较清闲。六部架阁库与六部其他二十四司相比，是最清闲的机构。

（3）职位比较低下。从上面介绍的六部架阁官员的职级来看，大多数人在担任这一职位时，仅官列九品，级属末流，比较低下。

（4）人员变动频繁，并可继续高升。据陈晦续记，绍熙二年刻石题名时共题有历任六部架阁官员116人，时去绍兴十五年仅46年，如果六部架阁库经常保持满编4人的话，平均每人在职仅一年半左右的时间，即又迁任他职了。可见其人员变动之频。但是，由于六部架阁官员是经过严格挑选的，人员素质一般比较高，故担任过六部架阁官员者迁任他职后，往往升迁较快。在绍兴十五年至绍熙二年的116人中，有3人官至宰相级，另有多人升至皇帝的亲信高级官员。

3. 关于六部档案的保管情况。

在北宋年间的一段时间内，六部二十四司的档案先在各司留存两年，两年后集中保存于六部架阁库，在六部架阁库保存8年后，则移交到金耀门文书库。由此可知，这时的六部架阁库相当于今天的机关联合档案室并具有中间性档案馆的性质，金耀门文书库则相当于国家档案馆，六部档案先在业务部门保存两年，然后交机关联合档案室保存8年，最后才交国家档案馆长期保存。南宋时期，不再有金耀门文书库的设置，六部档案形成后，则在各司保存两年，即交六部架阁库长期保存。

六部档案的管理情况在设立架阁官员前后迥然不同。架阁官员设立后，六部档案得到了良好的保管，档案上架归档，案卷上标有醒目的标识，并有备查找用的目录，库房中有档案出纳的登记簿。官员查找档案，不能自己入库，而由架阁官员为之提取。而当架阁官员被裁撤，改由其他官员兼行架阁库管理后，上述管理制度逐渐废弛。

4. 关于六部架阁库的情况。

据这几篇题记，南宋以前，六部架阁库建于六部之内；南宋以后，才移建于六部之外的一个山脚下边，依山而建。初有库房几十间，专门存放档案，官吏办公则仍在各部本衙署。由于库房日久颓坏，加之库容有限，无法再容纳六部新文书。绍兴十五年，新任六部架阁官员彭炤、艾若讷、周紫芝、苏鉴请示六部首长，要求修理旧库、增建新库，并新建架阁官员办公用房。六部首长又为之上请于皇帝。这年九月，皇帝同意他们的请求，并下令由两浙转运使司承建，到绍兴十六年八月竣工。

通过以上各方面情况的了解，我们可以看出，我国宋代的机关档案工作确实已经开始建立并已达到了一个比较高的水平。这主要表现为，在中央的一些重要机关，联合建立了专门的档案工作机构并配备了专门的档案人员，实行了档案的集中管理制度，建有专门的、规模可观的档案库房，档案库房有档案出入登记制度，尤其是档案入库后，整齐上架，贴有标识，并建立了目录，便于检索，达到了一索即得的程度。这充分表明了我国宋代档案管理的先进性和科学性，体现了我国古代档案工作的实际水平。它说明，我国古代的档案工作是有多方面成就的，在管理技术方面，达到了相当高的水平。另外，北宋一个时期六部架阁库的组织形式相当于六部的联合档案室，具有中间性档案馆的性质，我国古代形成的这种档案管理组织形式也是以前的中国档案史著作中所未曾提及的。这不但可以打破人们长期形成的关于中间性档案馆产生于现代西方国家的印象，而且可以为我们今天建立具有中国特色的档案管理组织体系提供有益的历史借鉴。

同样不应忽视的是，这组档案学文献在其记述和议论中，还闪烁着珍贵的、不可多得的档案学思想火花。这些代表着我国古代档案工作者智慧的档案学思想有：

1. 自古以来档案就对国家非常重要，被人们视为重宝，档案可以让人们考察事物的过去和现在，并找出其发展的根本规律。李大异在题记中明确提出，“古昔以来，图籍为重”。这里的“图籍”，指的是以地图、簿籍等土地、户口文书为主体的政府档案。它们对治理国家有重大作用，是国家的重要宝藏。重视土地、户口等档案，以之作为治国、安邦、平天下的工具，是我国历史上的优良传统，像秦末萧何收秦图籍而尽知天下形势险要和赋税厚薄，终佐刘邦夺取天下、治理汉朝的事例，几乎史不绝书。但是李大异却将这些事实高度概括为“古昔以来，图籍为重”这样的深刻名言，既可揭示出档案在历史上对国家的重要意义，又可揭示出我国古代重视档案的优良传统，这不能不算作我国古代对档案重要性认识的一种理性升华。

档案之所以重要，在于它有着重大的作用。对档案的作用，李大异也作了高度的概括，即“可以考阅故新，寻绪本元”。用今天的话说，档案可以帮助人们考察事物的过去和现在，从而从中寻找出事物发展的根本规律。从古今中外的无数事例看，档案尽管有着许多方面的作用，但是，上述的档案这一作用，却可以说是档案的最本质、最核心、最主要的作用，是档案诸作用的综合体现。李大异对档案作用的这种概括，确实是从大处着眼、抓住关键的，可谓言简意赅，精辟透当，具有很高的科学性，表明我国古代对档案重要性的认识已达到了相当的高度和深度。

对档案重要性的阐述，在我国历史上有识之士的著作中比较多见，它是我国古代档案学思想中内容较为丰富的一个方面。但是，上举李大异对档案重要性的阐述，却是目前所揭现出来的档案学文献中时代最早的一种，而且又是比较深刻、准确的一种，所以就格外值得我们加以珍视了。

2. 档案人员的设置“若缓而急”。李大异在题记中称：“古昔以来，图籍为重，是官之建，实谨其藏。其任似周司书，其选似汉掌故，可以考阅故新，寻绪本元，所谓若缓而急者。”认为档案人员的建立，是为了严谨地收藏档案，档案人员可以根据档案而考察事物的过去和现在，寻找出事物发展的根本规律，因而好像可以缓置而实际却应急置。这里的“若缓而急”四字，对档案人员重要性的认识是极为深刻警醒的。它虽然是针对北宋末年政府对架阁官员屡置屡省、常遭裁撤的现象而发的，但其提醒、警示意义又何止在当时！因为把档案人员看作可有可无、把设置档案人员看作不急之务，在历史上绝非宋末一时的观念，直到今天在现实中也未尝没有表露。只要档案意识还没有成为全社会的自觉意识，李大异关于设置档案人员“若缓而急”的认识就不会过时，就仍对那些不重视档案工作，动辄取消档案工作机构和人员的人，具有提醒、唤起、启发、开导、警示、告诫的作用！

3. 政府档案必须设立专门人员进行管理。周紫芝在他的题记中，开头第一句就以褒扬的语气肯定了朝廷曾经设立专门官员掌管吏部档案的历史，接着又以批评的语气和大段的笔墨，揭露了朝廷裁省罢废档案专门官员期间的种种弊病。李大异在其题记中，也将未设档案专门官员之前“枋在胥手、并缘奸蠹”的弊病与设立档案专门官员后“人以为便”的好处作了对比。从他们的这些褒贬笔墨中，我们可以看出他们主张在重要的政府机关设立档案专门人员以管理档案，从而避免奸吏作弊的鲜明观点。

4. 档案人员应该根据各单位的档案形成情况而设立。周紫芝在其题记中，于记叙六部中吏部和户部因档案繁多而各设一名档案官员，其余四部则因档案较少而每两部合设一名档案官员的情况后赞扬道：“所以因时制宜而为之损益者当如是也！”这样，作者主张按照各部门档案数量的多少而决定设立档案人员数量多少的观点就跃然于纸上。“因时制宜而为之损益”，我们既可把它看作对宋代六部档案官员设置情况的高度概括，也可把它看作对我国档案人员设置原则的一种精辟提炼。因为直到今天，各机关档案人员的设置又何尝不应“因时制宜而为之损益”呢？这种根据实际、因事设人的原则，与我们今天奉行的“实事求是”精神，正有着惊人的相通之处，因此，它对我们的认识价值就更为重大。因为它正可以提醒我们：各机关由于其大小不一、事务繁简悬殊，档案形成数量差异很大，其档案人员的设置应当灵活多样，因事制宜，可以一机关一人或多人，也可以多机关合一人或合几人，从而既不使人员虚设浪费，又使档案得到集中管理。

总之，周紫芝《尚书六部架阁（记）》、李大异《六部架阁库题名记》、陈晦《六部架阁库续题名记》这三篇档案学文献，对于我们详细了解宋代重要档案机构六部架阁库的各方面情况，重新认识宋代的档案工作发展水平，全面总结和审视中国古代档案学思想，提供了一批不可多得的新资料，是一份值得继承的宝贵档案学历史遗产。

（原载于《档案学研究》1993年第2期）

与成法为无穷计

——读宋杨天惠《都大茶马司新建签厅架阁记》

在为数不多的古代档案学文献中，北宋四川人杨天惠撰写的《都大茶马司新建签厅架阁记》是较为突出、具有重要价值的一篇。这篇写于890多年前的700余字的短文，记述了我国目前已见文字记载的最早的地方政府档案机构的一些情况，是目前所知我国记述地方档案工作情况的最早文献；更为重要的是，它还简朴地揭示了档案文书的形成和增长规律，揭示出档案文书自身所固有的弱点，并对档案文书的重要性作了相当深刻的阐述，提出了建造档案库房是“与成法为无穷计”、使国家的法律制度得到永久保存和执行的万年大计的独特见解，值得当代档案工作者深思。现对这篇文献简要地作一介绍和分析。

北宋元符三年（1100年），成都府都大茶马司（相当于今省外贸局）的茶马使黄实领导新建的该司签厅架阁库（该司秘书厅的档案库）落成，当时身任县令的杨天惠为此而写成一篇纪念文章，这就是《都大茶马司新建签厅架阁记》。这篇言简意赅的文字，开始被黄实刻石立于茶马司官署，后被许多蜀中文献所刊传。今存的明杨慎集《全蜀艺文志》、清黄廷桂等修《四川通志》以及近人傅增湘辑《宋代蜀文辑存》等，都收录了这篇短小隽永、耐人回味的文章。

文章共分三节。第一节开篇简要地记述了成都茶马司开展茶马贸易的情况，特别着重阐述了茶马贸易对国家、对兵民的巨大利益，从而从侧面肯定了茶马贸易形成的档案文书的重要性。

第二节记述了成都府茶马司档案文书的几方面情况。第一是关于档案文书的数量。他说，茶马司所统辖的地区又大又远，因而茶马司事务繁剧；事务繁剧又使得档案文书相应的众多，以至于邮送的车马不绝于途，官署中收发文无日无之。

第二是关于档案文书的成分。成都府都大茶马司的档案文书，包括“县官之所裁可而行下者”和“郡邑之所关决而须报者”。其中，朝廷裁决批准而下行的文书，是他们收到文书中的下行文书；各郡县向他们关报的文书，是他们收到文书中的平行文书或上行文书；针对各郡县的关报文书而答复回报的，则是他们向平行机关或下行机关发出的文书。因此，这一机构的档案，既有下行文书，也有平行文书和上行文书；既有本机关的制发文书，也有本机关的收到文书。

第三是过去档案文书的收藏情况。文章指出，在元符二年黄实新建架阁库之前，成都府都大茶马司也是重视档案文书的管理的：“日者有司尝虑其多而易逸、久而必亡也，悉总以为书而类次之，复辟故屋而别藏之。”这里，它向我们提供了宋代这个地方机构为了长久保存档案而采取的具体措施：第一，将档案按照内容进行分类编排汇总成册；第二，辟出一间旧房子作为库房来专门收藏档案。可见，早在北宋元符二年以前，我国的一些地方机关已经对其档案进行了系统的分类整理立卷，并开辟出专门的库房来收藏档案。这一记载，不但为我们研究宋代地方政权机构的档案工作状况提供了极为珍贵的史料，而且对今天一些还没有建立专用档案库房和对档案进行系统分类立卷的机关的档案工作者和主管档案工作的领导者，是一种无形的鞭策。这也是这篇古代档案学文献在今天的现实意义之一。

当然，尽管黄实以前的茶马司官员们已经专门辟出房子来收藏本机关档案，但这库房的条件还是非常差的。文章用了四句话来记载这一库房：“因陋就庳，规矩裨小，下溃旁束，黝昧不爽。”这说明当时的库房一是低，二是小，三是破，四是暗，以致后来新产生的档案文书便没有地方收藏了。库房拥挤如此，档案人员办公的地方就更拥挤了。对此，文章仍用四句话来加以描写：“群吏晨趋，肩尻𠋫掎，蹀迹侧睨，需次乃进。”人们进屋，需要侧身转体，居然不能同时容纳两个人进去，可见房屋拥挤至极。文章接下来说：“前此盖有病者矣，而未遑改作之功。”可见在黄实之前，有些官员也看到档案库房不敷应用，只是由于经济等原因而未能及时兴工改建而已。

第四是新建的档案库房情况。文章在第二节的最后一段对成都府茶马司的新架阁库作了多方面的描写：“今使者黄公实，始命撤而新焉”，点出了兴建架阁库的主持人，说明这一新的档案库房是由茶马使者黄实领导建造的。“度地若干寻，为屋若干楹，其广若干，其深若干”，点明了这一库房的面积和规模。从“为屋若干楹”来看，这个架阁库应该有着好几间房子，而绝不是一间。“经始于元符己卯之秋，落成于明年庚辰之冬”，记录了这个架阁库的具体建造时间，即从1099年秋天直到第二年冬天，达一年多时间，从建造时间之长上，也可推测出这座档案建筑的规模之大。“视其中，则大轴山峙，方签云委”，以高大的栋柱和众多的屋椽描写了房屋的高大宏伟；“望其表，则绮疏华焕，门序峻整”，以华丽的窗户和威严的门楣描写了房屋外表的辉煌华丽；“赤白炯发，观者增气时彰明”，则描写了茶马司架阁库的白色墙壁和红色檐柱相映的艳丽色彩和非凡气势。这就与上文对旧的架阁库和办公用房窄小拥挤状况的描写形成了鲜明的对比。我们可以强烈地感觉到成都府茶马司架阁库的前后巨变，而且也可以体察出这位当时政府官员对档案文书的高度重视。我们不但应该为我国早在八九百年前就有这样一座规模宏大的地方档案库而感到自豪，更应该为历史上曾有过这样一位高度重视档案工作的政府官员而感到钦佩。从这一点来说，这篇古代档案学文献就不但值得今天中国档案史的研究者和档案工作者阅读，而且也值得向各地各级主管档案工作的领导加以推荐。如果各地能出现更多的重视档案工作的各级领导者，那么，在中国的大地上，就会矗立起更多的与众多豪华办公大楼、豪华宾馆相协调的档案建筑来，我们就将能为子孙后代、为党和国家的未来留下更多、更好的档案财富。

值得注意的是，文章第二节叙述成都府茶马司档案工作情况，包含一些重要的档案学理论问题：

1. 关于档案形成与增长的规律。作者在记述成都府茶马司档案文书形成情况时说：茶马司“事巨以繁，故文书之伙亦如之”。这句话简朴地揭示出档案文书是由政府处理事务所形成的，其数量又是随着档案形成者事务的繁多而相应增长这一档案形成和积累规律。这是很值得我们加以重视的。我们知道，档案文书是政府机构、社会组织在处理公共事务中自然形成的，而不是人们有意或凭空制造的。公共事务繁多的机构、组织，其档案文书必然会相应的众多；公共事务少的机构、组织，其档案文书也必然会相应的稀少。这是档案文书形成与增长的基本规律。揭示和认识这一规律，对我们从事档案工作有着实际的意义。它可以帮助我们正确地判断一个机关、组织的档案文书是否与其职责相符合，并进而判断其档案工作制度特别是文书立卷归档制度是否健全；可以使我们正确认识档案自然增长的合理性，从而在进行档案鉴定时避免盲目地人为销毁档案；可以帮助我们预测档案增长的趋势和速度，从而未雨绸缪，预为之措，而不至于对由于现代事务的日剧繁多而导致的档案文书急剧增长感到茫然、愕然和束手无策。因此，文章不仅对我国古代档案学理论是一个重要贡献，对我们今天的档案工作者也有一定的认识意义和参考价值。

2. 关于档案自身的固有弱点。文章在叙述茶马司过去一些官员对档案的整理、收藏情况时，指出了档案的一个重要弱点，即“多而易逸，久而必亡”。由于政府机构和其他组织每日每时都在产生档案，因而档案数量每日每时都在增长。正是由于数量太多，所以必然就容易散失，难以全部保存下来。另外，档案文书的制成材料也不坚固，时间一长，必然会自然损毁。只有正确认识了档案的这一固有弱点，才能有针对性地采取各种措施，去弥补档案的自然缺陷，从而延长它的寿命。例如，针对“多而易逸”，我们就可以对档案进行鉴定而去其芜杂，留其精粹，使之简而不繁又大要具存；对档案进行系统立卷而聚其零散，使片纸只字连缀成书，不易散逸；建立专门的档案保管机构对档案进行集中管理而避免其因分散保存而流失无存。针对“久而必亡”，我们就可以对档案加以各种保护；对档案原件进行复制、汇编刊刻甚至综合档案内容撰写研究论著等，使其内容长久地流传下去，等等。因此，揭示档案“多而易逸、久而必亡”的固有缺陷，具有很重要的理论意义和实践意义。

以上两节都是以记事为主。第三节则是作者就黄实为了妥善保存茶马司档案文书而主持新建架阁库一事所抒发的议论。这段议论，精辟地阐明了档案文书的重要作用和建造档案库房的深远意义，有着颇为重要的理论价值。

对于档案的作用，作者并没有从正面来加以说明，而是从反面强调了档案散失所产生的危害。文章从两个层次上作了递进说明，“夫金谷干没之弊，根于胥吏缘色之奸，萌于图书之逸亡”，这是第一个层次。意思是说，国家钱粮被侵吞这一弊害，虽然好像是由于各级官府的办事人员舞弊作奸造成的，但是实际却萌芽、起因于各级政府档案文书的散失。也就是说，正是由于档案的散失，才造成了国家钱粮的被侵吞。他的这一见解，是很切中肯綮的。试想，如果档案具在，凭证犹存，办事人员又怎敢在钱粮上大做手脚、猖狂舞弊呢？即有胆大如此者，政府也不难按照档案文书予以查实纠治；但是，如果档案一失，凭据全无，则贪官污吏自然可以放心大胆、肆无忌惮地侵吞国家钱粮了。这正是档案散失所产生的巨大危害。

不过，在作者看来，造成金谷干没仅仅只是档案散失的危害之一，而且还不是主要的危害。“此吏治之常蠹，尚非其大者也。”也就是说，由档案散失而引起官吏侵吞钱粮，还只是吏治方面经常性的危害，而不是其最大的危害。“夫惟朝没其一焉遗其日，莫绝其一焉阙其月，积日引久，遗亡猥众，则其成法与存者几何？是其为蠹，不既大矣乎？”这是作者阐明档案散失之危害的第二个层次，意思是说，如果天天都有档案文书丢失，那么，时间一长，记载在档案上的国家法规制度还能有多少被保存下来并得到执行呢，这就必然造成国家法规制度无法执行，导致国家法令的松弛，这才是档案散失的最大危害。这一深刻见解，表现出作者善于阐幽发隐、从大处着眼的政治识力。如果说，档案对国家经济的具体凭证作用还因其较为明显和直接而较多地见于人们的议论的话，那么，档案对国家法令的凭证作用则因其间接和潜在而很少见于人们的议论了。杨天惠见及于此，对档案的作用作了更为深入的阐述，无疑扩大了当时人们对档案价值的认识范围，更加丰富了我国古代的档案学理论。

由于作者把档案的散失与档案中所记载的国家法令制度的沦亡联系在一起，所以，他在评价建造档案库房的意义时，也从这一角度出发，把建造架阁库保管档案与保障国家法令制度得到永久流传和执行联系在一起。他说，“今黄公为是，顾欲与成法为无穷计。此其念虑深远矣。此固不可不书也”，明确指出黄实主持建造架阁库，正是为了保障国家法令制度得到永久的流传和执行，是为保护国家法律制度所作的万年大计，是一种深谋远虑的行为，是不可不加记载的大事。这样来看，建造档案库房就不仅仅在于保护了档案这一经济凭证和文化遗产，更重要的还在于保护了以档案为载体的国家法规制度这一国家最根本的政治遗产；建造档案库房不仅是利在一时的权宜之策，更是功在千秋的无穷之计；建造档案库房是领导者目光远大、思虑深远的表现。总之，它是一件维护国家根本利益的大事，而不是一件可有可无的小事，值得大书特书，应该加以记载。

“与成法为无穷计”，是杨天惠对建造档案库房的重要意义的一个高度理论概括，它不但把人们对建造档案库房重要性的认识提高到了前所未有的高度，而且也把这一认识高度一直保持了几百年，是我国古代档案学理论宝库中具有独特价值的一份瑰宝。今天，当我们把这份古老珍宝重新挖掘出来的时候，我们不但愿意把它展现给所有的档案界同行，也愿意把它奉献给所有分管档案工作的领导者。它无疑有助于进一步提高我们对建造档案库房重要性的认识，有助于人们从理论的高度上实现从自发建造档案库房到自觉建造档案库房的转变和飞跃。因为即使用今天的眼光来看，档案也仍然是党和国家方针政策和法律制度的重要载体，建好档案库房，妥善保管好档案，也仍然能保障和促进党和国家方针政策、法律制度长久地得到流传和执行，从而维护党和国家的根本利益。

愿档案工作者和分管档案工作的领导者，以“与成法为无穷计”的远大眼光来看待档案库房建设，从党和国家的长远利益出发，建设好本地区、本单位的档案库房，为保护党和国家的重要财富——档案而创造更好的物质条件。

附原文：

都大茶马司新建签厅架阁记

（宋）杨天惠撰[①]

茶之入以息计者，凡二百万；马之入以尾数者，凡若干。而其奇赢孳息、溢于常数者，不在是焉。[②]每岁以其入分实塞下，又以其课登诏王府。故自阶、文、龙、茂并塞之区，以及洮、岷、湟、鄯穷边之徼，凡兵若民，咸指日望赐，待我而后出入食饮。[③]其为利害，不博且大哉！利如是，然其取于民者，民未尝怨；而市于羌者，羌未尝厌也。盖其法，市茶以平权，估马以优直，惟其所便，一切捐以与之。[④]故来者滋劝，已则募健卒、僦余夫，番休递行，轻赍而疾驱，不涉月达秦陇，则固以享十倍之获矣。[⑤]其所取既不苛，而所获乃不赀如此，故由元丰历元祐，更绍圣，时事数化，国是屡变，至于此法，莫

① 杨天惠，字佑父，号回光。宋元丰年间进士，曾摄邛州学官，徽宗时上书言事，后入党籍。有文集。

② “其奇赢孳息”，《四川通志》作：“其奇赢、其孳息”。

③ “阶”，《全蜀艺文志》作“陇”，误。

④ “市茶以平权”，《四川通志》作：“市茶以平榷”。

⑤ “赍”，《宋代蜀文辑存》作：“赍”。

之改也。[①] 非不欲改也，是诚有不可改也已。

然使者所统，地大以远，故使事之繁常称之；事巨以繁，故文书之伙亦如之。凡县官之所裁可而行下者，途无旷邮；凡郡邑之所关决而须报者，庭无虚迹。日者有司尝虑其多而易逸、久而必亡也，悉总为书而类次之，复辟故屋而别藏之。然而因陋就庳，规矩褊小，下溃旁束，黝昧不爽，文牒后至者，或无所容之。[②] 而幕府治事之厅，尤为褊迫。群吏晨趋，肩尻慼掎，蹀迹侧睨，需次乃进。[③] 前此盖有病者矣，而未遑改作之功。今使者黄公实，始命揭而新焉。度地若干寻，为屋若干楹，其广若干，其深若干。经始于元符己卯之秋，落成于明年庚辰之冬。[④] 视其中，则大轴山峙，方签云委；望其表，则绮疏华焕，门序峻整，赤白炯发，观者增气时彰明。

县令杨某闻而窃言日：夫金谷干没之弊，根于胥吏缘色之奸，萌于图书之逸亡，此吏治之常蠹，尚非其大者也。[⑤] 夫惟朝没其一焉遗其日，莫绝其一焉阙其月，积日引久，遗亡猥众，则其成法与存者几何”[⑥] 是其为蠹，不既大矣乎！今黄公为是，顾欲与成法为无穷计。此其念虑深远矣。此固不可不书也。乃沐浴而书，告于公而刻之。[⑦]

（见明杨慎集《全蜀艺文志》卷 34 中，清黄廷桂等监修、张晋生等编纂《四川通志》卷 41，近人傅增湘辑《宋代蜀文辑存》卷 26）

（原载于《档案学研究》1996年第4期）

---

① 元丰：宋神宗年号之一，1078年至1085年。元祐、绍圣：皆为宋哲宗的年号，分别为1086年至1094年、1094年至1098年。

② 庳（bei）：《全蜀艺文志》作“卑”。

③ 需次：《四川通志》作“需此”，误。

④ 元符已卯：为宋哲宗元符二年，即1099年。

⑤ 胥吏：《四川通志》作“吏胥”。缘色：《四川通志》作“缘绝”，误。

⑥ 夫惟：《宋代蜀文辑存》作“天惟”，误。莫：通暮，《四川通志》径作“暮”。

⑦ “此固不可不书也”，《四川通志》作“是固不可不书也”。

一份珍贵的古代档案学文献

——读元陈旅《嘉兴路总管府架阁库记》

最近，笔者翻阅元人文集，从陈旅的《安雅堂集》中，发现了一篇《嘉兴路总管府架阁库记》（全文附后）。这是一份通篇论述档案重要性、记叙档案库房兴造情况的档案学文献，它对我们研究古代的档案学思想和古代档案史，无疑是十分宝贵的资料。

这篇短文，虽然不到一千字，但却包含着丰富的档案学内容。其中有记事，有议论。记事为我们留下了一个典型的元代地方政权机构档案工作基本情况的珍贵记录，议论则提出了一些发人深省、独到深刻的档案学思想。此外，从作者的简洁记事中，我们也可透视出闪烁其间的珍贵的档案学思想。

这篇档案学文献，首先为我们提供了元代一个地方政权机构——嘉兴路总管府档案工作的各项基本情况。

第一，关于档案形成数量的情况。我们知道，路是元代介于行省和县之间的一级地方政权机构，它相当于后来的府和现在的地区或市。元代嘉兴路下辖一个管城区的录事司和一个附郭的嘉兴县以及海盐、崇德两个州，共有42万多户，220多万人口，在元代路这一级机构中，人口算是比较多的，因而被列为上等。这样的一个地方二级政权机构，在从南宋政权灭亡、元朝建立起对全国统治的至元八年（1271年）起，到元惠宗至元二年（1336年）止这60多年的时间内，历年积累下来的档案文书“成案十万五千有奇，簿历万三千九百有奇”，共达将近12万卷册。这是我国目前所见到的地方政权机构案卷形成数量的最早、最具体的记录，可为我们研究古代地方政权机构的档案形成情况提供可靠的详细数字，也为我们比较古代和现代地方机关档案形成数量提供了典型资料。

第二，关于档案库规模的情况。我国在明代以前，地方档案库的规模情况，目前还缺乏具体记载。这篇短文，正好填补了这一空白，为我们提供了比较具体的资料。根据文中提供的情况，我们可以看出，嘉兴路总管府新建的档案库，共有库房及办公场所15间，占地面积53平方丈，约相当于今500多平方米，共有档案11.8万多卷册。这些珍贵的数字，不但可供我们推测元代地方档案机构的一般建筑规模，而且可为我们研究现代地方档案库的建筑与库藏规模提供参考和比较。远在六七百年以前，一个地方档案库就能有如此大的规模，不能不说是惊人的，远远出乎今天一些人们的意料。六七百年后的今天，全国地区一级档案馆，仍有不少还没有达到这样的建筑规模和收藏规模。

第三，关于档案的保管情况。这篇短文记叙了嘉兴路总管府架阁库建立前后的档案保管情况。在架阁库建立以前，那么多的档案文书没有专门的存放地方，而是散放在各处，被风雨侵袭，与虫鼠为伍，任奸吏作弊，而且堆放的地方邻近民户，随时面临火灾的威胁，其保管状况是非常糟糕的。可能当时好多地方政府的档案都处于这种困境中，但在统治阶级中，毕竟有一些有识之士，他们看到档案在治理国家中的重要作用，看到建立专门府库收藏档案对统治民众的不可缺少的重要性。嘉兴路总管府负责档案工作的唐棣就是这样的一位官员。经过他的坚决请求和努力，以及其他同僚的共同协助，终于建成了一座规模不小的档案库房，使档案保管状况得到了改善：原来散放在走廊、小屋里的档案，被集中放在了一起，按照档案的形成时间顺序排放，并且加上了明显的识别标志，从而在寻找时一索即得，库房的门窗开闭，也有一定的秩序。另外，库房远离民居，避开了火源，摆脱了火灾的威胁。

从作者对档案库房建成及档案保管情况的叙述中，我们可以大致推测出当时这里的一些档案保管制度。

①档案的集中保管制度。总管府下有好几个机构，以前档案散存各处，没有集中在一起保管。档案库建成后，“悉聚散处之牍”，原来分散各处的档案，全都集中到一块。可见在元代地方政权机构中，在有条件的地方，档案也是集中保管于档案机构的。

②档案的编年排放制度。档案在档案库房中究竟是如何排列存放的呢？文中记载说是“年秩月次”，也就是按照档案的形成时间，用编年的方法逐年逐月按序排放的。这就是当时档案的编年排放制度。

③档案的标识制度。根据记载，嘉兴路总管府的档案集中进库后，不但依次排放，而且“标识昭明”。标是标志，识即识别，标识就是便于识别的标志，昭明就是非常明白。联系上下文看，就是对所有的案卷和存放案卷的柜架，都贴上可供识别的标志，使人一看就明白某个柜架上保存的是某年至某年的档案，某个案卷是某年某月的什么案卷，从而便于寻找和放回。这可以说是当时的档案标识制度。

④档案的目录检索制度。从文中记载来看，嘉兴路总管府的架阁库还具有供检索的目录，这就是所谓“征索有汇”。征是求取、求找，索也是指寻找。汇即类聚到一起的意思，如字汇、词汇等，这里是指档案条目的汇聚，也就是档案的目录。因此我们说当时已有了档案的目录检索制度。

⑤档案库房的出入制度。这就是文中所说的“启闭有节”。启是开启，闭是关闭，都是说的档案库房的门窗。有节就是有所控制，不能随便或任意。这一记载，是针对上文叙述库房建造前，档案堆在走廊里无人看管，“猾胥豪民得以厕其奸媒”而言的，那时由于没有库房，任何人都能随便接近档案，对档案任意损坏或大肆篡改。现在库房建造后，库房门窗或开或关，都有严格规定，外人不得随便进入，从而建立了档案库房的出入制度。

⑥档案库房的防火制度。新库房建造前，档案堆放的地方同民房紧连着，靠近火源，极易发生火灾。新库房建造时，选择了一个不毗邻任何火源的独立地段，可见当时档案库房的选址，是把防火作为一个条件考虑进去的。

第四，关于档案库房的建造经过和建筑情况。从文中记述的情况看，嘉兴路总管府架阁库的建造经过和建筑情况大体是这样的：元至元二年（1336年）冬，嘉兴路总管府主管档案的官员向本府的长官打报告，提出建议，然后，总管府长官将此报告上报行省，省里派人前来视察，定下地盘，开工建造。这一工程，路的最高行政长官达鲁噶齐和总管，都曾亲自过问，此外，总管府的同知、治中、判官、推官、经历、知事等其他官员也都参与其事，协力促成，工程的直接指挥则由嘉兴路总管府驻在地——嘉兴县的县令担任。到第二年夏天，工程全部竣工，前后经历了约半年时间，共建成房屋十五间，无论是工料还是做工都很好，库房结构也很精严。工程费用全部是用官府紧缩开支后节约下来的费用支付的，连工匠也都花钱雇用，而没有无偿征用。整个工程共花费时钱一万五千七百多千文。工程结束后，特意请人作记，以志纪念。

从这些情节中，我们可以看出这样几点：1.当时路一级机构建造档案库房，需要上报行省，由省决定；省里并不以一纸批复了之，而是亲自派人前往观察，踏勘选址；在工程建造中，路的最高行政长官亲自过问，并由一位县令担任工程指挥，足见元代地方政府对建造档案库房的重视程度。2.从打请示报告直到工程结束，前后只用了半年左右时间，便建筑起一座占地500多平方米的档案库房，如果同今天一些地方档案馆从打报告到工程竣工往往三年两载的情况相比，我们不能不赞叹当时地方政府的办事效率之高。

陈旅的这篇档案学文献，还蕴含着相当丰富的档案学思想，很值得我们加以挖掘和继承。这些档案学思想，涉及这样几个方面。

第一，关于档案的重要性和档案收藏之所的重要地位。文章一开头，作者就以星象的象征意义阐发了档案收藏之所在国家中的重要地位。他说："古者营室中则始土功。在营室之东者曰东壁，天下图书之府也。夫众物之丽乎室者，莫非日用之所需，而独图书之府，著象室东，岂非以是为有国家者之所甚重而不可后者乎？"认为古人之所以把营室星宿中居于上首的东壁星作为收藏档案的图书之府的象征，正是由于档案比所有日常所需之物都更宝贵，收藏档案的府库比收藏其他物品的府库都更重要，因而不可不放在国家的首位。这里，作者把收藏档案的"图书之府"放在国家"甚重而不可后"的独特地位，是颇有见地的卓识。尽管我国历史上早就流传着南宫敬叔救火先抢救档案、萧何攻城先收取档案而不问金银财宝的佳话，但将之上升为理论，提出这样鲜明的档案学思想，我们至今还是首次见到。

为什么档案收藏之所对于国家统治者如此重要呢？作者认为这是由于自从社会脱离上古时代以后，社会争端纷起，而档案的记载则正是统治者解决这些争端的凭证和依据，没有档案，统治者将无以治天下。正因为档案对治理国家有着如此重要的作用，天象上才早就显示出这样的征象以引起后人的重视。这里，作者虽然从天象的象征意义这一角度来论述档案和档案收藏之所的重要性，这在今天看来不无迷信色彩，但在古代人的意识中，"天"具有至高无上的权威性，天意代表着不可抗拒、绝对正确的自然法则和社会法则。说图书之府对"有国家者甚重而不可后"、是天之"示法"，不过是说这是一个绝对正确的法则而已。

接着，作者在引用唐棣就兴建架阁库而给本府的请示报告时，又一次强调了档案和档案收藏之所的重要性。他说，“天子以六合为一室。凡郡邑户口、钱谷、刑名、造作之类，皆朝廷事也。载诸案牍者，必有庋宿之库焉”。这就是说，档案所记载的，都是天下郡县的户口、钱粮、刑事、建造之类的朝廷大事，这样重要的东西，理所当然地必须有收藏的地方。这样就从档案记载内容的角度进一步论述了档案的重要性和建立档案收藏之所的必要性。

第二，关于档案的起源与作用。这篇短文还从社会发展的角度阐明了档案的起源和档案的社会作用，他说，“上古之世，民气朴厚，以结绳治之而有余。庖牺氏作，世寖不古，非书契不足以防民。况又后世风降习媮，矫伪日滋，一失稽据，将奚足恃以为治？”按照作者的观点，档案文书起源于治理民众的需要。当人类初产生时，民风古朴，人与人之间和睦融洽，比较容易治理，用不着文书、档案。后来社会发展了，人与人之间尔虞我诈，争端互起，这才产生了文书契据这样的档案。这就说明，档案的产生，是社会发展到一定阶段的产物，它的产生完全出于治理民众的需要。因此，档案从产生起，就同政治有着密切的联系，它是治理民众的手段和依据，没有它，治民就失去凭借。治民须依档案，档案可以致治，这就是档案的作用之所在。可以说，作者的这一认识，同历史发展的实际情况是基本吻合的，闪烁着朴素的历史唯物主义火花。他所作出的档案是统治者“恃以为治”的“稽据”的价值估计，对于今天一些档案意识薄弱的人，特别是对那些对档案作用认识不足的领导者、决策人，仍然具有启发作用，因而并没有完全失去它的积极意义和思想亮光。

第三，关于收藏保管档案的目的。陈旅在记述了嘉兴路总管府架阁库的建造情况后，针对该库建造没有强制征发百姓徭役、没有浪费国家钱财一事而发表议论说：“藏牍所以定民也，而役不勒乎民；民定所以事国也，而财无甚费于国，不谓之克尽其职乎？”这段议论中，作者提出了“藏牍所以定民”“民定所以事国”，即收藏档案的根本目的是治理人民、治理国家的重要观点。在作者的心目中，建造档案库房的目的是更好地收藏档案，而收藏档案则最终是为了治国理民，因此，建造档案库房也必须以利国利民为依归，尽量做到不扰民，不蚀国，这样才算是尽到了档案工作者的职守。因而他对唐棣在建造库房过程中不强征民力、不浪费钱财一事给予了热情赞扬和高度评价。

收藏保管档案的目的问题，是档案工作中的一个重要问题，可以说，它是档案工作的立足点和出发点，档案工作各个方面的措施，都应当以它为宗旨。陈旅所提出的收藏档案是为了治理人民、治理国家的观点，正确地指出了收藏档案的根本目的，除了他所指的人民和国家的内容在今天已经发生了变化以外，今天这一思想也完全可以为我们所接受。

第四，关于档案工作者的职责。在陈旅看来，为国家和人民利益而收藏保管好档案是档案工作者的一项基本职责，他两次称赞唐棣适时、适地并不勒民力、不费国财地建造了档案库，从而使档案得到妥善保管为“克尽其职”，就表明了这一点。但是，在陈旅看来，档案工作者的职责并不止于保管好档案，他还应该有着比这更为重要、更为崇高的职责。在该文的最后，当介绍完唐棣的为人与悉心赈济难民的政绩后，作者对这位地方档案工作者寄托了满腔热情的期望：“或者他日掌图书秘府，以所知古今得失之迹、民生休戚之故，从容为上言之，则人又将大受其惠也。”也就是期望他有朝一日掌管中央的国家档案府库时，能将其从档案记载中所获得的古今政治得失的轨迹，人民生活苦乐的缘由等，报告国家的最高决策人，供其作为治国治民的参考。作者认为，如果这样做，将会比以前建架阁库和赈济灾民更对人民有利。作者的这一期望，实际上是对档案工作者的工作职责提出了更高的要求，并指出了这一工作职责的价值所在。按照这一期望和要求，档案工作者的最高职责应该是从他所保管的档案中寻找出有关政治得失、涉及人民疾苦的东西来，上陈反映给政治决策者，为他们提供制定政策的历史经验和现实依据，从而使政策更符合实际，更利于民生。这就要求档案工作者不但要保管档案，而且要研究档案；不但要保护好档案的安全，而且要认真研究档案的内容；不但要向上级陈述汇报档案的保管情况，更要向上级报告提供档案中反映的经验与问题。也就是说，档案工作者的职责不但在于保管好档案，更重要的还在于研究档案并以之为治国治民服务。

读了陈旅在几百年前提出的这一期望，我们不禁想起中国现代的一位著名学者和政治家对档案工作者所寄予的厚望，这就是1960年郭沫若在《题赠档案馆》一诗中的名句：“国步何由探轨迹，民情从以识端倪。”这一诗联认为，档案的记载中有着国家发展的轨迹和民生休戚的端倪，并希望档案工作者能从档案的记载中去探索国家政治的历史经验、发展规律，认识民生休戚的头绪线索、本末由来。同是文学家和政治家，相隔了几百年，他们的认识竟是如此惊人地相似，这绝不仅仅是巧合，而是说明认真研究档案记载，从中找出对现实政治有益的东西，恰恰是档案工作者的应有职责，也是有识之士对档案工作者的更高期望。

在今天，认识档案工作者的这一崇高职责，对于档案工作者真正做好档案工作是很有必要的。因为对今天的一些档案工作者来说，认真研究档案内容，探索档案中所蕴含的历史经验，认清档案中所显示的民生苦乐，及时地向党和政府提出研究成果，仍然是一项十分薄弱、亟待加强的工作，甚至有一部分人还把这一工作排除在档案工作者的职责之外，狭隘地把档案工作者的职责限制在保管和提调档案上。这是难以真正做好档案工作、提高档案工作的质量和水平的。只有真正认识档案工作者的这一最高职责，才能理直气壮地把研究分析档案内容并将之提供党和政府作为参考纳入自己的工作范围，主动、经常地加以开展，从而使档案工作达到高质量、高水平。

第五，关于档案保护中的防火思想。通过陈旅的记述，我们可以看出，当时的人们十分重视防火，他们把火作为档案保管和安全的一个重要的排斥因素而加以防范。在唐棣向其上司所打的请建架阁库报告中，对火灾的危险进行了相当突出的强调，指出原来散放档案的场所“氓户比联，炀炊焠如”，面临着众多火源显见的炊户的包围，很容易发生火灾，毁灭档案，因而提出“宜亟求空爽之所，作架阁库”，把空爽独立，不邻民户、离开火点作为架阁库选址的重要条件。另外，作者在赞扬新建成的架阁库时，也特别点出了它的“从爨弗邻、地自为守”的优点。这些都表明了他们对建造架阁库中防火条件的高度重视，体现了古人在档案保护方面的防火思想。这一思想，无疑是对前人实践的正确总结，因而直到今天也没有失去其实用价值和指导意义。我们今天不是仍然把防火作为档案保护的一个重要因素，把与民户相连、与火点相邻看作库房选址的大忌吗？可惜，直到今天，一些地方的档案库房仍然处于居民住宅的包围之中，同样处于“氓户比联，炀炊？如”的境地，未能达到“从爨弗邻、地自为守”的基本条件。这些地方和单位的领导读了这篇短文，或许也能像唐棣那样，认识其档案库的危险处境，为避免和防止出现“周人宰人之出”那样的历史悲剧而断然采取措施加以改善吧！

综上所述，陈旅的《嘉兴路总管府架阁库记》，为我们提供了元代一个地方政府的档案形成数量、档案库规模、档案保管情况、档案库房的建造经过和建筑情况等档案工作基本情况的典型资料，这是我们目前所见到的我国历史上档案工作基本情况的最早具体记载，因而对中国档案史的研究有着相当重要的价值。同时，这篇文章还较早、较系统、较明确地提出了档案文书起源于治理民众的需要、产生于民风不古、诈伪日滋的社会时代，档案记载的是天下大事，是国家统治者恃以为治的稽据，档案收藏之所对国家统治者甚重而不可后，收藏档案是为了理民治国，档案工作者更应该及时向领导陈述档案中反映的历史经验与民生疾苦，档案库房建筑应与带有火源的民户隔绝以防火灾等一系列档案学理论中的重要思想。它不仅填补了我国古代档案学在理论方面的许多空白，大大丰富和充实了我国古代的档案学理论宝库，而且对于发展我国今后的档案学理论也提供了可以汲取的思想营养，是值得我们好好继承的宝贵遗产。它不愧是一份珍贵的古代档案学文献。

附原文：

嘉兴路总管府架阁库记[①]

（元）陈旅[②]著　杨冬权标点注译

古者营室中则始土功。[③]在营室之东者曰东壁，[④]天下图书之府也。[⑤]夫众物之丽乎室者，[⑥]莫非日用之所需，而独图书之府，著象室东，[⑦]岂非以是为有国家者之所甚重而不可后者乎？盖上古之世，民气朴厚，以结绳治之而有余。[⑧]庖牺氏作，世

① 嘉兴路，元至元十三年（1276年）以嘉兴府改名，治所在嘉兴县（今浙江嘉兴市）。总管，元代为中央或地方管理专门事务的行政长官。嘉兴路总管府即嘉兴路的行政官署。架阁库，宋、元时代对存放官署公文的场所的称呼，相当于今天的档案室、档案馆。

② 陈旅（1287—1343），元代文学家，著有《安雅堂集》十三卷。字众仲，福建甫田人，官至国子监丞。元统二年至至元四年间为江浙儒学副提举。本文即为至元三年任此官时所作。

③ 营室，星宿名。室、壁两宿四颗星呈长方形，在春秋战国时代，当它们黄昏时出现在正南方的季节，正是农事结束，从事房屋营造的时候，因而当时人们称这四个星为“营室”。中，中天，即天的正南方。始，开始。土功，从事土木建造。

④ 东壁，星名。在营室星宿即室，璧两宿的四颗星中，璧宿两星在东边，所以称为“营室东壁”，后简称为“东壁”。

⑤ 图书，古代指地图、户籍、法令等各种官府文书，相当于今天的档案。府，收藏官文书的地方。《说文·广部》：“府，文书藏也”。

⑥ 丽，附着。

⑦ 著象，显示出现象。

⑧ 结绳，古代用绳系结以记事。

寝不古，非书契不足以防民。[1] 况又后世风降习媮，矫伪日滋，一失稽据，将奚足恃以为治？[2] 此天所以早示法于后世也。

嘉兴路总管府提控案牍兼照磨承发架阁唐棣，[3] 言于其府曰："天子以六合为一室。[4] 凡郡邑户口、钱谷、刑名、造作之类，皆朝廷事也。载诸案牍者，必有庋宿之库焉。[5] 嘉兴，浙右大郡也。[6] 两至元之间，[7] 所积成案十万五千有奇，簿历万三千九百有奇，[8] 皆无所于藏，散处府廊东西楼及经历司之旁屋，[9] 风雨之与俱，虫鼠之与伍，[10] 猾胥豪民得以厕其奸谋。[11] 而氓户比联，炀炊焞如，[12] 万一顾府，容有周人宰人之出乎？[13] 宜亟求空爽之所，作架阁库。今立成，犹已后也。"府以其言上之省，省视之，乃度地府东，纵百九十尺，衡廿有八尺，[14] 创库若厅事、若房、若门，凡有十五间，糜楮泉万五千七百五十缗。[15] 经始于至元丙子之冬，[16] 明年夏成。用约于官，役止于

---

① 庖牺氏，风姓，传说中的古代三皇之一。寖，逐渐。书契，指契约等书面凭证。《周礼正义》："凡以文书为要约，或书于符券，或载于簿书，并谓之书也。"

② 媮，偷的异体字，为浇薄、不厚道的意思。奚，问。

③ 提控案牍，元代官员名称，负有收藏官署文书的职责。《元史》卷102："诸省司案牍籍帐编次架阁，各路提控案牍兼架阁库官，与经历、知事同掌之。照磨，元代官员名称，负有审核查验钱粮出纳、工料收支等账簿文书的职责。承发，负责文书收发的官员。架阁，负责文书收藏管理的官员。"

④ 六合，指天地与四方，即天下。

⑤ 庋，收藏。

⑥ 浙右，即浙江之西。

⑦ 两至元，元朝有两个至元年号，一是元世祖忽必烈统治间的年号，一是元惠宗统治间的年号。

⑧ 奇，零头数；有奇，即有余。

⑨ 经历司，官署机构名。

⑩ 俱、伍，皆可作伴随解。

⑪ 胥，指官府中办理文书的小吏。厕，参与，插手。

⑫ 氓户，即民户。炀，焚烧。焞起来的样子。

⑬ 这一句是一个典故。《左传》哀公三年载："夏五月，……司铎火，火踰公宫，桓僖灾。救火者皆曰顾府。南宫敬叔至，命周人出御书，……子服景伯至，命宰人出礼书……"顾府，即火烧到了藏文书的地方。容，或许。

⑭ 度，量、计算。衡，横。

⑮ 厅事，厅堂。糜，花费。楮指纸币，泉指硬币，楮泉，泛指钱币。缗为穿钱的绳子，故又指成串的钱，一千文为一缗。

⑯ 经始，开始建造。至元丙子，即至元二年，1336年。

庸。[1] 陶坚斧良，缔构严缜。[2] 于是悉聚散处之牍，年秩月次，标识昭明；[3] 征索有汇，启闭有节；[4] 从爨弗邻，地自为守。[5] 照磨可谓克尽其职矣，[6] 而其言则曰：兹役也，达噜噶齐按达拉、总管和元升、同知呼图哈雅、治中金山、判官玛哈默特、推官李椿、刘好礼、经历逯瑞、知事杨守谦等，共落成之，[7] 而住程督者，则嘉兴令杨某也。[8] 吾何力焉？惟是兴造岁月不可不纪。乃致书币来请记。[9]

予善是库之作于水昏正，[10] 既得其时；位于府之东也，又得其地。藏牍所以定民也，而役不勤乎民；民定所以事国也，而财无甚费于国，不谓之克尽其职乎？

照磨字子华，吴兴人，韵度清美，以词翰名世，然实长于政事。属岁大祲，[11] 饥民廿有二万余，郡赈之不足，子华请以给孤老赢粮万二千七百余石、赢钞三十余万缗益之。[12] 不得请，则规米为粥，日于僧寺食之。[13] 此又足以见其及于人者矣。或者他日掌图书秘府，以所知古今得失之迹、民生休戚之故，从容为上言之，则人又将大受其惠也。（见《安雅堂集》卷九）

译文：

---

① 约，节俭。庸，雇工。
② 陶，此指砖瓦等工料。斧，此指木工。
③ 秩、次，即秩序、次序。
④ 汇，指品类或类聚。
⑤ 爨（cuàn），锅灶。
⑥ 照磨，此以唐棣的官职代指他本人。克，能够。
⑦ 兹役，此次工程。达噜噶齐，即达鲁花赤，蒙古语长官之意。元时多数行政机关及各路总管府均设此职，主要由蒙古人充任，以掌印办事、把握实权。总管、同知、治中、判官、推官、经历、知事，皆官职名称。
⑧ 程督，工程总管。令，指县令。
⑨ 致，送达。币，指礼物。
⑩ 水昏正，即水星黄昏时分出现在正南方的季节。
⑪ 属（zhǔ）岁，连年。祲，阴阳相侵之气，此指气候失调。
⑫ 赢，有余。
⑬ 规，划分。食，此读sì，通“饲”，给人吃。

古时候，当营室星傍晚出现在天的正南方的季节，人们便开始建造房屋。在营室星宿东边，即上首的两颗星叫东壁，它象征着地上收藏档案文书的府库。收藏于府库的东西，无不是日常所需要的，而独有收藏档案文书的府库，显示出居于室宿上首的征象，这不是意味着收藏档案文书的府库对治理国家者十分重要而不可置于次要位置吗？

上古时代，民风淳朴厚道，人民容易治理，统治者用结绳记事的方法就足以治理天下了。庖牺氏兴起后，世风逐渐背离古朴，不用文书契据已不足以治理民众了。况且到了后世，风气日益下降，习俗日益浇薄，诈伪日益滋生，统治者一旦失去书契这些凭证依据，将依靠什么来治理天下呢？这就是为什么天象上早就显示出以收藏档案文书为重的原因。

嘉兴路总管府的提控案牍官兼照磨、承发、架阁官唐棣，向总管府报告说："天子以天下为一家。所有郡县的户口、钱粮、刑事、建造等，都是朝廷的大事。这些事情，都记载于档案文书上，这些档案文书，都必须有收藏的府库。嘉兴是浙江西边的大郡，事务繁多，从大元开国的至元年间到当今的这个至元年间，所积累下来的案卷已有105000多件，簿籍13900多本，都没有专门的地方收藏，散放在总管府走廊两头的角楼里和经历司旁边的屋子里，风吹雨淋，虫咬鼠噬，无人看管，狡猾的小吏和势家大户，狼狈勾结，对这些案卷簿籍上下其手，逞其奸计。而且这些房屋周围，民户一家挨一家，各家做饭烧火，炊烟缭绕，万一发生火灾，岂不又要重演周代那样火烧档案库房的灾害了吗？应该赶快找一块空地，建造架阁库，专门贮存档案文书。这件事即使现在办成了，也已经晚了些。"总管府将这个报告上报省里，省里派人来视察后，在总管府东边找了一块空地，190尺长，28尺宽，盖起了库房15间，共花钱15750千文。始建于至元二年冬天，竣工于第二年夏天。工程的费用都是官府紧缩开支而节省下来的，工役也是花钱雇工而没有无偿征用民力，整个工程材料坚固，做工精良，结构严密。于是原来散放各处的案卷，都归聚到一起，按照年月次序依次排放，并且作出显著标志，非常便于识别，征寻索找都有类目可查，库房门窗的开启关闭皆有规定，而且库房建于单独的地块，不毗邻任何火源。这位掌管档案的官员可以说是能尽其职守了。而他却说，这一工程，是由达噜噶齐按达拉、总管和元升、同知呼图哈雅，冶中金山、判官玛哈默特，推官李椿、刘好礼，经历逯瑞、知事杨守谦等人共同促成的，而实际负责这一工程的则为嘉兴县令杨某，我出了什么力呀？只是建造的年月不可以没有记载。于是来信并送来礼物请我作记。

我赞赏这座档案府库的建造，既当其时，又得佳地。收藏档案的目的是安定、治理人民，而兴建这一工程时却没有无偿强制地役使人民；安定、治理人民是为了国家，而兴建这一工程也没有浪费国家钱财。这不是能尽其职守吗？

照磨唐棣，字子华，是吴兴县人，气韵清丽，风度翩然，以笔墨文章名于当世，然而实际上他又很擅长于治民之事。这里连年大灾，饥民20多万，郡府钱粮救济不足，他又请求增加救济粮12700多石，增发救济钱30多万缗，但没有得到批准。于是他筹划把剩下的救济米用来做成粥，在寺庙里每天分给饥民。这又足见他为官之惠及于民了。假如有一天他能去掌管国家的档案府库，以其所知道的古往今来政治得失的轨迹、民生苦乐的缘由，一条一条地上奏给皇帝，供其治国作参考，则人民将更要大受其德惠了。

（原载于《档案工作》1989年第8期）

新见元代三篇档案学文献释析

不久前，笔者曾撰文介绍了新发现的元人文集中的一份元代档案学文献——陈旅《嘉兴路总管府架阁库记》（见《档案工作》1989年第8期），最近，笔者又从元代地方志中发现了同属于元代的一组档案学文献共三篇，即归旸《中书省〈六政条要〉题名记》、毛文庆《中书省架阁库题名记》、张以宁《中书省架阁库题名记》。这组文献，较为详细、具体地记载了元代的总理府——中书省档案机构、人员的设置情况与档案的保管、整理、编辑情况，并提出了一些较有代表性的关于档案的见解，是我们了解元代中央政权机构档案工作一般情况和研究古代档案学理论的难得素材。现将它们介绍给大家。

一、关于这三篇文献的来源

这三篇档案学文献，原收录于元末人熊梦祥所纂集的《析津志》一书中。析津，指辽代的析津府，入金改为大兴府，属中都路，元灭金后，又改中都为大都，相当于今北京及其周围地区。元代末年，江西丰城人熊梦祥（字自得。一说名自得，字梦祥）先后任大都路儒学提举和崇文监丞，接触到大量的内府藏书，并有机会对大都进行实地考察。卸官后归隐于京西斋堂村（今门头沟区斋堂镇），与友人张真人共同纂辑了这部专门记述元大都地理、历史的地方志书。《析津志》也称《析津志典》或《燕京志》，在明初存世时有34册，明万历前后，该书逐渐亡佚。因此，它的原有卷数和篇目今皆不得而知。但是，明初纂修的《永乐大典》《顺天府志》等书中，曾大量引录此书内容，因而后就有人从这些书中辑录《析津志》。比如，今北京图书馆收藏的清徐维则铸学斋所藏抄本原题《宪台通纪》一书，实即从《永乐大典》中辑录的《析津志》。20世纪30年代，北京图书馆开始从残存的明《永乐大典》、明《顺天府志》、清朱彝尊《日下旧闻考》、清铸学斋藏抄本原题《宪台通纪》等书中系统地辑录《析津志》佚文。20世纪80年代初，该馆善本组的同志又对原来的辑稿进行了整理并新辑出若干资料，共辑得十余万字，分为城池街市、朝堂公宇等18个条目，编为《析津志辑佚》（以下简称《辑佚》），1983年由北京古籍出版社出版。笔者所见到的这组文献，就出自这本书。

根据《辑佚》中每条后面的出处注，这三篇文献直接引自“清徐氏铸学斋抄本《析津志》”。该抄本共两册，首尾不全，今藏北京图书馆。它原先是山阴李宏信（字柯溪）小李山房的藏书，后归同县孙沂（字古徐）小书楼所有，接着又转归徐维则铸学斋收藏。李宏信收藏此书时，因见其中载有《宪台通纪》的序文，便将它题名为《宪台通纪》。徐维则收得此书后，根据其内容发现此书绝非《宪台通纪》，因而于光绪二十三年在书后作了一篇长跋加以说明，认为“观本书体例，似系明初人辑元都掌故之书，故《永乐大典》中得而收之。书内有签校《大典》数条。惜首尾不完，学业�陋，无能定其为何书。仍依旧题曰《宪台通纪》，以俟后人考定焉”。北图善本组的同志将此书与馆藏的元《宪台通纪》对勘，发现此书与它内容绝不相同，故无疑不是《宪台通纪》，并根据书中的内容将之定名为《析津志》。

从徐氏跋语看，书内有签校《大典》数条，则可知徐氏藏抄本《析津志》乃从《永乐大典》中辑出。这样，我们就基本弄清了这三篇档案学文献的传承源流：1983年北京图书馆整理本《析津志辑佚》辑自于清徐维则铸学斋藏抄本《析津志》（原误题《宪台通纪》），徐氏藏抄本《析津志》由佚名者辑自《永乐大典》，《永乐大典》录自原《析津志》。由于这些文献经过辗转抄录，因而在文字上可能有衍脱倒误等现象，有些地方较难读通，令人费解。由于本人学识浅陋，无力对文字作出更精当的校勘，因而在介绍时，所有文字都完全照录《辑佚》，但标点和分段，则于其未见允当处略加改动，但一一注出，不宜加标点而《辑佚》加了的，用圆括号表示删去；应加标点而《辑佚》未加的，用尖括号表示新增，以示负失当之责。此外，这三篇文献在《辑佚》中原排列次序依次为张以宁文、毛元庆文、归旸文，今依作文时间顺序，重新加以排列。

二、归旸《中书省〈六政条要〉题名记》释析

《中书省〈六政条要〉题名记》原为立于中书省架阁库内的一块刻石，归旸作于元至正八年（1348年），全文如下：

中书省《六政条要》（原无书名号）题名记

在架阁库内

书契之兴邈矣。圣人综理天下，以成画一之治，而不迷于久远，其征诸此者常多（，）。有王者作，莫之能废也。不徒不能〈，〉管（，）又加谨焉。周以太宰统六官，掌建邦六典，以佐王治于国，府史之征，亦有常数，盖其谨如此。皇元稽古建官，而与时损益。曰省、曰部者，其名悉仍乎近代〈，〉以告（。）夫居简驭烦之道，则犹周人之遗意也。然地广务殷，视古有加焉。凡中书以天子之命立经制、陈教策而下于四方，与四方之事（，）有司不敢专而上于中书者，简牍所充栋厦庋阁之间，揭以岁月，错陈杂袭，以待群吏之覆视。更乾乾复以为奸，典守者（，）矧又慢其出纳之令乎！卷帙纷纭，间有亡轶，时加比次，寻复如故。至正七年三月又十五日，中书有大政便殿，遂以其事闻。请置局编辑，而不以有司从事。董政之大臣，笔札之下吏，皆取决于上，而制皆曰可。编辑之法，匪独以岁之远近，因以汇其因革（。），所因者又缮录其大旨，别为一书，备观览焉。五月二十二日开局，明年十二月某日讫事。得卷五十二万一千九百七十有八〈，〉宗（，）籍卷册合八万五千五百四十三帙，所用之条，三万有奇。书成，名曰《六条政类》（原无书名号）者，亦上旨也。省椽王鼎新、郭睿终始有劳，谋刊石以记其成，且以署在官者之爵氏于左方，属旸述其梗槩。

呜呼！国家立业区区，固有天命（。），而人事存乎其间（，）。乂安之余，纽为玩愒。今天子夙夜励精，思正百度，以

嗣中统、至元之绪。任事之臣，承命怀恐，惧无以称塞万一，上负隆寄，故于休戚之系于生民者，行之无虚日。以其余力及此，其意槩可睹矣。列圣重光，典章大备，虽其教化之精意，征伐礼乐之微权，与夫神谟睿算，非外庭所得与闻，有不能尽见言语文字之间。若乃宗庙朝廷之彝制，土田山泽之委输，庠序之教，耕稼之法，百工之程章，五刑之条令，庶官之品秩，或以（泊）洎于稽兆民之耗（，）登，察九州之废置者，莫不布在方册（。），所以持邦纪而定国，是以为亿万斯年之世守也。是可与州县簿书同归，故而设为有司之事乎？且旸闻昔者孔子能言二代之礼，而喟夫文不足征（。）；孟轲氏能闻其略（，）于班爵禄之制者，以诸侯恶而去其籍也。文籍之有关于王政如是，其可忽诸？矧汉文传（，）相，称其好（。）观汉故事（，）及便宜章奏，卒能佐孝宣中兴之业（。），而蔚为西京之名臣者，盖不无儆也。是举也〈，〉簿书云乎哉！（？）董正者，平章政事定住左丞吕公也。浚仪归旸记。

全文共分两大部分。第一部分主要为记事，记载档案的产生与作用以及历代人们对它的重视，记述元代中书省档案的状况以及中书省根据档案编纂《六政条要》的经过。第二部分主要为议论，说明中书省档案的重要性以及编辑《六政条要》的重大意义。

由于本文所记之事与档案密切相关，所以作者始终围绕档案下笔。文章一开头，就讲了档案的起源、作用和人们对它的重视，认为作为档案的文书契据的兴起已有非常久远的历史了。早在国家形成之前的原始时代，圣人们在治理天下时，就常常参考征用文书契据，以之作为治民的工具了。由于文书契据可以行于远近，传于四方，因而圣人们依赖它们能够整齐划一地治理人民、治理社会，即“成画一之治”；又由于文书契据可以留于将来，传之长久，因而圣人们又可以通过参考书契而明了先人的治策，代代相传，长久地遵循沿用，不因时间的推移而有所迷惑，即“不迷于久远”。由此可见，早在原始时代，档案就已形成，并已发挥着帮助圣人治理天下的作用了。以后，随着社会的进化，档案也并没有被废除，而且还更加得到重视：“后来王者兴起，代替圣人统治天下，也不能废除文书契据；不但不能废除，而且还更加谨慎地加以管理。”作者并举了周代的例子加以证明。据《周礼》记载，周代设官总分为六，即天官冢宰、地官司徒、春官宗伯、夏官司马、秋官司寇、冬官司空。冢宰治官有太宰一人，掌建邦之六典，以佐王治邦国。六典分别为治典、教典、礼典、政典、刑典、事典。王朝中央设有天府，收藏全国各级行政组织的档案文书，天府中设上士一人，中士二人，府四人，史二人，胥二人，徒二十人。这就是本文中“周以太宰统六官，掌建邦六典，以佐王治于国，府史之征，亦有常数”的出典。

古代的情况如此，那么，元代的情况怎么样呢？作者介绍说，大元建国后，依照古代制度设官置职，并根据时代实际而加以改革，虽然有的称省，有的称部，在名称上仍沿用近代的称谓，但若说其设官从简以处理繁务的原则，那还是遵用周代的遗规。尽管制度遵古，然而现在地域之广、事务之繁，都比古代增加许多了。凡是中书省根据皇帝的命令而订立的大政方针下于全国各地和全国各地上报中央有关部门而中央有关部门不敢擅自处理而上于中书省的所有文书册籍，充斥于房屋柜架之间，仅仅标以时间，而错杂紊乱地陈放着，等待着有关吏员加以复查。复查的吏员终日为奸，典守档案者况且又不严格执行关于档案出纳的规定，因而这众多的案卷时有失落，虽然也有时加以检查整治，但不久又散乱遗失如同以往。至正七年三月十五日，中书省首长在便殿参议大政时，将中书省档案保管不善的情况向皇帝作了汇报，并请专门设立机构加以编辑，而不仅仅由档案保管者所从事，其主持编辑的大臣和承办具体工作的小吏，都由皇上决定。皇帝都下令批准了。编辑的方法，不仅以时间远近为顺序，用以考其沿革源流，而且还将仍在沿用的部分择要摘录出来，另外编纂成书，以备阅览参考。这年五月二十二日开局编纂，第二年十二月某日完成，共整理出文卷521978卷，各种文卷簿籍共包装为85543函套。摘录出来而编进书中的共30000多条。书成后，根据皇帝的旨意命名为《六条政类》。中书省掾王鼎新和郭睿自始至终负责其事，事成后刻石记载其事，并将参加者的官职姓名署之于下。他们请归旸撰文记述此事前后梗概，从而形成了本文。

针对中书省档案系统整理编辑的浩举，作者不禁感慨系之，热情赞扬了这一工程的重要意义。他首先从群臣能于百忙之中从事于兹这一角度来说明此事的重要：“国家基业弘大，虽然是由于天命，但也有人的努力在发挥作用。

大元建立后，多年太平无事，人们逐渐习以为常，苟且玩忽。今天皇上日夜不懈，励精图治，想要修正各种制度，以继承中统、至元之遗绪。担任此事的臣子们，受命任职以后，各怀惶恐，惧怕稍有一点不称职，上负皇帝寄予的厚望，因而每天都忙于施行有关生民疾苦的事情，没有空闲的时日。现在能以剩余的精力从事于这件事，其用意也就大略可见了。”接着他又以中书省档案的重要性来说明此事的意义：“我朝列位皇帝继相承治，典章制度大为具备，虽然他们教化百姓、征伐天下、制定礼乐制度的精微意旨以及种种神机妙算，并不是中书省这样的执行机构所能知道的，因而这些都不能在中书省文书之间反映出来，但诸如宗庙和朝廷的制度、全国土地山林湖泽的贡奉、学校的教育、农业的法度、手工业的章程、刑律的条文、众官的品级以及可以稽查人口增减、考察州县废建的，无不记录于中书省的档案之中，这些国家的政治纲纪，都是可以用来治理国家，使国家得以长治久安的，难道可以将它们和地方州县的基层文书一同看待而仅仅由档案人员去从事整理吗？”最后，作者进一步以几个历史典故来强调档案的重要性和此举的重大意义。“且旸闻昔者孔子能言二代之礼，而喟夫文不足征”的典故出自《论语》卷三：“子曰：夏礼，吾能言之，杞，不足征也；殷礼，吾能言之，宋，不足征也，文献不足故也。足，则吾能征之矣。”“孟轲氏能闻其略于班爵禄之制者，以诸侯恶而去其籍也”的典故出自《孟子》卷十：“北宫锜问曰：‘周室班爵禄也，如之何？’孟子曰：‘其详不可得闻也。诸侯恶其害已也，而皆去其籍。然而轲也尝闻其略也。’”这两个典故都说明了档案与国家政治的密切关系，不能忽视档案的作用，因而作者强调说：“文书档案这样地关系到国家的政治，难道可以忽视它们吗？”“矧汉文传相，称其好观汉故事及便宜章奏，卒能佐孝宣中兴之业，而蔚为西京之名臣者”的典故出自《汉书》卷七十四魏相传：“（魏）相明易经，有师法，好观汉故事及便宜章奏，以为古今异制，方今务在奉行故事而已。数条汉兴以来国家便宜行事及贤臣贾谊、晁错、董仲舒等所言，奏请施行之。……近观汉相，高祖开基，肖、曹为冠；孝宣中兴，丙、魏有声。”传中称魏相喜欢观览前代档案，并将这些档案中所记载的行政措施酌行于当代，从而与丙吉一样成为汉宣帝这一中兴时期有声望的良辅。作者征引这一典故，意在说明中书省诸臣编纂档案，将能把档案中记载的前代良政施行于当代，是一桩有关于国家政治的大事，而不仅仅在于整治好了档案而已。因此他认为中书省诸臣编纂档案，与西汉中兴名相魏相的好观故事并加奉行不无相仿，并赞叹道：“此举难道仅仅是整治整治案卷吗？”最后，作者点明了这次中书档案整理编辑工程的负责人，即平章政事、定住左丞吕思诚。

三、毛元庆《中书省架阁库题名记》释析

本文在《辑佚》中列于张以宁《中书省架阁库题名记》后，因而标题作《又记》，现标题为笔者所加，按照文中所记，该石当初即立于中书省架阁库，作文时间在至正十三年（1353年）秋。全文如下：

> 世祖圣德神功文武大孝皇帝建元中统初，立中书省以统百司（，）本庶〈，〉政教、典礼、兵刑，事之为成，与天下郡县之版籍，当藏弃征信者，设管勾架阁库官俾典之。至元中〈，〉立尚书省以厘中书之务，则为尚书省管勾架阁。若后罢尚书，归中书，复为中书省管勾架阁。初秩七品，其员增减不常。今四人，吏一十四人有常。选贤能之才（，）、明礼习章程（，）、廉敏有干局者居之。由是位通显（，）为时名卿大夫者有焉。稽之《周官》，（原无书名号）民数登于天府，犹为旧章（，）。兼是任，何重如之！国家损益立法，枢机圆密，品式备具，一是考卒敬厥职者，宜朝夕尽心力至也。至正十有三年夏，中书主管领掾高昌忽都鲁惟敬（，）、中书掾济宁为好义用中〈，〉以选居是官（。），同寅克勤，综理有条，官常具举。爰始立石公署，题名氏，纪迁次岁月，而虚下方以俟来者，思职以致远大者。夫异时所立，于兹有考矣。是年岁在癸巳秋七月，承事郎、国子监丞毛元庆记。

这篇题名记主要是记事。它首先记载了中书省架阁库的建置沿革与人员情况：元世祖中统初年，设立了中书省，以统领政府各机构的大小事务，凡教化、礼仪、军事、刑律等方面过去已办理完毕的事务和全国各府县的地图户籍等应当收藏以备取用者，设置管勾架阁库官来典守它们。至元年间，新设尚书

省以管理原中书省的事务，因此，中书省管勾架阁改为尚书省管勾架阁。其后撤销尚书省，其事务仍归中书省，尚书省管勾架阁又恢复为中书省管勾架阁。开始官阶为七品，其人员时有增减而不固定，现今有官员4人，办事小吏14人。中书省架阁库的官吏，都选择那些贤良能干、明白礼仪、熟悉办事规则、清廉敏捷而有才干者担任，因此，其中往往有一些官位显赫、为当时有名大臣的人。

文章接着又论述了担任中书省架阁库官员的重要性和他们应该怎样地尽职，说，按照《周官》的记载，当时人口统计的户籍文书都上报于中央并收藏于专门的机构天府中，可见收藏档案这种事情已由来很久了。担负这样的责任，是何等的重要啊！现在，国家根据历代制度和当今情况而建立了法律，机构的设立完满周密，各种制度规章也具备齐全。所有担负收藏这些法令制度的官员，应当每天都尽力地干好它。

最后，作者记述了有关这次题名记产生的一些情况：至正十三年夏，原中书省的主管领掾高昌人忽都鲁惟敬和原中书掾济宁人为好义被选用担任中书省管勾架阁，两位同僚勤勉供职，各项事务管理得井井有条，所有应办理的事情也得到了办理。因而开始在官署中立石，题上自己的名氏，记下开始担任此官的时间，并空下后半部分，留给将来担任此官的人题写，用以表示期待着远大的未来。这样，过去有所兴立的事，就可以借此而得以考据了。

四、张以宁《中书省架阁库题名记》释析

该文作于至正二十年（1360年），全文为：

> 中书省署之西偏为库，曰架阁。凡天下之图书、版籍，计金谷钱帛出纳之文牍，尊闳庋藏，以待夫考征之用者，咸在焉。其官管勾二人，吏书写十人，分厘其事务。次者十五人，分周藏史〈、〉汉掌故遗制云。至正十九年，西域阿鲁温沙良甫，济南杨诚子真，选居是官，克修乃职，寅恭胥协，乃议易名其视事之堂曰“阅公”。（原无引号）取昔人貌阅户口之义。而子真大书揭诸颜。予闻太史氏纪萧相国何，能取胜国律令图

书，以故知其地形阨塞、户口多寡、强弱处与民之疾苦，用辅成汉业。孝宣励精核实，命察计簿，欺瞒者按之，使真伪毋相殽，号称中兴。盖路程品式，固为政不可缺如此。今国家舆图广而事务殷，端坐一堂之间而考知四海之故，惟公则诚，私则伪；惟公故明，私则暗。诚以立已，明以检奸。不瘝乎官，不病于民人（，)。二君克修乃职，以报其上也久矣。后之嗣居是官者，其尚勿替于兹（，)。因其请，书以记其沿革在（。）其人题名记。庚子年三月，国子博士、承德郎张以宁。

本文也主要分为两大部分。第一部分为记事，首先记述了中书省架阁库所在的地理位置，即位于中书省公署内居于西边的地方。据《析津志》记载，元中书省署在“大内前东五云坊内”，自前往后依次为外仪门、中仪门、内仪门、省堂正厅、穿廊、正堂等，最后边，东为检校厅正厅三间，西即为架阁库正厅三间。这与本文的记载是一致的。接着记述了中书省架阁库的收藏内容，即凡全国地图、户籍及记载钱粮出纳的文书等需要加以尊藏而等待将来引据利用的，都收藏在这里。下边又记述了这一档案收藏机构中的人员和职责分工：其负责的官员有管勾2人，分别承担架阁库事务的吏员有书写10人，此外还有15人具体担任保管收藏工作。最后，便自然地记述到现任官员情况来：至正十九年，西域人阿鲁温沙良甫和济南人杨诚，同被选用来担任中书省架阁管勾，他们尽心供职，相互敬重协作，共同商议将他们办事的公堂改名为“阅公”堂，取古人貌阅户口的意思，并由杨诚书写后标于其堂楣。这样，本文就为我们勾勒出了中书省架阁库的一些基本情况来。

第二部分是议论。由于中书省架阁库收藏的都是政府文书，所以作者先引用了两个历史典故，来阐述档案文书的重要性。第一个典故出自《史记·萧相国世家》：“沛公至咸阳，诸将皆争走金帛财物之府分之，何独先入收秦丞相御史律令图书藏之。”“汉王所以具知天下阻塞，户口多少，疆弱之处，民所疾苦者，以何具得秦图书也。”这是萧何尽收秦官文书而知全国形势、民情，终使刘邦在与项羽的争霸中取胜，建立大汉基业的故事。第二个典故出自《汉书·宣帝纪》：“诏曰：‘上计簿，具文而已，务为欺谩，以避其课。……御史察计簿，疑非实者，按之，使其真伪毋相乱。’”这是汉宣帝针对全国会计文书中的欺蒙现象而命御史加以审计，发现不实即加惩治，从而实现王朝中兴的故事。这两个古代帝王、大臣重视档案文书的事情，都说明了政府文书对于国家政治的不可或缺的重要作用，因而作者总结道："盖路程品式，固为政不可缺如此。"接着，作者又针对两位架阁管勾为其办事之堂取名为"阅公"一事，加以议论，阐明公对为政者特别是收掌档案文书者的重要意义："当今国家疆域广大而事务繁多，端坐在一间屋子里而考察天下的事情，公正则诚实，偏私则失真；公正就能明察事理，偏私则要昏暗失察。诚实用于自己立身，明察用以检查奸伪。这样就能无害于政府，无害于人民。"接着他又对两位架阁管勾以公报职的举动加以赞扬，并提出希望，勉励来者，将教育后人的意义寓于文章的结尾处："这两位架阁官员出以公心尽其职守，以报答皇上对自己的重用，已经很久了，后来继续担任这一官职的人，请不要改变这一点啊。"最后，作者一笔点出了这篇文章的由来，即应两位架阁官员的请求而将中书省架阁库的沿革记载于他们的题名记中。

五、这组档案学文献的价值

元代这三篇档案学文献，首先为我们提供了元代一个中央机关档案室——中书省架阁库的各方面基本情况。它们包括：

1. 机构与人员情况。中统初年，在设立中书省的同时，也设立了中书省架阁库，并设置了管理架阁库的官员——中书省管勾架阁加以管理。至元中，随着中书事务之归尚书省，架阁库改称为尚书省架阁库，其官员也称为尚书省管勾架阁。后来，当尚书省重新改为中书省时，其机构和官员的名称又得到了恢复。架阁库设于省署内，位于西侧。架阁库正堂至正二十年取名为"阅公"堂，并书有牌匾。架阁库负责官员管勾的官秩为正七品，人数没有常额，随时或有多少。至正十三年时有4人，其中有原中书主管领掾忽都鲁惟敬、原中书掾为好义。至正二十年时有2人，为阿鲁温沙良甫和杨诚。其具体办事的吏员也无定数，至正十三年时有14人，至正二十年时共有25人，架阁库官吏都通过铨选而加以任用，选用条件是贤良能干，明白礼仪，熟悉各种制度，清廉、敏捷，有才干气度。因而这些人中有的是当时官位显赫、名望较高的官员。

2. 档案的成分、范围和内容。中书省架阁库档案的成分，包括"中书以天子之命立经制、陈教策而下于四方与四方之事有司不敢专而上于中书者”。其中，中书省下于四方者，为中书省的发文或中书省的下行文书；有关部门上于中书省者，则为中书省的收文或有关部门的上行文书。中书省架阁库收藏档案的范围，是中书省文书中已经办理完毕的，即“事之为成”者，并且是具有收藏价值、可备将来考证取信的，即所谓“当藏弃征信”或“以待夫考征之用者”。中书省架阁库档案的内容不但有“天下郡县之版籍”“天下之图书版籍、计金谷钱帛出纳之文牍”，即天下州县的地图、户籍和钱粮收支账册，而且还有大量其他方面的档案：“若乃宗庙朝廷之彝制，土田山泽之委输，庠序之教，耕稼之法，百工之程章，五刑之条令，庶官之品秩，或以洎于稽兆民之耗登、察九州之废置者，莫不布在方册”，其中既有政治、经济、文化教育、法律等方面的内容，又有农桑水利、工程建造、人口增减、州县废置等方面的内容。

3. 档案的保管情况。中书省办理完毕的文书，一般要在卷宗上标明时间，然后放到架阁库内，等待检校官员来加以复校。对于案卷进出库房，有着专门的制度规定。对于秩序混乱的档案，有时也要按次序加以整理。但是，在至正七年五月以前，档案保管得相当混乱。首先，虽然在每个案卷上标有时间，但这些案卷并不是按时间有次序地排放，而是“错陈杂袭”，胡乱堆放；其次是检校者“乾乾复以为奸”，不但不保护好档案，而且还时有抽毁；此外，架阁库的保管人员也不严格执行关于案卷进出库房的规定。这就造成了档案丢失现象的不断发生。尽管有时也重新加以比次整理，但不久又混乱如常。自至正七年起，中书省集中一部分人力，对架阁库档案进行了彻底整治，所有档案基本都按时间顺序而有秩序地排放，而且还加了包装，平均每6卷装为一包或一函。

4. 关于档案的数量。自中统元年设置中书省，直到对中书档案进行彻底整治的至正七年，共87年间，中书省架阁库累积共有档案521978卷，这些档案共包装为85543帙。

5. 档案的整理编辑情况。至正七年，为了彻底改变中书省架阁库档案的混乱状况，在中书省首长的建议下，经过皇帝批准，对中书省档案进行了彻底整理和编辑。整理时，为了能从档案中清楚地看出前后政策的因袭变化，对所有档案都“以岁之远近”，按照时间顺序排列。在逐件整理的同时，又将档案中至今仍然沿用的部分摘要抄录下来，按类顺序编录成书，结果从整理出的52万多卷档案中，共摘出3万多条。这样，整理与编辑互相结合，同时进行，一次完成，一举而两得，不失为一种节省人力的好方法。即使在今天，这些整理编辑档案的办法也仍有值得借鉴的价值。

其次，这三篇档案学文献还为我们提供了元代一些学者对于档案和档案工作的卓越见解。这些见解有：

1. 关于档案的起源。归旸《中书省〈六政条要〉题名记》称“书契之兴邈矣”，认为文书契据产生的历史已经很远了。远到什么时候呢？“圣人综理天下，以成画一之治，而不迷于久远，其征诸此者常多。”也就是说，早在“圣人”时代，“圣人”们就已经常常依据文书契据来治理天下了，那么，文书契据早在“圣人”时代就已经产生了。本文中的“圣人”，是与下文所说的“王者”相对应的，是“王者”兴起以前的统治者。“王者”是指通过世袭而继承王位的统治者，“王者”时代在我国历史上开始于夏代。“圣人”是指不依靠世袭而通过“禅让”推举产生的统治者，“圣人”时代在我国历史上主要指传说中的黄帝以至尧、舜、禹统治的时代，当时还处于原始社会后期的部落联盟时期。在我国古代文献中，多有仓颉造字的记载，并传说仓颉是黄帝的史官，因此，古人多把我国书契的产生追溯于黄帝时代。归旸把书契之兴追溯到“圣人”时代，就是这种观点的反映。这种观点虽然目前还没有得到完全的证实，但从中华人民共和国成立后相继发现的距今五六千年甚至七八千年的刻画文字看，我国早在夏代以前的原始社会，就产生了文字，并将文字应用于政务活动，从而形成文书档案，则是可以肯定的。这就可以看出，归旸认为档案起源于“圣人”时代的观点是有一定价值的，他不仅仅提出了作为档案起源各种观点中可以作为一家之言的一种观点，而且这种观点提出于几百年之前并在今天看来仍是比较正确的。

2. 关于档案的作用。归旸《中书省〈六政条要〉题名记》称：国家大事莫不记载于中书省档案，因而这些档案非常重要，“所以持邦纪而定国，是以为亿万斯年之世守也”。这里，他把档案视作“邦纪”，即记载着国家的政治纲纪，并认为利用这些政治纲纪可以起到安定国家、使国家长治久安、世代相传至亿年万年的作用。接着，他在列举了历史上孔子因文献不足而不能言杞宋之礼制、孟子因文籍失去而不能详周代班爵禄之制的两个典故后，又一次强调说：“文籍之有关王政如是，其可忽诸？”认为档案与国家政治相关甚紧，不可忽视。与此相同的是，张以宁在《中书省架阁库题名记》中也提出了同样的看法。他先是列举汉相萧何收罗秦代档案而具知全国情况，终于帮助刘邦战胜项羽、建立汉王朝的事迹，接着又列举汉宣帝从核实会计文书入手而整顿吏治、中兴汉室的事迹，用来说明这样一个道理：“盖路程品式，固为政不可缺如此”，即档案文书是治理国家所不可缺少的东西。所有这些看法，都不约而同地从国家政治的高度来看待、认识和评价档案的作用，认为档案对国家政治不可或缺，与治理、安定国家密切相关，这是符合档案的本来面目和实际情况的，并没有失于夸张和强调过头。因为档案文书是国家在治理社会、行使职能的过程中形成的，它不仅在形成中作为国家推行政令的主要手段而不可缺少，而且在形成之后，仍然作为国家制定新的政令的必要参考而不可缺少。它的首要作用和原有作用就是政治方面的作用。归旸、张以宁能充分认识到这一点，准确地看到这一本质作用，这是他们的高明、卓越之处。因为无论是他们同时代还是他们之前或之后以至今天，许多人甚至是不少直接从政的大大小小的政治家，都缺乏这种政治眼光和政治头脑，没有能够完全认识或看清这一点。这是归旸、张以宁对我国古代档案学理论的贡献之一，也是这几篇档案学文献的重大价值之一。它的认识作用即使在今天也没有完全失去，它们仍然能使那些昧于档案政治作用、在行政工作中忽视档案的人感到清醒。当然，用今天的眼光来看，档案在其政治作用以外，还具有其他作用，其中特别是保存历史、教育后人的文化作用，这是这几篇文献中都没有提到的。这种片面，或许是由于官署题名记这种特定文体的局限，或许是由于他们的历史局限和认识局限所形成的吧，这是我们不应苛求于古人的。

3. 档案工作的意义。毛元庆在其题记中通过当时选任中书架阁库官吏的严格选择条件和当时在中书架阁库官吏中不乏官位通显的当时名宦的事实，说明了这些档案官员所从事的档案工作的重要性，并考察了周代官制中有全国人口统计文书集中上报藏于天府的故实，进而感叹道：“兼是任，何重如之！”担任负责收藏档案的责任，是何等的重要啊！这样，他就把档案工作的重要地位揭示得十分清楚了。“何重如之”四个字，对于我们今天一些把档案工作看得无足轻重，看为闲职，作为安排老、弱、病、残、庸挂职休养的职位的领导者和一些自认为自己的工作无关紧要、可有可无，对自己的地位悲观失望、自暴自弃，充满被人遗弃感和自我失落感的档案工作者，难道不是一种提醒和鞭策吗？

归旸《中书省〈六政条要）题名记》称：中书省官员为了上报皇恩，每天忙于办理有关国计民生、人民休戚苦乐的重大事情，但却以一定的力量从事档案的整理编辑，其用意也就可知了。这里，作者很明显地认为档案工作绝不是无关于生民休戚的小事。在文章的最后，他还引用西汉名臣魏相留心档案，以其中记载的适用于今的制度办法加以施行，从而辅佐汉宣帝成就中兴之业的典故，说明吕思诚等人着意于整理编辑中书省档案，也是可以与之相比的事情，并以反问的口气说："是举也，簿书云乎哉？"这次整理编辑档案难道仅仅是整理整理文书故纸吗？这实际是以肯定的语意赞扬吕思诚等人整理编辑中书档案的举动，其意并不仅仅在于档案本身的整理，而是可以通过整理编辑档案，将档案中记载的法令制度作了整理，有利于今天的各项法令制度的参考施行，具有辅佐政治的重大政治意义。这一观点，确是具有洞察表里、剔肤见骨能力的灼见卓识。"簿书云乎哉"的反诘，对于所有把档案工作仅仅看作整理整理簿册文书而无关国家大政的屑小之事的人，无疑是有力的驳问。如果档案工作者常常以这一警策来反躬自问，那么，我们还敢以自己的簿书之任而自轻自贱吗？我们还能不为自己肩负的重大政治责任而感到欣慰自豪和自珍自重吗？

（原载于《档案学文献》1990年第4期）

两件宋代官文书释读之考正

《档案工作》今年第8期发表了左言东撰写的《填补我国档案馆藏空白的两件宋代官文书》一文，对藏于安徽省档案馆和安徽歙县档案馆的两件宋代敕书进行了介绍。由于这两件官文书系用行体书写，且有个别地方用的是俗体写法，因而有几处较难辨认，这就为其文字的释读带来了一定的困难。再加上漏读了几个文字，因而左文所介绍的敕书文字，与原件有较大出入，影响了对文书内容的正确理解。现根据原件照片，并就管见所及，加以考正。

1. 绍熙元年敕书中，左文释读的“有殿内之臣，职在举奏，述详命令”一句，据原件照片当作“有殿内之臣，职在于平奏述，详命令”。这里，“于”字相当清楚，不难辨认，左文漏读。“平”字虽与简体“举”有些形近，但原件上显无一撇与一捺这样的笔画痕迹，且古代“举”字皆为繁写，其上半部之形，与“平”的上半部绝不相似，因此释读作“举”，显然是错误的。“平”，古与“评”通，是评论、评议的意思。“平奏述”就是审读、评议百官奏疏。宋代给事中具有这一职责。

2. 绍熙元年敕书中，左文释读的“科其违者而止之”，据原件照片，当作“纠其违者而止之”。从照片看，原件“纠”字作“糾”。由于其右边明显是一个“斗”字形，其左偏旁的“纟”字行书体又与“禾”的行书写法形状相近，因而左言东释读为“科”。其实，该字的“纟”字偏旁并不很难辨认，与“禾”字写法毕竟不同，细心一些就能看得出来，而且它与同件上“给事中”的“给”字的“纟”字写法基本相同，略加比较即可断定。至于该字右半边的“斗”，它并不是正楷的“斗”字，而是正楷“丩”的一种俗体写法。这种写法，在古代写本以及刻本中并不少见，最典型的如写本《永乐大典》、刻本《文苑英华》，其中的“丩”字就都写作“糾”。别外可以相证的还有“叫”字，在古代写本中也常常写作“呌”。而且，最近出版的《汉语大字典》中还正式收入了这个俗体字，称："叫，同'叫'。"并引《龙龛手鉴·口部》的解释："叫，'叫'的俗字。""丩"的这一俗体写法，可能是引起左言东错读的关键。

另外，这件文书是敕命谢深甫兼任代理给事中的。敕文中"职在于平奏述，详命令，纠其违者而止之，覆其是者而行之"一段话，是述说给事中职掌的。关于给事中的这一方面职掌，《宋史·职官志》是这样表述的："凡章奏，日录目以进，考其稽违而纠治之。"这里的"考其稽违而纠治之"显然是敕文中"纠其违者而止之"一语的出处来源。因此，这也可以作为"科其违者而止之"当为"纠其违者而止之"的一个旁证。

3. 绍熙元年敕书中，左文释读的"至于厥狱官人条陈法式之事，莫不当考察焉。尔卿深甫以材进拔……"一段，据原件照片，当作"至于厥狱官人条陈法式之事，莫不当考察焉。其任可谓重矣。尔卿深甫以材进拔……"由于粗心，左言东在释读时，将"其任可谓重矣"六字漏掉了。

4. 庆元二年敕书中，左文释读的"所以科官，齐内外"一句，据原件照片，当作"所以纠官邪，齐内外"。原件"纠"字也作"糾"，其左偏旁与同件上"纪纲"二字的左偏旁一样，都是"纟"字，这不难辨认和断定；其右边"斗"为"丩"的俗体写法，而非正楷"斗"字，已如上述。

另外的佐证是，该敕任命谢深甫为御史中丞，而御史中丞的职掌，《宋史·职官志》上记载得相当明白，即"掌纠察官邪，肃正纪纲"。敕文中"御史持国纪纲，所以纠官邪，齐内外"一句，正是由此化来。另外，宋代其他一些任命御史台职官的敕文中也有类似的话，如宋人王旦所起草的《太常博士充集贤校理丁执礼可依前太常博士集贤校理兼监察御史制》："敕具官某：御史府朝廷纲纪所在，以纠正官邪、主平邦宪为职。"（《全宋文》卷161）这些都可有力说明敕文中"科官邪"应是"纠官邪"。

还有一点应该特别指出，这两件官文书虽然藏于两地，但从其原件照片来比较、对照，它们不但形制、格式、用印完全一样，而且文字的书写风格也完全相同，可以断定出自同一位书家。因此，上边对两件文书中"纠"的考释，还可以互为印证，以此察彼，从而更加可以确定它不是"科"字而是"纠"字。

5. 庆元二年敕书中，左文释读的"德其钦哉"，据原件照片，当作"往其钦哉”。原件中的“往”字作“徃”，其左边的一竖为草书体的“彳”，是没有疑问的。其右边的“生”，虽与“德”的草体写法右边相近，但却并不相同，实际上，它是“主”字的一种写法。在古代的刻本中，“往”字的印刷体不少即刻作“徃”，只要稍加留心就会发现。即使在手写体中，“往”字也有写作“徃”的，宋人黄庭坚、明人沈周的书法作品中都有这样的写法，而且《中国书法大字典》还将沈周所书的“徃”作为“往”字的一种典型写法加以收录。

另外，“往其钦哉”或与之相近的说法，也经常出现在古代的命官敕文中。例如，唐白居易起草的《除某官王某魏博节度使制》：“……是用命尔，领兹大藩，澄清魏风，辑理相土，为我垣翰，永孚于休。往其钦哉，无替厥职。可魏博等州节度观察使。”（《全唐文》卷661）宋张孝祥起草的《黄仁荣除两浙路运副制》：“畿内漕视他路选尤重，尔以通才，娄更烦使，辍自泉府，使服故官。往其钦哉，嗣有褒擢。”（《于湖居士文集》卷19）宋苏轼起草的《张汝贤可直龙图阁发运副使制）：“敕具官张汝贤：……以尔昔为御史，号称敢言，奉使江表，罪人斯得，庶几知义利之分者。是以命尔，宠之新职，往惟钦哉。”《范纯礼可吏部郎中制》：“命以天官之属，其小进之，益观其能，往钦哉。可。”（《苏轼文集》卷38）上引王旦起草的《太常博士充集贤校理丁执礼可依前太常博士集贤校理兼监察御史制》：“……尔文学行义，该洽敏明，内外践扬，号为称职，监察之选，实尔故官。其往钦承，愈思懋勉。可。”如果把这些敕文与这件庆元二年敕文对照来读，那么，“德其钦哉”当作“往其钦哉”就十分清楚了，其意思是：去恭敬地履行你的职责吧！

另外，宋代的命令文书，虽然有册书、制书、诰命、诏书、敕书、御札、敕榜之分，并有一定的等级制度，但是现存不少宋人文集中，文臣为皇帝起草的册书、制书、诰命、诏书、敕书等，皆一体作为制，并一般题为某人可某官制。最后，笔者将这两件宋代官文书重新释读和重新标点如下，并依照唐宋人文集中的惯例，为其加上标题。

右正言、迁起居郎谢深甫可兼权给事中制

敕：右正言、迁起居郎谢深甫可兼权给事中。有殿内之臣，职在于平奏述，详命令，纠其违者而止之，覆其是者而行

之。至于厥狱官人、条陈法式之事，莫不当考察焉。其任可谓重矣！尔卿深甫，以材进拔，兴执邦宪，兹用推择，俾践厥位。惟精敏不懈，可以周阅读；惟忠实不挠，可以司论驳。朕方观尔之效，尔尚慎于厥修。可兼权给事中，余如故。奉敕如右，牒到奉行。

绍熙元年三月八日下。（押“御书之宝”朱印）

焕章阁待制、知建康府谢深甫可御史中丞制

敕：焕章阁待制、知建康府谢深甫可御史中丞。御史持国纪纲，所以纠官邪，齐内外，选众而授，厥惟艰哉！尔好古知方，强于自立。刺察之任，往其钦哉！惟不回于尔心，以无挠于朕法。在知所守，可不勉欤！可御史中丞，余如故。奉敕如右，牒到奉行。

庆元二年九月十九日下。（押“御书之宝”朱印）

（原载于《档案工作》1990年第11期）

新见两件宋代敕书献疑

1990年，国内一些新闻媒介曾较广泛地报道了安徽省新发现宋代皇帝敕书的消息，《档案工作》同年第8期并载文介绍了收藏于安徽省档案馆和安徽歙县档案馆的这两件宋代敕书。在这之后，笔者对这两件新发现的古代文书内容进行了较多的研究，试图进一步发掘它们的内在价值。但在研究过程中，却越来越多地发现了这两件敕书与许多史料记载不相吻合的地方，因而对其可靠程度或真实性逐步产生了怀疑。现将疑点一一介绍出来，权作引玉之砖，希望各方面的专家共同研究，共同析疑，以进一步确定这两件官文书的真伪和价值。

为了下文分析的方便，先把这两件敕书按照原件格式具录于此：

绍熙元年敕书

敕右正言迁起居郎谢深甫可兼权

　给事中

　有殿内之臣职在于平奏述详命令

　纠其违者而止之覆其是者而行之

　至于厥狱官人条陈法式之事莫不

　当考察焉其任可谓重矣尔卿深甫

　以材进拔兴执邦宪兹用推择俾践

　厥位惟精敏不懈可以周阅读惟忠

　实不挠可以司论驳

朕方观尔之效尔尚慎于厥修可兼权

　给事中余如故奉

敕　　如右牒到　　奉行

绍熙元年三月八日下（本行并押迭篆“御书之宝”朱印）

庆元二年敕书

敕焕章阁待制知建康府谢深甫
可御史中丞
御史持国纪纲所以纠官邪齐内
外选众而授厥惟艰哉尔好古知
方强于自立刺察之任往其钦哉
惟不回于尔心以无挠于
朕法在知所宁可不勉欤可御史中
丞余如故奉
敕　　如右牒到　　奉行
庆元二年九月十九日下（本行并押迭篆“御书之宝”朱印）

疑点之一：敕书具文时间与人物开始任职时间不符

敕书作为任命官员的文书，其具文时间理应与人物开始任职的时间相符，但是这两件任命谢深甫的敕书的具文时间与谢深甫的实际任职时间均不相符。最为明显的是庆元二年（1196年）敕书。若按这件敕书所署的时间，则谢氏始任御史中丞是在庆元二年九月十九日。但是这与史籍记载却无一相符。

我们先看《宋史》卷394谢深甫传的记载，“宁宗即位，除（任命）焕章阁待制、知建康府，改御史中丞兼侍读。……庆元元年，除端明殿学士、签书枢密院事”。宁宗即位在绍熙五年（1194年）七月，次年改元为庆元元年（1195年）。根据这段记载中的时间顺序，谢深甫开始担任御史中丞是在绍熙五年七月之后到庆元元年之前这一段时间内。

宋代官修的档案汇编《宋会要》记载：“（绍熙五年）十二月九日，中书舍人陈傅良与宫观。以御史中丞谢深甫言其庇护辛弃疾、依托朱熹。”（《宋会要辑稿》职官73）《宋史》宁宗本记的记载也与此一致：绍熙五年十二月乙丑（初九）“御史中丞谢深甫劾陈傅良，罢之”，这就进一步说明，在绍熙五年十二月上旬，谢深甫已经是御史中丞并已经行使其职权来弹劾官员了。与这些记载相印证的又有陈傅良本人的墓志铭和《宋史》卷434陈傅良传的记载。宁宗嘉定年间叶适撰写的《宋故通议大夫、宝谟阁待制陈公（傅良）墓志铭》称：“今上（指宁宗）即位，除中书舍人、侍讲、同实录院修撰、直学士院。御史中丞谢深甫论公言不顾行，提举兴国宫。居二年，察官交疏，削秩罢，时庆元二年。”（《止斋先生文集》卷52）《宋史》陈傅良传基本据此撰写，文字与之大致相同，此不具录。既然陈傅良被罢去提举兴国宫一职在庆元二年，而他在这一职位上又待了两年，则他遭谢深甫弹劾而任提举兴国宫之职正是在绍熙五年。同时这些记载也明确表示当时弹劾陈傅良的谢深甫确实已具有“御史中丞”的职衔。

如果说以上记载还比较简略、缺乏具体细节内容的话，那么，宋代的另一部当代国史对谢深甫担任御史中丞的具体时间和内幕情况则有着比较详细和明确的记载，这就是南宋国史院编修官刘时举编撰的《续宋中兴编年资治通鉴》。该书卷11绍熙五年八月乙卯（二十七）日条下记载：“谢深甫为御史中丞。先是，（韩）侂胄恃功，意望建节，恨赵汝愚抑之，有怨言。徐谊为京尹，劝汝愚以节度使授之，汝愚悔，遣人谕侂胄，侂胄答语不逊，遂日夜谋引其党为台谏，以摈汝愚。会汝愚奏除刘光祖侍御史，陈骙忽奏曰：‘刘光祖与臣有嫌，今光祖入台，愿先避位。’汝愚愕然而止。侂胄遂以内批除深甫。”与该书这一记载在事情发生时间上完全相同、表述文字也基本一致的，还有宋末元初一位不知姓名的史学家所编纂的《两朝纲目备要》卷3的记载。此外，纂成于南宋淳祐五年（1245年）、署名樵川樵叟所著的《庆元党禁》一书，也有与上述记载内容一致的记述，只是没有注明具体日期而已。

总之，根据史籍记载，谢深甫之任御史中丞，是韩侂胄为了安插亲信于要害岗位以打击异己而通过宁宗皇帝直接批准任命的，其时间在绍熙五年八月二十七日。

细心的读者也许会问：《宋史》谢深甫传记载，宁宗即位后，先任命谢深甫为焕章阁待制、知建康府，然后才又任命他为御史中丞，如果御史中丞的任命时间也在宁宗即位后不久——如上面记载的一个多月后，那么，一个多月内升迁两次，是否显得升迁太快、不合情理呢？这一反问确有道理。但事实正如《宋史》谢深甫传所记载的那样，“宁宗即位，除焕章阁待制、知建康府，改御史中丞兼侍读”。正因为是改任，所以谢深甫焕章阁待制、知建康府的任职时间极其短暂，很可能是几天之内的事，而且根本就未赴任。证据是：第一，庆元元年四月，宁宗皇帝在《新除端明殿学士、签书枢密院事谢深甫辞免不允诏》中说：“肆朕纂承，辍秣陵之行，而宁寘风宪之长。”（《攻愧集》卷43）辍者，中断、停止也；秣陵，是建康的古名；风宪，则是御史之代称。可见谢的建康知府尚未赴任，便又被宁宗改任为御史台首长——御史中丞了。第二，编纂于南宋景定年间的《景定建康志》以及清人吴廷燮根据大量史料编纂的《南宋制抚年表》中记载的南宋历任建康知府名单中，都没有谢深甫的名字，可见他实际未担任此职。由上可见，御史中丞表面上是宁宗即位后谢深甫的第二次任职，实际上却是第一次，因为此前的一次任命未实际生效。这样来看，谢深甫在宁宗即位后不久由焕章阁待制、知建康府而改御史中丞，就不显得升迁太快、违背情理了。

如果说，以上记载还都是史籍记载而非档案记录，因而仍难完全可信的话，那么，下面我们再引录几件档案来加以证明。

第一件档案是加封谢深甫爵邑的敕书，名为《朝议大夫、试御史中丞谢深甫封临海县开国男、食邑三百户》制，它是由陈傅良起草的，现收录于《止斋先生文集》卷15外制（由中书舍人起草的制词称外制，以区别于翰林学士起草的内制），该卷注明“自绍熙五年八月以后”，系按时间顺序排列。敕书全文为：“敕：朕新嗣服，日有事于合宫，兢兢焉，惧不闲于礼，而无以接三才之奥也。诗不云乎：‘相维辟公，天子穆穆’。朕嘉赖焉。具官某（此为对封赠对象之官职、姓名的省称，据这件敕书的标题，这里的全称应该是朝议大夫、试御史中丞谢深甫），以海内之英，有言有绩，举下弹压，不怒不威，而回天之力，见于埙阒。迺若论思义于形色，贤劳忠瘁，世莫得闻也。肆相予祀，克辑上仪，彻之土田，第循故事，方图尔功，嗣有显擢。可。”

这件敕书虽然略去了具文时间，但是，它肯定发布于宁宗即位后不久并在绍熙五年年底之前。理由有三：

1. 敕文中有“朕新嗣服”一语，意即“我新近刚刚继承了先人大业”，这清楚不过地表明了敕书发布于宁宗即位之初。

2. 敕书由陈傅良起草，且为外制，这说明它是在陈傅良任中书舍人时起草、发布的，而上引几件史料证明陈傅良于绍熙五年十二月九日已被罢去中书舍人兼侍读而被外放担任提举兴国宫了。这也可清楚表明这件敕书肯定起草、发布于这一时间之前。

3. 该书同卷中，与这件敕书词头（“敕……天于穆穆”一段）、词尾（“肆相予祀……嗣有显擢”一段）文字完全相同、仅中间对各人赞语文字不同的敕书共有14篇，而且内容都是赐予各人爵、邑的，所以这批敕书，肯定是大致同时发布的。其中有几件敕书中官员的任职时间史籍中有确切记载，因而据之能够大致推测出这批敕书的更加具体的发布时间。

这批敕书之二题为《朝请郎、试礼部尚书兼侍读黄裳封普成县开国男、食邑三百户》。史载，绍熙五年八月甲午（初六）日以给事中黄裳为侍读；绍熙五年年底或次年年初，黄裳病卒。

这批敕书之四题为《中奉大夫，权刑部尚书兼侍讲、南昌县开国子，食邑五百户京镗封开国伯、加食邑二百户》。史载，京镗于绍熙五年九月壬申（十四或十五）日自权刑部尚书升任签书枢密院事。

这批敕书之五即是关于谢深甫的这一件。

这批敕书之十四题为《朝散郎、焕章阁待制、侍讲朱熹封婺源县开国男、食邑三百户》。史载，绍熙五年八月癸巳（初五）日，朱熹为焕章阁待制、侍讲；同年闰十月戊寅，罢朱熹侍讲。

从上述史料来看，这批敕书颁布的具体时间，应该在绍熙五年八月初五朱熹为侍讲、八月初六黄裳为侍读之后和同年九月十五日京镗由权刑部侍郎升任签书枢密院事之前这一段时间内。这就说明，早在绍熙五年九月十五日之前，谢深甫的现任职务已经是试御史中丞了。

第二件档案是不允许谢深甫辞免兼侍读的诏书，名为《御史中丞谢深甫辞免兼侍读不允诏》，诏书由楼钥起草，现收录于《攻愧集》卷42，全文为：“进读露门，自昔高选。肆朕纂承之始，首务详延妙择法从之贤，不以轻畀。以卿器资端亮，学问淹该，议论正平，实长风宪，俾侍经幄，士莫之先。胡为引辞，尚留朕命？令行弗反，倚听嘉猷。”诏书中，皇帝称自己“纂承之始”，即继承皇位之初，也正表明这件诏书是宁宗即位后不久下发的。在这之前，宁宗曾下令让御史中丞谢深甫兼侍读（给皇帝讲学的官员），谢深甫上表推辞，宁宗不允，故下此诏。从诏书的题目称“御史中丞谢深甫”以及诏文中称谢深甫“实长风宪”（古代御史观民风、正吏治，故谓之风宪，宋代的御史中丞为御史台的实际最高长官）来看，谢深甫这时也已确实担任了御史中丞，并又开始被任命兼侍读了。这与《宋史》谢深甫传中“宁宗即位……改御史中丞兼侍读”的记载是完全相符的，说明史籍的这一记载确实无误。

与上面介绍的那件档案一样，这件诏书虽然也略去了具文时间，但从文集中排列于这件诏书前后的几件诏书的时间上，也能考证出它的发布时间。

这件诏书的前几件诏书有《新除知枢密院事余端礼辞免不允诏》《新除参知政事京镗辞免不允诏》《新除同知枢密院事郑侨辞免不允诏》，据不少史籍记载，余端礼等人的这次任职，皆同是绍熙五年十二月庚午（十四）日的事；这件诏书的下一件诏书是《新除资政殿大学士陈骙辞免不允诏》，史载陈骙新除资政殿大学士是绍熙五年十二月的事；再往下隔一件是《新除少师、永宁郡王郭师禹辞免不允诏》，史载郭师禹加少师、封永宁郡王在绍熙五年十二月戊寅（二十二）日。

按以上所列诏书顺序来看，《御史中丞谢深甫辞免兼侍读不允诏》的发布时间应是在绍熙五年十二月下半月。这时，谢深甫不但已经担任了一段时间的御史中丞，而且又已经开始被任命以御史中丞而兼侍读了。

综合以上所有史籍记载和档案记载来看，谢深甫在绍熙五年七月宁宗即位后不久于八月二十七日，便开始被任命为御史中丞了；之后大约在十二月下半月，又以御史中丞兼任侍读。而新近发现的庆元二年敕书把任命谢深甫担任御史中丞的时间署为“庆元二年九月十九日”，晚了两年多，显然是错误的。

新发现的另一件敕书——绍熙元年（1190年）敕书的所署时间也有疑问。如果按照它的具文时间，谢深甫兼任权给事中是在绍熙元年三月八日。那么史籍中又是如何记载的呢？

《宋史·谢深甫传》载：“绍熙改元，除右正言，迁起居郎兼权（暂代）给事中。”是说绍熙元年，谢深甫先被任命为右正言，以后又迁升为起居郎。他兼任权给事中，按本传记载，既可认为是与迁起居郎同时，也可看作在稍后；按照这件敕书中的谢深甫现任官职与新授官职看，则应是先担任了起居郎，然后才又兼任权给事中的。如果这样，兼权给事中是谢深甫在绍熙元年这年中的第三次官职任命。对谢深甫任起居郎和兼权给事中的具体时间，史料缺乏记载；但对谢深甫担任右正言，史料却有所记载，并可根据记载而推出时间。

《续宋中兴编年资治通鉴》卷11绍熙元年夏五月“罢刘光祖言职”条记载：“是春，（何）淡同知贡举，（刘）光祖除殿中侍御史，首上学术邪正之章。……未几，（谢）深甫除右正言。”《两朝纲目备要》卷1所载与此相同，《续资治通鉴》卷152也有基本与之相同的记载。据此可知，谢深甫开始任右正言是绍熙元年春天的事。与此有关的是，《宋史》卷36光宗本纪将“殿中侍御史刘光祖言：道学非程氏私言，乞定是非、别邪正”一事系于绍熙元年二月辛亥（二十六或二十七）日这一天，那么，“光祖除殿中侍御史，首上学术邪正之章”则是绍熙元年二月二十六七日的事，而谢深甫开始担任右正言则是在这之后不久（未几）。但新发现的绍熙元年敕书具文时间署为绍熙元年三月八日，距谢深甫开始担任右正言仅只十天左右。我们完全可以想一想，谢深甫有可能在这仅仅十天左右的极短时间内，先被任命为右正言（从七品），又被升任为起居郎（从六品），又被任命以起居郎兼权给事中（正四品），实现三次超级提拔吗？更重要的是，档案记载还表明，谢深甫在右正言这个职位上是任有一段时间并有一定政绩的。现存《攻愧集》卷38外制所载约绍熙三年间发布的《工部侍郎谢深甫落权字》敕书称谢深甫“性禀粹纯，行能肤敏。被圣父非常之遇，膺周行不次之除。嗣服之初，首居郎省。量才既审，擢寘谏垣。颙颙朝望之益高，亹亹奏篇之切当。晋登左陛，咸推记注之功；就尹中都，更资弹压之重”，这段文字，列述了光宗即位之后谢深甫的历任职务及其政绩：“首居郎省”，指光宗于淳熙十六年二月即位后，先任命谢深甫为左曹郎官事；“擢寘谏垣”即指绍熙元年春任命谢深甫为右正言（右正言为谏官）事；“晋登左陛”指的是之后又晋升谢深甫为起居郎（起居郎与起居舍人在皇帝御殿时，分左、右对立于殿前，记注皇帝言行）事；“就尹中都”是指绍熙二年四月，谢深甫担任首都临安府知府一事。其中对谢深甫任右正言后的评价是：“受人景仰，在朝中声望日益提高；勤勉不倦，所上奏述都非常恰当。”如果谢深甫右正言一职任期很短，又怎么可能获得皇帝的如此评价呢？因此，谢深甫担任起居郎以及又以起居郎兼权给事中的时间，应距他开始担任右正言有一段时间的间隔，而不会仅距几天时间。现在敕书上所署的月份和日期，是很值得怀疑的。

疑点之二：敕书所署官职与人物实际官职不符

敕书作为任命官员的文书，对官员的现任和新授官职都记载得具体而准确，但是新发现的这两件宋代敕书却并不如此。具体表现在：

第一，两件敕书中所署官称皆不完全。我国封建社会的历代官制系统中都有官和秩两大部分，官以任职事（相当于现在的职务），秩以别等级、领俸禄（相当于过去几十年中的行政级别）。一般官员都既有官，又有秩。宋自元丰以后，以散官（也称散阶）作秩，因而北宋元丰以后的一般官员都既有官职，又有散阶。此外，有的官员还有差遣官、勋、爵等。因而，在任命官员的文书中，对官员现任官、阶和新授官、阶都不嫌烦琐地详加记录。可是，新发现的两件宋代敕书中却无一处称及官阶，而都仅称官职。根据《宋史·职官志》记载，南宋绍兴以后在京文官的散阶名称从低到高依次有承务郎、系奉郎、承事郎、宣义郎、宣教郎、通直郎、奉议郎、承议郎、朝奉郎、朝散郎、朝请郎、朝奉大夫、朝散大夫，朝请大夫、奉直大夫、朝议大夫、中散大夫、中奉大夫、中大夫、太中大夫、通议大夫、通奉大夫、正议大夫、正奉大夫、宣奉大夫、光禄大夫、银青光禄大夫、金紫光禄大夫、特进、开府仪同三司30阶。新见的绍熙元年敕书中谢深甫现任官为“右正言、迁起居郎”，新授官为“兼权给事中”；庆元二年敕书中谢深甫现任官为“焕章阁待制、知建康府”，新授官为“御史中丞”，这些都只是官职名称，而此外便没有一处提及上面列举的30级官阶中的任何一阶。既然两宋特别是北宋元丰以后每个官员都有官阶，那么，谢深甫岂能例外呢？

关于谢深甫的官阶，绍熙元年时，笔者无从查考；但绍熙五年七月宁宗即位以后，却有档案可稽。上引绍熙五年八九月间宁宗即位不久颁发的《朝议大夫、试御史中丞谢深甫封临海县开国男、食邑三百户》制，就表明这时谢深甫的官阶是朝议大夫，在30级官阶中居第16阶。而且从这时起，谢深甫在官职（试御史中丞）和官阶（朝议大夫）以外，还开始有了爵位——开国男（为宋代最低的一级爵号），并开始食邑三百户。因此，按照惯例，绍熙五年以后，在对谢深甫的任命文书中，对谢深甫官职的称谓应该包括：官阶（朝议大夫以上）、官职（试御史中丞或其他）、爵号（开国男以上）、食邑户数（三百户以上）四者。而现在署为庆元二年的谢深甫任命文书，却只有官职而无官阶和爵号以及食邑户数，实在是于理不通的。

第二，庆元二年敕书中对谢深甫实任官职的称谓少一“试”字。据上引《朝议大夫、试御史中丞谢深甫封临海县开国男、食邑三百户》制可知，谢深甫实任官职的全称应是“试御史中丞”。此外，根据大量档案特别是官员任命文书编录而成的当代史书《宋宰辅编年录》，在记载庆元元年四月己未日任命“谢深甫端明殿学士、签书枢密院事”时注道：“自中奉大夫、试御史中丞兼侍读除。”可见谢深甫的实职确应是“试御史中丞”。

谢深甫的御史中丞前何以要冠一“试”字呢？这是宋代职官制度规定的。宋代制度，官阶高于官职者称“行”；官阶低于官职一品者称“守”；官阶低于官职二品以上者称“试”。官阶与官职品同者则不用行、守、试之称。（参见《宋会要辑稿》职官56）按照《宋史·职官志》所载绍兴至庆元年间新定的官品，谢深甫开始担任御史中丞时的官阶朝议大夫为正六品，卸任御史中丞时的官阶中奉大夫为从五品，官职御史中丞为从三品。朝议大夫的官品比御史中丞低五级，中奉大夫的官品比御史中丞低四级，都超过了两级，因而按照当时的职官制度，谢深甫的御史中丞前始终应有一个“试”字。当然，加行、守、试者，其职权与不加行、守、试者都完全一样，实际意义并不大，因而史籍记载中大都省略这类称谓，但是在官员任命文书中却是不能省略的。从笔者所见到的敕书中看，这类称谓都严格书写。新发现的庆元二年敕书把谢深甫实际上担任的“试御史中丞”写成“御史中丞”，既不符合宋代职官制度，又不符合宋代的敕命制度。

第三，庆元二年敕书中所称的谢深甫现任、新授官职皆与当时谢深甫的实际任职不符。署为“庆元二年九月十九日”的这件敕书开头称：“敕焕章阁待制、知建康府谢深甫可御史中丞”。如按此，则庆元二年九月十九日，谢深甫的现任官职是焕章阁待制、知建康府，新授官职是御史中丞，但是，所有史料都说明，焕章阁待制、知建康府是绍熙五年七月宁宗即位后不久对谢深甫的一次极短暂的临时任命，御史中丞也是谢深甫在绍熙五年八月底开始担任而到庆元元年四月又卸任的旧职；谢深甫在担任御史中丞后，先兼任侍读，后又于庆元元年四月卸任御史中丞而升任端明殿学士、签书枢密院事，继又于庆元二年正月卸任签书枢密院事而升任为参知政事，直到庆元三年正月又以参知政事而兼知枢密院事。

南宋太常博士徐自明撰著的《宋宰辅编年录》卷20记载："（庆元元年）四月己未（初四），余端礼右丞相（自知枢密院事兼参知政事、迁银青光禄大夫除）……同日，京镗知枢密院事（自太中大夫、参知政事除），郑侨参知政事（自宣奉大夫、同知枢密院事除），谢深甫端明殿学士、签书枢密院事（自中奉大夫、试御史中丞兼侍读除）。"其下并分别载有皇帝任命他们的制书。同书又载："庆元二年丙辰正月庚寅，余端礼左丞相（自右丞相除，迁特进），京镗右丞相（自知枢密院事、迁正议大夫除），……同日，郑侨知枢密院事（自参知政事除），谢深甫参知政事（自签书枢密院事除，三年正月癸卯，兼知枢密院事）。"《宋宰辅编年录》一书成书于宁宗嘉定年间，时去庆元初仅十几年，这里所记的事情皆为作者所亲历，且又各引录有任命文书的全文，故对各人具体任官和任官时间的记载，可信度极高。

同样记载谢深甫庆元元年四月升任签书枢密院事和庆元二年正月又继续升任参知政事并一直到庆元三年正月又以参知政事兼知枢密院事的史籍还有：《宋史》卷37宁宗本纪、卷213宰辅表四、卷394谢深甫传，《续宋中兴编年资治通鉴》卷12，《两朝纲目备要》卷4、卷5，无名氏《宋史全文》，陈桱《通鉴续编》，《南宋书》卷4，《续资治通鉴》卷154等。

宋元之际无名氏编撰的《南宋馆阁续录》一书记载谢深甫庆元"二年四月以参知政事兼权"史馆修撰，也证明庆元二年时，谢深甫已官至参知政事。更为巧合的是，《宋会要辑稿》礼49之70还记载，就在这件敕书所署的同一天——庆元二年九月十九日，"诏奉上寿圣隆慈备福光祐太皇太后、寿成惠慈皇太后、圣安寿仁太上皇帝、寿仁太上皇后尊号、册宝。太傅（右丞相京镗），侍中读宝并奉宝（知枢密院事郑侨），中书令奉册并读册（参知政事谢深甫）"，可见这一天谢深甫正以参知政事的身份用中书令的名义在向太上皇等人进奉尊号、册宝的大典上宣读册文呢。所有以上记载都说明，庆元二年九月的谢深甫，现任官职应当是正二品的参知政事，而庆元二年敕书却把他的现任职务署为从三品的焕章阁待制、知建康府，新任职务署为从三品的御史中丞，也是极为明显的错误之一。

疑点之三：敕书书写格式和某些用语与常见敕书不符

敕书作为朝廷日常频繁下达的文书，有比较固定的书写格式和用语规范。新发现的两件宋代敕书中的一些书写格式和用语，与我们今所见到的许多敕书都不一致。具体表现为：

1. “可（新授）某某官”在敕文中出现两次。宋代任命官员的敕书，常见的有两种格式。一种格式是：开头为“敕（现任）某某官某某人”，中间阐述将要委任该官的职务的重要性和该官的品德才能等，最后为“可（新授）某某官”。另一种格式是：开头在“敕”字后，先讲将要委任该官的职务的重要性，接着讲“（现任）某某官某某人”的品德才能如何，最后讲“可（新授）某某官”。在这两种格式中，“可（新授）某某官”都只出现一次。而新见的绍熙元年敕书中开头为“敕右正言、迁起居郎谢深甫可兼权给事中”，末尾又有“可兼权给事中”；庆元二年敕书中，开头为“敕焕章阁待制、知建康府谢深甫可御史中丞”，末尾又有“可御史中丞”。两件敕书中，“可某某官”都出现了两次。

当然，我们似乎也可把这两件敕书中的开头一句话当作标题来看待。但这样一来，这两件敕书的正文开头就都缺少“敕”字了，因而又不符合常见敕书正文皆以“敕”字开头的惯例了。

2. “尔卿深甫”这样的爱称未见于其他敕书中。新发现的绍熙元年敕书，称授官对象作“尔卿深甫”，这是一种比较亲密的爱称。但在笔者所阅读过的宋代敕书以至其他各代敕书中，称呼授官对象，一般都用比较严肃的称呼，最常见的是以职官（包括散阶、任事官、爵号等）和姓名作全称，此外也有以“尔”“卿”“汝”等字做代称的，尚未见过这种以“尔卿”合称并且只称名字不称姓氏的亲密称呼。

3. 出现了旧任职务。根据《宋史·谢深甫传》“绍熙改元，除右正言，迁起居郎兼权给事中”的记载和上引《工部侍郎谢深甫落权字》制中对谢深甫任职经历与政绩的记载，谢深甫在中书省担任了一段时间从七品的右正言后，又被越级提拔到门下省去担任从六品的起居郎。《宋史》于起居郎用“迁”而未言兼，则表明谢深甫任起居郎后便不再担任右正言了。而绍熙元年任命谢深甫以起居郎兼任权给事中的敕书在书写他的现任职务时，把看来已经卸任的右正言这一旧职也写了进来，这与宋代和历代敕书只书现任职务而不书旧任职务的惯例，有所违背。

4. 遇“朕”字出现了抬头。在笔者所见到的保留有抬头制度的宋代碑刻（包括敕书碑刻）和刻本、写本中，凡遇“朕”字的地方都未抬头，也不空格。但在新见的两件宋代敕书中，凡遇“朕”字皆抬头书写，并高出一格。这与宋代例行的抬头制度显然相悖。

5. 年号抬头书写也极为罕见。笔者曾见到一些宋代公文书的影印件或原格式的碑刻拓本，包括司马光《书仪》一书所列举的宋政府规定的公文书写格式，其中文末的年号书写多数都比正文文字低一格或几格，少数也有与正文平格的，但比一般正文高出一格的却极为罕见，在所见的几十件中，仅有南宋建炎三年宋高宗亲笔写给张浚的一封信《敕张浚帖》中，年号高于正文一格。但现在新见的两件宋代敕书中，年号的书写均比一般正文高出一格，而与应当抬头的“敕”字平行。这也是与宋代大量公文书的通行惯例不相一致的地方。

疑点之四：所用印宝无来历

古代皇帝发布诏令文书，所用的都是正式的印宝。这些印宝比较固定，不常更换，并且各自有其较固定的用途。自秦开始，天子常用印玺有六颗，历代沿其制度。至唐改玺为宝，并增为八颗，号称“八宝”。宋代沿用唐制，常用者也为八宝。此外还有其他一些象征性的印宝。这些印宝的兴废，也作为国之大事而载于史籍。据《宋史·舆服志》《宋会要辑稿》和南宋编纂的类书《玉海》以及元人马端临的《文献通考》等书的记载，南宋由于北宋八宝在汴京沦陷时失落，于绍兴年间又新制作了八宝：一曰护国神宝，以“承天福延万亿永无极”九字为文；二曰受命宝，以“受命于天既寿永昌”八字为文，此二宝皆用于封禅；三曰天子之宝，答周边少数民族首领来书时用之；四曰天子信宝，举大兵时用之；五曰天子行宝，册封高级官吏时用之；六曰皇帝之宝，答邻国来书时用之；七曰皇帝信宝，赐给邻国书和物品时用之；八曰皇帝行宝，降御札则用之。除此八颗玉宝之外，建炎年间还制有“大宋受命中兴之宝”玉宝一颗，“皇帝钦崇国祀之宝”（祭祀时发布祠表用之）、“天下合同之宝”

（发布给中书省、门下省文书时用之）和“书诏之宝”（发布诏书时用之）三颗金宝。但是，新发现的两件宋代敕书上，所押的印文皆为“御书之宝”，该宝未见于史籍记载，与上述各宝印文皆不相同，非常值得怀疑。

当然，在现在传世的一些文物中，有几件相传为宋太宗、宋徽宗、宋高宗的书法作品上也押有“御书之宝”的印文，但这些书法作品是否为真迹，书法界一直有争议。而且据笔者考察，这几件书法作品上的印文与这两件敕书上的印文虽然相同，形制也很相近，但有些字的笔画的写法却明显有所不同，故并非出于一印。是否宋代每个皇帝都自己制有一枚“御书之宝”印，就更值得怀疑了。再退一步说，即使这些书法作品上的印是真的，也不能证明这两件敕书上的印也是真的。因为这几件押有“御书之宝”印的作品皆出自皇帝手书，皇帝亲书而押“御书之宝”还能说得通，但这两件敕书却肯定不是皇帝亲手书写的。因为这两件敕书的字体、用笔完全一样，显然出自一个人的手笔；而两件敕书的朝代则一属于光宗，一属于宁宗。在我们今天所见到的历代文物上，“御书之宝”印一般都押于皇帝手书的作品上或皇帝御用的图书上，但这两件敕书既非皇帝亲书反要押“御书之宝”，而不押例行应押的“天子行宝”“皇帝行宝”“书诏之宝”等，不就大失常理了吗？

疑点之五：敕书文字全部抄录于前人

笔者经过上述各项考证，便初步认定这两件敕书有可能是伪作，但于敕书主体部分之文字，虽多方考证，却未看出有任何违背宋代制度和惯常用语的地方，因而便作出这样一个推测，即这两件敕书内容有可能是作伪者抄录于前人。于是便用了大量精力来查阅历代特别是宋代的文集，以图证实。结果，终于如愿以偿，先是在宋代作品总集《宋文鉴》卷39中查到了与新发现的绍熙元年敕书内容完全相同的一件制诰，接着又从这件制诰的作者曾巩的文集《元丰集》卷21中查到了这件制诰，题名为《徐禧给事中制》；同时并从该书卷24中又查到了与新发现的庆元二年敕书内容完全相同的一件制诰，题名为《监察御史制》。这就进一步证实了我的以上推测，为考订这两件敕书的真伪，提供了又一个有力的旁证。

下面我把《元丰集》中的这两件制诰全文抄录在这里，供读者与新发现的两件宋代敕书相对照。

徐禧给事中制

敕：有殿内之臣，职在于平奏述，详命令，纠其违者而止之，覆其是者而行之，至于决狱官人、条陈法式之事，莫不当考察焉。其任可谓重矣！具官某，以财进拔，兴执邦宪，兹用推择，俾践厥位。惟精敏不懈，可以周阅读；惟忠实不挠，可以司论驳。朕方观尔之效，尔尚勉于厥修。可。

（按：《宋文鉴》所载与此略有不同：标题无“制”字；正文开头无“敕”字；“有”后有一“事”字；“止”作“正”；“某”作“徐禧”；“财”作“材”；“兴”作“典”；末无“可”字。）

监察御史制

御史持国纪纲，所以纠官邪，齐内外，选众而授，厥惟艰哉！尔好古知方，强于自立。刺察之任，往其钦哉！惟不回于尔心，以无挠于余法。在知所守，可不勉欤！

这两件制诰，前一件是实际制发施行的制诰，故前有“敕”字，并有受封人姓名；后一件与同卷及前一卷中的其他制诰一样，都是曾巩拟写的制诰词，并不曾实际制发施行过，故前无“敕”字，且也无受封人姓名。新发现的两件敕书，除增加了例行公文用语外，文字与这两件制诰几乎一样，仅仅把其中受封人职官姓名的省称“具官某”改作“尔卿深甫”，把“决”字改成与之相通的“厥”，“勉”字改作与之义近的“慎”，“余”字改为同样作自称用的“朕”字而已。我们知道，曾巩是北宋中期人，其卒年距南宋绍熙、庆元，已逾百年。难道南宋的内外词臣们竟然词屈到需要抄袭旧作的地步，竟然把北宋赐予徐禧的命词抄赐给南宋谢深甫，把百多年前曾巩拟作的监察御史制词套用来赐给御史中丞吗？而且根据史载，谢深甫担任兼权给事中，是有关部门的正常任命，理应由中书舍人拟词；而谢深甫担任御史中丞，则是由皇帝由内廷批出的，照例应由翰林学士拟词。分别由内外两班词臣在相隔七年的两个时间，起草给同一个人的两次任命制词，居然抄袭的是同一个古人的文章，这种现实可能性恐怕只有用地球与月亮相撞来比拟了。

结论和余论

行文至此，对于新发现的两件宋代敕书的真实性或可靠性，似乎应该有个结论了。但我仍然不敢最后论定这两件敕书确是伪作。原因是，以上考证还全都只是文献学上的考证，而没有对这两件实物所进行的物理上的鉴定。至今，笔者还只是见到过这两件实物的照片，而没有见到这两件实物本身，而且对它们的收藏源流也缺乏很详细的了解，而这些也是考证其真伪的很重要依据；此外，史海浩瀚，笔者个人利用业余时间所阅读到的史料毕竟有限，也许还有能够逐一解释我的上述种种疑点的新史料存在于史海的某一个角落；加之我个人作为一个档案工作者，对这两件在全国档案馆藏中年代如此久远的档案也充满了厚爱，仍然存在着它们是真宝而不是赝品的一线希冀，因而实在不愿意过早地去下一个对我们大家来说都比较残酷的结论。所有这些，就使得本文暂时先不作出一个完全肯定性的结论来，这也是我不敢把文章题名为“辨伪”之类而只敢称作“献疑”的原因。我现在只能这样说：安徽省新发现的两件宋代敕书，有极大可能是出于伪造，而且藏于两地的这两件“姐妹”敕书，系伪造于一人之手，其中关于谢深甫的职官，伪造者主要依据的是《宋史·谢深甫传》，制词主要依据了曾巩《元丰集》中的有关制诰，首尾的公文术语依据的是一些经过刊刻而改变了格式原貌的宋代敕书，印章则可能依据了世传属于宋太宗或徽宗的《褒丘敕》《蔡行敕》以及宋高宗的《付岳飞》之类的书法作品。作伪者的时代和身份尚不清楚，但他肯定具有一定的古典文化基础。我想，在徽州这样文化发达而且商业气息特别浓厚、历史上并曾出现过不少伪造作品的文化氛围里，这样的人物是不难造就出来的。

最后，我热切希望安徽省有关档案馆能够详细调查这两件敕书的收藏源流，同时组织专家对这两件敕书进行物理和化学鉴定，检测它们是否经过染色处理，纸张中的纤维与确属宋代的纸张纤维有无异常，印泥中有无元明特别是清代以来通用的“八宝印泥”的成分等，并将这些调查、检测结果加以公布，以便为最终确定这两件敕书的真伪提供最直接的依据。同时也希望有关方面的学者、专家能够挖掘出新的、更丰富的史料来，为辨别这两件敕书的真伪提供更充分的文献依据。我企盼大家的成果能够把我的疑点一一释清，把我的推测一一推翻。如果这样，那么，这两件宋代敕书就将不仅以其年代的久远而受人宝爱，它们还将以其能够订正大量的史籍讹误、具有丰富的史料内涵而弥足珍贵。

（原载于《档案学研究》1991年第4期）

破解中共一大之谜

——中央档案馆馆藏中共一大档案介绍

中国共产党的成立以1921年党的第一次全国代表大会的召开为标志。关于党的“出生证”和生日的证明——中共一大档案，曾经历了“失而复得”的过程。

中共一大召开后，没过几年，党中央保存的一大档案便遗失了。1930年2月1日，李立三在《党史报告》中曾明确地说：“党的第一次大会文件，现在是找不到了。”“这次大会有什么决议和宣言，现在已找不到。”李立三作报告的时间，距一大召开仅八年多，而在党中央的档案中，便已找不到一大形成的任何文件了。究其原因，没有直接的证据，但间接的材料可以解释。中央档案馆收藏有一件俄文档案，标题为《陈独秀同志代表中共中央向第三次代表会议的报告》，时间是1923年8月18日。在这份报告中，陈独秀谈到党的经费时说：“我们只能提出关于最近几个月的详细报告，因为其余材料落到上海法国巡捕的手里了，并且由于一个同志被捕，使得所有的材料全部遗失了。”可见1923年前后，党中央在上海曾遭到一次破坏，以致包括党费收支等在内的中央档案“全部遗失”了。笔者估计，一大档案可能就是在这次搜捕中遗失的。

一大档案的遗失，使得一大历史一度成谜。比如，一大到底是哪一天召开、哪一天闭会的？哪些人参加了一大？谁主持了会议？会议的议程是什么？讨论了哪些问题？有没有形成以及形成了什么文件？中央机构选举结果如何？众说纷纭，莫衷一是。1938年5月，中共中央准备纪念中国共产党成立17周年时，一大出席者毛泽东、董必武等都只记得一大是7月召开的，但记不清确切日期，就把7月的月首作为党的诞辰纪念日。毛泽东在《论持久战》中说：“今年七月一日，是中国共产党建立的十七周年纪念日。”1941年，在中国共产党成立20周年之际，中共中央正式发出《中央关于中国共产党诞生二十周年、抗战四周年纪念指示》，提出："今年七一是中共产生的二十周年。"从此，7月1日便被象征性地作为党的生日固定下来。1945年4月21日，毛泽东在中共七大预备会议上说："一九二一年，我们党开第一次代表大会。在十二个代表中，现在活着的还是共产党员的，……一个是陈潭秋，……一个是董必武，……我也是一个。……会是在七月间开的，我们现在定七月一日为党的周年纪念日。本来是在上海开的，因为巡捕房要捉人，跑到浙江嘉兴南湖，是在船上开的。发了宣言没有？我不记得了。"

对一大情况基本说不清的这种状况，到1957年出现了重要转变。这一年，苏共中央把原中共驻共产国际代表团档案移交给中共中央。这批档案接收回来后，现存放于中央档案馆。在整理这批文件时，人们意外地发现了中共一大的有关档案，可分为两类：一是一大本身形成的文件，二是一大参加者后来的回忆。它们作为一大的基本材料，大致说清了一大的主要情况，还原了一大的主体面貌，基本解开了一大的历史之谜。这些档案的内容，先后被收入《一大前后》（人民出版社1980年版）、《中国共产党第一次代表大会档案资料》（中央档案馆编、人民出版社1982年版）等书中。现简要介绍原中共驻共产国际代表团档案中关于一大的几件档案，以飨读者。

一、《中国共产党第一个纲领》

现存档案中同一个标题和内容的俄文打印件共有三份。第一份序号为第8卷第1件，共3页，每页横21.3厘米，纵30.1厘米，字为黑色。第二份序号为第9卷第3件之一，纸张较其他两件厚，共2页，每页横22.5厘米，纵36厘米，字为紫色。第三份序号为第9卷第3件之二，共3页，每页横21.5厘米，纵29厘米，字为黑色。

这三份俄文档案是什么时间由中文译成俄文的，又是由谁在什么时间带到共产国际的，目前都无从考证。档案整理者刚发现时，曾把俄文译成中文，于1958年刊登在内部刊物《党史资料汇报》第10号上，送中央领导审阅。1959年8月5日，中央档案馆筹备处曾将此件和《中国共产党第一个决议》及《中国共产党第一次代表大会》一并送请董必武帮助鉴别。董必武在9月5日的复信中说：“在未发现中文文字记载以前，我认为是比较可靠的材料。”后来，美国哥伦比亚大学教授韦慕廷在该校发现了一大参加者陈公博1924年在其硕士论文中附录的《中国共产党第一个纲领》英文本。经对照，英文本与俄文本的内容基本相同，均为15条；其中第10条内容后，均缺少第11条的序号和内容，故实际上是14条内容。这14条的条文要点基本相同，仅文字稍有出入。两种文本在第11条和第14条都有注。俄文本第11条注：“遗漏”；英文本注：“陈的稿本上没有第11条，可能是他在打次页时遗漏了，也可能是由于他把第10条以后的号码排错了。”俄文本第14条注：“这一条在1922年第二次代表大会上曾引起过激烈争论。”英文本注：“此条款引起激烈争论，最后留至1922年第二次会议再作决定。”参照档案中另一件题名为《中国共产党第一次代表大会》的文件曾说道：《中国共产党第一个纲领》第14条关于党员不经党的特许，不得担任政府官员或国会议员，“这个问题我们还是不能作出结论，只好留到下次代表大会去解决”，则俄文本第14条注的意思不完全准确，可能是译者由中文翻译成俄文时理解有误或翻译有误，英文本注的意思应当更准确一些。海外《中国共产党第一个纲领》英文本的发现，恰好证明了中央档案馆所存《中国共产党第一个纲领》俄文本内容的可靠性、真实性。两个译本共同证明：1921年中共一大确曾存在党的第一个纲领，党纲的内容一共名义上15条、实际上14条。至于为什么会出现这个缺漏，笔者推测其中的第11条应是中文本原缺，可能当时起草者由于太匆忙，在编各条的序号时漏掉了第11条，之后的第12、13、14条都依次错编为第13、14、15条，而后来的俄文译者和陈公博都照译了出来。

这三份俄文打印件，没有具体时间和译者姓名，因此，无法确切知道是什么时间由什么人翻译、打印的。但从纸张的不同和字的颜色不同等情况可以确认：这三份档案不是由同一个人、同一时间、同一批打印出来的。尽管它们不一定是一大会议使用的原件，而可能是会后由中文原件翻译重新打印再报送给共产国际的；尽管其缺少具体月日和成文机关、受文机关、文件处理过程中的标记等，但经已发现的其他档案、资料佐证，可以确定它们的内容是真实、可靠、毋庸置疑的。文件确定了党的名称、纲领、政策、党员条件、党的各级机构、党的纪律等，是一大最重要的文件之一，也可以说是中国共产党正式成立的标志性文件，对于后人认识中国共产党在最初成立时期的政治面貌具有重要的价值。

二、《中国共产党第一个决议》

现存档案中同一个标题和内容的俄文打印件也有三份。第一份序号为第8卷第2件之五，共3页，每页横21.3厘米，纵28.8厘米，字为黑色。第二份序号为第9卷第5件之一，共3页，每页横21.3厘米，纵29厘米，字为黑色。第三份序号为第9卷第5件之二，共2页，每页横22.5厘米，纵36厘米，字为紫色。

此件由俄文译成中文后，曾于1958年刊登在内部刊物《党史资料汇报》第6号上，送中央领导审阅。该文件只有年份而无具体月日，更无成文机关、受文机关及文件处理过程中的标记等，亦有英文译本被陈公博的硕士论文附录，且英文本的条文内容与俄文本基本相同。《中国共产党第一个决议》和《中国共产党第一个纲领》一样，都是中共一大的重要文件，也是中国共产党成立的标志性文件之一。这两件档案共同证实了中共一大确实存在党的纲领和决议，只不过当时没有公开发表而已，因而在几十年中鲜为人知。但两文件在会后都曾被译成俄文，呈报给共产国际。从这两件档案中，人们可以清楚地看出当时党的名称、纲领、制度、长远目标、当前任务、对其他政党的态度、与共产国际的关系等，清楚地看出当时党的性质和面貌。

三、《中国共产党第一次代表大会》

此件是俄文打印件，序号为第9卷第4件之四，纸张特别薄，共4页，每页横22.2厘米，纵28.2厘米，字为紫色。文件上未标注作者，没有形成时间，也没有译者、翻译时间、呈送时间等，亦没有文件处理过程的标记等。中文译本1958年曾刊登在内部刊物《党史资料汇报》第6号上。

从该件内容上可以大体判断：1.文件的形成时间大约在1921年下半年，更准确地说应该是7月底或8月初，也就是中共一大结束的时候；2.文件的形成主体应该是中国共产党第一次代表大会，性质是会议向共产国际的报告，内容为报告这次中国共产党成立大会的总体情况。

这件文件与前边的两件文件中的紫色打印件现收集在同一个卷内，序号同为第9卷。由三份打印件字迹均为紫色判断，这个报告同第一个纲领、第一个决议两份文件应该是有关联的，并且很可能是一同翻译、一同打印、一同呈送的。也就是说，党在一大召开后不久，曾向共产国际呈送了一份关于大会情况的报告（此件），并同时呈送了大会讨论的纲领和决议等。这些应该是中共一大向共产国际报送的一整套完整材料。由此可以推断：《中国共产党第一个纲领》、《中国共产党第一个决议》现存的三份俄文打印件中紫色字的打印件应是中国共产党最早向共产国际报送的原件，其余两份黑色字的打印件，应是后来重新打印的或通过其他渠道报送共产国际的。

从党史研究的角度看，这件文件是有关中共一大情况最原始、最真实的材料，在现存所有关于一大情况的档案、资料中，史料价值最大，权威性最高。这份报告的发现，澄清了此前中共一大以及党的早期历史的许多疑点，也填补了中共一大以及党的早期历史研究中的空白。例如：

1. 中国共产党的早期组织是从何时开始成立的？地点在哪里？人数有多少？领导人是谁？文件开头就说："中国的共产主义组织是从去年中成立的。起初，在上海该组织一共只有5个人。领导人是享有威望的《新青年》的主编陈同志。"也就是说，中国共产党的早期组织是1920年在上海成立的，共有5个人，领导人是陈独秀。

2. 中共一大召开时，各地已有几个共产党早期组织？共有党员多少人？该文件说："这个组织逐步扩大其活动范围，现在已有6个小组，有53个成员。"这里所说6个小组，应当不包括上海共产党早期组织。加上上海组本身，一共有7个小组，53个党员。

3. 参加一大的中国代表到底有多少名？文件说："参加大会的有12名代表，他们来自7个地方（包括上海），两个地方各有一名代表，5个地方各有两名代表。"现在根据各种史料分析，参加中共一大的中国人一共有13人，其中包惠僧不是各地组织的代表，而是陈独秀指定的代表，所以当时没有把他计入正式代表人数中。

4. 中共一大由谁主持？文件说："主席张同志在第一次会议上说明了这次代表大会的意义。"在参加中共一大的代表中，姓张的只有张国焘。因此，中共一大是由张国焘主持的，他是这次大会的主席。

5. 中共一大是何时召开的？具体议事日程是怎样的？文件中有这样几段话："代表大会定于六月二十日召开，可是来自北京、汉口、广州、长沙、济南和日本的代表，直到7月23日才到达上海，于是代表大会开幕了。”“会议拟定议事日程，听取各地小组活动及其总情况的报告。这用了两天时间。”“希夫廖特同志和尼柯尔斯基同志出席了第一次代表大会，并给我们作了宝贵的指示。”“根据希夫廖特同志的建议，决定选出一个起草纲领和工作计划的委员会。该委员会用了两天时间起草计划和纲领，这个期间没有开会。”“代表大会的第三、四、五次会议专门研究了纲领。”“代表大会的第六次会议是深夜里在一个同志家召开的。会议刚开始，就有一个侦探闯进这里……在这以后，我们提高了警惕，为了继续开会，只好到附近一个小城市去。我们在那里研究了委员会起草的实际工作计划。”“委托党中央局起草党章。选举3位同志组成书记处，并选出组织部和宣传委员会。代表大会在闭会时高呼‘共产党万岁’等口号。”综合这些内容，可以大致确定：中共一大于7月23日开幕，23日和24日召开第一次会议和第二次会议。张国焘作为会议主席讲了会议的意义。会议确定了议事日程。各地代表报告了本地共产党早期组织活动的情况等。文件所说的希夫廖特是共产国际代表马林，尼柯尔斯基则是设在伊尔库茨克的共产国际远东局的代表，他们都在会上讲了话。会议确定制订党的纲领和实际工作计划，并选出了起草委员会。25日和26日没有开会，而是由起草委员会起草党的纲领和工作计划。其后接着召开第三、四、五次会议，时间应该是7月27、28、29日三天，集中讨论党的纲领。这个纲领应该就是现存题为《中国共产党第一个纲领》的文件。最后一次会议即第六次会议开始在“一个同志家”召开，时间应该在7月30日夜里，后转移到附近的一个小城继续开会，这个小城即浙江嘉兴。这次会议实际上成了闭幕会，内容是集中研究委员会起草的实际工作计划并予以接受。这应该就是现存档案中题为《中国共产党第一个决议》的文件。会议还委托党的中央局起草党章，并选举出党的中央机构。在完成各项议程后，代表们高呼口号闭会。通过这件文件，我们对中共一大的开幕日期及每天议程都比较清楚了。遗憾的是，文件没有提到最后一次闭幕会的日期。直到今天，一大闭幕日期还是个待解之谜。

6. 一大会议到底有没有发生争论？对哪些问题争论较大？这件文件说：会议在研究党的纲领的三次会议上，“有些问题经过长时间辩论以后，作出了最后的决定，只有热烈争论的一点除外。这一点就是党员经执行委员会许可能否做官和当国会议员。对这个问题有两种意见。……在第三次会议上，代表们没有得出任何结论，在第四次会议上，辩论更加激烈。……这个问题我们还是不能作出结论，只好留到下次代表大会去解决”。在最后一次会议研究党的工作计划即第一个决议时，“在我们对其他党派的态度问题上，产生了短时间的争论”。

四、《北京共产主义组织的报告》

此件是俄文打印件，序号为第9卷第8件，纸张特别薄，共10页，每页横22.5厘米，纵28.5厘米，字为紫色。没有形成时间和作者，亦没有文件处理过程中的任何标记。根据内容，可以肯定地说，这件文件是参加一大的北京代表在一大会议上向代表们介绍北京共产党早期组织情况的发言或报告，时间应该是1921年7月23日或24日。报告明确指出：“我们感到非常遗憾，在此次代表大会上，不能向你们谈更多的经验。可是我们殷切地希望这次代表大会能极大地丰富我们的经验。”报告在结束时又说：“这次成立大会应当具体地解决摆在我们面前的一切任务，并制订实际工作计划。大会的责任看来是不轻的。”从所放置卷宗和紫色笔迹判断，这件文件应该也是在会后由中共中央呈报给共产国际的，报告人应是张国焘，因为他是当时北京共产党早期组织的主要领导人。现今党史界、档案界一般只把前面介绍的三件文件作为一大文件而鲜有直接认定这件文件也是一大文件的。笔者在这里郑重指出：《北京共产主义组织的报告》无疑也是中共一大的会议文件。

需要特别指出的是：同这件文件放在一个案卷中的，还有另外两件俄文打印件，一件题为《广州共产党的报告》，一件题为《四川省重庆共产主义组织的报告》，同样没有形成时间和作者，亦没有文件处理过程中的任何标记。但从内容上判断，《广州共产党的报告》也很可能像《北京共产主义组织的报告》一样，是参加一大的广州代表向一大作的关于广州共产党早期组织情况的报告，因为其形成时间大体在1921年春季以后，且当时参加一大的各地代表也都报告了本地党组织的情况。可惜它并没有像《北京共产主义组织的报告》一样明确地提到一大，所以只能说是疑似一大的文件之一。至于《四川省重庆共产主义组织的报告》，从内容上看，笔者判断可能形成于1920年年底之前，而非1921年；且据目前所见材料可以确定，四川重庆并没有人参加中共一大，应当不是一大的文件。

五、《董必武给何叔衡的信》

此件序号为第491卷第6件，为董必武手稿，中文，用红色墨水写在有暗横格的笔记本纸上，笔记本纸原为两页，中间有竖折，现展开托裱为一页，横26厘米，纵21厘米。收入《中国共产党第一次代表大会档案资料》时，标题为："董必武同志关于'一大'情况给何叔衡同志的复信。"信末所署时间是12月31日，年份据考证是1929年。同年12月26日，同为一大代表的何叔衡写信让董必武尽快回忆一大情况，董必武便写了这封回信："关于第一次中共代表大会，我已记不甚清，只尽可能地写出来，供你们的参考。"

董必武一共回忆出五点：

"1. 大会在1921年7月（？）在上海开会。"年份和月份是准确的，缺具体日期。

"2. 参加会的有北京代表（张国焘、刘仁静……）、上海代表（李汉俊、李达……）、广州代表（陈公博……、包惠僧……）、湖南代表（何叔衡、毛泽东）、湖北代表（陈潭秋、董必武）、山东代表（姓名忘记了）、留日代表（周佛海……），此外有两个国际代表，其一是马林（荷兰人），另一个人的姓名忘记了。"所列一大的参加者基本准确，只是包惠僧到底是不是广东的代表与其他材料有出入。

"3. 议事日程中有职工运动、对别党的关系和在政府做事务官等问题，都有争论。职工运动有的主张职业组合，有的主张产业组合，决议是产业组合（谁是怎样的主张，记不清楚）。"这与《中国共产党第一个决议》中第一句话"本党的基本任务是成立产业工会"完全吻合。"对别党的关系，有人主张共产党员必须与其他政党脱离关系，有人主张共产党员非得到党的许可，不得兼充其他政党的党员，决议是不准党员跨任何党籍。"这与《中国共产党第一个纲领》所规定党员"在加入我们的队伍之前，必须与力图反对本党纲领的党派和集团断绝一切联系"，以及《中国共产党第一个决议》所说"对现有其他政党，应采取独立的进取的政策……不同其他党派建立任何关系"基本吻合。

“关于在政府做事务官的问题，有人主张绝对不允许，有的主张得党部允可，才可做事务官，决议是绝对不允许。”这与《中国共产党第一个纲领》第14条的规定“党员除非迫于法律，不经党的特许，不得担任政府官员或国会议员”完全吻合。

“4．会场是借李汉俊的住宅，开到最后一次会的时候，忽被侦探所知，未及成会，李寓即被搜检。隔了一日，我们到嘉兴东湖船上，将会开完。”这与《中国共产党第一次代表大会》中所说情形基本相符，且更加具体：“一个同志家”具体为“李汉俊的住宅”，后经考证，应是李汉俊哥哥李书城的住宅；“附近一个小城市”具体为“嘉兴东湖船上”，后经考证，“东湖”实为“南湖”。

“5．大会没有宣言，只向国际作了一个中国情形的报告。报告是李汉俊和董必武起的草，经大会通过（这份材料不知国际还保存着没有？）。”其中，“大会没有宣言”是准确的，但曾存在纲领和决议，不过未公开发表。“向国际作了一个中国情形的报告”及以下的几句话是董必武这封信中最重要、最有史料价值的一段话。因为除他之外，迄今为止所有一大代表的回忆中，都未提及大会曾通过一个向共产国际的报告。特别重要的是，这一点恰恰得到了档案的印证。《中国共产党第一次代表大会》从内容来看，正是董必武所说的“经大会通过”的中国共产党给共产国际的报告。董必武还猜测“这份材料不知国际还保存着没有”。苏共中央移交给中共中央的档案，对董必武的这段话予以历史的还原。董必武这封信的另一史料价值在于：仅凭《中国共产党第一次代表大会》本身，无法知道其作者是谁、形成于何时、又是如何形成的。但据董必武的信，《中国共产党第一次代表大会》是1921年7月在中共一大期间，由大会委托李汉俊和董必武两个人起草的，最后由一大代表全体通过，然后交给共产国际的。

六、《陈潭秋回忆党的一大》

此件为俄文打印件，序号为第915卷第1件，共10页，每页横20.5厘米，纵29.5厘米。这是1936年陈潭秋在莫斯科为纪念党诞生15周年而写的，后刊载于《共产国际》1936年第7卷第四、五期合刊上，标题为《第一次代表大会的回忆》。

这篇回忆比上面介绍的几件档案更具体些，因而提供了更多关于一大的生动细节："一九二一年夏天，上海法租界蒲柏路，私立博文女校的楼上，在七月下半月，忽然新来了九个临时寓客……这些人原来就是各地共产主义小组的代表，为了正式组织共产党，约定到上海来开会的。这九个人是：长沙共产主义小组代表毛泽东同志、何叔衡同志；武汉共产主义小组的代表董必武同志和我；济南共产主义小组代表王尽美同志、邓恩铭同志……还有一个北京的代表刘仁静……一个广东代表包惠僧……再一个是留日共产主义小组代表周佛海……这次到会的……除上面九个人以外，还有北京代表张国焘同志，上海代表李汉俊与李达……还有一个广东代表陈公博……""七月底大会开幕了，大会组织非常简单，只推选张国焘同志为大会主席，毛泽东同志与周佛海任记录。就在博文女校楼上举行开幕式，正式会议是在李汉俊家中开的，大会进行了四天，讨论的问题是：当时政治形势，党的基本任务，党的章程，以及发展组织问题。在这些问题的讨论中间，对于党的基本任务与组织原则曾经发生过严重的争论……最后在原则上通过一个基本立场，以实现无产阶级专政为党的基本任务……决定建立严密的战斗的工人政党，并以职工运动为中心工作。""大会决定第四天的夜晚，最后通过党章，下午八点晚饭后，齐集李汉俊寓所的楼上厢房里，主席刚刚宣布继续开会，楼上，客堂发现了一个獐头鼠目的穿长衫的人……于是我们马上警觉到来人的可疑，立即收检文件分途散去。""在上海我们再没有适宜开会的地方，于是……到离上海约三百里之嘉兴城下车，嘉兴有一个南湖……我们借游湖为名，雇了一只大船……在船上开会。""我们很放心地进行了一天的讨论，直到夜晚十一时闭会。这一天的会议，除通过党章外，并讨论了对孙中山的态度与关系问题，最后讨论成立临时中央局与选举中央局委员。""确定党名为中国共产党，并选举张国焘、陈独秀、李达为临时中央局委员，周佛海、李汉俊、刘仁静为候补委员。"

这篇回忆的史料价值在于：1.提到了参加会议的外地代表的住处——博文女校，并提到会议开幕式是在博文女校进行的。2.进一步确定了参加一大13个人的具体姓名。3.为一大之前各地党组织取了一个统一的名称——"共产主义小组"。这一名称，后来曾在中共党史界使用几十年，直到近年有些党史著作才以"共产党早期组织"来取代之。4.提及大会"推选张国焘同志为大会主席”，与《中国共产党第一次代表大会》中所说“主席张同志”恰好可以互相印证。5.新提及毛泽东、周佛海担任大会记录，会议选举张国焘、陈独秀、李达为临时中央局委员，周佛海、李汉俊、刘仁静为候补委员等具体情况。6.提及“确定党名为中国共产党”，可与《中国共产党第一个纲领》第一条“本党定名为‘中国共产党’”相互印证。

以上几件档案，由于特殊的历史原因，长时期内鲜为人知。据现有材料推测，中国共产党早期领导人中，瞿秋白曾看过其中的第一个纲领和第一个决议。1929年12月至1930年6月间他在莫斯科为共产主义劳动大学和列宁学院宣讲中共党史所写的《中国共产党历史概论》中，曾引用过党的第一个纲领和第一个决议的主要内容。如没有见过这两个文件，决不会引用得那样准确。除此之外，李立三、蔡和森、陈潭秋等人在讲党史或一大时，都不曾提到这两个文件或其主要内容，可见他们都没有见过中共驻共产国际代表团档案中的一大档案。一大档案的遗失和共产国际档案的鲜为人知，导致世人对一大的具体情形疑问重重。20世纪80年代这批档案内容公布以后，澄清了过去长期存在的一大历史之谜，构成研究中共一大、研究党的早期历史的基本史料，成为我们党和国家宝贵的文化财富和永恒的历史遗产，应该得到人们的共同珍惜和高度重视。

（原载于《党的文献》2011年第3期）

关于1944年美军观察组考察延安的几个问题

——基于中央档案馆藏相关档案的研究

1944年7月22日和8月7日，美军观察组一共18人，分两批先后到达延安，开始对中国共产党领导的敌后抗日根据地进行考察。这是中美合作抗日的一个重要的标志性事件，是中国抗日战争史上和世界反法西斯战争史上的一件大事。在延安，美军观察组曾向中共军队表示一起“到东京吃茶去”，俏皮而浪漫地体现了中美军队携手抗日、直捣黄龙、灭此朝食的壮志豪情，是中美合作抗日的代表性名言。美军观察组在深入实地进行考察后，深刻地认识到：“救中国，非共产党之力量不可。”这一石破天惊的结论，不但是美军观察组的一个重要收获，而且是国际政治中70多年来不断被验证为正确并将继续被验证为正确的最为著名的关于中国政治的预言之一。中央档案馆现藏有与美军观察组相关的档案70多件。通过对这些档案的梳理，可以对当年美军观察组访问延安的有关问题作出一些新的考察。

一、美军观察组的派驻与撤销是谁主动提出的?

关于美军向中共中央驻地延安派驻观察组，到底是美国还是中国共产党或中国国民政府先行主动提出的，学术界存有不同看法。这一点，我们可以从中央档案馆所藏相关档案中寻出一些来龙去脉来。

1944年6月，林伯渠、董必武专门向毛泽东报告了“关于美国派军事人员赴延”一事的前后经过：“罗斯福过去曾三次电蒋要求，均遭蒋拒绝。”“这次华莱士来渝，文生德、台维士（戴维斯——引者注）、谢尔维士（谢伟思——引者注）等临时主张再由罗斯福向蒋要求，罗斯福在四小时内立即回电同意，华莱士立率美方有关人员全体见蒋，正式提出罗的电报，蒋略为踌躇，最后即表示：只要共产党方面允许，你们可以派人去，但须军事委员会给名义，可直接同何应钦商量。”“谢等次日见何”，何“完全同意”了谢等的要求。[①]林、董电报所述情况，应来自台维士、谢尔维士等美方人员与他们联络时所述，因此具有很高的权威性和很大的真实性，应属可靠情况。

1944年7月15日，毛泽东在向党内通报时局近况时也采用了这一说法：“罗斯福三次电蒋要求派美国军事代表团来延安，均被蒋拒绝；此次华莱士来华，率美方在渝有关人员全体见蒋，正式提出罗斯福第四次电报，蒋始被迫答应。”[②]中共最高领导人毛泽东向党内通报中的这一说法，应是当时中国共产党所能掌握到的全部情况。

从现存的档案来看，美国派军事观察组赴延安，最初是由美国总统罗斯福向蒋介石提出的，但开始连续提了三次，蒋介石都没有同意。直到1944年6月，美国副总统华莱士访华时，在华的美军军官谢伟思等人临时又请示罗斯福，建议由罗斯福再次致电蒋，由华莱士当面向蒋提出，罗斯福当即复电同意。华莱士立即率美方有关人员面见蒋介石，面交罗斯福的电报。这次蒋介石只好同意，让美方与何应钦具体商量。第二天，谢伟思等人面见何应钦，要求美军人员自行前去延安，不要国民政府军委会派人陪同，何应钦也完全同意了这一要求。于是，1944年6月23日，驻重庆美国陆军总部代理参谋长费尔利斯正式向林伯渠致信，称“美国陆军总部获得国民政府准许，将派遣美国官员组成的观察组去中国北部延安及十八集团军作战地带及日占地区进行调查访问”，要求“给他们自由旅行、观察，允许他们直接与其总部用无线电通信联络，在调查访问期间给予协助”。[③]第二天，6月24日，林伯渠便回函表示同意。同日，费尔利斯也经林伯渠致函毛泽东，提出了同样的要求。毛泽东于6月28日复电，对美军事人员来延“表示欢迎”。美国甚至还就向延安派驻美军观察组一事，征得苏联同意。1944年7月15日董必武在给毛泽东、周恩来的电报中说，后担任美军观察组领队的包瑞德曾向他们说“领事曾先征求苏联同意的”。经过一系列准备后，美军观察组分两批先后于7月22日和

① 林伯渠、董必武给毛泽东的电报，1944年6月。

② 毛泽东关于对时局近况的通知，1944年7月15日。

③ 费尔利斯致林伯渠的信，1944年6月23日。

8月7日到达延安。

1946年3月9日，美军中国战区总司令魏德迈提议取消延安观察组。3月11日，周恩来电告中共中央："马歇尔转来魏德迈通知，为执行美陆军部复原计划，拟即撤退延安美军观察组""并问我们意见""我即答已让他们在延再留一时期，和美在华陆军总部同时撤销"。中共中央于次日复电同意。3月13日，周恩来正式致函驻重庆美国大使馆的卡尔菲，"希望美军驻延观察组一直维持到美军司令部从中国撤退以前。我们这样要求是为了建立我们之间的直接联系，能够更进一步更好地了解和合作"。[①]结果，4月上旬，美军参谋团叶顿上校还是通知中共中央："观察组定于本月9日撤销，全部人员将飞沪。"叶顿同时还告："为使双方联络不致中断"，中共可由周恩来"向吉伦将军提议派一军官（不低于上校阶级）驻延担任联络"。[②]据其他史料，美军观察组撤出延安后，留下的军官改称美军联络组，于1947年3月11日撤离延安。

由上可知，美军观察组的派驻和撤销，都是由美方主动提出的。所不同的是，美方提出派驻时，中共中央当即同意；美方提出撤销时，中共中央当即挽留，希望再留一段时间。仅仅不到一个月，美方还是最终决定撤销，只同意留下少数人继续担任联络。这样，美军观察组从1944年7月22日到1946年4月9日，在延安和华北敌后抗日根据地共执行了620多天的任务。

二、中共中央和毛泽东对美军观察组持什么态度？

当1944年6月23日费尔利斯向林伯渠致信询问美军观察组可否到延安及八路军控制地区调查访问时，林伯渠就代表八路军表示欢迎，并保证给予观察组"充分的合作"，给予"工作上和行动上的自由及通信联络的自由"，"以便迅速打败我们共同的敌人日寇"。[③]为了共同打败日寇，这是毛泽东和中共中央欢迎美军观察组的最主要动机和原因。

接到林伯渠的报告后，毛泽东很快便于6月28日复电林伯渠等人，对美军观察组来延安"表示欢迎"，并从当天起就开始检查飞机场，随时准备迎接美

① 周恩来致卡尔菲的信，1946年3月13日。

② 中共中央给周恩来的电报，1946年4月7日。

③ 林伯渠关于观察组来延问题给费尔利斯的信，1944年6月24日。

军观察组的到来。7月4日，中共中央又致电林伯渠等人，详告延安机场情况及降落时应注意事项，并嘱他们与美军详谈一次，以保证观察组飞延时顺利着陆。为便于美军观察组到延安后开展工作，7月14日，周恩来经毛泽东批准，专门致电林伯渠等人，转告美军观察组：本地发报局发电极慢，最好能自带无线电台来延安。

观察组第一批人员到达延安时，延安给予观察组人员热情的招待，并免去观察组的膳宿费用。为此，包瑞德于1944年7月22日亲自致信朱德表示感谢。

当美军观察组全部到达延安后，毛泽东不仅宴请招待了他们，而且亲自大篇幅地修改了延安《解放日报》8月15日的社论《欢迎美军观察组的战友们》。社论称：美军观察组到延安，是“中国抗战以来最为令人兴奋的一件大事”，“对于争取抗日战争的胜利，实有重大的意义”，因为这将有助于美国和世界各国了解这样一个过去一直被国民党封锁的事实真相，即“七年来，近五十万的八路军新四军和八千余万被解放了的人民，在华北、华中、华南三大敌后战场奋勇作战”。“敌后战场成了中国抗战的最重要战场”。①社论认为，“该组的战友们一定会对此间情况作周密的和深刻的观察，并对于双方如何亲密合作以战胜日寇必能多所擘划”。②美军观察组工作的成功，“会使美军统帅部对于中国共产党始终坚持团结抗战、实行民主的政策和共产党领导下的敌后抗战力量，获得真实的了解，并据以决定正确的决策”③；并“会增进中美两大盟邦的团结，并加速最后战胜日寇的过程”。④这就是当时毛泽东和中国共产党从共同战胜日本法西斯这一世界大局的角度所认识到的美军观察组来延安这件事的重大政治意义。显然，在毛泽东和中共中央看来，美军观察组到延安，不仅于中共自身有利，于中国的抗战事业有利，而且于增进中美两国团结有利，于加速最后战胜日寇的过程有利。因此，毛泽东才代表中共中央和中国共产党，代表当时50万八路军新四军和8000多万敌后根据地人民，代表各根据地民主政府，“向远道来此的观察组全体人员，致热烈欢迎之忱！”⑤

---

① 《毛泽东外交文选》，中央文献出版社、世界知识出版社1994年版，第35页。
② 《毛泽东外交文选》，中央文献出版社、世界知识出版社1994年版，第37页。
③ 《毛泽东外交文选》，中央文献出版社、世界知识出版社1994年版，第37页。
④ 《毛泽东外交文选》，中央文献出版社、世界知识出版社1994年版，第38页。
⑤ 《毛泽东外交文选》，中央文献出版社、世界知识出版社1994年版，第34页。

8月18日，毛泽东又签发了由周恩来起草的中共中央关于外交工作的指示，进一步阐明了美军观察组来延安并将分赴前方的重大意义，指出了应该如何接待并与之进行合作。指示中说：“由于我党政军民的努力和国民党统治人士的日益反动与无能，目前两个中国（新民主的中国和法西斯化的中国）在抗战营垒中的对照是更加明显了，这次外国记者美军人员来我边区及敌后根据地，便是对我新民主中国有了初步认识后的实际接触的开始，因此，我们不应把他们的访问和观察当作普通行动，而应把这看作我们在国际间统一战线的开展，是我们外交工作的开始。”这里说到了两个“开始”、一个“开展”，即外国对中国共产党领导下的“新民主中国”实际接触的开始，中国共产党外交工作的开始，中国共产党国际统一战线的开展。如果从发展的、长远的角度看，这种“开始”和“开展”是具有重大意义的。

为什么呢？指示分析说：“如果大家承认八年来国内统战政策，曾经给我们以极大的发展，那么，今后国际统战政策，将可能给我们以更大的发展。而且，如果国际统战政策能够做到成功，则中国革命的胜利，将必增加许多便利，这是可断言的。”这可以说是理由之一。指示接着又分析了第二个理由：“美军人员来我边区及敌后根据地的理由，为有对敌侦察和救护行动之需要，准此可争取其逐渐扩张到对敌作战方面的合作和援助；有了军事合作的基础，随后文化合作，随后政治与经济合作就有可能实现。”

虽然美军观察组到敌后对中国共产党意义重大，但中共中央也很冷静地提醒全党：“目前不应希望过高。”原因有三：第一，“目前美英苏外交的重心仍是放在国民党方面”；第二，党的“这种外交现在还是半独立的外交，因为一方面重庆国民政府还是中国人（我们在内）及同盟国所承认的中央政府，许多外交来往还须经过它的承认”，“另一方面国民党不愿意我们单独进行外交活动的，我们与同盟国家只有冲破国民党种种禁令和约束，才能便于我们外交来往和取得国际直接援助”；第三，“且就英美内部言，也有进步、中间、顽固三种势力存在，即在其政府中亦复如此”。后来的事情发展证明，正是由于当时美国外交重心仍在国民党，国民党对美共接近甚为忌惮，极力加以反对和阻挠，加之美国政府与军队中的反共顽固势力的存在，导致美国与中共的关系由热变冷，美军观察组与中共的合作计划未能全部实现，美军观察组的一些核心人员被调离延安甚至被排挤回美国。

在以上分析的基础上，指示进一步提出了当时包括接待美军观察组在内的党的外交工作的中心“应放在扩大我们影响，争取国际合作上面”。指示还提出了目前党在军事、政治、文化、经济、宗教等方面的外交政策：“军事上是在取得我们同意和遵守政府法令的条件下，同盟国的军事人员及武装力量，可进入我们地区，执行共同抗敌的一切工作，并取得我们协助；同时我们也欢迎盟国给我军以军火、物资、药品和技术上的援助。”这一军事外交政策，正是中国共产党对待美军观察组的政策。

为了在接待美军观察组等外交工作中不犯错误，指示特别强调了“必须站稳正确的民族立场”这一重要问题。正确的民族立场是什么呢？指示说，为了克服中国近代史上中国人在民族立场上所犯的排外或惧外的错误观念，“我们应一方面加强民族自尊心自信心，而不是排外；另一方面要学习人家长处，并善于与人家合作，但决不是惧外媚外。这就是正确的民族立场，也就是新民主主义中国的新人典型”。[①]在接待美军观察组的全过程中，中国共产党都是采取这一正确的民族立场行事的，既不盲目排外，又不一味惧外或媚外，体现出了民族自尊心自信心，体现出了虚心学习、善于合作的态度，从而模范地树立了“新民主主义中国的新人典型”。

为使与美军观察组的合作取得切实成果，1944年8月20日，中共中央致电山东军区和新四军军部，要求他们“以尽可能快的速度”，收集美军观察组需要的青岛、烟台、连云港等沿海地区的日寇军事情报。9月6日，八路军参谋长叶剑英专门致电新四军负责人，要求他们侦察沪杭一带敌情以告美军观察组。

根据中共中央的安排，1944年8月上旬，八路军副总司令彭德怀和新四军军长陈毅，分别向美军观察组介绍了八路军在华北抗战和新四军在华中抗战的情况。9月1日，中共六届七中全会主席团会议专门集体听了周恩来、叶剑英关于美军观察组活动的汇报，为了做好对美军观察组的配合工作，会议决定，“各个战略单位”“增加副参谋长”，“设一外事组，将翻译组织起来”，加强宣传工作和情报工作。

美军观察组去根据地，有些根据地领导怕招来日寇“扫荡”，因而不愿让美军去。1944年9月上旬，华中新四军负责人张云逸等人即致电毛泽东、刘

① 中共中央《关于外交工作指示》，1944年8月18日。

少奇，认为“美军事人员经常来往华中潜伏地区，在目前条件下，可能引起敌人注意和‘扫荡’，使将来航空比较困难，此时我们害多利少”。[①]毛泽东很快就与刘少奇联名复电他们：“机场筑好后，大批美军人员陆续飞来军部及各师，我们应表欢迎。”“虽可能引起日寇‘扫荡’，但比较全局，利多害少”，并说“放手与美军合作，处处表示诚恳欢迎，是我党既定方针”。[②]这封电报，表达了毛泽东和中共中央从中美合作抗日的大局出发，不计小害，与美军合作的坚定态度，显示出毛泽东和中共中央对美军观察组及美军的高度重视。

1944年10月8日，当美军观察组彼德金等7人将经晋绥赴晋察冀考察时，中共中央军委专门致电晋察冀军区领导人，要求他们保障美军观察组人员安全，准备迎接并提供有关情报。

三、美军观察组在延安和华北敌后抗日根据地的使命是什么？

关于美军观察组的使命，1944年6月23日，费尔利斯致林伯渠的信中说是“去中国北部延安及十八集团军作战地带及日占地区进行调查访问”；同日，他致毛泽东的信中说是“前往华北各地考察，在该区域内搜集关于日人情报的工作”。[③]1944年6月，林伯渠、董必武在给毛泽东的电报中报告说：“美国之积极要求派人常驻延安与华北，不仅为了今天飞机轰炸日本的需要，必然还另有目的：（甲）详细了解我与苏联的关系，现在是否受苏联支持；（乙）详细了解我们的建设方向，战后是否与美国合作。”[④]1944年7月15日董必武致毛泽东、周恩来的电报中称：美军观察组领队包瑞德武官说：“我感觉此次任务很重大，要做到与中国新力量合作，如做不好，此生完了。”“拟带一美籍日本人来延学习研究日本问题概况及了解日朝满等机密，防敌机袭击。”[⑤]1944年7月18日董必武致毛泽东、周恩来电报中又报告：“美考察团来延，他们意思，

---

① 张云逸、饶漱石、曾三致毛泽东、刘少奇的电报，1944年9月8日。

② 毛泽东、刘少奇致张云逸、饶漱石、曾三的电报，1944年9月10日。

③ 八路军重庆办事处关于转6月23日美方来函给毛泽东的函，1944年6月26日。

④ 林伯渠、董必武给毛泽东的电报，1944年6月。

⑤ 董必武给毛泽东、周恩来的电报，1944年7月15日。

主要商量在边区及敌后根据地建设飞机降落场问题及了解我们实际情况。另从旁观察，得知我们与苏联的真实关系。”“他们对敌情很注意，因为在国民党方面很不了解华北敌情，希望我们帮助了解东北、华北敌人的大工业区、机场布置。”[①]8月15日，经毛泽东修改的《中情通报》指出：“由于抗战中我党力量发展，国民党军政腐败，特别是豫湘战争惨败，引起美英担心和极大注意。外记者团、美军事观察组先后来延，目的即在了解我党实力及其在反攻中的作用，搜集敌伪情报，寻求对日作战的便利条件和基地。”[②]

综合以上档案，美军观察组的使命主要有三条：一是“搜集关于日人情报”，为美军轰炸日本服务，并防止日本飞机袭击美军，寻求对日作战的更有利的基地；二是“与中国新力量合作”，了解中共的实力和在对日反攻中的作用，准备与中国的民主新军和抗日劲旅——中国共产党及其领导的人民军队合作抗日；三是了解中共与苏联的关系及中共的建设方向，确定战后美国是否与中共合作。

四、美军观察组在延安和华北敌后抗日根据地作了哪些考察？

档案显示，美军观察组在延安和敌后根据地的考察主要包括三个方面：

（一）听取情况介绍。如在延安听取叶剑英关于八路军、新四军编制与装备情况的介绍，1944年8月6日、8日、9日听取彭德怀关于八路军华北抗战及华北敌我友军情况的介绍，8月10日听取陈毅关于新四军华中抗战及华中敌我友军情况的介绍；听取林彪关于八路军、新四军教育训练情况的介绍。到各根据地后，又听取了更具体的介绍。如在晋察冀时，晋察冀军区向观察组介绍了目前的军事形势和敌我斗争态势以及人民武装的发展与斗争经验；边区政府介绍了边区的民主政治建设情况。

（二）开展专门座谈。如观察组在延安期间，八路军安排召开了关于敌伪军研究、关于通信、关于空军与轰炸目标、关于气象及训练班、关于空军陆地情报、关于敌后根据地对美军飞行员的地面救护、关于医务及医药、关于政

---

① 董必武给毛泽东、周恩来的电报，1944年7月18日。

② 《中情通报》，1944年8月15日。

治工作与民兵游击队、关于海军情报、关于爆破等专门的座谈会，由相关专业人员对其进行介绍、交流和讲解。

（三）实地考察参观。如在延安参观延长油厂、兵工厂、医院、绥德抗大、359旅教导队等，在晋察冀根据地参观了军需厂、白求恩学校、国际和平医院等，观看了军区部队的飞雷、枪榴弹、掷弹筒、手榴弹、地雷等试验，参观了地道、地洞，化装成农民到敌人岗楼附近考察。有的成员还访问了边区政府的负责人等，有的远赴北平近郊考察通信、交通，赴太行区、冀中区参观。

五、美军观察组在延安和华北敌后抗日根据地取得了哪些收获？

首先，获得了大量有价值的情报。观察组驻延的首要任务是收集情报特别是有关日本的军事情报。还在观察组到延之前，1944年6月下旬，美军便已开始向八路军驻重庆办事处询问山东的飞机降落场和海军停泊港的情况。在观察组赴延前，林伯渠、王若飞已把延安提供的一份敌我形势图给了美军观察组。美军观察组一到延安，便向八路军总部开列了包括共产党军队、共产党统治地区、使用共产党情报组织的方法、华北道路交通气象、华北敌军情况、华北伪军情况等在内的所需情报清单，观察组中专门研究敌情的克朗姆莱少校还专门向八路军开列了关于敌情的详细情报清单，包括所有日陆军军官的姓名、级别、驻地、单位番号、调动情况，所有日军联队级以上单位及其附属单位的密码番号、详细位置，日军名称密码等。他收集这些情报的目的在于掌握日本陆军和航空兵部队的力量及位置。收集情报的方法：一是会见日军俘虏，从日俘口中获得；二是研究缴获的日军文件书籍；三是访问中国研究日军战斗序列之人员。

1944年8月20日，毛泽东专门向山东军区和新四军军部发去电报，要求他们收集以下日寇军事情报提供给美军观察组："青岛、烟台、连云港常泊兵舰数目及类型"；"上述各地，每日进出口船舶数目"；"连云港是否已设为潜艇根据地，经常有若干潜艇活动"；"盟机轰炸后，日军及敌后人民情绪的反应；日军之军事设备、工厂等在轰炸后有无向东北及朝鲜迁移状态”。[①]从要收集的情报内容看，这份电报也应该是根据美军观察组需要的情报开列的。

1944年8月21日，陈毅向毛泽东报告说：“数日前谢维四又来我处拜访，谈了三小时。主要内容是两个，第一个问题，他再三问反攻时期国民党军队进入新四军地区，他们一定要打的，你们怎么办。”“此外谢还问，国民党在反攻未来前会不会坍台？国民党最近内部会不会有政变，各地方军人对我对蒋的态度等。”“第二个问题，谢说此来具体商定是否用空中降落办法可到华中。”[②]谢维四即谢伟思，是观察组的秘书兼翻译，又是政治顾问，因此，他很关心国共两党的实力消长及态度问题，为决定美国在中国抗战结束后长期和谁合作做准备。因此，关于国共两党的情报，也在美军观察组的收集范围之内。

对美军观察组需要的所有情报，中共中央军委和八路军总部都向各中央局负责人、各兵团参谋长等发电，要求各地指定专人，负责搜集提供。

1945年6月2日，美军观察组毕德金（上文之彼德金——作者注）、斯文生、斯特尔三人共同向叶剑英提出美军通信部队情报部门拟在延安和各华北敌后抗日根据地建立华北通信网，从事情报收集。叶剑英没有同意。这是有关档案中第一次出现中共对美军观察组采取不合作态度的情况。在现存的谈话记录中，叶剑英耐心地向他们解释说：“观察组来延一年，毕、斯二位始终其事”，“我们诚意合作，你们对此会同意的。现在我们很友谊地来谈谈这个问题。一年可分为赫尔利声明以前及声明以后两个时期。前一时期，我方对美军是无条件合作，虽然此时美军总部并无合作的信件给我们。以后赫尔利声明，美方对我合作的希望回答是不愿与我合作，我们此时仍然希望合作。全世界上找不到这样无条件合作的例子的。”“一年过程，已充分证明，我们是愿意与美国政府、军队、人民合作的。”“在这一年内，没有任何一个美国官方有资格人士写过一封信或谈过要求合作。”“没有一个负责军官来此谈过你们在中国的战略，以及与八路军新四军在华北华中华南合作的计划。一年努力，没有结果，你们态度是不合作的态度。”“今天你们提出华北通信网计划，魏特梅耶（魏德迈——引者注）指示批准进行。但是魏

① 毛泽东关于收集日寇军事情报供给盟军给山东军区、新四军军部的电报，1944年8月20日。
② 陈毅给毛泽东的信，1944年8月21日。

并无介绍信或公函给我方提出此事。按照中国办公事的习惯，这是不能接受处理的，希望你们原谅。虽然没有介绍信或公函，我仍然答应将你们的提议向毛主席、总司令报告，考虑。”[①]

叶剑英在这里，把美军观察组在延安分为前后两个时期，即赫尔利声明以前及以后两个时期。所谓赫尔利声明，指的是1945年4月2日美国驻华大使赫尔利在华盛顿美国国务院举行的记者招待会上发表的谈话。这一谈话公开宣布美国的军事援助只给国民党政府，攻击中国共产党和它领导的军队阻碍了中国的统一。这意味着美国公开采取了不与中共合作的立场。因此，中共也作出了强烈反应，随即改变了以往单方面向美军提供合作的办法，拒绝了美军在华北建立情报网等一系列要求。

由以上档案可以看出，从1944年7月美军观察组到延安一直到1945年4月赫尔利发表声明这段时间里，中共对美军观察组所提的要求都是积极配合、给予满足的，美军观察组是得到了中共提供的大量关于日军的海陆空各项重要情报的，这些情报中有些甚至超出美军的预料，比他们从国民党那里和其他渠道得到的更为宝贵。

其次，洽谈了一系列军事合作。美军观察组到延安后不久，就向正在帮助八路军开展电讯工作的英国专家林迈可提出，要其提供改进共产党地区电讯交通所需无线电器材清单，准备将来美方可以援助中共军队时使用。1944年8月2日，林迈可应美方要求制作出了一个拟给美方的通信装备需要清单，他给周恩来致函说明：“自始至终都是美方要求这些清单的，他们并且提出多种我从未想开列上去的东西。例如他们曾提出开上几架打字机供新华社抄录新闻之用。”包瑞德也专门致函周恩来，说明林迈可的清单“纯系应吾人之请而制者”。[②]

1944年9月1日，周恩来在中共六届七中全会主席团会议上汇报美军观察组活动情况时说：“他们有几个问题向上级请示。①到华中建立飞机场，他们对华中急于华北。②是否给我们一部分东西训练。”可见美军观察组到延安后不久，就提出了到华中建立飞机场和给八路军一部分军事装备并开展训练的军事合作计划。

① 叶剑英与毕德金等谈话记录，1945年6月2日。

② 包瑞德给周恩来的信，1944年8月2日。

1944年9月7日，毛泽东电告晋西北、晋察冀军区，美军观察组考林、琼思二人最近将赴晋绥和晋察冀，任务包括：“了解该两区爆破工作实施之范围，调查该两区爆破工作之可能性与爆破目标；收集一切必需之情报以便能提出在晋绥及晋察冀特种作战（如爆破、游击战争、情报）之可能性的报告。”“携带部分爆破器材准备在晋绥边区表演”，“以查明何种爆破器材最适合于我军之用”。可见美军观察组也做了一些关于特种作战的准备。

再次，为救护美军飞行员进行了相关的协调联络工作。1944年8月上旬，美军观察组成员、陆空救护小组的惠特塞中尉与叶剑英谈了美陆空救护小组的主要任务和希望中共军队需要配合的要求和建议，随后，包瑞德又专门向叶剑英写了一个书面的材料，详细罗列了他们的要求，包括陆空小组与中共军队的联络，中共控制的各根据地的地图，救护工作的实施步骤，美飞行员随身携带的物品，如何辨认八路军、新四军、游击队、伪军、日军等。八路军、新四军后来曾在救护美军飞行员方面给予了积极配合，不少敌后抗日根据地都救护了一些美军飞行员。这是美军观察组到延安后的又一重要成果。

另外，美军观察组到延安后，还与一些在敌后抗日根据地获救的美军飞行员联络，帮助他们前往安全地区。

最后，为有关盟国开展国际联络提供了中转。比如，档案中有1944年10月上海法国戴高乐派远东领事请美军驻延安观察组转给法国驻中国大使的一份电报。这份电报由新四军政治部发给延安中共中央军委政治部，由其转给美军观察组，请求美军观察组将电报稿内容转达法国驻重庆的大使馆。当时法国驻远东的四名代表驻在地上海在日军控制下，他们的电报表达了对戴高乐政府的效命，报告了上海法国武装的情况，请示今后如何应付日寇及在盟国反攻上海时如何配合。这说明美军观察组驻在延安，实际上也充当了为有关盟国进行国际联系的中转站。

六、美军观察组怎么评价毛泽东、中国共产党及其领导的军队和根据地?

上引1944年7月15日董必武向毛泽东、周恩来的报告称：“包武官说：‘我感觉此次任务很重大，要做到与中国新力量合作，如做不好，此生完了。’”此处的包武官，即后来担任美军观察组领队也叫组长的包瑞德，他时任美国驻华使馆武官。可见，还在赴延安前，美军观察组的领导人包瑞德，就把中国共产党及其领导的军队和人民，看作中国的“新力量”，把到中共中央驻地延安考察，看作“与中国新力量合作”。“中国新力量”这一美军观察组对中国共产党及其领导的军队和人民的评价，在当时不但非常新颖，而且富有远见。

观察组到延安后，八路军接待人员无一人主动提及希望得到美方援助事。这给美军观察组留下极佳印象。上文提到的1944年8月2日包瑞德在关于林迈可所提无线电器材清单给周恩来的信中就特意说明：“观察组一切组员悉知贵方人员无一人曾向我方要求任何物品，此点予我人以极佳之印象。”

1944年8月10日，新四军军长陈毅在给美军观察组介绍新四军发动群众参加抗日的情况时说：“经验告诉我们，最初要老百姓去打仗他是很害怕的。国民党就是用捆绑的办法绑着老百姓去，这样愈捆就愈跑。我们的方法则完全相反，我们采取民主动员的方法，完全根据人民要保家自卫的热情，给以军事训练，在本乡本土逐渐参加小的战斗，每一次都使人民感觉打仗并不足怕，而且常常获胜，使他们情绪提高（切忌胡乱使用人民去打硬仗，碰硬钉子，乱碰一通，第二次就难于动员了），顾及群众心理、能力、情绪和他们的切身利益，给以必要训练和多多尝试的机会，这就使人民从战斗中学会了。这样办法正如画一张名画一样，一点不能粗糙从事的。”听到这里，包瑞德高兴地赞扬说：“这个办法好得很！”①

1944年10月22日，美军观察组成员谢伟思给毛泽东写了一封信，说：“我曾告诉我的上级：你所领导的人们是中国的希望，也合于美国在世界的这一块地方的利益。”②谢伟思是美军观察组的核心人员，他把毛泽东及其领导下的党、军队和人民，看作“中国的希望”，这是一个极其正确的评价。

1944年12月21日，程子华等人在给叶剑英的电报中，报告了到晋察冀根据地深入进行各方面考察后美军观察组一些人的观感或认识，其中说：毕德坚（上文之彼德金——作者注）、路登等人实地参观后，“对国民党依靠外援，腐败无能，流露愤慨不止。我军所见，到处新颖，拍有照片多幅，并赠以我军

① 陈毅与美军观察组关于华中新四军一般情况的谈话，1944年8月10日。

② 杰克·塞维斯（谢伟思）给毛泽东的信，1944年10月22日。

数年来战斗照片，极欣喜”。“又赠以人民武装经验总结性之材料数种，极为欣赏，谓河南、湖南、广西如曾开展人民武装斗争，绝不致如此溃败。”这里所说的河南、湖南、广西的溃败，指的是1944年国民党军队在豫湘桂战役中一触即溃、丧师失地的可耻失败。可见美军观察组非常重视敌后根据地的人民战争对抗日战争的作用。

电报还说：“数周来，观察组在此工作，均甚积极热情，政治情绪与日俱增。个别人，如毕德坚，思想保守，对我了解不够，经实地考察，深入下层，目睹工厂制造，铁路沿线活动，精神大为振作。主动提出对我物资援助问题，并要求告以需要数字。”“观察组路登，乃该组政治头脑，对我了解比较深刻。曾言：非仅愿与我抗战中团结，且愿战后与我继续合作。惠德赛（上文之惠特塞——引者注）、德穆克、葛瑞斯，青年热情，谈话亲切，常以共产党中国，与国民党中国为对比。”“彼等无一对蒋介石抱有希望者。”“彼等对国共关系，异常关心。”“尝谓：救中国，非共产党之力量不可。纵对共产主义曾有非议，而对共产党之所作所为，钦佩至极。”这里，“救中国，非共产党之力量不可”，其英语也可翻译成“只有共产党，才能救中国”。电报还说：“总观对我印象，皆极良好。我之艰苦奋斗，自力更生，军民一致，官兵平等，所完成者多，所用者少，无不钦佩赞扬。”[①]这里所列的几条，都是观察组从共产党领导的根据地所看到的，与他们从前在国民党领导的正面战场和国统区所看到的完全不一样的，是最能够打动他们，令他们印象深刻的东西，而这些又都是他们认为是进步的、正确的东西，是取得成功的重要条件，因此他们才会从同国民党的比较中认识到：只有共产党，才能救中国。美军观察组不但对共产党留下很好印象，而且还多次提议以各种形式援助共产党。如程子华等人12月21日电报称：毕德坚与路登二人访他们时，曾问“山东至晋察冀，运输交通如何。设美国军火援助，将可能自海上以潜艇（每个等于50架飞机运输力），运至山东，不采缅甸路线”。[②]12月30日程子华等人电报又称：“临行前，他们正式告诉我们，回美国后不久他们即将重来。毕德坚谓，将携一批军官来帮助军事。”[③]

① 程子华、唐延杰、耿飚关于美军观察组活动概况给叶剑英的电报，1944年12月21日。

② 程子华、唐延杰、耿飚关于美军观察组活动概况给叶剑英的电报，1944年12月21日。

③ 程子华、唐延杰、耿飚关于美军观察组对我印象极好给叶剑英的电报，1944年12月30日。

七、彭德怀和陈毅向美军观察组介绍了八路军、新四军哪些战果？对观察组产生了什么影响？

1944年8月6日、8日、9日和10日，彭德怀和陈毅分别向美军观察组介绍了八路军、新四军的抗战历程和战果。彭德怀在介绍中说："目前，我八路军共有兵力32万人，经常抗击着敌人侵华兵力的五分之二至五分之三（伪军30余万还不在内），最多时，曾钳制敌人22个师团。""七年中，我们和敌人进行了大小战斗74060次，平均每天与敌作战29次；共毙伤敌军351113人，伪军239952人，俘日军2407人，伪军148726人，争取日军投诚者115人，伪军反正者49461人，约等于已消灭侵华日军之半数和全国伪军之半数；缴获长短枪189028支，轻重机枪3120挺，各种口径炮489门，我们主要就依靠这些战利品来武装和补充自己。七年的艰苦战斗，我们也支付了巨大的代价，我负伤指战员186593人，阵亡103186人，敌伪与我伤亡的比例总平均为二与一。""经过七年的艰苦斗争，我们在华北敌后，巩固地建立了五大块抗日民主根据地，抗日民主政府统治下的人民达五千多万，不脱离生产的民兵有158万，我们自信有力量担任华北战场上的反攻。""日寇也很知道自己是站在一座火山上，认识到'真正的抗日势力始终一贯的是中国共产党'，并且一再地哀号：'华北有八路军存在，便无法安枕。'""我们实行民主，坚决依靠人民，一切为人民的利益着想，发动与武装人民参战，使战争真正成为全民战争，这使我们的抗日力量增强到千百倍。这就是八路军所以能屹然独存于敌后、制胜敌人的秘诀。"①

陈毅在介绍中向美军观察组提供了一份《新四军七年来战绩统计表》，其中表明，新四军七年来在华中经历大小战斗17534次，毙伤敌伪军241750人，俘虏敌伪军34415人，敌伪军投诚反正34066人。缴获长短枪124459支，缴获轻重机枪2651挺，缴获各种炮100门。负伤指战员64920人，阵亡指战员44868人。陈毅向观察组介绍说：新四军建立的华中根据地的"人民总数有三千万"，"穿着军服的正规军，有18万。民兵是着老百姓衣服进行生产有战

① 彭德怀：《八路军七年来在华北抗战的概括》，1944年8月6日、8日、9日。

斗时参加战斗的，共有55万人”。“新四军在敌后18万军队所抗击的敌军，正是国民党一、三、五、六、九战区及苏鲁战区（共有100万人以上队伍）所共同抗击的敌军。”[①]

由于国民党政府的刻意屏蔽、掩盖，这些事实美军观察组是第一次听说，对他们的震动是巨大的。共产党掌握的军队与民兵数量之多，对日作战次数之多，对日军牵制力量之大，条件之艰苦，作战之顽强，伤亡之巨大等，都让他们对中国共产党及其军队刮目相看，充满敬意。他们知道，同共产党合作抗日，就是同中国50万坚定的抗日生力军合作抗日，就是同在敌后坚持抗战的8000多万根据地人民合作抗日，就是同中国民主进步的新生力量合作抗日。

这些事实，不但对当时国民党散布的八路军、新四军“游而不击”的谣言是一种揭露，而且，对今天一些仍然相信甚至还在宣传八路军、新四军“游而不击”观点的人，同样是有力的反驳。

1945年6月2日，在赫尔利公开声明不与中国共产党合作后，上引叶剑英在与美军观察组毕德金中校等的谈话中，代表中共中央说了这样一段铿锵有力、掷地有声的话：“我们近百万军队，合作抗日，可以缩短战争，减少你们美国人命牺牲。没有外国帮助，我们一千年也打下去，也要打胜，十年二十年三十年，我们一定打下去。”这段话，说出了中美合作抗日可以减少美国人民的牺牲这一事实，说出了中国共产党领导的敌后抗日斗争在世界反法西斯战争中的重要地位，说出了中国共产党即使没有外界帮助也誓死抗日到底的坚强决心，说出了中国共产党人一定“要打胜”的必胜信念。

今天，70多年过去了，当我们重新翻阅这些档案时，可以看到当年美军观察组成员对中国情况观察之深入、细致，分析之敏锐、深刻、独到、准确，同时，我们也不得不对中国共产党及其领导的人民战争在中国抗日战争及世界反法西斯战争中的作用与地位有更深入的认识。

（原载于《党的文献》2015年第5期）

---

① 陈毅与美军观察组关于华中新四军一般情况的谈话，1944年8月10日。

辑二

档案工作理论研究

社会的档案意识与档案界的社会意识

近几年，人们无论是在档案向社会开放的过程中，还是在宣传贯彻执行《档案法》的过程中，都越来越多地意识到一种“意识问题”，即社会的档案意识问题。不少人认识到，社会的档案意识是档案工作赖以发展的社会条件之一，是做好档案工作不可或缺的社会环境。社会的档案意识越强烈，越浓厚，档案工作的社会环境就越有利，社会条件就越良好，档案工作就越容易见效，越能够发展；反之，社会的档案意识越薄弱、越浅淡，档案工作的社会环境或社会条件就越不利，档案工作就越难开展，越难收效，越难前进。因而，档案意识开始从不少档案工作者的潜意识变成了显意识，“档案意识”一词不断从一些人的口中呼出、笔底涌现，形诸文字，见之于报刊等各种传播媒介。但是，怎样才能从根本上提高社会的档案意识，使档案意识在社会上更进一步得到凸显呢？笔者以为，社会档案意识的提高根本依赖于档案界社会意识的提高，增强档案界的社会意识，是增强社会档案意识的首要前提和根本途径；要想提高社会的档案意识，必先提高档案界的社会意识。

什么是社会的档案意识呢？社会的档案意识指的是社会各方面的人们对档案这一客观事物和档案工作这项事业的认识和重视，它是由档案和档案工作所显示的社会作用长期影响人们而在社会上形成的一种较为稳定、较为普遍的大众心理倾向，是档案和档案工作面向社会、走向社会并达到一定程度的社会化的产物。社会档案意识的形成和加强，来自档案社会作用的产生和扩大。当档案逐渐进入社会的各个方面并在社会的各个方面发挥作用时，它也就同时促进了社会各方面对档案的认识和重视，促使了越来越多的人意识到档案的存在和重要，从而把“档案”这一概念逐渐渗透、扩散到普通人们的认识范围或日常意识、思想理念当中去，获得公众的普遍认同，从而成为社会各方面的普遍心理和共同认识。可见，社会的档案意识是档案的社会价值和社会效用作用于社会群体的结果；档案的社会作用，是产生社会档案意识不可缺少的要素。充分发挥并不断扩大档案的社会作用，是增强与提高社会档案意识的关键措施。

我们说社会档案意识的形成依赖于档案的社会作用，那么，档案的社会作用的形成又依赖于什么呢？归根结底，它依赖于档案界的社会意识。档案界的社会意识，就是指从事档案工作的人们对“社会”的认识和重视，也就是对社会各个活动领域和各个领域的人们的认识和重视。我们说要增强和提高档案界的社会意识，就意味着要求所有从事档案工作的同志，在档案工作的各个方面和每个环节，都把以不同内容和范围的档案为社会各方面服务、为社会各领域的人们服务作为立足点，作为衡量工作的标准。只有这样做，档案才能为全社会所利用，充分发挥其社会作用，实现其社会价值，成为全社会的财富，为全社会所共享，从而才能获得全社会的认同和共识，转变为社会的档案意识。如果从事档案工作的人们缺乏社会意识，眼界狭窄，只着眼于社会的个别领域，甚至自我封闭，实行关门主义，充当档案宝库的“铁将军”或“守门员”，那么，档案就难以走向社会并在社会中发挥作用和充当它应有的社会角色，这样，档案又怎么能唤起社会对它的认识和重视呢？社会的档案意识又怎么能形成呢？

从以上可以看出，只有当档案界形成了较好的社会意识，档案工作才可能自觉地和更好地为社会服务，使档案走向社会，充分发挥档案的社会作用，只有当档案显示出它的社会作用，才能对社会产生出影响，唤起人们的认同感，从而形成社会的档案意识。这样，档案界的社会意识转化成档案的社会作用，档案的社会作用又转化成社会的档案意识。档案界的社会意识越强烈，档案所能发挥出的社会作用就越大，就越能增进社会的档案意识。档案界要想社会具有浓厚的档案意识，自己必先具有强烈的社会意识。

从实践中看也是如此。改革开放以来，不少档案管理部门，正是由于自己首先具有了较强烈的社会意识，从狠抓为社会各方面服务入手，积极地、主动地、自觉地、广泛地为社会提供了良好的服务，使档案在社会各个方面发挥了明显的作用，从而引起了社会的广泛重视和大力支持，改善了档案部门的社会环境和工作条件，提高了档案部门的社会地位。例如，为各级党政领导提供档案服务的结果，使一些地方和单位的领导经常光临档案部门或经常在会议上和文件中列举、提及档案工作，对档案工作表示了高度的重视和支持，并对档案部门的工作条件作了很大的改善；为各级政府工作部门提供档案服务的结果，使这些专业工作部门同档案部门密切了联系，有的同档案部门联合编辑专业档案史料或专业档案目录，有的吸收档案部门参加编写专业史志，有的邀请档案部门参加他们的专业协会；为学术界提供档案服务的结果，使档案随着被各种学术成果的大量引用而广为人知，使档案部门随着学者在学术成果中对它的赞扬致谢而流誉四方，一些学术单位或请档案工作者前去讲学，或与档案部门联袂举办各种学术会议，或与档案工作者共同进行学术研究；为广大公民提供档案服务的结果，也使档案和档案部门随着那些为自己解决了各种切身问题的利用者的奔走相告、口口流传而为远乡僻壤、小街深巷的普通人们所了解；为海外团体和个人提供档案服务的结果，更使档案和档案部门因海外人士的赞誉、传播而名扬寰宇。正由于此，在一些地方或部门，每当党政领导总结历史经验和教训、制定新的规划和战略时，每当生产、建设单位发生故障需要排除、设立新的项目需要参考借鉴时，每当学者进行学术研究需要查找第一手的可信史料时，每当公民发生种种权益纠纷缺少有力凭证时……都会想到去档案部门利用档案，想到要通过档案去解决他们的问题，这些都是社会档案意识的具体表现。这些社会档案意识的显现，不正是档案界产生了社会意识、为社会各方面提供了档案、使人们不断认识到档案的价值与作用的结果吗？

既然提高档案界的社会意识是增强社会档案意识的根本途径，那么，应该如何提高档案界的社会意识呢？

第一，应该进一步正确认识社会的范围。对社会范围不能正确地认识，就不能为扩大档案的社会服务范围而作进一步努力，必然阻碍着社会档案意识的进一步提高。目前，一些档案工作者仍然从自己的认识范围上来看待社会，狭隘地缩小社会的范围，认为他们现有的档案工作范围、档案服务范围已经很宽了，已经“社会化”了，似乎社会的范围就以此为限了，无须再为开展社会服务而进一步扩大档案工作的服务范围了。其实，社会是一个极为广泛的范畴，它不仅包括各级政府机关，而且包括各种、各级社会组织、社会团体；不仅包括各种国有企事业单位，而且包括各种集体和私营企事业单位；不仅包括政府公职人员和各种在业人员，而且包括非公职人员和所有不在业人员；不仅包括各级政府的领导人物、各地区的著名人士，而且包括千千万万的普通公民；不仅包括有关国计民生、直接形成社会产值或创造社会收入的各生产、建设、经济部门，而且包括为这些部门服务、不直接形成社会产值或创造社会收入的其他各部门。这一广阔的范畴，远非目前档案部门的工作范围和服务范围之可比。在为社会服务这一目标下，档案部门还有大量事情要干，还有许多文章可做，而绝不应该囿于自己的认识范围和已有的工作、服务范围，故步自封，满足现状。因此，只有真正明确了对社会范围的认识，档案界才能看到自己为社会服务的差距，从自我满足中醒悟过来，继续采取扩大为社会服务的措施，从而为提高社会的档案意识添加助燃剂。

第二，要增强对档案社会作用和社会价值的认识。重视档案对档案形成者的价值和作用，而忽视档案的其他社会价值和作用，是档案界提高社会意识的又一认识障碍，必须加以破除。档案作为人类活动的真实记录，具有多方面的作用和价值。因为人类活动的特点之一就是具有社会性，互相有着千丝万缕、直接间接的联系，因此，作为这些活动的记录的档案，其作用和价值也具有广泛的社会性。因为档案不仅记录了档案形成者自身的历史活动，而且记录了档案形成者与其上级单位、下属单位、平行各单位之间的联系；不但记录了档案形成单位所有组成人员的活动情况，而且记录了所有与档案形成单位有联系和交往的人员的活动情况。因此，它不仅对档案形成者有继续参考利用的价值，而且对与档案记载内容有关者也有继续参考利用的价值，甚至对需要处理档案形成者和与档案内容有关者的各种事务的人们，以及对档案形成者和与档案内容有关者发生各种兴趣和爱好的人们，都有继续参考利用的价值。此外，档案记载的人们的活动，不但对生活在今天的人们有直接的借鉴意义，而且对生活在明天、后天的人们也有间接的借鉴意义和认识意义，因此，档案不仅在当代具有参考借鉴作用，而且在未来也有着一定的参考借鉴作用，它不仅具有短暂的社会价值，而且具有长远的社会价值。如果我们只重视档案的直接作用和短暂价值，忽视档案的广泛而持久的间接作用和长久价值，就会在档案工作的实践中不注意去开发那些仍具有历史或间接价值的档案的信息资源和潜在作用。这就必然缩小了档案的社会价值，不能充分发挥档案的社会作用，不利于社会档案意识的扩大和提高。只有全面认识档案的广泛而持久的社会价值和社会作用，档案工作者才能自觉地、主动地采取措施，多方面开发档案的各种价值，引导社会各方面从各个角度开发利用档案，促进社会档案意识的形成与增强。

第三，加强档案界与社会的接触、交流与联系，经常了解社会对档案的需要和要求，以及与档案有关的社会情况。由于档案工作部门长期处于机要、保密和内部机关的地位，在过去相当一段时间内，档案工作者与社会各部门很少联系，甚少交流，他们一直在为本部门、本单位默默尽职，而很少对社会进行调查与了解，对社会各方面利用档案的需求以及与档案有关的各种社会情况不甚了了。这是长期以来档案界社会意识淡薄的重要原因之一。努力改变这一状态，是提高档案界社会意识的一个重要方面。应该利用一切可能利用的机会和渠道，采取一切可以采取的措施，经常和深入了解社会各方面在各自的日常工作中，在哪些方面需要利用哪些档案，档案为他们解决过哪些重大问题或实际困难，他们希望哪些方面、哪些内容的档案应该长期地保存下去，档案如何保管、如何整理、编目才更方便于他们的利用，他们最希望或最习惯于以什么样的方式利用档案，他们希望档案部门为他们提供什么样的服务，他们当前的中心工作或科研重点是什么，急需要哪些方面内容的档案，社会上有什么零散档案或与档案有关的资料可供档案馆收集，社会上其他部门公布、发表过哪些与馆藏有关的档案，哪些方面利用档案出了什么成果以及产生了什么影响，等等。经常了解、掌握这些与档案有关的社会情况和档案的社会需求情况，可以大大增强档案工作者的社会意识，提高档案工作者为社会服务的主动性、自觉性。

加强档案界与社会各方面的联系，可以通过这样一些渠道或办法：一是利用档案部门与社会的固有工作联系。档案工作各部门因其工作需要，与社会各方面有着一些固有的接触与联系。比如，档案行政管理部门在其联系工作、制定文件、监督指导过程中与本级党政各部门之间的联系，档案收藏部门在接收、征集过程中与移交、捐赠档案的单位或个人之间的联系和在接待利用过程中与各方面利用者之间的联系等。档案工作者可以在这些固有的接触联系中，积极地向他们进行了解。二是采用请进来的办法，主动邀请社会有关部门和有关人士参加档案部门举办的各项活动，以加强档案界与社会的交流，甚至定期专门邀请一些具有广泛代表性的单位和个人来档案部门进行座谈讨论，听取他们的介绍和呼声。三是采取“走出去”的做法，积极、主动地参加社会各单位举办的有关活动，参与和档案有关的各种科学研究，在参加和参与中加强对社会各方面的了解，并可以有目的地组织人员到一些单位调查，上门了解他们对档案的利用需求等。

第四，把提高档案界的社会意识作为档案工作各个方面和各个环节的共同认识和共同任务。档案为社会服务，提高社会的档案意识，是档案界的一项综合工程，涉及档案工作的各个方面和各个环节，需要从事档案工作的所有人员的共同努力和密切配合。它要求从事档案法制工作的人员，在制定有关档案工作的法规制度时，把档案工作为社会服务、充分发挥档案的社会作用的精神充分体现出来，从法规制度上加以规定、加以要求；要求从事档案业务监督指导工作的人员，把档案部门为社会服务所采取的措施、所收到的效果，列入对档案部门监督指导的重要内容，并加以经常性的监督和指导；要求从事档案统计工作的人员，把档案部门为社会服务的结果纳入档案统计工作，进行准确与连续的统计；要求从事档案宣传工作的人员，把向社会宣传档案工作、宣传档案内容、宣传档案的价值与作用、宣传利用档案所发挥的经济与社会效益作为重要内容，加强档案宣传工作的外向性；要求从事档案收集工作的人员，具有对社会范围的正确认识，从档案馆为社会服务的广阔范围出发，确定档案馆的收集范围，从而为档案馆广泛的社会服务准备丰富、足够的物质基础；要求从事档案鉴定工作的人员，充分认识档案的多方面和持久的社会价值，在鉴定销毁档案时为社会尽可能多地保留下有长久价值的档案，在鉴定开放档案时，尽可能快地把那些失去保密价值的档案向社会开放；要求从事档案整理编目工作的人员，从社会的不同文化层次的利用者出发，从不同的利用角度出发，多方面、多形式地开发档案信息，满足社会的各种需要；要求从事档案利用工作的人员，为社会各方面利用者着想，开辟一切可以开辟的利用形式，提供一切可能提供的服务，竭诚为社会各方面提供档案；要求从事档案编研工作的人员，根据社会的迫切需要，有计划、有系统、有目的、有针对性地开展档案编研工作，对社会急需的档案史料，采用多种编辑公布手段，借助社会的编辑力量和出版渠道，与社会各方面合作，共同迅速地加以开发。只有通过档案工作各个方面、各个环节的共同努力，才能使档案为社会服务制度化、经常化，使档案为社会服务的效果扩大化，使档案工作的影响随之而广泛扩展、深入渗透到社会各方面和各层次，从而形成并不断加强社会的档案意识。

（原载于《档案学通讯》1991年第1期）

面临新的千年　担起历史重任

在新的千年、新的世纪到来之际，在西班牙召开的第十四届国际档案大会引人注目。召开于千年之交的国际档案大会，确定了一个引人前瞻的主题：新千年与信息社会中的档案。在信息的产生方式、传播方式、保存方式等都将大大不同于以往任何时代的新千年里，档案和档案工作将会发生巨大的甚至是根本性的变化。信息技术的飞快发展在给人类带来无穷便利的同时，也给人类带来隐忧。一方面档案信息的利用已变得十分便捷，另一方面档案信息的安全也变得非常脆弱。档案信息的篡改、消失也变得非常容易。国际上一些有远见的信息专家已经产生这样的担心，即当今信息十分发达的时代，将来有可能成为信息空缺的时代。因为，数字化的信息是不能直接阅读的，它必须依赖于设备的转换才能被人识别，而信息技术的发展日新月异，人们很容易把一个时代的信息转换设备全部丢弃。如果这一天真的到来，那么这个时代的数字信息就会变为无人识读的“天书”。这个时代就会变成信息空缺的时代，或者说人类记忆消失的时代。因此在新的千年、新的世纪，以保护人类记忆安全为己任的档案工作者的责任会变得更加重大，任务也会变得更加艰巨。档案工作者将时时面临种种巨大的挑战，像如何在爆炸的信息增长中选择保存有用的档案信息，使档案信息不被快餐信息、垃圾信息的海洋淹没掉；如何设立可靠的档案安全保护网或建立牢固的档案信息安全保护墙，使档案信息免遭“黑客”攻击，不被他们篡改或窃取；如何在保存好档案信息软件的同时，也保存好相应的档案信息硬件，或采取某种最可靠的办法，对电子档案进行保护性转移，使档案信息免遭时间的淘汰，世世代代保存或传承下去，等等。我们必须具有超过常人的深邃的历史眼光，才能担负起我们独特的历史责任。

（节选于《兰台世界》2000年第10期）

档案法规要体现以人为本的思想

今天，我们在这里召开座谈会，隆重纪念《中华人民共和国档案法》颁布20周年。

20年前《档案法》的颁布，是我国档案事业发展史上具有里程碑意义的重大事件，它使我国档案事业从此进入了依法管理的新阶段，为提高全社会的档案意识和档案法制观念，改善档案工作的社会条件，促进档案事业稳定发展，提供了强有力的法律武器。20年来，在《档案法》的保障、规范和推动下，在党中央、全国人大、国务院和地方各级党委、人大、政府的领导下，各级档案部门和广大档案工作者奋发努力，开拓进取，无论是在档案事业的自身发展方面，还是在档案工作为社会各方面的服务方面，都取得了辉煌的成绩。

今天，我们纪念《档案法》颁布20周年，首先要总结20年来《档案法》的颁布实施，如何促进了档案事业的发展。

第一，《档案法》的颁布实施，为档案事业发展营造了良好的社会环境。

《档案法》颁布的20年，是中国档案事业发展外部环境得到明显改善的20年。

在《档案法》的保障下，各级党委和人民政府进一步加强了对档案工作的领导，把档案事业发展列入了国民经济和社会发展计划，出台了一系列促进档案事业发展的政策措施，研究解决了一大批档案工作中的具体问题。

在《档案法》的保障下，社会各界也非常关心、支持档案事业的发展，相关部门为档案工作的正常有序开展提供了重要的政策支持、经费支持、舆论支持和其他支持，扩大了档案工作的社会影响，提高了档案工作的社会地位。

在《档案法》的保障下，广大人民群众积极利用档案资料，踊跃参与档案工作，使档案工作在为群众的广泛服务中，得到了群众的广泛支持，使档案事业发展具有空前深厚的群众基础。

第二，《档案法》的颁布实施，为档案事业发展提供了有力的法制保障。

《档案法》颁布的20年，是中国档案法制建设不断加强的20年。

在《档案法》的促进下，档案法规体系日趋完善。《档案法》及其《实施办法》在1996年和1999年相继经过修改，国家档案局单独制发或与有关部门联合制发了100多个档案行政规章和规范性文件。此外，有30个省、自治区、直辖市的人大常委会和16个有立法权的较大的市通过了本地区地方性档案法规，有33个省级和市级人民政府通过了近60件档案行政规章。同时，各级地方档案部门还制发了大量规范性文件。目前，一个以《档案法》为主体，以行政法规、部门规章和地方档案法规、规章为补充的适应档案事业发展需要的档案法规体系已经基本形成，为开展档案工作奠定了比较坚实的法规基础。

在《档案法》的促进下，档案法制机构日益规范。全国各级档案部门普遍建立了法制工作机构，并严格依照法律、法规的规定开展行政执法活动，档案行政执法工作不断规范，档案执法监督机制逐步形成，力度不断增强，保证了各项档案法律、法规、规章的正确贯彻实施。

在《档案法》的促进下，档案执法队伍得到加强。全国各级档案行政管理部门共建立了10000多人的行政执法队伍，并且经过了有关部门的培训，领取了政府法制部门颁发的行政执法证件，做到了持证上岗。通过举办档案法制专题讲座、档案法制培训班等形式，档案行政执法员的素质不断提高，保证了档案执法工作的正确开展。

在《档案法》的促进下，档案违法案件得到及时查处。1997年和1998年，国家档案局曾先后两次配合全国人大进行了贯彻实施《档案法》情况检查。从1999年开始，国家档案局单独组成行政执法检查组先后对全国31个省、自治区、直辖市和100多家中央国家机关及中央企业进行了档案执法检查。地方各级档案行政管理部门也经常进行档案行政执法检查，对档案违法案件进行及时查处，使相关当事人依法受到了相应处罚。

第三，《档案法》的颁布实施，促进了档案事业的健康、持续发展。

《档案法》颁布的20年，是中国档案事业大踏步前进的20年。

依照《档案法》的规定，档案工作为社会主义现代化建设服务的职能得到充分履行，为社会各方面服务取得很大成绩。

为社会主义现代化建设服务是《档案法》的立法宗旨，也是档案事业发展永恒的主题。近年来，各级档案部门把服务小康社会和和谐社会建设作为档案工作服务大局的重要任务，重点推进农业农村档案工作，为建设社会主义新农村提供服务；主动抓好企业改革档案工作和重大建设项目档案工作，为深化改革和经济建设提供服务；认真做好社会保障和劳动就业档案工作，为社会稳定提供服务；切实重视环境保护档案工作和移民档案工作，为人与人的和谐、人与自然的和谐等提供服务；进一步做好社区档案工作，为社区管理提供服务；创造性开展已公开现行文件利用工作，为密切党和政府与人民群众的联系提供服务；全面做好档案信息资源开发工作，为政府信息公开提供服务；抓好党建档案工作，为党风廉政建设和党的基层组织建设提供服务。档案部门通过出色的服务工作，为改革开放和现代化建设、为小康社会和和谐社会建设作出了可贵的贡献。

依照《档案法》的规定，档案事业宏观管理和档案保管利用职能得到充分履行，档案事业自身建设有了长足发展。

全国县以上地方政府都普遍建立了档案行政管理部门和档案馆，各级党政机关和各类企业事业单位，都普遍建立了档案室，《档案法》所确立的“统一领导、分级管理”的档案工作原则得到了很好的贯彻和实践。档案保管条件和技术设备得到明显改善。档案信息资源体系结构日益优化，档案信息化建设不断推进。档案科研成绩显著，档案管理和保护现代化水平进一步提高。档案教育培训工作取得很大发展，为档案事业培养和输送了大批专门人才。档案国际交流活动日益活跃，中国档案工作在国际社会中的影响不断增强。档案利用的范围不断扩大，手续不断简化，手段不断现代化，较好地满足了社会各界对档案资料利用的需求，充分发挥了档案的作用。

今天，我们纪念《档案法》颁布20周年，还要研究今后如何依据《档案法》，进一步完善档案法制建设，促进档案事业发展。这里我着重强调两点。

第一，要按照科学发展观的要求，进一步贯彻落实现有的档案法规。

一要进一步加大宣传力度，继续提高社会的档案意识和档案法治意识：各级档案部门要主动联合有关部门积极推进档案宣传，特别是要创新宣传手段，采用各种适合各类人群特点、适应时代发展需要的宣传形式，加大宣传教育的深度、广度和力度，进一步增强全社会的档案法治观念和档案意识，为档案事业的发展创造一个更加和谐、友好的社会环境。

二要进一步创新档案执法机制，以服务促进执法。《档案法》执行的最高境界，应该是不经处罚而法自行。这就需要档案执法者创造性地执行《档案法》，把档案工作全面融入经济和社会发展的进程中和广大人民群众的需要中，把执法与服务结合起来，将服务寓于执法之中，以服务促进法的实施，用出色的服务为顺利执法打好基础、创造条件，把服务社会作为实施《档案法》的重要手段，大力拓展服务领域，全面提升服务能力，促进《档案法》的执行。同时还要加大执法检查的密度，加大案件查处的力度，使《档案法》进一步得到切实执行，从而为档案事业的发展提供更加有力的法制保障。

三要进一步加强队伍建设，提高档案执法水平。要不断完善执法机构，提高执法人员素质，特别是要提高档案执法人员的服务意识、责任意识、法律素养和依法行政能力。依法行政，严格执法是关键。档案执法人员必须落实执法责任制，强化行政执法监督，严格按照法定权限和法定程序行使职权、履行职责。要严肃处理档案违法案件，维护法制的权威。要有效预防和坚决制止执法乱作为和执法不作为两种现象。

第二，要按照科学发展观的要求，进一步完善档案法规体系。

一要根据新形势、新任务的要求修改好已有的档案法规。当前和今后一段时期的首要任务，就是要配合国家立法部门修改完善现行《档案法》及其实施办法。近些年来，随着改革开放的不断深化以及档案事业的不断发展，再次修改《档案法》以适应新的形势的需求显得越来越迫切。全国人大代表和全国政协委员已连续数年在两会上专门提出修改《档案法》的议案。国家档案局已于今年年初开始对《档案法》的修改工作进行调研。此外，对《机关档案工作条例》《科学技术档案工作条例》等一批20多年前制定的法规性文件也要适时启动相关修改工作。

二要紧紧围绕工作发展方向和社会经济发展热点制定新的应有的档案法规。要以科学发展观为指导，深入调研论证，围绕档案工作新领域，新制定一批以前没有、现在急需的档案法规，如《档案馆条例》以及电子文件管理、信用体系、安全生产、社会保障等方面的档案工作法规规章，使档案工作随着形势的发展、范围的扩大、任务的增加而继续做到有法可依。无论是修改已有的档案法规还是制定新的应有的档案法规，都要充分体现科学发展观特别是以人为本的思想，重视所有涉及人的档案的全面收集和利用，突出为广大人民群众服务。

三要在法定权限的范围内，创造性地开展工作。要正确处理好遵守现有法规和创造性工作的关系。既要严格遵循职权法定的原则，又要善于充分运用法定权限来创造性地开展工作，积极作为。要随着社会需求的发展，随着档案工作面临形势的变化，不断深化和丰富对档案与档案工作的认识，不断扩大档案工作的范围和档案服务的领域，切实做到小康社会、和谐社会的建设发展到哪里，档案工作就服务到哪里；人民群众和社会各方面需要什么样的档案服务，档案部门就提供什么样的档案服务；档案工作的形势需要我们作出怎样的调整，我们就及时作出怎样的调整。

同志们，法制是档案事业赖以发展的永恒保障。为了进一步贯彻好、落实好《档案法》，我们要以纪念《档案法》颁布20周年为契机，结合“五五”普法，通过多种途径，采取多种形式，在全社会深入开展《档案法》的学习、宣传和教育活动。我们相信，在方方面面的共同努力下，随着档案法制建设的进一步完善，我国档案事业将会得到进一步发展，档案工作对全面建设小康社会、构建社会主义和谐社会也将进一步发挥更大的作用。

档案事业是记录历史、传承文明、造福社会、服务人民的一项崇高的事业，它的成长、发展需要法制的保障，更需要各方面的关心和支持。衷心希望长期以来一直关心和支持我国档案事业发展的各部门、领导以及社会各方面，今后一如既往地关心和支持档案事业。

（节选于《在纪念中华人民共和国档案法颁布20周年座谈会上的讲话》，该文原载于《中国档案报》2007年9月10日）

在档案工作中深入贯彻落实科学发展观

党的十七大全面深入地阐述了科学发展观，为各项事业的发展提供了指针。发展档案事业，也必须以科学发展观为指导。我们必须在档案工作中持续深入地贯彻落实科学发展观。

要以发展为第一要义，把促进档案事业发展作为第一要务，一切为了发展，人人共谋发展，争取社会各方面大力支持档案事业发展，发挥每个档案工作者的积极性、创造性投入档案事业发展，用自主创新和先进科技支持档案事业发展，通过完善法规保障档案事业发展，促进档案事业创历史新高，创世界一流。

要以以人为本为核心，重点实现“两个转变”，建立“两个体系”。一是转变重事轻人、重物轻人、重典型人物轻普通人物的传统观念和认识，重视所有涉及人的档案的价值，建立覆盖人民群众的档案资源体系；二是转变档案工作中重机关团体利用、轻个人利用，重为机关团体服务、轻为群众服务的传统观念和认识，像重视机关团体利用那样重视人民群众利用，建立方便人民群众的档案利用体系。此外，还要在档案工作中着眼于做人的工作，着重加强队伍建设，着力提高人的素质。

要以全面协调可持续发展为基本要求，既抓好档案系统内部的各项工作，也搞好档案系统与外部的各方面联系；既抓好档案基础业务工作，也搞好档案工作为党和国家工作大局的各项服务；既搞好档案信息资源的开发利用，也抓好档案中各种秘密以及个人隐私的保护；既要运用现代科技手段保护传统载体的档案，也要运用传统手段和方法保护新型电子载体的档案；既要尊重档案的形成规律和保管的原有基础，又要运用数字化、网络化等手段对之进行系统开发和利用；既要保留并发挥档案工作的基本的传统功能，又要不断拓展档案工作的新的更多功能，使档案工作真正做到全面发展、协调发展、可持续发展。

要以统筹兼顾为根本方法，统筹档案事业行政管理和档案保管利用两种职能；统筹档案馆工作、机关档案工作、企事业单位档案工作、档案法制工作、档案科技工作、档案教育工作、档案宣传工作、档案外事工作、档案群众团体工作等各项工作；统筹经济发达地区和欠发达地区的档案工作；统筹业务建设、条件建设和队伍建设；统筹对内服务和对外交流。在总览全局、统筹规划的基础上，抓住事关服务大局、事关事业发展的主要工作，着力推进，重点突破。

在这里，贯彻以人为本，建立“两个体系”，是我们党为人民服务和执政为民宗旨在档案工作中的具体体现，是一项功在当今、利及后世的长远性工作，是一项光荣而艰巨的历史性任务，是中国特色档案事业新的伟大工程。它将成为我们这一代档案工作者对我国档案事业的一项重大贡献。因为它将使我国的档案工作体系实现向以人为本、以人民群众为主体的重大转变，使我国的档案的价值和实效在亿万人民群众的利用中获得倍增，使我国的档案工作惠及并扎根于社会，使我国的档案事业生生不息、经久不衰。建立“两个体系”，需要全国档案工作者形成共识，需要各级档案部门形成合力。它需要我们从修改和制定有关法规入手，把所有涉及人的档案纳入归档范围、保管范围、进馆范围、利用范围；需要我们在档案工作的各个环节中，真正重视所有涉及人的档案的价值，重视所有档案利用者的需求，面向各类人群，特别是普通百姓、困难群体，提供档案利用服务；需要我们扎扎实实地去做大量艰苦细致的工作，切实保证把所有涉及人的档案建立起来、留存下去，通过开展档案远程利用等现代手段，把档案利用的触角延伸到各个社区、农村，把档案及时提供给需要并应该利用的人们利用，让我国的每一个公民，无论其职位大小、地位高低，都能在他方便的地方，方便地用到他需要利用的档案，使档案工作确实惠及百姓、惠及社会。

贯彻以人为本，建立两个体系，要把民生档案作为重点。民生档案涉及社会管理、公共服务的诸多领域，对于维护人民群众权益、促进社会公平正义具有不可替代的作用。我们要准确把握构建和谐社会对档案工作的新要求和人民群众对档案工作的新期待，把教育、劳动就业与培训、收入分配、社会保障、医疗卫生、衣食住行等方面所有关系人民群众生产生活的档案通通纳入民生档案工作的视野，为实现全体人民学有所教、劳有所得、病有所医、老有所养、住有所居做好档案服务工作。

要科学整合民生档案资源。没有完整系统的民生档案，民生档案工作就成为无源之水、无本之木，服务民生就是一句空话。因此，必须把民生档案资源建设作为民生档案工作的基础，认真抓牢抓实。各级机关档案室要把整合民生档案资源与政府信息公开工作紧密结合起来，将那些未到进馆期限、属于政府信息公开范围、关系民生的档案完整纳入本机关的政府信息公开体系，以方便人民群众依法获取相关档案信息。各级档案馆要以民生需求为导向，一方面加快整合馆藏民生档案资源，做好整理编目、开放审查等基础工作；另一方面要及时调整档案接收范围，把所有涉及人的档案纳入进馆范围，充实馆藏民生档案。要继续探索符合各地区实际的区域性档案信息资源整合形式，重点创新民生档案管理模式，继续推进和完善村级建档、社区建档，最终建立起覆盖人民群众的档案资源体系。

要优质高效地为人民群众提供档案服务，坚持一切为了人民，处处方便人民。要根据有关规定，在保守各种秘密和个人隐私的前提下，划定开放范围，制订利用办法，简化利用手续，配备利用设施，为人民群众获取涉及自身权益的档案信息提供实实在在的便利。对于可开放的民生档案，应专门编制利用指南和档案目录，除了放在档案利用场所供人索取外，还可通过报刊登载、宣传栏公开、网上宣传、公益广告等方式，把相关信息传递给广大人民群众。接待利用档案的普通群众，档案人员要耐心细致、周到热情，遇有查阅非本馆保存范围档案的利用者，要主动提供线索，为利用者尽快查找到所需档案提供帮助。为了方便人民群众，档案部门要进一步丰富服务手段，如开辟民生档案服务咨询热线、接受电话预约查档、民生档案利用服务进社区到乡村等。各级档案部门要深刻认识做好民生档案工作对于落实党和国家利民惠民政策、促进社会和谐的重要意义，加快建立起方便人民群众的档案利用体系。

（节选于《贯彻党的十七大精神，以科学发展观为指导，全面做好2008年的档案工作》，该文原载于《中国档案报》2008年1月24日）

建设与社会主义文化强国相匹配的档案强国

党的十七届六中全会提出了建设社会主义文化强国的新目标。档案部门应该积极跟进，努力配合。档案是文化的重要“母资源”，要建设文化强国，必须相应地建设档案强国，才能与之相匹配，才能与党和人民的需要相适应，才能体现出档案工作者应有的气概与雄心，也才能凝聚并引导全国档案工作者向着这一新的奋斗目标前进。各级档案部门要奋起努力，从四个方面建设与社会主义文化强国地位相匹配的档案强国。一是努力建立强大的档案事业发展保障体系，争取各级领导和社会各方面对档案工作给予更强大的支持，使档案事业发展有着强有力的条件。要坚持运用各种办法，努力争取使档案工作被经常列入领导议事日程，列入发展规划和年度计划，列入财政预算和投资概算，列入党政工作报告及检查考核体系，列入立法计划和执法检查安排；档案工作的机构、编制、人员、经费能充分地满足工作需要，档案工作网络健全，档案馆库建设达到相应标准。二是努力建立强大的档案资源体系，提高档案资源管理能力，为社会各方面利用档案信息提供强有力的支撑。要把档案资源体系覆盖到城乡全体居民，覆盖到社会尤其是民生的各个方面，覆盖到社会发展的各个新领域和各种新社会组织，覆盖到档案的各种载体、形态和专业内容，所有档案应建立尽建立、应进馆都进馆；档案的安全有充分的保障，破损档案得到及时修复和有效处置，档案的安全备份有充分保障并确保档案长远安全；各种档案资源得到集中统一、安全有序和科学化、现代化管理。三是努力建立强大的档案利用体系，提高公共服务能力，对社会各方面发展发挥更强的影响力和更大的贡献率。要把档案利用体系覆盖到城乡各个社区和村庄，覆盖到全体市民和农民，覆盖到国内和国外，覆盖到各门类、各载体档案，覆盖到档案和政府公开信息及其他相关信息；要通过各种传统与现代的传播手段，让国内外利用者都能依法便捷地利用我国开放档案和政府公开信息；要经常推出有重大社会影响力的档案服务项目、档案文化精品，不断提高档案对国家经济社会发展的影响力和贡献率。四是努力建设一支强大的专业人才队伍，创造出丰硕的专业成果，对国际档案界发挥强大影响力。要通过各种办法提高档案人员的创新能力和各方面素质，造就更多在国内文化界有影响、在国际档案界有影响的知名专家；取得更多在档案界有突破、能达到国家科技进步水平的科研成果，加强档案工作国际交流与合作，更加积极地“走出去”，使我国档案界在国际档案界具有重要而广泛的影响力，等等。

（节选于《在全国档案工作暨表彰先进会议上的讲话》，
该文原载于《中国档案》2012年第4期）

十七大以来档案事业有了八个史所罕见的重大发展*

——在中国共产党第十八次全国代表大会分组讨论会上的发言提纲

在世界经济普遍低迷、我国经济社会发展需要新的推动的国际国内形势下召开的中国共产党第十八次全国代表大会，是一次重要的大会。第一，它产生了一个很好的报告，对我国的指导思想、发展道路、未来发展等作了很好的总结和规划、部署，形成了新的指导、新的推动，提供了新的精神动力，起到了统一思想、提高认识，凝聚共识、推动发展的作用。第二，它将实现继往开来的使命，选出一个面向未来、更有活力的党中央委员会，平稳实现党的领导集体的新老交替、顺利过渡。

会上，胡锦涛总书记代表十七届中央委员会作了一个很好的报告。第一，报告对过去五年和十年我们党的辉煌成绩，作了简明、概括、全面的总结。如果用国际思维和世界眼光从全球化角度来看，十七大以来的五年，不仅是中国小康社会建设取得重大成果的五年，而且也是在国际金融危机导致西方发达国家普遍衰落的情况下，中国一花独放、仍然保持强劲增长的五年，是中国逐渐取代美、欧、日“三驾马车”而成为世界经济发展引擎的五年，是中国在世界经济总量的比重中有了显著增长的五年，是中国不可阻挡地不断靠近世界舞台中心的五年。这些辉煌成绩表明：中国共产党是一个得人心的党，是一个有强烈使命感和强大凝聚力、战斗力的党，是一个合格的执政党，是伟大光荣正确的党，是能把全国人民领入富强、民主、文明、和谐新社会、实现中华民族伟大复兴的党，是已经并能够继续领导中国为世界经济发展和人类文明进步作出巨大贡献和更大贡献的党。第二，报告对中国特色社会主义道路，也就

* 此标题为后增加的。

是外国所称的“中国模式”的内涵，作出了明确、具体、全面、深刻的阐述。中国特色社会主义道路，不但是中华民族的发展、振兴之路，而且也对世界其他国家的发展道路提供了一个成功的样板和一种新的选择，将会吸引更多的国家来效仿这种发展模式，来走这条发展道路，从而增强中国的吸引力和影响力。第三，报告对科学发展观作出了新的历史定位，把它作为党的指导思想。科学发展观是中国共产党在21世纪领导全国人民建设现代化强国的实践中总结出的新理论，是对中国经济社会发展实践的新总结、新提炼、新概括，是中国共产党在马克思主义中国化进程中集体智慧的新结晶，它不但对中国的全面协调可持续发展具有重要的指导作用，而且在地球日益不堪重负、不少国家过去的发展模式出现问题的条件下对全人类如何全面协调可持续发展给出了新的答案，作出了新的引领；不但为中华民族的思想宝库，而且为马克思主义理论宝库和全人类的精神宝库提供了新的理论、新的思想、新的智慧，所以，科学发展观不仅是21世纪中国的先进思想成果，也是当代全人类的先进思想成果。可以说，21世纪以来，中国共产党领导中国为人类发展所作贡献中，不仅有丰硕的经济社会发展的物质成果，而且有先进的、利于引领人类社会全面协调可持续发展的思想成果。第四，报告对全面建成小康社会提出了新的要求并作出了新的部署。这对全党、全国人民必将形成新的鼓舞、新的推动，从而指导和引领全党、全军和全国各族人民更好更快地全面建成小康社会。第五，报告提出了一系列新的论点和话语，有很多创新点和闪光点。特别是旗帜鲜明地提出了“社会主义协商民主”这一中国式民主概念和民主形式，在西方的“全民普选式民主”模式之外，又为人类提供了具有中国特色的、更利于社会和谐稳定、更省钱省事省力、更能照顾到各方面利益并让更多人满意的“各方协商式民主”模式。

十八大报告从10个方面总结了十七大以来我们党领导全国人民在中国特色社会主义道路上奋勇前进的新历程和夺取全面建设小康社会新胜利的新成就。同全国各条战线一样，党的十七大以来，在党中央、国务院的亲切关怀和大力支持下，档案事业在过去的基础上也发生了新的重大变化，有了新的重大发展。具体体现为8个史所罕见。

首先，党和国家对档案工作的重视支持史所罕见。胡锦涛总书记对普通档案工作者刘义权同志的感人事迹作出重要批示，并到医院亲切看望他，还亲自观看反映刘义权事迹的话剧《生命档案》。党和国家最高领导人对普通档案工作者给予亲切关怀和充分肯定，是我国档案史上前所未有的大事。温家宝总理几乎每年都在《政府工作报告》中讲到档案工作，提出要搞好档案保护，促进档案事业发展。李长春同志在人民大会堂会见刘义权同志先进事迹报告团成员并讲话。习近平同志在中国浦东干部学院视察该院与中央档案馆共建的以档案为教材的“党性教育主题教室”，在中央党校参观中央档案馆和党校举办的纪念建党90周年档案展览，出席中央档案馆和中央文献研究室合编的《建党以来重要文献选编（1921—1949）》出版座谈会并作重要讲话。中组部支持中央档案馆在中央党校和中国浦东干部学院创办档案领导干部培训班。《国民经济和社会发展“十二五”规划纲要》明确要求“做好历史档案和文化典籍的保护整理工作”，并要求建立电子居民健康档案。国家发展改革委从“十二五”开始，投资50多亿元，补助2066个中西部地区县级档案馆建设。这是历史上国家对档案馆建设的最大一笔专项投入。财政部每年拿出9000万元，用于补助国家重点档案抢救和保护。汶川地震后，国家首次把41个地震重灾区档案馆的重建列入恢复重建总体规划。中央财政还首次为因灾受损的北川档案抢救和保护下达专项经费1000多万元。国务院三峡办首度支持移民档案管理资金近亿元。这些都为档案事业的发展提供了巨大支持。

其次，档案工作为党和国家工作大局服务的成效史所罕见。在为中央领导决策服务方面，我们围绕党和国家中心工作，主动对档案资料进行加工，为中央办公厅创办专为中央领导同志提供档案信息的不定期内部刊物《档案参考》，使档案信息直达中央领导同志的案头。在拉萨“3·14”事件、汶川地震、乌鲁木齐“7·5”事件、舟曲泥石流灾害、南海周边国家严重侵犯我南海主权事件等发生后，都及时向中央提供了相关信息。从2008年至今，共正式编印30多期。在为党和国家重大工作服务方面，为庆祝新中国成立60周年，我们为庆典活动提供了毛泽东和邓小平的讲话录音，在10月1日群众游行队伍经过天安门前时现场播放；拉萨“3·14”事件发生后，我们首次以发布网络视频的形式，在国内外公共媒体上迅速公布相关档案，以铁的事实证明西藏从元代起就是中国的一部分，在国内外产生重大影响；我们参与举办“西藏民主改革50年大型展览”，胡锦涛总书记和中央政治局常委都参观了展览；汶川地震后，我们及时将《从唐山抗震档案看当前抗震救灾应注意些什么》专题资料报送国务院抗震救灾总指挥部，并在网上发布，首次以档案信息直接为抗震救灾服务。在为企业改革与发展服务方面，我们与有关部委联合召开中央企业档案工作会议，合发关于加强中央企业档案工作、加强知识产权档案管理的文件；召开全国国有企业改制档案处置工作座谈会，促进做好国有企业改制中的档案处置工作。在为新农村建设服务方面，我们召开全国社会主义新农村建设档案工作现场会和全国农村档案信息资源共享工作现场会，并与有关部门合发关于加强社会主义新农村建设档案工作、加强农村土地承包档案管理工作、加强集体林权制度改革档案工作、开展农村土地承包经营权登记试点工作的文件，与农业部、民政部共同开展创建“全国社会主义新农村建设档案工作示范县”活动。在为国家重点建设项目服务方面，我们组织召开西部大开发建设项目档案工作推进会，与有关部委合发《重大建设项目档案验收办法》《国家电子政务工程档案管理暂行办法》《国防科技工业固定资产投资项目档案验收办法》，印发《关于加强新增中央投资项目档案管理的通知》等文件，开展了国家重大建设项目和国防科技工业固定资产投资项目档案工作巡回检查和专项检查，与各地档案部门共同参加了三峡工程、青藏铁路、西气东输等几十项国家重点建设项目的验收，促进档案在国家重大工程、重点项目的运营维护中发挥作用。在为文化大发展大繁荣服务方面，我们与有关单位联合摄制了《周恩来的故事》《毛泽东·1949》《红色档案》《开天辟地九十年》《天下为公》等文献电视片，在中央电视台等播出。编辑出版《中华人民共和国经济档案资料汇编》、清代和民国时期台湾档案汇编等大型档案图书，促进社会主义文化大发展大繁荣。在为保障和改善民生服务方面，我们创造性地开展民生档案工作，印发《关于加强民生档案工作的意见》，与有关部门合发关于社会保险业务档案管理、南水北调工程征地移民档案管理、三峡工程建设移民档案工作等方面文件，召开全国民生档案工作经验交流会，促进各地大力建立和开发民生档案为民生服务。特别是社保档案的全面建立，为全国13亿人终生受益保留了有效凭证。

第三，档案工作指导思想的突破史所罕见。我们自觉以科学发展观指导档案工作，从2007年开始，把建立“三个体系”作为贯彻落实科学发展观的突破口，提出要建立覆盖人民群众的档案资源体系、方便人民群众的档案利用体系、确保档案安全保密的档案安全体系。为了加快推进“三个体系”建设，我们提出要实施“三大战略”：一是“以人为本”战略，在资源建设方面重视所有涉及人的档案的收集与保管，在档案利用方面重视所有人特别是普通群众的利用需求，在队伍建设方面重视人的素质提高和积极性发挥；二是“服务先行”战略，围绕党和国家工作大局开展档案工作，自觉为各级领导服务、为社会各界服务、为人民群众服务，以服务带动各项工作发展；三是“安全第一”战略，始终把安全保密作为档案工作者的第一责任，贯穿于档案工作各环节，全面提升安全保障能力，确保档案安全保密万无一失。为贯彻落实党的十七届六中全会精神，我们提出建设档案强国这一新的战略目标，以及进一步争取各方面对档案工作的支持，进一步完善档案资源体系建设，进一步完善档案利用体系建设，进一步加大档案人才队伍建设这4个方面的实现途径，推动档案事业实现新发展。

第四，档案安全条件的改善史所罕见。我们和有关部委联合发布《档案馆建设标准》，召开全国档案馆工作会议，促使各地对档案馆建设的投入力度空前，档案馆建设呈现你追我赶的良好发展势头，一批符合档案工作要求，体现档案馆社会性、文化性、教育性、开放性，具有地方特色和地标性特点，在国际上具有先进水平并让国外同行赞叹不已的现代化档案馆建成或开始建设，档案保管和利用条件得到显著改善。我们创新档案备份形式，组织推动各级档案馆以互相结对、互为对方提供档案备份库房的方式，全面实施档案异地备份，使档案安全保管有了更坚实的保障。

第五，档案资源建设的力度史所罕见。我们修改发布《机关文件材料归档范围和文书档案保管期限规定》，并全面审批修改各中央和国家机关的文件归档范围和保管期限表，公布修改《各级各类档案馆收集档案范围的规定》，还开始制订《企业文件材料归档范围和保管期限规定》。重点确保把涉及普通人、关系群众切身利益和反映党和国家重点工作、反映各单位基本职能的文件列入机关归档范围，并延长其保管期限，列入档案馆接收范围，为建设覆盖人民群众的档案资源体系奠定了坚实基础。我们全面倡导民生档案服务民生，引导各级档案部门密切追踪党和政府改善民生的重大举措，对近年来新形成的各种类型的民生档案，及时指导建档，及时接收进馆，纳入档案资源体系。我们还倡导开展家庭建档服务，为有需要、有条件建立档案的家庭提供建档指导，既使档案资源进一步丰富，又受到人民群众欢迎。民生档案服务民生和家庭建档工作的大规模开展，在中国档案史上前所未有，将对未来的档案事业产生深远影响。我们把电子文件纳入档案资源体系，专门对电子文件归档及移交等作出规定；我们推动各级档案馆积极实施电子文件备份中心建设，中国特色电子文件管理体系正在逐步形成。

第六，档案公共服务能力的提高史所罕见。我们要求各级档案馆创造性地开展服务民生工作，很多普通群众走进档案馆，利用政府公开信息和民生档案，档案利用工作开始呈现人民群众成为利用主体的可喜变化和可贵转折。人民群众开始成为档案利用的主角和主体。我们推动各级档案部门利用信息技术和网络优势，整合档案资源，实现档案信息的共享，把已开放档案和政府公开信息送进城乡千家万户，把档案服务送到百姓身边。城乡居民前所未有地可以在本社区便捷地利用档案信息。中央档案馆和全国各级档案馆贯彻落实《政府信息公开条例》，建立政府公开信息查阅场所，深受人民群众欢迎，城乡居民可以方便地利用政府现行的可公开的“红头文件”。档案利用范围之广和发挥作用之大前所未有。我们在继续推进档案馆爱国主义教育基地建设的同时，与教育部共同在各级档案馆创建中小学生社会实践基地，这项开创性工作，进一步彰显了档案工作的社会教育功能。

第七，档案宣传的强度史所罕见。档案工作者先进事迹开始被中央各大媒体向全社会广泛宣传。2007年浙江绍兴市档案局长卞峰煜同志先进事迹推出后，10多家中央媒体在“时代先锋”专栏进行了广泛宣传，档案工作者先进事迹首次为全社会所了解。2009年刘义权同志先进事迹推出后，除了10多家中央媒体广泛宣传外，中央宣传部等部门还和国家档案局在人民大会堂联合举办事迹报告会，报告团还赴外地作了巡回报告，解放军总政话剧团公演了反映刘义权同志先进事迹的话剧《生命档案》。这种高规格的宣传和全媒体的宣传，都是档案史上前所未有的。2010年天津市公安局档案员顾金钟同志的先进事迹推出后，各大中央媒体也在“时代先锋”专栏广泛宣传。档案工作服务大局的成绩也引起媒体的密切关注。拉萨“3·14”事件后我们发布的5集网络视频，国内外400多家著名中英文网站予以转载，各大中央媒体及海外媒体也加以报道。这种做法及其产生的巨大效果都属前所未有。中央档案馆为纪念新中国成立60周年发布的52集网络视频《1949年档案》，国内多家著名网站予以转发，全年点击量超过2亿人次。国家档案局近几年召开的重要会议、举办的重大活动等，都有中央媒体给予报道，特别是《人民日报》主动以整版篇幅专门介绍档案工作，新华社还前所未有地几次连续编发四五篇关于档案工作的稿件，《瞭望》杂志去年集中刊发4篇报道并用封面照片和标题宣传档案工作，这些都为档案事业的发展提供了有力的舆论支持。建党90周年前夕，50多家中外媒体70多名记者还首次集体走进国家档案局，参观中央档案馆的部分珍藏和利用成果，我们并回答了10多家中外媒体的提问。这次集体采访，影响广泛，反响强烈，取得圆满成功，是档案宣传工作的重大突破。档案还首次走进了党的干部学校。2010年中央档案馆提供78件相关档案，与中国浦东干部学院联合创建“党性教育主题教室”，并派专家为主题教室授课。2011年又与中央党校合办纪念建党90周年档案展览并在中央党校展出，成功实现档案进党校的目标。

第八，档案工作对外合作与交流的强度史所罕见。我们同10多个国家档案部门签订了档案工作合作与交流的双边协议。今年3月，胡锦涛总书记和印尼总统在人民大会堂见证了国家档案局和印尼国家档案馆合作协议的签署。我国同世界许多国家的文化合作协议中也包括档案工作方面的合作内容。国家档案局每年参加中俄两国副总理级领导主持召开的中俄人文合作委员会会议及两国档案部门的档案合作小组会议。前年，我们接待了新加坡总统到中国第一历史档案馆参观。我们同俄罗斯、越南、新加坡等国联合举办档案展览在双方展出。我们应对方要求首次为朝鲜、巴基斯坦两国专门培训了档案专家。

这次大会后，我们要紧密结合档案工作实践，认真学习宣传贯彻落实十八大精神，根据十八大报告提出的各项任务和要求，认真做好各方面的档案工作，为“五位一体”的中国特色社会主义建设提供服务。

要进一步加强企业档案工作、农业农村档案工作，建好用好财政档案、金融档案、科技档案、知识产权档案、建设项目档案、科研项目档案及其他经济科技档案，为加快转变经济发展方式服务。

要进一步做好各级党政机关、人大机关、政协机关、人民团体的档案工作，建好用好村务公开档案、厂务公开档案、政务公开档案、司法档案、民族档案、宗教档案、侨务档案等，进一步做好政府公开信息查阅工作，为推进政治体制改革服务。

要更多地运用各种大众传播形式把档案转化为文化产品，特别是打造成文化精品，为各项文化创作提供档案，为各项文化活动、文化建设建立档案，同时更好地开展档案系统的行业文化建设，为扎实推进社会主义文化强国建设服务。

要进一步做好教学档案、就业档案、社保档案、住房档案、健康档案、医疗档案、安全生产档案等重要民生档案的收集、管理、利用工作，进一步推动社区建档、家庭建档，为改善民生和加强社会建设服务。

要建好用好土地档案、海洋档案、水利档案、土壤普查档案、污染源普查档案、气象档案、环保档案、地质档案、地震档案等，为大力推进生态文明建设服务。

（原载于《中国档案报》2012年11月12日）

谈档案与文化建设

——在2012年全国档案工作者年会上的讲话

这次大会的主题是："档案与文化建设"。这个主题很好。因为去年我们党提出了建设社会主义文化强国的新目标，我认为这非常重要，非常明智。因为我们国家的经济这些年发展很快，已经"坐二望一"了，离经济强国只有一步之遥；但文化则很难说已经达到相应的水平。而经济只是一个国家的"壳"，文化才是一个国家的"魂"，如果只是经济强而文化不强，那么，这个国家并不能真正地称为强国。从人类几千年的历史来看，一个国家的文化影响要远比经济影响强大得多、持久得多，经济影响往往是暂时的、外表的，而文化影响则是长期的、内在的。因此，从人类历史的角度说，中国要想对人类作出更大的贡献，产生更大的影响，必须注重文化建设，把我国真正建成社会主义文化强国。档案是文化的一部分，而且是重要的一部分，相当于"根"或"核"的那一部分。建设文化强国，必须建设与之相匹配的档案强国。所以，今年年初，国家档案局也提出了建设与社会主义文化强国相匹配的档案强国这个档案事业发展新的战略目标。而"档案与文化建设"这个主题，正好把建设文化强国和建设档案强国这两个目标结合了起来，对于动员和发动全国广大档案工作者更加自觉地投身到文化强国和档案强国的建设中，具有重要意义。因此，我想利用这个机会，就"档案与文化建设"这个主题，讲一些我的想法。要点可以简单地概括为4句话：一要把档案转化为文化产品；二要为文化建设提供档案；三要为文化建立档案；四要建设档案文化。这四句话，既可以作为"档案与文化建设"关系的概括，也可以作为档案工作者在文化建设方面的任务或者要做的几件事。这四句话，我是第一次讲，属于"刚刚出炉"的"新鲜产品"，同时也纯属个人想法，没有同其他人研究过。因此，有不当之处请大家谅解并批评指正。

下面，我分别来讲这四句话。

第一句话：要把档案转化为文化产品。把档案转化为文化产品，我想强调两层意思：第一层意思是要努力把档案转化为各种形式的文化产品，特别是要尽量或善于采用新兴的、覆盖面广、受众多的文化形式，把档案转化为影响更加广泛的、大众或流行形式的文化产品，以便让它“传得开”；第二层意思是不管采用传统或新兴的文化形式，都要努力把档案产品打造成文化精品，以便让它“立得住”“留得下”。虽然档案具有存史育人的文化功能，但档案本身浩如烟海，又收藏在档案馆、室中，在我国目前的条件下，人民群众直接去利用档案接受教育的并不太多。因此，需要我们档案工作者对档案进行筛选、加工、提炼、编纂，把档案“原料”转化加工为各种形式，特别是当下覆盖面最大、最大众化通俗化、最流行形式的文化“产品”，从而让更多的群众受到熏陶、感化、教育、提高。特别是要把档案产品努力打造成文化精品，使档案产品在文化产品中具有一席之地，具有广泛影响，成为一种特色文化品牌。

有些同志对此可能信心不足，认为档案部门为别人搞文化产品提供档案服务可以，对自己利用档案去开发大众文化产品，特别是打造文化精品则有疑虑，缺乏信心，不敢行动。但我从自己经历的和其他单位的事实中体会到，档案部门确实是可以通过新兴的或传统的大众文化形式，打造出在文化界、在宣传领域都具有相当影响力的文化精品的。

比如，20世纪90年代，当文献电视片在我国兴起不久，我们就开始尝试，独立地利用文件、照片、录音、录像、报刊等档案资料，拍摄党史、国史、军史、伟人传记类的文献电视片，在各地电视台播放，并出版影视光盘在国内外发行。第一部是为纪念新中国成立50周年而拍的，名字叫《共和国脚步》，记录的是新中国50年的重大事件，共18集，每集半小时，共长9小时。经广电总局重大题材小组审批后，于2009年国庆前后，在全国120多个城市电视台播放，有些电视台曾多次重播，同时还出版了影视录像光盘在国内外发行。这是我国档案系统独立自主拍摄的第一部纯粹以档案史料忠实还原历史、原汁原味地反映国家重大历史事件的大型文献电视片，也是我国档案系统第一次向社会出版发行影视录像光盘。电视与光盘的观众累计达数千万人次，与过去传统形式的出版档案史料图书的几万读者或举办档案展览的几十万观众相比，效果大出十倍、百倍甚至千倍。这就是新兴的大众传播形式与传统的文化传播形式在效果上的差别，这就是我特别要强调运用新兴的、受众广的大众传播形式来制作档案产品的原因。

尽管开始我们对电视片脚本怎么写、片子怎么编、经费怎么筹、有没有电视台播等毫无所知，但硬是以一腔热血和一往无前的精神，闯过一道道难关，使这第一部档案人的文献电视片，在极其简陋的条件下和许多人的疑虑中破茧而出，顺利播出。该片在当年第四届中国行业电视片评比中意外获奖。2001年，为纪念建党80周年，中央档案馆国家档案局又与北京电视台联合拍摄了365集文献电视片《红旗飘飘——中国共产党历史上的今天》，从年初到年尾，全年天天都在全国25个省级电视台和几十家地县级电视台播放，每天播出一集。其中北京电视台每天有3个频道滚动播出七八次。除电视台播出外，该片还在千龙网上全部播出，录音在北京人民广播电台全部播放，解说词在《北京日报》全文刊出，录像光盘在国内外发行，形成了报纸、广播等传统媒体与电视、网络、光盘等新兴媒体同上，文字、声音、画面等各种形式都有的立体化的多媒体、全媒体传播。该片每集5分钟，共长30多个小时，是当时并直到今天为止，全国电视台播出集数最多、总长度也最长的文献电视片，受众累计数以亿计，比第一部的受众人数又上了一个大台阶。这可能创下了在世界各国档案界至今都无人打破的一个纪录。此片播出后获得全国宣传文化界最高奖“五个一工程”奖和全国电视界最高行业奖金鹰奖。获得这两个奖，一个是国家最高奖，一个是行业最高奖，表明我们为档案界在文化领域争得了一席之地，创造了精品，创出了品牌。同年，我们还和江苏电视台合作，拍摄了27集文献电视片《自从有了共产党》，在全国7个省级电视台和几十家地县级电视台播放，有的电视台把该片重复播放了好几年、好多遍。

自从我们一炮打响、二炮走红，获得了两个大奖、创出了品牌之后，好多单位都主动找我们合作拍摄文献电视片。之后，我们几乎每年都推出一到两部有影响力的文献电视片，其中，10集文献电视片《新四军》经党和国家最高领导人亲自审看了部分内容后，在中央电视台综合频道黄金时段播出，成为档案系统拍摄的第一部也是全国各个行业系统制作的为数不多能在黄金电视台、黄金频道、黄金时段播出的文献电视片。据电视台的调查，其收视率比该台该频道该时段播出过的一些电视剧还要高，这是非常少见也非常难得的。

播出后除获得“五个一工程”奖、电视金鹰奖这两个国家最高奖和行业最高奖外，还获得中国电视艺术家协会颁发的学术最高奖。同样在中央电视台播出的文献电视片还有《百幅手迹怀伟人——毛泽东的110个故事》《邓小平的故事》《抗日中坚八路军》《伟大长征》《中原雄师》《周恩来的故事》《毛泽东·1949》《中国共产党历史档案》《天下为公——孙中山1911》等，另外还有在其他电视台播出的《邓小平的足迹》《开天辟地90年》等。这些电视片都同样出版了影视光盘在国内外发行。《百幅手迹怀伟人——毛泽东的110个故事》的光盘，在经中央主管宣传工作的领导同志主动要求观摩后，中央有关部门还专门送给时任和上一届的所有中央政治局常委同志观摩。档案部门以档案制作的影视作品，第一次荣幸地受到党和国家最高领导层的集体检阅，获得了很多专业电视人没有获得过的殊荣，创造了档案工作历史上的又一个新纪录。《毛泽东·1949》还获得国家广电总局对电视文化精品的专门扶持，成为2011年唯一的由非电视部门报送的获国家专门扶持奖金的优秀国产纪录片。《开天辟地90年》的影视光盘，发行到了全国各地的中小学校。这些文献电视片，大多获得过各种不同的奖项，也大多在中央组织部的全国党员远程教育网上播出过，有两部还分获中组部2011年全国党员教育电视片观摩交流活动最佳作品奖和优秀作品奖。

从1999年到2012年，由中央档案馆国家档案局拍摄并已在全国电视台播放且都制作成光盘发行的文献电视片共有15部、970多集，总时长超过10000分钟，达170多个小时。这在世界各国档案部门中是绝无仅有的，在我国除电视行业以外的各个行业中，也是名列前茅的，档案部门制作的文献电视片，已经成为我国电视界和文化界的一个特色品牌。目前，在全国各地档案部门的协作和参与下，我们正在和有关部门联合拍摄一部全面反映1840年以来中国近代史、现代史和当代史的特大型文献电视片《中国近现代影像史》，计划共3000集，总长30000分钟，完成后将在全国陆续播出。届时，它将成为中国乃至世界最长的一部文献电视片，可创造一项吉尼斯世界纪录。我们将为社会再贡献一部规模最大、影响广泛的档案文化精品，毫不夸张地成为名副其实的档案人给社会的“巨献”。

如果说，在当今中国，电视是覆盖最广的文化传媒，文献电视片是受众最多的档案文化产品，那么，互联网则是仅次于电视的覆盖次广的文化传媒，档案网络视频则是受众次多的档案文化产品。在我们成功地应用了最大众化的电视传媒后，当网络视频在世界各国流行时，我们又及时推出了以档案制作的网络视频，使档案产品在互联网这一新兴的文化传播阵地上占有一席之地，让档案宣传借助最时尚的文化形式——网络，走进最时髦的文化受众——“指尖一族”。

2008年，拉萨“3·14”事件发生后，受一位爱国留学生在外国一家著名视频网站上推出宣传西藏从元代起就属于中国的网络视频引起很大反响的启发，我们及时以档案制作了5集专题网络视频，从不同角度宣传西藏从元代起就是中国不可分割的一部分。这部用中英文制作的档案网络视频经中央主管部门推荐后，在国内外400多个重要的中英文网站推出，仅国家档案局一个网站的点击量就达200多万次。同时，中央各大通讯社、报社、电视台、电台等媒体，包括香港凤凰卫视，都集中报道了网络视频的内容，又一次形成了“全媒体传播”的态势。这部档案网络产品的总受众估计不下10亿人次。特别是不但有中国的受众，而且通过英文的网站、报纸、电视、广播等全球性平台，还拥有很多外国受众，特别是英语受众，使档案文化产品第一次广泛地、真正意义上地走出了国门，走向了世界。

档案网络视频产品这次是一炮打响、一炮走红，产生了巨大的社会影响，获得了巨大的社会效应。这在世界各国档案部门中是极其罕见的。在我国除宣传系统以外的其他行业中也是不多见、不常有的。自那以后，为纪念新中国成立60周年，2009年，我们又推出了52集档案网络视频《共和国脚步——1949年档案》，全年每个星期推出一集。除在国家档案局网站推出外，新浪网、中国网等著名国内网站主动转载，全年点击量总计超过两亿人次，不少网友留言给予好评，有的还把视频下载到自己的博客中收藏。接下来2010年推出的52集网络视频《共和国脚步——1950年档案》和2011年推出的24集网络视频《中国共产党成立时期档案》也如法炮制，全年点击量总计也超过或接近亿次。明年是毛泽东同志诞辰120周年，我们还打算制作一部365集的网络视频，叫《毛泽东档案》，每天推出一组有关毛泽东的档案。

以上说的是我们利用新兴的大众文化形式，把档案转化为大众文化产品，同时也打造成为有影响的文化精品的事例。在档案部门，还有很多运用传统的文化形式，把档案产品打造成文化精品的事例。

比如编辑出版档案图书。中央档案馆编辑出版的《毛泽东评点二十四史》，被我们党和国家的领导人作为礼品赠送给美国哈佛大学。中国第一、第二历史档案馆编辑出版的馆藏清代和民国时期的台湾档案汇编，规模达几百册之巨，成为我国文化界屈指可数的大部头图书之一。我国各级档案部门也都编辑出版了一批在文化界有全国影响或地方影响的档案图书，成为党史研究、国史研究、军史研究、地方史和专业史研究以及各个专业学术研究的基本史料，为各项文化建设提供了丰富的营养，获得了各种政府奖、行业奖、专业奖，成为了全国的或地方的文化精品。

比如举办展览。我们中央档案馆国家档案局参与举办的许多大型展览，都有几十万观众参观，特别是有“两会”的全体代表委员、有党和国家的主要领导人观看，有中央各大媒体的连续宣传报道，有大量感人的观众留言，产生了很大的社会影响，成为闻名全国的文化精品。各级地方档案部门，也办了很多各有特色的展览，同样也有本地的主要领导和几万、几十万观众参观，本地的主要媒体予以宣传，成为在本地产生很大影响的文化精品。特别是有些档案部门，还把档案展览办到公园、校园，办到胡同街道、乡镇村居，比如北京市档案馆与居委会合办胡同文化展，把档案展览办到百姓身边，让老百姓浸染在档案人营造的文化氛围中，更是别出心裁，另辟蹊径。他们使档案产品不再居庙堂之高、只供精英人士欣赏，而是下市井之中、也供草根阶层分享，从而增加了档案产品对老百姓的亲和力、感染力，成为扎根胡同乡村、深入百姓身边的文化精品。

比如出版档案报刊。我们有世界唯一的《中国档案报》，全国还有几十份像《中国档案》杂志这样公开发行的档案刊物，其中有些很有影响。这里我讲一个故事：有一次我坐飞机，身边坐的是相声演员侯耀华。服务员给乘客发报刊，给别的乘客都发了，但忘了给我们发。我们俩看到发的是《档案春秋》，不约而同地都向服务员去要。拿到刊物后我问侯耀华，你喜欢看这个刊物吗？他说，很喜欢，他每期都看，家里还专门订了一份。从这件事上，我就感到《档案春秋》堪称是文化精品了。为什么呢？第一，它上了飞机，成了飞机乘客的休闲读物，而这在全国期刊中是并不多见的，说明它既有一定的高端性，又有广泛的群众性；第二，像侯耀华这样的大腕明星也喜欢看，并且自费订阅，说明它有相当的可读性、通俗性，对档案以外的人群具有一定吸引力，真正走出了档案界、走出了专业圈，走向了社会。这是我特别看重推崇的。《档案春秋》是上海市档案馆办的，在社会上确实具有比较广泛的影响。前不久，这本刊物的主编还被上海电台请去参加与听众的互动，在上海书展上也受到很多人的追捧。

以上这些事例都说明，不管是用传统的文化形式，还是用新兴的文化形式，只要真正用心，我们都可以打造出具有档案特色的文化精品来。所以，我们今后必须坚定信心、大下决心，千方百计地运用各种文化形式，特别是要善于运用覆盖面广、受众多、当下流行的文化形式，给档案插上流行的翅膀，让档案产品既可登大雅之堂，又可进群居之巷，既可上领导案头，又可上百姓床头，成为雅俗共赏的文化精品，为文化建设奉献出更多的档案产品。

第二句话，要为文化建设提供档案。也就是要积极为包括各种文化创作、文化活动在内的各项文化建设提供档案。档案中有着丰富的文化营养，各项文化建设都需要利用档案，从档案中获得灵感、寻找素材、吸取智慧、强化形象。我这里所说的文化建设，并不仅仅指小说、电影、电视、戏剧等的创作和史志、论著等的编写，而且包括古城重建、古迹遗址恢复、文化设施的建设、大型文化活动的开展等。对于前者，大家可能已经比较熟悉了，比如，著名的电影《大转折》、著名的电视剧《恰同学少年》等在创作过程中，都查阅利用过档案。好几年前我看过的一场以红岩为主题的大型歌舞，不但创作过程中利用了档案，而且还把档案内容直接搬上舞台，把历史档案中留下的红岩烈士在英勇就义前集体写给党组织的一封建议信在舞台上朗诵，收到震撼人心的效果。一些革命历史题材的电影、电视剧中，也穿插运用了一些音像档案，把真实的历史镜头穿插到特定的场景，增强了作品的感染力。但对于后者，大家可能还并不熟悉。

比如古城重建。不久前，我到过山东台儿庄。在这之前，就有人向我介绍过，说这个新建的古城中挂着不少老照片，很有特色。我去看了以后，确有同感。台儿庄过去是京杭大运河上的一个商埠，有一定规模，也有一定特色。但日寇侵华的炮火使这座古城成为废墟。同时，这座古城又以一场著名的抗日战役“台儿庄大战”而闻名于世。前几年，当地领导决定重建台儿庄古城。重建中，他们深入挖掘并大量运用照片档案，做到建旧如旧。更为突出的是，在很多新建成的建筑门前，都特意展示一组照片档案来说明这座建筑的“前世今身”。这组照片一般有四张，一张是战火前的照片，一张是战火后的照片；一张是重建前的照片，一张是新建成的照片。古城的大街小巷中，还挂有台儿庄大战中一些著名的老照片，有的最经典的老照片还半照片、半雕塑地做成城市雕塑，给人留下极为深刻的印象。另外，城内还办了上百个各行各业的展览，展览中也使用了不少档案，其中有一个专门展示运河档案的展览。看了古城后，我真的极为欣赏，把它称为“我所见到的最为成功的新建古城”。为什么我说它最为成功呢？因为它不但具有古城之貌，而且具有古城之魂。这个魂体现在哪里呢？就体现在那些档案也就是历史照片中。你比如，悬挂在大街小巷中的抗战老照片，把台儿庄以抗战而著名这个特点强化了出来、体现了出来，凸显了这个地方的抗战文化。再比如，显示一些著名建筑“前世今身”的4张照片，战火前后的两张照片让人陡然产生对毁坏这些建筑的日本侵略者的仇恨和对侵略战争的愤恨；重建前后的两张照片，又让人油然产生对新建这些建筑的党和人民政府的爱戴，从而使人产生强烈的爱国主义情怀。同时，这一组照片还让人直观地知道，这些新的建筑，是对毁掉的老建筑的原样恢复，而非按想象设计、构造；新建的城市确实是一座保持原貌的古城，所有看了的人都从这些档案中找到了这座新城的根，看到了这座新城的旧貌，从而对这座城市增加了信任和好感。总之，档案为这座新城营造了浓厚的古城色彩，让这座新城具有浓烈的文化气息，使它“货真价实”、价值倍增，让它增色很多。

这个经典的案例，给文化和档案工作者都提供了深刻的启示。给文化工作者的启示是：档案居然可以给古城重建的设计、建造带来画龙点睛、铸魂传神的作用，档案居然可以成功地运用到像城市景观设计、环境设计、旅游文化产品设计这些新的领域中，文化工作者和文化建设对档案的运用领域是广阔的、巨大的，也是非常必要的，可以收到事半功倍的效果，取得意想不到的成功。给档案工作者的启示是：档案利用的范围正在不断拓展，档案利用正在不断地向新的领域延伸，我们必须不断地关注这些新领域，注意这些新发展，适应这些新变化，主动把档案利用服务向新领域延伸，使档案利用覆盖到社会各方面，让档案作用得到更充分发挥。

再比如，古迹遗址恢复。典型的如圆明园遗址的恢复，曾经大量运用了档案，从整个园址的范围、布局，到各个建筑的位置、式样，再到建筑内部的装饰、陈设等，都找到档案作为依据，然后进行恢复重建。还有，辽宁省根据中央领导的指示，恢复抚顺战犯管理所的原貌，作为爱国主义教育基地。为找到该地原貌布局，有关人员在本省遍查档案没有查到，最后远赴北京，终于从中央档案馆的档案中，查到了依据，使这个爱国主义教育基地顺利建成。

又比如大型文化活动的开展。2009年，首都搞的国庆60周年群众游行活动，就应用了声像档案。当游行队伍抬着毛泽东、邓小平、江泽民、胡锦涛同志的巨幅画像，在长安街上由东向西走到天安门城楼前面时，队伍中响起了这几位领导人的讲话录音，产生了非常好的效果，把游行活动推向了一个高潮。这些录音，就是由我们档案部门提供的。

总之，在文化建设方面，各种文化活动利用档案的越来越多，档案被直接应用于各种文化活动的也越来越多。尤其是各种过去我们不常见和想象不到的新的形式的文化活动，也普遍地利用或直接应用档案。这是一种新的趋势、新的变化。我们档案工作者应该看到这种新趋势，适应这种新变化，主动为各种新形式的文化活动提供档案，主动为新领域的档案利用提供服务，在档案利用方面不断"开疆拓土"，让档案的利用面和作用领域不断延伸和扩大，使档案利用成果不断丰富。

第三句话，要为文化建立档案。这句话也包含着两层意思。第一层意思是：档案工作者要主动帮助文化建设者在各项文化建设中建立档案。我们今天进行各项新的文化建设，不但需要利用以前形成的档案，而且也要建立、保留自身形成的档案，既为今天的文化建设留下记录、留下凭证，也为将来的文化建设留下参考的依据和继承的遗产。有些文化建设者已经有了这样的自觉，比如，著名作家、中国文联副主席冯骥才今年就呼吁要为文化遗产建立完善的档案，"否则，就像家里没留下奶奶的照片"。还有一些著名的文化建设者，自觉地把在文艺创作、文化活动中形成的各种记录，保存起来，留了下来。但也有一些文化建设者目前还没有这样的自觉，还没有意识到要为自己的活动建立档案，或者说，还没有自觉地、主动地把自己在文化活动中形成的各方面记录留存起来或流传下去。这无论是对今天还是对未来，无论是对个人还是对民族，都是一个很大的悲哀和损失。我们档案工作者务必要意识到自己的责任，大力地向文化建设者宣传建立档案的必要性、重要性，主动地、积极地帮助和指导文化建设者，把他们在文化活动中形成的电子的、音像的、纸质的等各种载体、各种内容的、对后人有参考价值的东西留存起来，分门别类，建立档案，从而为今天的各项文化建设建立起立体、全面、详尽的档案，为我们今天这个伟大的时代“立此存照”，为我们的后代留下文化之根，为我们的民族留下丰富的文化遗产。

这句话的第二层意思是：档案工作者要主动记录即将消失的各种文化现象，为“濒危文化”建立档案。当今这个时代，全球化、现代化、城市化大潮迭起，各方面发展异常迅速，很多文化现象已经消失或濒于消失，这既是人类之喜，也是人类之悲。档案工作者应该清醒地认识到这一发展形势和发展后果，积极地承担起为国家守历史、为人类存记忆的神圣使命，主动地去记录那些即将消失的文化现象，用文字、照片、录音、录像等各种形式为“濒危文化”建立档案。有些嗅觉敏锐的档案人已经行动起来，开始这样做了：他们有的用摄像机、照相机把即将迁移或改造的社区、街道、村庄、建筑拍摄下来，把后继无人、快要失传的工艺、技艺拍摄下来，有的用录音把民族故事、地方方言记录下来，等等。全国广大的档案工作者，全国各级档案部门，都应该向这些先行者学习，按照他们的做法，主动地走向社会，走向基层，走向民间，积极地用文字记录的办法，用照相、录像的办法，用录音的办法，用其他各种可行和有效的办法，把濒于危险、即将消失的老房子、老村庄、老街道、老城市、老工艺、老产品、老风俗、老故事、老艺术、老风景、老人物等记录下来，建立档案，使它们能够传之后世。这些由档案人所建立的文化档案，毫无疑问地将为全民族留下一笔宝贵的文化财富，为全人类留下一批珍贵的历史记忆。

第四句话是：要建设档案文化。也就是要努力建设我们档案系统的行业文化。

不久前，我参加过两个活动。一个是上海市档案系统的辩论比赛，有全市档案工作者的代表和市领导参加，由上海电视台进行转播；另一个是山东省档案系统的演唱比赛，也是有全省档案工作者代表和省委分管领导参加，省电视台录播。前两年，我还观看过北京市档案系统的演唱。这些活动的参加者都是档案人，说的、唱的都是档案工作和档案工作者，可以说都是档案系统的行业文化活动，但最后都通过电视转播而成为电视节目，传播向社会，成为大众文化的一部分，并且起到了宣传档案工作和档案人精神、提高社会档案意识的作用。

类似这样的活动，全国不少地方的档案部门这些年都在搞。除了辩论比赛、唱歌比赛外，还有档案系统的演讲比赛、档案知识竞赛、书法摄影比赛、档案工作者誓词征集评选、档案行业徽标征集评选等群众性文化活动。有的还用电视剧、话剧等形式，宣传档案工作者。比如十几年前，上海市档案局根据我们党最早的档案库——地下文库的传奇故事而拍摄的电视连续剧《一号机密》，第一次把档案工作者的真实故事搬上了荧屏，在社会上产生很大反响。3年前，在国家档案局和总参档案局支持参与下，由总政话剧团根据档案工作者楷模刘义权同志先进事迹创作的话剧《生命档案》，在各地演出100多场。党和国家领导人胡锦涛、李长春和各界群众10多万人观看了演出。2011年10月，该剧以话剧类排名第一的成绩，荣获“第四届中国戏剧奖·优秀剧目奖”。

宣传档案工作的意义、成绩、知识，宣传档案工作者的事迹、精神等，我们可以把它称作档案系统的行业文化。这种行业文化，不但可以凝聚档案工作者的共识，鼓舞档案工作者的斗志，而且可以通过与宣传、文化部门相联合的方式，借助公共传媒，走向社会，向公众传播，进而丰富全体人民的文化生活，提高全社会的档案意识、文明意识，在全社会发扬光大档案工作者甘于平凡、创造非凡的无私奉献精神。因此，我们也应该以各种可能的方式，大搞群众性的档案系统的文化活动，特别是可以与各方面的专家合作，提高这类活动的质量和品位，并与各个专业部门合作，通过各种大众化的文化传播形式，把行业文化传播向社会，扩大其影响。从而让我们的行业文化走出行业，走向社会，把我们的行业文化，也变成精品，变成社会文化、大众文化，去宣传社会、感染大众，使我们的“行业文化”不仅仅是自娱自乐，同时也化人育人。这样，它们的作用不就更大了吗？我们档案人对文化强国建设的贡献不就更大了吗？

（节选于《档案学研究》2012年第6期）

档案报刊应常变常新*

——《中国档案》杂志改版寄语

蚕一变而为蛹，蛹一变而为蛾。自然界的这种“蛾变”现象给了我们一个启示：变则新，变则活，变则成为新型态。自然界在变，社会在变，人们的意识也在变。反映自然界、社会、人们意识的报纸、杂志、电视、网络等媒体，从内容到形式，从外在到内在，也都跟着在变。有人把现在报刊的变型期总结为平均七年，可见现代媒体变化之普遍和变化速度之迅速。

我是一直希望我们档案界的报刊也要跟上日新月异的发展潮流的，我是一直对档案报刊以常变常新相期的。今年，《中国档案》杂志以科学发展观为指导，解放思想，转变观念，谋求新的跨越，对杂志进行了又一次改版。他们对杂志内容进行整合，加大档案与社会方面的比重，进一步丰富杂志的内容，增加杂志的厚重，扩大杂志的读者面；对杂志形式进行全面改变，改为大开本和全彩色印刷，把杂志推进了全彩时代。这标志着《中国档案》杂志从今年开始，又以一个新的面貌展示给读者了。

对这一做法，我非常赞同；对这一做法的效果，我充满期待。我期待改版后的《中国档案》杂志，不但成为档案专业人士了解我国档案工作方针政策、情况经验、知识动态的窗口，而且成为非专业人士了解档案内容、价值、作用的媒介。

那么，让我们一起，对杂志的改版，表示热烈的祝贺！对杂志为我们带来的新口味、新印象、新感受，表示衷心的感谢！

（原载于《中国档案》2009年第1期）

* 此标题为后增加的。

通过建立档案来规范社会管理提高管理水平

——在安徽省建立健全农产品质量安全档案工作试点动员会上的讲话

今天这个会，从省到乡，各级领导都很重视。大家为什么这么重视这个会呢？因为农产品质量安全档案关系农业生产、农民致富和新农村建设，关系人民健康、社会和谐和科学发展，十分重要。不但你们重视，我们国家档案局也很重视，所以我特意赶来参加这个会。我参加会的目的在于学习。学什么呢？不但是学农产品质量安全档案建什么、怎么建，更重要的是学档案工作怎样紧贴党和政府工作中心，为人民群众服务，为现实服务。

通过参加这次会议，感到收获很大。

第一，我看到了安徽省档案局和档案工作者的开拓精神。

这几年安徽档案工作者不断开拓创新，在全国不断创造出好的经验。比如，率先在全省范围内推行档案管理模式改革，受到中央媒体的关注，得到中央领导同志的重视，得到省委、省政府的大力支持以及全省各地、县领导的重视支持，取得很大成绩，在档案资源整合和共享利用方面作出了可贵的探索和成功的尝试，产生了很好的效果，使档案工作的地位有了很大提高。又比如，在全省电子文件中心的建设方面，也率先示范，积极建设，取得很好的成绩，在全国产生示范作用。今年，他们又制定了《安徽省建立健全农产品质量安全档案试行办法》，并认真调研，积极推广应用。今天这个会，就是他们的一个试点动员会。在全国，制定全省的农产品质量安全档案办法并在全省范围内普遍推行，安徽是先行的，是带头的，这是他们开拓创新精神的又一体现，在全国又将起到一个带头和领跑作用。这种围绕社会实际和群众需要、围绕党和政府中心工作而不断开拓档案工作新领域、不断创造档案工作服务新热点的创新精神，尤其值得我们全国档案界学习，尤其值得在全国档案工作者中提倡和推广。

第二，我看到了霍山县委、县政府很高的档案意识和对档案的重视。

由县里的主要领导召集各乡镇和县直各单位、各有关企业的主要领导、分管领导和档案人员，来动员建立某一个方面的档案，在全国不多见。这体现了霍山县委、县政府的档案意识非常高，对档案非常重视，善于通过建立某个方面的档案来提高某个方面的管理水平、推动某个方面的工作。这是值得我们向全国各地领导和各级领导推荐学习的。

建立档案，不仅是为了将来写历史，把历史写真实，而首先是为了现在来规范管理，提高管理水平，把现实工作搞得更好。这是我最近在进行了一些思考并到这里看了以后，对档案的功能和作用的新理解、新认识。

什么是档案呢？昨晚在合肥，见了你们的省委副书记王明方同志。他是东北人，向我讲起一件趣事：档案人员到农村，向农民宣传档案工作知识，没等工作人员讲完，一位老大妈抢过来说，嘿，听懂了，档案不就是办啥事都留个底儿吗？“办啥事留个底”，这位农村大妈的档案定义非常经典。通过建立档案，留下“底子”，可以对事、对人进行可追溯性检查，如果发现问题，不管过了多长时间，都可以根据档案，或者说根据“底子”，查出是哪个环节、哪个人出了什么样的问题。所以，通过建立档案可以规范管理，提高管理水平。

农产品质量安全档案，是记录农产品在生产种植、经营销售、储藏加工等各个环节质量的真实情况的，如果农产品质量有问题，就可以通过它来问责追究，予以纠正。这就可以使得每个环节的人都不敢不规范，不敢不小心，不敢违规用药、偷工减料或使杂掺假，这样，农产品的生产就规范，农产品就能成为信得过的品牌，农产品的竞争力就强，销路就会扩大，价格就会提高，跟着下来，农民的收入就涨，农业的产值就高，农村的发展就大，这样，档案就真正有利于“三农”了。

去年我在湖北曾经看到，有一个农业生产合作组织，凭借自己建立的农产品档案，顺利地通过欧洲国家对他们出口农产品的检测检验，成功地使自己的农产品走上欧洲市场的货架，为农产品找到外销的广阔道路。有一个农业生产企业，通过建立农产品档案，使自己的产品获得“绿色食品”的认证，产品价格几倍于普通产品。还有的地方，每把蔬菜，每盒水果，都不但有生产档案，而且有自己的编码，消费中发生问题，管理者根据编码，就可以查出这一产品的生产地、生产人、生产日期和生产过程等。从这些可以看出，通过建立“从地头到灶头”的全过程农产品质量安全档案，生产者可以证明自己，管理者可以分清责任，消费者可以找到源头，对各方面都有利。

其实，农产品质量安全档案，不仅利于农产品的质量安全，而且利于农业生产技术水平的提高和农产品销售市场的扩大。为什么呢？因为今年农产品的生产记录、销售记录，或者说生产、销售的“底子”，是可以为今后若干年的农产品生产或销售提供分析和研究的依据的，是可以长期用来研究农产品生产或销售规律的，对于农产品的科学生产、合理销售，对于提高农业生产的现代化水平，有着长远的好处、综合的好处。建立农产品档案所带来的好处，将远远大于它的投入。

还有，农产品质量安全档案，也有利于社会主义新农村的建设。现在，农业的产业化、农产品的工业品化、农村的城市化、农民的市民化，已经是世界各国经济与社会发展的大趋势，我国的社会主义新农村建设，正把这一趋势在我国进一步推进和扩大。社会主义新农村建设，不仅体现在修新路、建新楼等村容村貌的改变，更重要还体现在农业产业化、农产品工业品化等生产方式的改变，以及人们生产观念、生产管理手段的改变。农产品质量安全档案本身正是农业产业化的产物，它的建立，无疑能够助推农业产业化和农产品工业品化，并能够帮助人们转变农业生产观念，为人们提供新的行之有效的生产管理手段。因此，农产品质量安全档案的建立，将使社会主义新农村建设更具有实质性内涵，更获得实质性推动。

今天，霍山县领导召开这样的专门会议，这样重视农产品质量安全档案的建立，就是希望以此来规范农产品生产，提高农产品质量，打造农产品品牌，推进农业产业化，推进新农村建设。这是一条新型农业生产和农村发展之路，是通过规范管理、细化管理来提高农业生产水平的一条现代化之路，是靠打造软件、深化内涵，而不是靠加大投入、多施化肥来提高农业生产水平的一条科学化之路，是有别于过去粗放式管理的一条精细化农业之路。这种发展，体现的是可持续发展，是全面发展，是科学发展。霍山是一个革命老区，但我从今天的会上，看到了老区人的新意识、新观念、新觉醒，看到了老区的新希望，坚信老区必将实现新崛起。

第三，我看到了档案的普及。

过去，我对档案的了解和理解，是停留在“人头档案”上的，知道每个人都有一个档案袋，工作有变动、受奖或受罚了，都记上一笔，就是说，档案是用来管人的。后来到档案部门工作了才知道，机关办个事，开个会，都有记录留下来，形成机关档案，就是说，档案是用来管事的。还知道，城市盖个楼，造个桥，都有设计图、施工图，形成城市建设档案；工厂生产的产品、部件，也同样从设计、到生产、到销售，都有记录，形成产品档案，就是说，档案是用来管物的。30多年前，我是个农民，对这些都不知道，因为这些离农村和农民太远。但现在，农村也和企业、和机关一样，也有档案了；农产品也和工业产品一样，也建立档案了；过去种一茬换一茬、收一茬了一茬的农民，现在，不但每一茬，而且从种到收，从运输到加工的每一个环节，甚至是每一个产品，都有档案来记录了。由此我想到，我们国家的变化和进步真是很大，农民、农村的变化和进步真是很大，档案的普及和发展也真是很大。现在，各行各业的人们对建立档案的需求在不断扩大，从而使得档案的功能也在不断扩大，档案可以发挥作用的领域在不断扩大。作为一个农民出身、从农村走出来的档案工作者，我真为农村能够运用档案来管理农业，真为我们档案工作能够直接为农业进步、农民增收、农村发展服务而感到双重的高兴。我们档案工作者这些年已经形成一个理念，有一个指导方针，就是，各方面工作发展到哪里，档案工作就延伸到哪里；社会各方面需要什么服务，我们档案工作就提供什么服务。所以，从这里我也想到，档案工作可以运用的领域还有很多，可以进一步发挥的作用还有很大，我们的任务还很艰巨，我们的责任更加重大。我们还应该加倍地努力，让档案的功能和作用进一步发挥，把档案工作的贡献作得更大！

你们的会让我有如此多的收获，让我的认识有如此大的提高，所以，我要感谢你们，感谢你们今天的会，感谢你们为这个会所作的所有努力，同时，我也以农民的名义和档案工作者的名义，来感谢你们通过建立农产品质量安全档案，来提高农产品竞争力，提高农业生产水平，提高农民收入。农产品质量安全档案，不但关系到几亿农民，而且关系到几亿城市消费者，同全国十几亿人有关，因此，不仅霍山和安徽需要建，而且全国各地也都需要建。我愿意全国有更多的地方都来建农产品档案，我们将采取措施，推动全国更多的地方，通过建立各方面的档案来规范管理，提高管理水平。

（原载于《中国档案报》2009年8月17日）

只有创新，才能带来档案工作大精彩

这次会议的主题是“创新”。这是个很好的主题。因为我们的国家要发展，民族要进步，就必须不断创新；同样，我们的档案事业要发展，各项工作要进步，也必须不断创新。创新是发展、进步的源泉和动力。只有创新，才能带来档案工作大精彩；只有创新，才能形成档案事业大格局。

新中国档案事业发展的历史，就是一部创新的历史。2010年，我在总结“十一五”时期全国档案工作时，曾总结了“八个前所未有”，其中共包括了30多项创新。“十二五”以来，这种创新势头依然不减，从而把我国档案事业不断推向前进。比如，全国档案工作者年会就是我国档案工作创新的一个产物。因为在2008年之前，我们国家是没有全国档案工作者年会的。2007年年初，中国档案学会的同志向我说起这个初步想法，我顿时觉得眼前一亮，看到这是中国档案学会和整个学会工作乃至全国档案事业发展的一个创新点和工作亮点，它不仅会大大拓宽中国档案学会的工作范围，为学会工作开辟光明的前景，而且将扩大全国档案工作者的交流，活跃全国档案界的空气，促进档案事业的发展，因而当即要求他们大胆筹备开这个会，并要求他们把这个会逐渐办成中国档案界的一个品牌，以至驰名国际档案界的知名品牌。2008年首次召开全国档案工作者年会以来，每次开会，我都以一定的形式参加，并对会议寄予厚望。经过学会同志的几年努力，这个会的主题和开法不断创新，吸引力和影响力越来越大。本来，今年我曾要求学会的同志能邀请一些外国档案工作者参加这次会议，但结果由于各种原因而没能实现这一新的突破。我希望下届年会能够实现这个突破，把年会朝国际性方向迈进一步。今后，随着其他新的创新与突破的不断增加，中国档案工作者年会一定会成为我们所希望的中外档案工作者共同进行学术交流的大平台。

其实，中国档案工作者年会仅仅是这些年我国档案工作许多创新案例中的一个而已，类似的案例比比皆是。就说今年大家感同身受的一件事吧！今年，我国档案工作者可能同全国人民一起，从各种媒体上看到了对档案的连续宣传、集中宣传，看到了档案在宣传大舞台上唱了“主角”、成了“名角”，感受到了外国媒体称之为“用档案直播历史”的宣传形式的巨大冲击力和广泛影响力，感受到了舆论界从未有过的一股“档案热”或“档案旋风”。因为从今年7月3日起，全国各大主流媒体每天推出一集档案部门用档案制作的视频，公布日本侵华战犯的罪行自供。而且这些内容，还通过中外记者新闻发布会向全世界发布，通过各种外国文字或语言的报刊、广播、电视、网站等对外国传播，使这股“档案旋风”不仅刮遍全国，而且刮向世界，波及全球。据不完全统计，至少有100多家电视台、700多家报纸、1200多家网络媒体对这些档案进行了报道或评论。而这次大规模的档案宣传，仅仅来源于我们对宣传形式的一次“翻新”。

还在2005年抗战胜利60周年时，我们就把新中国公开审判的45名日本战犯的笔供全文影印出版过。但那次出版影响很小，总共印了2000套，销了几年，一共才销出不到一半，以致到今天还很少有人知道我们出版过这本书。今年，为了落实中央领导同志的重要批示精神，用档案这一重要历史凭证，来反击日本以安倍晋三为代表的否认日本侵略罪行的右翼势力的言论，我们策划用新的形式，重新公布日本侵华战犯的笔供，那就是：用当下最新颖、最流行的大众传播形式——网络视频的形式重新公布，而且用“网络连播”的形式，每天公布一集，每集公布一个战犯的笔供，包括他的日文笔供及其中文译文。45个战犯，用45天连续公布完。另外，为了帮助受众快速了解主要内容，适应当前“快阅读”时代的快读需求，并扩大国际影响，我们又对每份笔供作了提要，把笔供中最重要的罪行摘录出来，形成几百字到千把字的中文提要，并把提要翻译成英文，放在笔供全文的前边，作为阅读提示。这次重新公布，比2005年那次公布有四点“翻新”。一是公布形式由纸媒变为电媒。也就是把过去的纸质影印出版改变为今天的电子扫描并制成网络视频后在互联网上公布。二是把45个战犯的笔供一起公布变为每天公布1个。也就是由过去的集中公布改为现在的分批公布、连续公布。三是增加了提要。因为战犯笔供就如流水账，不但篇幅比较冗长，而且重点也不突出，好多重大罪行淹没在冗长平淡的叙述中，如果不加提要，则一般人不但难以看出重点，而且也不愿去看。四是增加了提要的英文翻译。这使不少懂英文的外国受众也可了解档案内容，接受档案中的事实。现在看来，没有这四点“翻新”，这次档案宣传的效果绝不会有这么好。

档案宣传形式的这种“翻新”，受到了海外媒体的广泛称赞。美国《侨报》在一篇评论文章中说：“此次公布的日本战犯供词，独特之处还在于，将历史证据与传播新技术结合。资料上网不仅有利于学者利用档案开展研究，也大大方便了海外人士阅读。每天公布一名战犯笔供，分45天完成的方式近乎‘网络连载’，足以调动读者的好奇心，也有利于读者对信息逐步消化。能公开的笔供，除了日文原文，还有部分供词的中英译文，长期以来被教科书洗脑的日本人，看看所谓的‘英雄’，到底是怎样的面目。”我最近看到8月16日出版的一期香港刊物《广角镜》，它在只有一页的“一语惊人”栏目中，竟然引用了两条外国人对我们公布日本战犯笔供一事的评论。一条是外国网络的评论：“面对日本军国主义的趋势，中国正在做着最深切的准备。”该刊针对这句评论解释道：“中国开始连续公布日本战犯罄竹难书的战争罪行——这不啻战斗檄文。”另一条评论引用的是俄罗斯远东研究所日本研究中心主任基斯塔诺夫的话：中国公布日本战犯供词“对全世界认清日本在二战期间犯下的严重罪行尤为必要”。

大家可能注意到：我在说上述这件事时，没有用创新一词，而只是用了“翻新”一词。“翻新”总体上属于创新的范围，但只是局部的创新、枝节的创新，而不是全面的创新、根本的创新，属于半创新或小创新。我说它是“翻新”，不仅因为战犯笔供内容这次不是首次公布，而且因为运用网络视频公布档案这种形式，这次也不是首次运用。

我国档案界首次运用网络视频的形式公布档案这一创新，开始于2008年。那是拉萨“3·14”事件发生后，我受一位中国留学生在国外网站上发一视频宣传西藏自古是中国一部分收到良好效果而引发的创意。我们汇集有关档案，连续制作了5个专题视频，证明西藏从元代起就由中国管辖，西藏历代达赖喇嘛都是由中央政府册封的。这一创意得到中央多个部门的大力支持，视频在国家档案局网站首发后，新华社、中央电视台、中央人民广播电台、各大中央报纸以及国内外100多家英文网站和300多家中文网站都进行转发。档案宣传第一次以网络视频的形式出现，并第一次如此受到国内外各种宣传媒体的集中关注。这种档案宣传形式的创新，带给档案工作的影响是深刻而巨大的。

从那以后，我们又对档案网络宣传形式不断“翻新”，从2008年的不固定、不持续地推出几集，到2009年、2010年每年固定每周推出一集、全年持续推出52集；再到从2013年起推出固定栏目《档案天天看》，全年365天，每天推出一集、公布一件档案；又到今年，除了全年每天推出一集、公布一件档案外，又根据新的形势、新的需要，在一段时间内每天另外再推出一集其他专题的档案。今年我们国家档案局网站为纪念邓小平诞辰110周年，从1月1日起在《档案天天看》栏目推出365集专题网络视频《邓小平档案》，每天推出一件邓小平档案，将一直持续到年底；为纪念“七七事变”爆发77周年，从7月3日起，又推出45集专题网络视频《日本侵华战犯的罪行自供》，一天一集，到8月16日结束；为纪念抗战胜利69周年，从8月15日起，又接着推出24集专题网络视频《伟大胜利——中国受降档案》，一天一集，到9月8日结束；又从8月25日起，接着再推出30集专题网络视频《浴血奋战——档案里的中国抗战》，一天一集，将持续到9月23日结束。8月新推出的有关中国抗战的这两个视频，也像7月公布日本战犯的视频一样，受到了国内外各种媒体的广泛关注和持续报道。这样，从7月3日到9月23日这80多天的时间里，国家的通讯社，国家的电台、电视台、报纸，全国各大主要媒体以及国内外各大知名网站，天天报道档案视频的内容提要或说明，天天发出档案部门的声音，这是让我们档案人内心何等地自豪、脸上何等地有光呀！这次档案宣传的规格之高、规模之大、持续时间之长、影响之广泛，都是我国历史上空前的，也是世界各国历史上少有的。我看到《人民日报》和《光明日报》，从7月4日起到现在，每天都有一篇或两篇本人参加撰写的档案视频内容提要或说明。我的很多同事都告诉我，他们下班回家，家里的老人、孩子会谈论这件事；他们到外地出差，外地的见面者也谈论这件事。我的很多朋友、熟人，虽然不是档案工作者，但见面也总主动同我谈论这件事。作为档案人，我们正亲身经历着、亲自感受着档案工作创新所带来的这些深刻影响和巨大变化，也正充分享受着档案工作创新为我们带来的这些荣光和自豪。可以说，我们今天档案工作的许多重大发展、巨大成绩，都是拜创新之所赐！

说到创新，我不得不再说一件我前不久亲身见证的一件事。8月25日，我见证了京津冀三省档案事业协同发展合作框架协议的签署。这是我国地方档案事业发展的又一创新性举措，它把各地档案工作由过去的相互学习交流经验变成了每年共同举办展览、共同编辑出版档案史料、共同为利用者提供档案、进行跨馆出证等方面实质性的合作，将促进全国档案事业新的发展。

如果不是因为时间的关系，我还会列举更多今年我到各地所看到的其他各种档案工作中的创新点、创新故事、创新案例。好在在接下来的大会报告和各个分会场的学术研讨中，各位报告人还会讲述更多我所不知道或你所不知道的档案工作各领域的创新。正是这些创新，不断扩大了我们的工作范围，成功解决了我们所遇到的问题，改进了我们的工作，推动了我们的发展。所以我们应该在档案工作中大力提倡创新，坚决支持创新，持续开展创新，经常交流创新的成果和经验，就像这次大会所做的这样。正因如此，我很高兴来参加这次大会，也很愿意和各位一起来分享大家所带来的档案工作创新成果和经验。

我们是档案人，但在新的时代，我们并不只做档案的事。多年来，我们一直致力于为党和国家工作大局服务、为社会各方面服务、为民生服务。做好这3个服务，是一项伟大的事业，有许多新的领域需要我们去开拓。这更需要我们不断去创新。我希望全国各级档案部门和全体档案工作者，今后在自己的工作中，要更加具有创新精神、创新思维。我知道，具备这一点非常重要，它比具有相关知识或技术更加重要。因为我本人是一个“计算机盲”和“网盲”，不会用计算机，也不会上网，但正是我这个“网盲”，却策划了我国档案界最早、最大型、最漂亮的一场网络宣传，也策划了今年这几场在国内外产生巨大影响的网络宣传。所以我切身体会到创新精神的重要性。有了这种创新精神、创新思维，我们就能随时随地在各项工作中冒出一些创新的思想火花，作出一些创新性的决策或举措，不断地有所创新、有所拓展、有所改进、有所提高。这样，没有机会，也能造出机会；没有东风，也能借来东风；没有地位，也能赢得地位。事实证明，创新不是什么高不可攀、难以企及的事，只要愿意，只要用心，人人皆可为之。只要你试图去改变点什么，你就能使你的工作有所改变——或者是内涵式的提高，或者是外延式的扩展。我们数百万档案工作者，哪怕每人每年只作出一点创造、一点翻新、一点改进或提高，那么，全国档案工作就会积小变为大变，日有所改，年有所进，不断产生新的变化。

我愿全国百万档案工作者，用我们每个人的点滴创新、点滴改进，汇成全国档案工作的创新洪流；用我们年复一年、持续不断的一个个创新，把档案事业不断推上更高水平、推向更高境界，早日实现档案强国的辉煌梦想。

此我所愿，望你同行！

（节选于《在2014年全国档案工作者年会上的讲话》，

该文原载于《中国档案报》2014年9月26日）

怎样认识档案工作新常态

认清当前身处何处，才能认清今后怎么发展。对档案工作者尤其是各级档案部门领导者来说，认清目前全国档案工作的基本状况或所处的位置，对制订“十三五”的发展蓝图、明确“十三五”的奋斗目标和指导思想，相当重要。

目前我国档案工作到底处于一个什么状态呢？我的基本判断是：以2014年2月中办、国办《关于加强和改进新形势下档案工作的意见》（以下简称《意见》）发布为标志，我国档案工作正处于一个以服务大局和服务民生为中心、以“三个体系”建设为重点、事业发展得到有力保障的新常态。所谓新常态，我借用的是一个新的目前流行的热词，我用它指的是在很多方面区别于以往、当前已不可逆转、今后还将相对稳定地持续一个时期的新的情况、新的状态，新的阶段、新的平台，新的层次、新的台阶，新的水平、新的境界，新的格局、新的气派，新的水平、新的存在。这一新常态，是以往档案工作的新的升级版，是对以往档案工作在继承基础上的开拓创新、发扬光大，是全国档案工作者多年积累、共同奋斗的结果。这一新常态，是我们今后开展档案工作所切实面临且必须考虑的基本情况、基本形势、基本起点，今后，我们必须站在这个新起点上，继续引领档案工作的新发展。

一、档案工作新常态的标志是什么？

我国档案工作新常态的显著标志是什么？我认为是中办、国办《意见》的印发。为什么呢？因为以下两个方面。

（一）《意见》总结并肯定了前一时期我国档案工作的各种经验和做法，从而确认了过去几年我们对档案工作的一些新认识、新提法，确认了过去几年我们在档案工作中的一些新做法、新举措，新创造、新实践，使得这些新政策、新措施在今后一个时期，还会继续得到继承、得以沿用、得到延续。如果说，我们过去在档案工作中的一些新提法、新做法，在《意见》发布前，还没有得到全面认可、没有形成全面共识的话，那么，在《意见》发布后，经过《意见》的总结和肯定，在全国档案界以及全社会得到了全面认可，形成了全面共识和统一认识。

（二）《意见》提出了一些目前档案界尚未做，或正在准备做，或刚刚开始做的新的前瞻性、指向性、引导性政策，画出了未来档案工作发展的路线图和大轮廓，为未来档案工作指明了方向和道路，将成为未来一个时期档案工作的指导和遵循，必将奠定未来一个时期我国档案工作的新格局，巩固并扩大我国档案工作的新疆界、新领域、新版图。在可预见的未来10年左右里，我国档案工作都将会在《意见》所提出的大思路、大框架、大格局之下发展。为什么呢？因为《意见》是除《档案法》以外我国档案工作的最高文件，在可以预见的未来10年左右里，很难再由中办、国办发布这样全面系统的专门论述档案工作的文件，这一文件，将在未来10年左右里继续生效、继续管用。这就使得此前几年与此后10年左右，共同形成我国档案工作发展中的一个新的台阶、新的格局、新的阶段，也就是本文所说的新常态。

二、档案工作新常态的具体表现是什么？

档案工作新常态有些什么具体的表现呢？我至少可以列出以下这些。

（一）各级领导高度重视档案工作。如：

1. 习近平总书记在2014年专门就利用历史档案反击日右翼言论作出重要批示，并多次圈阅档案工作文件；2015年又多次批示、圈阅档案工作文件和档案专题材料。这种重视力度是前所未有的。

2. 2009年和2010年，胡锦涛同志在任总书记时，先后对新时期档案工作者的楷模刘义权同志的事迹作出批示、到医院看望刘义权同志、观摩表现刘义权同志先进事迹的话剧《生命档案》。这是史上空前的。

3. 在最近几年的总理《政府工作报告》中，多次列入档案工作的内容。这是前所罕见的。

4. 2014年，多位国务院领导就中国第一历史档案馆的新馆建设问题作出批示。这也是前所罕见的。

5. 2014年一年中，党和国家领导人批示和圈阅档案工作文件的，共有40多人次。数量之多前所未有。

6. 2014年中办、国办印发《关于加强和改进新形势下档案工作的意见》，发到县级以上各级党委、政府，这是20多年来第一次。文件提出了5个方面、20多条指导意见，其对档案工作认识之深刻、覆盖之广泛、指导之全面、要求之具体，都是前所罕见的。之后，各级地方党委、政府也陆续以两办名义发布实施意见，提出了许多细化的、实际的、富有创造性的、能解决具体问题的、“含金量”较高的措施。这种情况也是前所罕见的。

7. 2011年全国经济社会发展“十二五”规划中列入档案工作内容，这是20多年前“六五”计划之后的第一次，也是史所罕见的。

8. 各级党委、政府部门的主要领导和分管档案工作的领导，经常出席档案部门的活动或对档案工作作出指示、提出要求，有的省级分管领导一年当中几次甚至十几次关心支持档案工作。这种现象前所罕见。

9. 档案工作比较普遍地列入到各级党委、政府的工作报告、五年规划、专项规划、年度计划之中，有的还列入年度考核中。这也是前所罕见的。

（二）各级政府加大对档案工作的投入。如：

1. 国家发展改革委从2010年开始，由中央投资补助建设中西部地区县级档案馆，到2015年共投资40多亿元，同时，各级地方配套的资金则要数倍于此。在全国财政早已实行“分灶吃饭”的情况下，中央和地方各级政府的这一支持力度是前所未有的。

2. 最近10年来，财政部连续每年拨款9000万元，用于全国重点档案的抢救和保护。其力度之大前所未有。

3. 国务院在汶川地震等大灾后的重点灾区重建计划中，都把档案馆建设纳入其中，这是前所未有的。

4. 汶川地震后，财政部专门拨款1000多万元，用于抢救从地震废墟中挖掘出来的破损档案。这也是前所未有的。

5. 国务院三峡办从三峡工程经费中，专门拨出近亿元，用于移民档案的接收和保护，这是前所未有的。

6. 财政部对中央档案馆和一史馆、二史馆的档案数字化经费，都是需要多少拨多少，充分满足、全力保障。很多地方政府对档案数字化经费也投入很大，给予满足。档案工作专项经费的投入之大，前所罕见。

7. 不少省份的财政明确按照档案数量，给档案馆拨付每卷若干元的档案管护费。对档案日常管护工作的投入之大，前所罕见。

8. 各级政府对档案馆现代化设备的经费投入巨大，不少档案馆的现代化设备几乎是应有尽有，有的甚至领先于世界，令国外同行非常羡慕。

（三）社会各方面积极参与档案工作。如：

1. 有关部门主动吸收档案部门参与有关重点工作、重大活动。如国务院三峡办吸收国家档案局参加三峡工程档案验收；农业部等中央部委吸收国家档案局参加农村集体土地确权登记颁证工作领导小组并联合发布有关文件。一些地方党委、政府主动让档案部门拍摄重大活动或收集重大活动档案。各地的大型活动组委会，如奥运会、世博会、亚运会、全运会等组委会，吸收档案部门参加并提前介入档案收集工作。这种情况，前所罕见。

2. 宣传部门积极宣传档案。各级档案部门举办档案展览、出版档案史料、拍摄电视纪录片、发布专题档案网络视频等，各级媒体都积极报道，主动宣传。有的媒体还与档案部门合办有关栏目或节目，专门宣传档案。

3. 一些专业公司参与档案工作。近几年中，不少社会上专业公司或中介机构，通过政府购买服务、工程招标等形式，为档案部门托管档案、整理档案、修复档案、扫描档案、编研档案、制作档案展览、拍摄档案电视片、维修保养档案设备等，参与档案工作。这是前所未有的。

4. 很多家庭建立家庭档案。不少地方的档案部门积极创新，大力推动家庭建档，由点到面，为很多家庭建立了家庭档案，把档案工作渗透进了社会的细胞当中，把档案工作的根深扎进了社会的最底层，让档案工作广泛存在于千万家庭和亿万群众之中。家庭档案的建立之多，前所未有。

5. 越来越多的人向档案馆捐赠档案。近几年，国内知名人士或普通群众、海外华人、外国人士向我国各级档案馆捐赠档案的越来越多。

6. 一些民间收藏人士自愿与档案部门合作，加入档案学会、向档案部门捐赠档案、与档案馆共办展览或合出图书等，前所未有。

7. 一些企业家自愿出资建立档案基金。这种情况虽然不多，但已有出现，这是一种前所未有的新现象和好现象，它将在未来不断增多。

（四）档案机构和人员地位显著提高。如：

1. 档案机构部分升格。党的十七大和十八大期间，在国家严格控制机构升格的大环境中，仍有3个省级档案局馆和部分地、县档案局馆提了级别升了格，提高到了应有的地位。

2. 档案人员普遍“参公”。“十一五”以来，中央和少数省的档案人员由过去的事业编变为行政编，由参照公务员管理到纳入公务员；绝大多数地方的档案人员参照公务员管理，地位得到应有提高。这是前所未有的。

3. 档案工作者的先进事迹由中央媒体宣传到全国。2007年以来，全国先后有4名档案工作者的先进事迹进入中央各大媒体的“时代先锋”栏目，被宣传到全国，家喻户晓。“时代先锋”栏目，是中央各大媒体共同设立、专门宣传各行各业先进模范人物的栏目，档案工作者频繁进入这个栏目，显示出社会对档案工作者是一视同仁的，标志着档案工作者社会地位的显著提高。此外，还先后有2名档案工作者荣获全国“优秀共产党员”光荣称号。其中，刘义权同志不仅得到胡锦涛同志的亲切关心，而且还由中宣部等中央部委联合组织在人民大会堂召开先进事迹报告会，中央政治局常委等党和国家领导人接见报告团成员，在京的中央国家机关、中央企业、军队都派人参加了报告会，会后，报告团又到全国巡回报告。档案工作者的这些殊荣，都是前所未有的。

4. 档案干部培训班进入中央党校和浦东干部学院。从2009年开始到现在，国家档案局每年都在中央党校和浦东干部学院举办档案领导干部培训班。这是先于其他不少兄弟专业系统、让档案人员颇感光荣和自豪的，前所未有。

（五）普遍建设功能齐全的新型档案馆。近几年在中央投资的拉动下，很多欠发达地区也配套一部分资金建了一批新的档案馆，同时，发达地区也由地方投资建了一批新档案馆。这些新档案馆，基本都是面积达到国家标准和档案馆建筑设计规范，功能齐全、达到“五位一体”要求，具有电子文件备份中心、政府公开信息查阅中心、爱国主义教育基地等前所未有的新功能，有的地理位置非常好，有的还因其具有独特风格而成为当地的地标性建筑。还有一批省级档案馆面积超过5万平方米、地级档案馆面积超过2万平方米、县级档案馆面积超过1万平方米。这些新型档案馆建筑的崛起，标志着我国档案事业的雄起、档案工作社会地位的拔起。它们改变了过去档案馆人员的角落感、简陋感、局促感、低人一等感，也改变了过去人们对档案馆所存在的边角、低矮、破旧、简陋的印象。这种情况，史所罕见。

（六）电子档案与非电子档案并存。现在，无论是档案馆，还是档案室；无论是存量档案中，还是增量档案中，都是既有传统的非电子档案，也有新型的电子档案。特别是电子档案正在变得越来越多，所占比例也越来越大，越来越受到人们的关注。

（七）政府公开信息进入档案利用体系。自2008年《政府公开信息条例》实施后，各级国家档案馆普遍按照《条例》要求接收政府公开信息并设立政府公开信息查阅场所，这使我国各级国家档案馆，不仅有历史档案可供利用，而且还有现行文件可供利用；不只是档案资料利用中心，而且也是政府公开信息查阅中心。政府公开信息即现行文件进入档案利用体系，扩大了档案馆的服务范围，增强了档案工作的社会作用。它和此前几年已经不断开展的已公开现行文件利用工作一起，使我国的档案利用出现了前所未有的大变化。

（八）民生档案大量进入国家档案资源体系。在“建立覆盖人民群众的档案资源体系”和“服务民生”的思想指导下，很多档案馆、档案室积极接收各种涉及民生的专业档案，使大量民生档案进入国家档案资源体系。我国档案资源的成分发生了前所未有的重大变化。

（九）档案管理全面走向自动化、智能化。很多档案馆自动报警、自动灭火、自动调控温湿度、自动调档还档、自动检索、自动利用、自动统计归位，有些还是远程控制、远程自主利用的，智能化水平不断提高。有的地方还提出建设“智慧档案馆”，进一步提高自动化、智能化水平。

（十）档案资源科学整合。各级档案部门以各种形式对档案资源进行科学整合。有的把专业档案馆与综合档案馆进行合并，对档案资源实体进行整合。有的把乡镇或专业档案馆作为国家档案馆的“分馆”，从体制上对档案资源进行整合。有的地方实行“村档镇管”，对农村档案资源实行集中管理。有的通过网络实行“跨馆查询出证”，在更大范围内实现虚拟形式的档案资源整合、共享。

（十一）人民群众成为档案利用主体。随着党和国家各项惠民政策的实施，越来越多的普通百姓开始利用档案来享受惠民政策，人民群众逐渐成为我国档案利用的主体。2007年我到一些地方的档案馆调研时发现，档案馆的利用者成分发生了历史性的变化，普通百姓代替过去的公务人员、专家学者而成为档案馆利用的主体人群，占了大多数，成了主角。这一“利用拐点”形成后，正不断扩大。各级行政服务中心、各级国家档案馆的档案利用主体，都是为解决个人切身利益问题而利用档案的普通百姓。即使在不少机关、企业档案室，利用者中也有很多是普通职工，他们利用档案的目的是解决自己的民生问题。这种情况前所未有。

（十二）档案开发利用多渠道进行，特别是运用新型大众传媒进行。各级档案部门在继续运用图书、报刊、展览等传统媒体开发档案资源的同时，更加注重与时俱进，创造性地广泛运用电视、计算机网络、手机等新型的大众传媒开发档案资源，为档案开发插上现代传播技术的翅膀，把档案开发利用的效益放大了成千上万倍。

（十三）档案宣传进入国家宣传的大平台、大网络、大体系，上升为国家宣传，成为国家宣传的一部分。这是前所未有的新景象。

在档案工作者先进事迹的宣传方面，2007年卞峰煜同志的先进事迹、2009年刘义权同志的先进事迹，都是由新华社首先在其高级内部刊物《国内动态清样》上报道的。2007年以来卞峰煜、刘义权、朱志伟同志的先进事迹，也都是由中宣部根据国家档案局的意见而向中央各大媒体发出通知，统一在“时代先锋”栏目中进行联合宣传的。2009年在人民大会堂举行的刘义权同志先进事迹报告会，也是由中宣部牵头组织的。此外，中宣部还根据公安部门的意见，在中央各大媒体的“时代先锋”栏目中，宣传了公安档案工作者顾金钟同志的先进事迹。

在档案内容的宣传方面，2008年国家档案局制作的关于西藏问题的5个档案专题网络视频的发布，2014年吉林省档案馆的涉日档案宣传，2014年和2015年国家档案局制作的涉日问题的6个档案专题网络视频的发布，都是由中宣部、中央外宣办等全国宣传主管部门通过发通知、召开中外记者新闻发布会、组织中外记者参观、组织召开相关学术研讨会等方式，推介到国内外各主要媒体，在国内外各种主流媒体、大众传播媒体上进行多媒体、联动式、立体化、连续滚动性宣传的。其中不少宣传得到总书记的批示和同意，得到中央政治局常委和委员中多位主管领导的指导和协调。2015年国家档案局与有关单位合拍的365集文献电视片《抗战史上的今天》，中央档案馆《中央档案馆藏日本战犯笔供汇编》一书的编辑出版，总书记和有关中央领导也分别作出批示进行指导和协调，中宣部也按中央领导同志的批示进行了落实。

在档案工作的宣传方面，2011年建党90周年前夕，“中外记者走进中央档案馆”宣传活动，是由外宣办安排、组织并主持的。

（十四）档案实体安全与信息安全共同成为档案安全的主题，而且信息安全的重要性日益上升。随着电子档案数量的增多和档案与政府公开信息远程利用情况的更加普遍，档案信息安全事故时有发生，档案信息安全问题日益突出，档案安全不但面临着档案实体的失密、受损、被盗、被毁等传统问题，而且面临着档案信息的失密、被篡改、消失、读不出等新问题，档案信息安全不但与实体安全共同成为档案安全的主题，而且将会更加受到关注和重视。

（十五）新的专业档案不断形成和建立。随着经济社会发展的不断变化，各种新的专业档案不断形成，如，城乡居民健康档案、城乡居民社会保障档案、集体林权制度改革档案、土地确权登记颁证档案、农产品检测档案、环境监测档案、专业合作社档案、外来人员居住积分档案、社区矫正档案、领导干部和司法人员干预司法档案，等等。各种新的档案形成后，各级档案部门主动跟进，制订管理办法，进行业务指导和法律监督，建立了许多前所未有的新的专业档案。

（十六）档案工作对经济社会发展的贡献率增大。近几年来，随着社会各方面档案利用需求面的扩大和量的增加，各级档案部门主动适应，积极扩大服务领域，更新服务方式，提高服务质量，努力满足日益大幅度增长的档案利用需求，为领导决策、经济建设、政治稳定、社会治理改善、文化繁荣、环境保护、党的建设伟大工程的推进、国防和军队建设、祖国统一大业的推进等，提供了大量档案，档案的作用进一步充分发挥，档案工作对经济和社会发展的贡献率大幅度提高。

认识新常态，是引领新常态的前提和基础。只有认清这些事实和基本情况，认清这些逐步发展的趋势，才能准确确立我们事业目前所处的坐标，正确辨明我们前行的方向，从而科学引领我们在“十三五”期间取得新的更大发展。这就是正确认识档案工作新常态的意义所在。

（原载于《中国档案报》2015年10月12日）

怎样引领档案工作新常态

以中办、国办《关于加强和改进新形势下档案工作的意见》发布为标志，我国档案工作已进入一个与以往有很多不同、当前已不可逆转、今后还将较稳定持续一个时期的档案工作新常态。目前和今后最为重要的是：我们必须不断地正确引领这一新常态。

怎样引领档案工作新常态呢？引领新常态须有新思维。各级档案工作者，应逐渐具有以下几种新的思维、新的意识。

第一，要有战略思维，勇于并善于开辟档案工作的战略新疆域。

要放开眼界，经常地、不断地关注与档案工作有关的新的各个方面。

一要关注新的档案形成者，将其纳入监督、指导、服务范围。随着经济社会发展的不断深入和深化，新的档案形成者即新的形成档案的单位和个人层出不穷，如新的机关、企业、社团、家庭、个人不断产生。对这些新的档案形成者，需要建立档案的，要及时指导其建立档案；需要提供各方面支持或服务的，要及时提供支持或服务；需要纳入法律监督范围的，还要纳入并开展监督。

二要关注新的专业档案，将其纳入管理范围。近两年召开的党的十八届三中和四中全会，都提出要建立各种新的“记录”，这些“记录”，实即档案。今后，各种前所未有的新的“记录”，即各种新的专业档案还会不断产生，我们必须经常关注，及时把它们纳入归档、接收和管理范围，并同有关部门共同制定管理办法，对这些新的专业档案的归档、接收、管理等加以规范。

三要关注新的档案载体，将其纳入管理范围。随着信息技术的日新月异，各种新的档案载体不断出现，如，电子档案、音频档案、视频档案、三维图纸等目前已经出现的新的档案载体，还有各种今后还将会不断出现的更新的档案载体，我们都应该随时关注它们，一旦出现，只要内容应该归档，就及时管理它们、规范它们。过去已有的档案载体，我们已有制度和办法加以有效管理了，不会缺失；但对新的档案载体，我们往往还没有意识到其存在，更没有相关的制度、办法去管理，因而容易忽视、容易成为管理盲区，所以更要加以注意，否则就会导致新载体档案散失。

四要关注新的档案利用人群，开辟新的档案利用领域。这些年，新的档案利用人群不断形成，但是我们关注得还不够。

比如，省以下各级行政服务中心（或市民服务中心）的服务对象，实际上主要也是档案利用人群。2014年，我先后考察过福建厦门市行政服务中心和广东中山市一些乡镇、村或社区的服务中心，发现他们的服务内容主要有两项，一是“利用旧档案”，二是“形成新档案”。因为来服务中心的人，大多是来办各种证明或证件、获取各种凭据的，工作人员一般要调用过去的档案即老的“底子”，为他们出具各种新的证明、证件等凭据，从而又形成新的“底子”即新的档案。服务的过程和内容，基本就是这样利用旧档案，形成新档案。所以，我初步判断：各级行政服务中心为服务对象办证的过程，就是利用档案的过程；各级行政服务中心的服务对象，也是档案利用的人群。过去，还没有人作出过上述这一判断，还没有人注意到来各级行政服务中心的人是档案利用人群，更没有把这些人群纳入档案利用的统计范围。据了解，这一人群为数很大，全国每年总计应该超过1亿人次。因为仅厦门市行政服务中心这一个单位，每天接待就达1万人次左右。这是一个很大的数量，至少将超过目前当地已纳入本级档案利用统计范围的档案馆和档案室利用档案、资料及政府公开信息人次之总和。对于这一新近兴起的巨大档案利用人群，我们理应迅速予以关注，研究他们利用档案的内容、特点、趋势、存在问题等，以求改进服务，并调整改进我们今后档案的归档、收集范围；同时也要研究并及时设立相应的统计指标或统计项目，把他们纳入档案利用的统计范围。因为目前还完全没有纳入。

再比如，网络的利用人群、电视的利用人群，数量更是巨大。近几年国家档案局发布的档案专题网络视频、拍摄的档案文献电视片，每部的观众总人次都数以亿计。目前，我国每年通过网络或电视等新型大众传媒接受档案利用的人次，肯定要大大超过到各级档案馆和档案室利用档案的人次。对这些潜力巨大的档案利用人群，我们至今还缺少研究，同时也没有纳入档案利用的统计范围。今后，我们也应该关注这些人对档案利用的反应，研究他们对档案内容的喜好、对档案利用方式的喜好等，以便今后针对他们的喜好去开发档案；同时也应该尽快研究并设立相应的统计指标或统计项目，把它们纳入档案利用的统计范围。

特别要指出的是：把各级行政服务中心的服务对象、把通过网络和电视利用档案的人群，纳入档案利用的统计范围，是一件对档案工作意义重大的事。因为纳入以后，每年全国档案的利用人次、件次、利用率、利用效益等都将大大增加，从而更加实际、更加准确、更加客观地反映出我国档案的利用价值、档案工作的作用与地位、档案工作对经济社会发展的贡献等，大大增加档案的利用价值和利用效益，提高档案工作对经济社会发展的贡献率，增强档案工作者的信心和工作动力，加大领导和社会对档案工作的重视支持，从而改善档案事业发展的社会环境。

又比如，随着党和政府各项新的政策法规的实施，今后每年都会不断有一些新的人群，需要利用某方面的专业档案。这就像过去国家对新中国成立后水库移民后期扶持政策出台，导致大批水库移民集中利用移民档案，或者像今年国家对所有抗战老兵予以慰问，导致大批抗战老兵及其家属集中查阅抗战档案等一样。所以，各级档案馆和档案室要每年不断关注上级和本级新出台的政策法规，关注由此将会引来的新的档案利用人群，准备好提供利用相关的专业档案。

五要关注新的档案工作合作者，吸收更多人参与、支持档案工作。新的档案工作合作者，既可以是教育部门、宣传部门、党委、工会、群团、党史、方志等各个专业主管部门，也可以是企业、科研单位、宣传媒体，还可以是民间收藏家、档案工作志愿者等。他们都有条件或可能从各个方面与档案部门合作。我们必须打开视野，随时关注他们、利用他们，积极并善于同他们合作，借用他们的力量或平台，搞好档案工作。古人说，“君子善假于物”，也就是说，智者善于借用外力。任何部门、任何单位、任何个人，仅凭单打独斗，难成大的气候。档案部门作为弱势部门，必须善于借船出海，借梯上楼，乘风而上，这样才能事半功倍，以一当十，大踏步前进。

六要积极应用新的档案传播方式。对当今不断出现的各种新的档案传播方式，如计算机网络、手机、客户端等大众传播媒体，档案部门要积极运用。

为此，要积极把传统载体档案数字化，以便与这些新媒体对接。

七要积极应用新的档案存储载体。信息技术不断催生出各种新的存储密度越来越大、安全系数越来越高的档案存储载体，档案部门必须积极应用这些新的、性能更好的档案存储载体，来对传统载体档案进行备份。

八要积极应用新的档案保护技术和管理方法。无论是本单位还是外单位发明、应用的，无论是档案系统还是其他系统发明、应用的，无论是国内还是国外发明、应用的档案保护技术和管理方法，只要适用和有利于本单位的档案工作，各级档案部门都应该积极应用。只有这样，才能不断推进档案工作有新的变化、新的水平，出新的面貌。

第二，要有先行思维，先行介入，先行服务，当先行者。

一要转变传统的“末位”观念，树立“先行”意识。长期以来，不论是非档案工作者，还是专业档案工作者，都认为档案工作是处于各项工作末端的，不管哪项工作，前边各个环节都不是档案工作，最后一个环节才是把前边各个环节中形成的文件材料收集归档，归档完毕，这项工作也就全部结束了。因此，通常在所有人的意识中，包括在我自己的意识中，都认为档案工作是收口的工作，是处于末位、末尾、末端的工作，是各项工作的“收容队”。但两年前我听说的一件事，第一次改变了我的这一意识。

2013年，有人向我介绍说：党的十八大的筹备工作，档案工作走在最前边。筹备工作的第一个环节，是查阅以前几届党代会的档案，了解党代会筹备组的有关情况。档案部门把上一届党代会的有关档案全部复印装订成册，供筹备人员使用。我听了以后，当即感到：档案工作既是上一件事情的末端，又是下一件同类事情的开端。之后，我又在别的不同的地方反复发现了同样的情况。如在一个地铁建设公司发现，该公司每承建一个新的地铁建设项目，都把此前已建好项目的设计档案、施工档案、工程管理档案等拿来，取其适用者套用之，不适用者改进之，从而制订出新的设计、施工、管理等方案。又如，在一个水电站建设公司发现，该公司每新建一个水电站，都把已建好水电站中最成功或与之最相近的项目的设计档案、施工档案、工程管理档案等拿来套用和改进。在以上这些单位，已竣工工程的档案，成为新开工工程套用的“模板”；新开工工程的第一件事，是复制相关档案作为参考。后来我发现，自己经历过的许多事情，实际都是如此。比如，每当启动4年一次的表彰先进工作，第一件事总是把上一次的有关档案先调出来，仿照上一次的“成例”起草这一次的有关方案和文件；每当制定“五年规划”，第一件事总是从档案里把上一个“五年规划”找出来，看上一次规划中写了什么，哪些已实现，哪些尚未实现；就连每年召开全国档案局馆长会议前起草向上级的请示，自己也通常会把去年的请示从档案中调出来，参考一下，行话叫“套模子”。可能不光是我，其他人如果稍微留心一下，就会发现有过同样的情况。更进一步，如果翻开历史档案看，历史上这种“套模子”的事比比皆是，无处不有。在清代档案里，每当外国使臣来中国进贡，接待部门总是先查阅过去的档案，看以前是怎么接待的、皇帝是怎么赏赐的、使臣朝见时该怎么站位等，然后才据此拿出此次的接待方案报皇帝批准，而且有关部门拿的方案，几乎都是套用以前档案中所载的成例或故事，如果比以前有所增减，那都是皇帝的事。

在以上所举的所有这些事例中，档案工作不都是起头性、开端性、引领性、先行性的工作吗？何曾处在末位呢？所以，现在看来，我们过去的那些观念实际上是错误的。事实上，无论在历史上还是在现实中，人们在处理日常工作或例行公事时，档案工作在很多情况下，都既是前一件事情的末端，又是后一件同类事情的开端，只有在进行创新性工作或“拍脑袋决策”时才不是如此。因此，我们必须迅速地、坚决地克服成见，打破过去长期形成的思维定式，切实转变旧有的、普遍存在的“档案工作是末位工作”“档案工作者是收容队”的观念，树立新的“先行”意识，在一切可能的情况下，用档案工作为其他工作起头、开路、领跑，当先行者、当排头兵、当引领人，从而更充分地发挥档案工作的作用，最大限度地提高档案工作和档案人的地位。

二要先行介入对上游工作的管理，主动进行“前端控制”。档案工作中，有不少属于“上下游”即上下两个不同阶段的工作，我们要善于统筹，先行介入，对上游工作实行“前端控制”，以免“事后收容”时有些工作重复劳动或无法补救。

比如，文书是档案的前身，文书工作是档案工作的上游，所以，我们要统筹文书和档案工作，把档案工作向上游的文书工作延伸，提前介入文书管理，实行“文档一体化”，实现归档的前端控制。这样，既可以确保文书归档齐全与及时，又可以省掉一些重复劳动。

再比如，档案室档案中有相当部分是档案馆档案的前身，档案室工作是档案馆工作的上游，所以，我们要统筹档案馆工作和档案室工作，把档案馆工作向上游的档案室工作延伸，提前介入其档案格式规范、档号规范、档案组卷及装订规范、电子档案格式及载体规范等，实行“馆室一体化”管理。

又比如，档案接收征集工作是档案利用工作的上游，我们要认真分析现在的档案利用趋势，及时调整现行的档案接收征集范围，更好地做好接收征集工作，以更好地满足未来的档案利用需求。

三要提前对档案进行异地备份甚至异质备份，主动防灾，确保档案安全。经验告诉我们：档案馆和档案室发生火灾、水灾、震灾、虫灾等的概率很高，很难做到永远万无一失。因此，我们必须提前对档案进行备份并异地保存，主动地防患于未然。这样，即使档案在此地遭灾被毁，还可用存于彼地的备份档案加以补救，不会使档案信息彻底毁灭。特别对安全性能较差的电子档案，其重要的还要异质备份并存于异地。只有提前主动做好各种防备，才能确保档案万无一失。

四要主动提供档案，引发领导决策。要更多地像不少单位已经做的那样，根据形势和任务，预判领导的关注点或下一步将要进行的工作，主动提供相关档案资料，预先供领导参考，引发领导的决策，高层次地为领导决策发挥参谋助手作用。

五要提前服务，引领有关工作。例如，召开党代会前，档案部门主动把前几届党代会的主要情况和精神提供领导参阅；再例如，新的领导班子换届，档案部门主动把反映前几届领导班子思路、反映本地主要情况的档案提供领导参阅；又例如，起草某一重要文件，档案部门把此前的有关档案先提供给相关人员参阅；还例如，某一建设工程开建前，档案部门主动把此前类似工程的档案提供给有关人员参考。这些都将对有关工作起到引领作用。

第三，要有网络思维，特别要有移动网络思维，为档案工作插上网络的翅膀、移动的翅膀。

目前，全球已进入互联网时代。互联网已不只是一门科技、一种产业，而是一种政治、一种时尚、一种文化。各国的政府、政客、商人、媒体人直至平民百姓，都在争取向网络版图插上一脚，并扩大疆界，网络已成为各种法人和自然人的竞技场、展示台。我们档案人也要具有网络意识和网络思维，积极在网络上插一脚、站根桩、占有一席之地，在网络版图上扩大自己的疆域，在虚拟世界扩大自己的影响。最近，国家提出“互联网+”战略，我们档案部门也要积极应用这一战略，搞“互联网+档案”或“档案+互联网”，把档案与互联网结合起来，用互联网来宣传档案、宣传档案工作、宣传档案工作者。近一两年我到过一些西部山区，发现那里的农民已经具有互联网思维，开始利用互联网向全国、向全球销售他们的土特产品和手工艺品，搞电子商务了。我们档案工作者绝不应落在他们后面。我们必须具有网络思维，特别是移动网络思维。因为网络是当代最广泛的大众传播工具，而移动网络又将成为网络中最广泛的传播工具。最近几年，移动网络发展迅速，目前已基本占据网络的半壁江山，并大有在网络中独占鳌头之势。到今年年底，我国的手机网民数就会超过固定网民数，手机购物数也将超过计算机购物数。2014年下半年，美国智库就发布报告称：“移动经济将对全球发展产生重大影响。”现在，很多地方的政府部门特别是行政服务中心，都在把档案信息与手机等移动网络挂钩，让网民通过手机获取档案信息；一些地方的档案部门也开始进行了在手机上发布档案信息的尝试。我把这称为“移动档案”。我认为，“移动档案”可使政府实行透明执政和便民服务，提高行政透明度和行政效率，改进官民关系，将对全球政治治理和社会治理产生重大影响，它将成为一种不可抗拒的新的潮流而流行于各国档案界和各国政府部门。我国档案工作者必须积极运用网络特别是移动网络，为档案工作插上现代的网络翅膀和移动翅膀，使档案飞翔起来、移动起来，无远弗届、无处不到，从而在网络版图上不断开疆拓土，扩大份额。

一要注意把网络信息存档，让网络信息变成档案永久流传后世。网络信息，是网络时代人们的主要记录和集体记忆，如果不把它们作为档案加以保存，它们不久就会自生自灭，不复存在，十几年前一些信息专家发出的“信息时代将成信息空白时代”的警告就会成真。这对个人、对单位、对国家、对人类都是一种不可弥补的损失。因此，包括中国在内的世界各国档案工作者，必须同网络工作者联手，共同把网络信息存档，让它得以永久流传。这是档案工作者作为“记录保存者”和“记忆守护者”的天然使命和当然责任，出于档案工作者的天性和良心，我们必须担当起挽救信息时代人类信息自然流失这一重要的、不可推卸的历史责任，为今天的信息社会存档，替未来的人类留凭证、留智慧、留记忆、留痕迹。

前几年看到有人谈把全部网络信息存档问题，自己当时曾不以为然。直到两年前才开始同一家著名信息公司探讨对全国网络信息存档的问题。2014年我到一家著名的主要从事电子商务的公司参观，得知他们把本公司成立以来十几年的所有网络信息全部多套备份并在几个不同的地方异地存放。尽管该公司每年的网络信息都是海量的，尽管归档并多套异地保存这些电子档案每年的费用相当不菲，但他们认为，在大数据时代，这些信息对他们不是包袱而是财富。这对我震动很大，开始在全国大声呼吁并着手布置网络信息存档问题。我的总体构想是：把全国的网络信息全部归档保存，是一个庞大的工程，可以先易后难，分三步走。第一步，各个机关、企业、事业单位、社团，先把自己本单位的网站信息分别归档保存。这一步最容易做到。有些单位过去已经这样做了。国家档案局机关档案室2014年开始也已经这样做了，今年将有更多的单位档案室也会按照国家档案局去年的要求这样做。第二步，各级国家档案馆按照先机关和国有企业，再其他企事业单位和社团的次序，分别把本级机关、企业、事业单位、社团的网站信息集中归档保存。这一步，在各级国家档案馆已经建立本级电子文件备份中心的情况下，也不难做到，因为事实上有些地方已经这样做了。如果各级档案行政管理部门强力推行和引导，三五年内即可实现。第三步，国家档案行政管理部门与国家网络行政管理部门及国家各大主要网络运营单位合作，由国家投资，把我们国家的现存网络信息全部存档（已由各级档案部门存档的可除外），为我国的网络社会保存一套完整的记忆。

把网络信息归档保存，是档案部门实现“互联网+档案”战略的题中应有之义，是档案工作者对守护记忆这一天职的当然履行，是信息社会发展对档案工作的必然要求，它将大大丰富档案的资源，扩大档案工作的领域，为国家积累大量的财富，为未来留下珍贵的遗产。我们必须充分认识其意义，各负其责，各行其是，分头抓紧去做这项工作。

二要利用网络实现档案资源的整合和共享。实现档案资源的社会共享，是网络时代对档案工作的必然要求，是档案工作者的最大愿望，是社会各方面的共同需要。网络技术更为实现档案资源共享提供了可能。实现资源共享的前提是进行资源整合。各级档案部门要积极把档案目录和档案原文数字化，并通过网络与其他档案部门等进行跨单位、跨区域的整合及联动，互相查档，互相出证，让利用者无论身在何处，都可“一键利用”“一指解决问题”，享受“一站式”服务，从而实现档案资源的共享共用和便捷利用。

三要利用网络，借助社会力量开展有关档案工作。档案部门的有些工作，如档案编目、关键词著录、照片上人物的识别与标注、展览的设计、开放档案的编研等，是可以由志愿者、专业公司、中介组织等社会力量在网上进行的。我们可以通过网络来组织社会力量进行这些工作。国外的一些档案馆已经开始这样做，我们也应该抓紧这样做，充分利用网络来动员社会力量在网上参与档案工作。这样，一方面可以缓解档案部门人手不足的矛盾，另一方面也可以扩大档案部门的社会影响。

四要积极利用网络发布档案。不但要在本单位的网站上发布档案，更要在各种公共网络平台上发布档案，因为后者的影响力要比前者大千百倍。2008年以来，国家档案局已经在国内外各大知名网站上先后发布了十多个系列的专题档案网络视频，每个专题网络视频都赢得数以亿计的点击量。现在，一些地方的档案部门又开始在手机上发布档案信息。今后，各级档案部门应该学习这些做法，积极运用本单位网站特别是各种公共网站和手机等各种网络平台，发布档案网络视频、档案电子图书、专题档案目录，举办网上展览等。

五要开展网上业务指导。过去业务指导，需要到现场、面对面，在网络时代，则可以通过发视频、短信、微信等方式进行网上业务指导。有些地方档案部门已经开始这样做。各级档案部门要尽可能地运用网络来开展远程业务指导，使业务指导更加及时、便捷、广泛。

六要开展网上专业培训。网络时代，一本好的教材或者一堂好的课放到网上，全国有网的地方和能上网的人，都可以看、可以听、可以接受教育培训。近几年，国家档案局已制作了好几部档案业务多媒体教材，这些教材都可以在网上使用。一些地方档案部门也开展了远程专业培训。各级档案部门要更多地开展网上专业培训，让更多的人通过网络接受名家的指点，更广泛地接受教育培训。

七要利用网络宣传档案知识、档案工作和档案工作者。各级档案部门要普遍建立自己的网站或政务微博，并有人负责打理它们，把它们真正办好，在这些平台上更多更好地宣传档案知识、档案工作和档案工作者。

八要在网上开展档案学术交流和研究。各级档案部门特别是档案学会，要更多运用网络，在网上开展档案学术交流和研究，使之更广泛地开展起来。

九要把网上利用档案纳入档案利用统计。随着各级档案馆、室档案数字化和远程利用工作的开展，通过网络利用档案的人已经并将更加越来越多。目前，在不少档案馆、室，网上利用档案的人次数已大大超过实地或现场利用档案的人次数。这也是我国档案利用工作的一个重大变化和重要拐点，是我国档案工作进入信息化时代的一个重要标志。可是在我国目前的档案统计体系中，还没有设立网上利用档案和资料的人数、次数、件数这些指标，网上利用档案数在现行档案统计中还完全没有得到反映。这是我国档案统计工作落后于现实的一个表现。各级档案部门要迅速研究并设立科学的网上利用档案的统计指标或统计项目，并规范其统计口径和方法，从而准确地统计出网上利用档案的数量，更加准确、全面、系统地反映出我国档案利用的效果、趋势、变化、规律等。

十要更加注意网络安全。一要注意内部网络系统的安全。档案部门的内部网络系统，是各种敌对势力和其他别有用心者实施网络攻击的重点对象，他们企图通过攻击档案网络系统来窃取或篡改档案信息。这是网络时代档案安全所面临的一个新的动向和新的难题。我们必须时刻保持高度警惕，经常检查防火墙、修筑隔离网、更新安全盾。二要注意上网档案信息的安全。各级档案部门，在把政府公开信息、档案全文、档案目录上传到互联网之前，一定要认真审核，严格把关，谨防把含有国家秘密、工作秘密、商业秘密、个人隐私和政府未公开信息的文件、档案及其目录上传互联网，避免造成失泄密事故。

十一要积极运用各种新的网络媒体。在网络时代，过几年就会出现一种新的网络传播形式，如微博、微信、客户端、微信电话本等，从而形成新的网络时尚和网络受众。各级档案部门要随时关注并积极运用各种新出现的网络媒体，来发布档案、宣传档案工作，与时俱进，占领各种新的网络阵地，不断更新网络版图，扩大档案影响。

第四，要有合作思维，善于同各方面合作，实现共享共赢。

档案工作中的好多事，是可以同其他方面合作进行的，社会上有很多方面，也是愿意并可以同档案部门开展相关合作的。合作，可以借助各方面力量从而扩大档案部门力量；合作，可以成倍地扩大档案工作的影响。合作，既可实现档案资源的共享，又可实现档案工作与其他工作的共赢。为了达到共享共赢的目的，档案工作者必须具有合作思维，积极同各方面开展合作。

一要同其他档案部门合作。即同其他的档案室、档案馆、档案局，档案报刊、网站，档案科研、教育单位，档案学会等合作，举办各种活动、完成各种项目等。

二要同其他收藏单位合作。即同图书馆、博物馆、纪念馆等收藏单位合作，共同举办各种展览和各种活动，开展多种形式的合作。

三要同其他专业部门合作。比如，与党校或干部学院合作，在那里办展览、讲档案，让档案进党校、进干部学院；与教育行政部门或与学校合作，组织大中小学生到档案部门参观，利用档案合作编辑乡土教材发到中小学生手中，把档案展览办到大中小学校，把档案电视片光盘、档案网络视频光盘、档案电子图书等发送到大中小学校，共建中小学爱国主义基地、大学生教学实践基地等；与机关、企业的党委部门合作办档案展览，让他们组织机关、企业的党员、干部、职工观看展览；与宣传部门合作，共同举办档案展览、拍摄电视片、开设专栏或专门节目，开展爱国主义教育，宣传档案；与其他部门共同开展各种形式的合作，把档案工作影响扩大到社会各个方面和世界各个角落。

四要同企业合作。要善于利用企业的信息技术、信息平台实现网络信息的归档；利用企业的科研力量，搞档案科研项目或档案标准；利用企业的资金，搞一些档案工作的合作等。

五要同行政服务中心合作。要让档案部门进入本地的行政服务中心，提供“一站式”服务；要对行政服务中心利用档案的情况进行调查、研究，总结档案利用规律，指导档案利用和接收等工作；要把行政服务中心的档案利用数量纳入档案统计体系。

六要同民间收藏家合作。要学习他们的执着、吃苦精神，加深对档案事业的热爱和钻研；要加强同他们的联系，吸收他们加入档案学会，参加档案工作；要吸引他们向档案部门捐献或寄存档案、共同举办档案展览、出版档案图书、开展档案宣传等。

七要同其他热心人士合作。如，与热心公益事业的人士共同设立档案基金，用于档案保护、开发等；与热心档案工作的志愿者，共同开展某些方面的业务工作；与热心历史研究的人士，共同开发档案资源等。

八要同外国档案部门和有关人士合作。如到国外征集有关档案；与外国档案部门或有关单位互办档案展览，交流档案复制件，互相举办学术研讨会、技术培训班，互相开展人员交流等。

第五，要有人本思维，在档案工作的各个方面都坚持以人为本、以人为核心、以人为出发点。

一要在档案接收、征集方面，注重与人相关的档案，建立以涉及人的档案为中心、覆盖广大人民群众的档案资源体系。为此，要转变过去长期形成的重物轻人、重事轻人、重名人而轻群众的档案价值观，树立“人的档案最重要”的档案价值观。为什么说“人的档案最重要”呢？第一，人是群体的、社会性的，涉及人的档案如果丢失，人们会集体闹事，造成社会动荡。前些年日本发生丢失公民养老金档案的事件后，全国舆论哗然，结果导致执政的自民党丧失在国会的长期多数地位，接着又导致首相辞职下台，就是一个有力的证明。第二，人是代代相传的，一个人死了，还有儿子、孙子，甚至子子孙孙还都会继续用到关于他的档案，所以，涉及人的档案的作用时间，一般要比涉及物的档案长。有些编写家谱的人，甚至会利用几百年前其祖先的档案。最近几年我国档案利用中，大多数利用者用的都是关于人（本人或其父母、亲属）的档案。因此，无论是理论还是实践，都证明人的档案应该全面接收和征集。

二要在档案的利用方面，注重普通人群、困难人群、弱势人群，建立方便最广大人民群众的档案利用体系。关键是要把各种民生档案数字化，然后鉴定，并及时把可开放的档案上传到网上，利用网络，开展远程利用、异地利用、网络利用，让远离城市的人、边远地区的人、交通闭塞地区的人、身体不好行走不便的人，以及由于各种原因不便到档案馆利用档案的人，可以通过网络，就近利用档案、随时利用档案、便捷利用档案。

三要在档案开放中，注意保护个人隐私特别是负面信息，保护公民个人信息数据。无论是公开政府信息，还是开放档案，都不要随意公开个人负面信息、个人隐私等，不要泄露公民的各种个人信息数据。否则，会引起各种不必要的麻烦，形成社会热点，影响社会团结和稳定。

四要在档案安全方面，注意以人为中心而采取各种防范措施。以往发生的档案安全事故，大多与人有直接关系。或者是有人有意地、特意地、刻意地破坏或窃取档案、窃取档案中的国家秘密或敏感信息，或者是有人无意地、不自觉地、过失性地丢失档案，导致档案或档案中的国家秘密及敏感信息被破坏或窃取。因此，档案部门的安全措施，必须以防范人为重点，防止人的有意窃档、窃密、窃息或无意失档、失密、失息。

五要在档案工作中，注意调动人的积极性。档案各项工作，都是由人来从事的，人的积极性和素质，对各项工作的质量和水平都尤其重要。因此，各级档案部门的领导，在档案工作的各个方面、各个环节，都要把做人的工作放在第一位，经常做人的工作，用一切可能的办法调动和发挥人的积极性、能动性、创造性，千方百计提高人的素质和能力。只有这样，才能使各项工作更出彩。

以上这五种新思维，是我对最近这几年全国档案工作实践的新体会、新总结、新概括、新提炼，是我从这几年社会发展的新趋势所领悟到的档案工作发展的新趋势，是面向未来、着眼于今后档案工作的，是对我国档案工作未来的预见和展望。在此，我用这种方式和全国档案工作者分享，供大家在工作中参考，希望能对引领档案工作新常态，做好“十三五”时期的档案工作有所裨益。

（原载于《中国档案报》2015年11月12日）

档案价值鉴定

一、什么是档案价值鉴定

档案价值鉴定，如果用学术的说法讲，就是判定文件需不需要归档，是否让它留存下去成为档案，以及判定它是什么保管期限，确定它留存多长时间；或者判定档案是销毁还是由档案馆永久收藏，要不要让它成为国家的永久性档案。如果用通俗的说法讲，就是判定文件要不要归档，该划为哪种保管期限；或判定档案要不要进档案馆、要不要销毁等。

二、档案价值鉴定意义重大

档案价值鉴定关系档案工作的未来。因为档案价值鉴定决定着每份文件是否留存和留存多长时间，因而决定着我们将为党和国家、为当前和今后、为历史和子孙留下多少以及什么样的管理凭据和文化财富，这就决定着未来档案能为社会发挥多大作用、档案工作能获得多高社会地位。

档案价值鉴定关系国家和民族的未来。一个国家、一个民族在几十年后、几百年后是否还能被人记得、记得多少、记得什么，取决于这个国家、民族有没有档案、有多少档案和有什么样的档案留给后世；一个政府、一个企业、一个团体在未来的互相竞争中，是否能够有效维护自己的合法权益，取决于能否拿出有力的档案凭证。而这都完全取决于今天的档案工作者对档案价值的鉴定，取决于他们把多少档案、把什么样的档案留下去。

档案价值鉴定关系人民的未来。很多人在未来能否充分享受国家的各种惠民政策，能否维护自己的合法权益；很多人在他离开之后是被人遗忘或还会受人关注，这些也取决于档案价值鉴定，取决于今天的档案工作者为后世留下多少以及什么内容的档案。

档案价值鉴定是档案工作者的基本功。一个好的档案工作者，不仅要会整理档案、管理档案、提调档案、编研档案等，更重要的还要会鉴定档案的价值，知道哪些档案有价值，哪些档案价值大，从而把该归档的文件归档，把该定期或永久保存的档案划定为定期或永久保存，把该接收、征集进档案馆的档案接收、征集进馆永久收藏。这才是称职的档案人员，否则就很难说是称职。可以说，档案价值鉴定，是档案人员的基本功，是作为一个好的档案工作者的必备条件。

2004年，美国档案学家理查德·考克斯出版了一本书，叫《没有清白的收藏——对档案鉴定的反思》。他认为，鉴定对每位档案工作者以及利用档案的人都有巨大影响。因为鉴定决定了什么是档案，什么不是档案；鉴定是一件无法逆转的事情。通过鉴定，档案工作者为社会决定了谁将在未来受到关注，谁又将在未来销声匿迹。档案工作者通过鉴定，塑造历史，行使控制记忆的权力。这位鉴定专家的话说得异常深刻，能让我们更加深刻地认识档案价值鉴定的社会意义。

由上可以看出，档案价值鉴定是一项非常重要的工作，它的作用远远超出档案工作领域，因而它不仅具有档案学意义，而且具有重要的社会意义。如果说，政治家和人民群众是在创造历史，那么，档案工作者则是在重新塑造历史。从这一点来说，谁又能小看我们档案工作者呢？谁又应该小看档案价值鉴定这项工作呢？

三、档案价值鉴定是档案工作者会经常遇到的实际问题

档案价值鉴定听起来好像是在档案工作中不常遇到的理论问题，可实际上，却是档案工作者经常遇到的实际问题。

在各级档案局工作的人，至少在以下三种情况下会遇到：

一是在审核本局指导的机关与企业报审的文件归档范围和保管期限表时会遇到。

按照有关要求，各个机关与企业制定的文件材料归档范围和保管期限表，须报同级档案局审核。所以，各级档案局的部分人员会经常对本级指导的

机关与企事业单位报审的文件归档范围和保管期限表提出审核修改意见。几年来，我仔细审核过所有中央国家机关和中央企业报送国家档案局审核的文件归档范围和保管期限表，提出过大量的修改意见。

我在审核中，主要把握两大基本原则。这两条原则，也可以说是档案价值鉴定的两大基本原则：第一，凡是本单位形成的文件，或者涉及本单位权益（即权利和利益）的文件，都要留存，不能不归档。这方面的文件，宁可多归档，不能不归档；宁可全归档，不能漏归档。第二，涉及个人、单位、国家各方面权益的所有档案，涉及本单位基本职能（尤其是主体业务）的代表性、重要性档案，都要永久保存。因为档案在历史上最大数量、最为广泛的利用，一是维护各方面权益，因而要把涉及各方面权益的档案划定为永久；二是编史修志，因而要把涉及立档单位基本职能和主体业务重要事项的档案划为永久，这样才能全面地反映立档单位的历史并突出地反映该单位的特点，并为该单位主体业务、主营事业的发展提供更多参考和更好服务。

我希望各级档案局人员在审核各单位报审的文件归档范围和保管期限表时，要仔细审核，严格用上述两大原则去逐条衡量、逐条核对，认真提出修改意见，确保把该归档的文件全部归档，把该永久保存的全部划为永久。决不能马虎、草率，走过场甚至送人情。

二是在审核本级各类档案馆报审的档案接收进馆范围时会遇到。

按照有关要求，各级国家档案馆的接收进馆范围需报上一级或同级档案局审核。所以，各级档案局的部分人员会对有关档案馆的接收范围进行审核并提修改意见。在审核时，要注意把以下几类档案接收进馆：一是把涉及个人、单位、国家各方面权益的档案接收进馆；二是把反映本地区各方面历史面貌的档案接收进馆；三是把反映各单位基本职能和主体业务的档案接收进馆。

三是在对有关档案馆、室进行业务指导、执法检查时会遇到。

各级档案局会经常到一些档案馆、室开展业务指导、业务考核或执法检查，其中一个重要内容，就是指导、检查他们归档齐不齐全、进馆齐不齐全。在检查指导时，要按照上文所说的那些原则或要点，要求各个档案室对文件应归尽归、保管期限划分准确；要求各个档案馆对档案应进馆都进馆。

在各级各类档案馆工作的人，至少在以下四种情况下会遇到：

一是在制定或修订本馆接收范围时会遇到；

二是在接收有关单位档案进馆时会遇到；

三是在向社会征集档案时会遇到；

四是在进行档案销毁鉴定时会遇到。

在这些时候，同样要注意把涉及个人、单位、国家各方面权益的档案，把反映本地区各方面历史面貌的档案，把反映各单位基本职能的档案接收、征集进馆或继续收藏。在立档单位上，要注意一级单位和撤销单位全覆盖、二级单位选择准；在档案内容上，尤其要接收涉及民生的各类专业档案；在档案载体上，要注意接收纸质档案以外的声像档案、电子档案等。要根据社会各方面利用档案的实际需要而切不要根据档案库房现在的面积来确定档案馆的接收范围，从而确保档案应进馆都进馆。

在各单位档案室工作的人，至少在以下五种情况下会遇到：

一是在制定或修改本单位文件归档范围和保管期限表时会遇到。归档范围和保管期限表，是每个立档单位最基本也是最重要的档案工作文件，必须认真制定并经常根据变化了的情况加以修改。在制订和修改时，应根据上文说到的档案价值鉴定两大原则，把本单位形成的所有正式文件和涉及本单位各方面权益的所有记录全部列入归档范围；把涉及个人、单位、国家各方面权益的所有档案和涉及本单位基本职能尤其是主体业务的代表性、重要性档案，都划入永久期限。

二是进行本单位文件归档时会遇到。文件归档是各个档案室每年都要进行的“必修课”。它实际上是对已制定的归档范围和保管期限表的具体执行。这时也要按照上述两大原则去一件一件具体衡量和执行。执行时，宽一些比严一些更有利于文件的留存。

三是在每年指导下属单位进行文件归档时会遇到。

四是在档案向档案馆移交前进行再鉴定时会遇到。由于有些档案室以前的保管期限划分不完全准确，因此，在档案移交进馆前需要对档案进行一次再鉴定，以确保档案应进馆都进馆。我曾到过不少中央国家机关档案室检查过其文件级目录，发现不少档案期限划分得并不准确。所以开展这一再鉴定很有必要。在进行再鉴定时，也要切实把握上述档案价值鉴定的两大原则，从而确保把应移交进馆的档案移交给档案馆永久保存。

五是在进行档案销毁鉴定时会遇到。作为档案室，有时会对一些档案进行销毁。按照规定，档案在销毁前需要进行再鉴定。如果不经鉴定，或者鉴定人“不识货”、“不懂行”，就可能把很有价值的档案销毁掉。上世纪90年代，某中央部委决定销毁一批档案时，有一名档案人员建议请中央档案馆派专家来看一看，如确实无价值再销毁。当时的中央档案馆派李明华同志去看了后，发现其中有不少重要的、有价值的档案，包括周总理、胡乔木、李维汉、童小鹏等人亲笔起草、批示的文件，筹建新中国的新政协筹备会的有关档案等，于是把这批该部委准备销毁的档案接收进了中央档案馆。这次档案销毁前的再鉴定，避免了一场一批重要档案被销毁的悲剧发生。

其实，不仅档案室销毁档案时会出错，档案馆销毁档案时也会出错，甚至造成历史性悲剧。

1986年前后，江苏省档案馆的馆长告诉我：该馆藏有十几万卷民国江苏省高等法院档案，1980年馆里曾组织人进行过一次鉴定，鉴定结论是：销毁。但不知何因，当时未即运出去销毁，而是被堆放在库房中等待。没想到等过了几年之后，随着历史档案开放政策的实行，竟然有国内外好多学者来利用这些档案，研究当时的法律制度、社会状态等，之前已被判处了“死刑”但未“立即执行”的档案，竟成为吸引人的“抢手货”。2016年我又听说，该馆正与学界联手，将这批档案全部影印出版，让它彰显更大的价值。

这还算幸运的，因为“死刑”未被执行，档案未被化为纸浆，悲剧险些但终究没有发生。而我自己亲历的一件事，则是改革开放之后发生的中国档案界的一件悲剧性事件。

1982年春，我进入国家档案局工作的第一天，处领导交给我一个活，让我对某中央级档案馆关于销毁寄存在本地博物馆（该博物馆维修让其把档案运回）的一批档案的请示提出意见。我刚参加档案工作，对档案价值并无多少认识，但当我从该馆报批的档案目录中看到有一些同中央大学有关的档案时，感觉这些档案不应该销毁，而是对社会还具有利用价值。因为我的母校是南京大学，而中央大学则是其前身。我想，这些档案中与中央大学有关的部分，对南京大学应该很有价值，如给南大，南大肯定求之不得；同理，这些档案中的其它部分，社会上一定还有其他单位对其感兴趣并求之而不得。因而提了两条建议：一、这批档案最好不要销毁，该馆库房没地方，哪怕先拉回馆找些空地堆放着，等将来有地方再上架，这样档案至少不会化为纸浆；二、如果不得已非销毁不可，那么，可由该馆向全国各档案馆、图书馆、博物馆、大学、学术研究单位发一通知，让他们来馆无偿挑选其认为有用并愿意保存的拉回去，这样，这批档案至少还可继续被国内各学术单位保存着。但后来不知何原因，我局最终还是同意该馆销毁这批十万多卷民国档案。我知道消息后，给我母校历史系主任写信告诉他这一消息，让他去挑选一些有用的档案拉回保存。不久，他回信告诉我，他们去晚了，那些档案已销毁。

1986年前后，该馆一名副馆长告诉我，不久前，有人来用联合国粮农救济署的档案，一查目录，这批档案不少就在4年前销毁之列。至此，他已对当时销毁这批档案表示后悔。又过了两年，这位副馆长又告诉我，不久前他挑头申报了一个国家社科研究项目：日本侵华战争给中国造成的经济损失。他们有条件研究这个课题。因为1946年国民政府曾对全国各地在日本侵华战争中的损失作过全面调查，这些调查表很详细，包括每个村死了多少人、多少牲口，毁了多少房、多少财产等，而这些调查表基本都在该馆保存着。但一查目录，发现好多调查表，已在1982年那次销毁时销毁了。这直接影响了他们对这个课题的研究。他这时真是后悔不及。听了他的话，我对档案价值的认识更加清楚了，对档案价值鉴定重要性的认识也更加清楚了，对档案销毁前再鉴定这项工作的意义也更加认识清楚了。这件事对我教训深刻，让我终生难忘。

如果有人问我：档案工作者的最大失败是什么？那么，我会毫不犹豫地大声说：是把不该销毁的档案销毁掉。现在流行一句话，叫“重要的事情说三遍”。所以，我要再次强调：档案工作者的最大失败，是把不该销毁的档案销毁掉！我一直认为：把不该销毁的档案销毁掉，不但是档案工作者的最大失败、最大可耻、最大遗憾、最大不称职，而且是档案工作者对国家和人民利益的最大损害！

从以上所说的各种情况可以看出，对档案工作者来说，无论是制定、修改或审批有关单位的文件归档范围和保管期限表，还是制定、修改或审批有关档案馆的进馆范围；无论是进行本单位或指导其他单位的文书归档，还是征集、收集有关档案；无论是本单位向档案馆移交档案，还是对档案进行销毁前的再鉴定，我们都是在进行档案价值鉴定。尤其是我本人，在参加档案工作后的第一天，接到的第一个活，就是档案价值鉴定，而且由于这次鉴定的提出单位的请示意见和审批单位的终审意见都不恰当，因而造成新中国档案史上的一次重大悲剧性事件，造成一批重要历史档案的被错误销毁，由此益见档案价值鉴定在档案工作中的普遍性和重要性。档案工作者在从事上述各项工作时，实际上都在决定着文件是否留存和能留存多长时间，决定着将来国家档案馆将保存什么样的档案，决定着国家档案资源的数量、内容和成分，决定着未来的国民能用到什么样的档案，甚至决定着一些人的个人命运。这“五个决定”，都无不体现出档案价值鉴定的实际意义。因此，我们要认识到这些经常遇到的工作的重要意义之所在，从而对它们加以重视。

四、档案价值具有多重性

最近七八十年以来，国际档案界的专家们，越来越普遍地认识到：档案具有两种或两种以上的多重价值。比如，有的认为档案有行政价值和历史价值，有的认为档案有原始价值和从属价值，等等。可以说，大家都普遍地认为，档案的价值是多重的，而不是单一的。这是档案价值的一个特点，即具有多重性。认识档案价值具有多重性这个特点，对档案工作者来说，是相当重要的，因为它可以更自觉地指导我们的行动。

我对档案价值的多重性，有自己独特的认识。我认为，档案价值是多方面的，档案对各方面的人都具有不同的价值。概括起来，档案具有以下四个方面的价值。

一是对档案形成者的价值。档案的形成者包括机关、团体、企业、事业单位、家庭、个人。档案对这些形成它的单位和个人的履行职能、运行管理、对外交流、维护权益、书写历史等，都具有显见的价值。档案对形成者的价值，在档案工作中和社会日常生活中，体现得最直接、最普遍、最显著、最常见，是档案最基本、最活跃的价值。

档案对形成者的价值，有时候一纸值千金。2001年我曾应邀参加过中央党校档案工作会议，知道此前党校与邻校之间有一块六七十亩的地，发生了产权纠纷。党校明知这块地是自己的，但却一时拿不出相关档案来。于是校领导召开这次会议，共有三位校领导参加，并让各单位一把手到会，要求各单位回去后重视档案，多方寻找和收集档案。这块地的档案，在当时可为本单位争回上亿元的地产。档案对形成的者的价值可见一斑。

二是对档案涉及者的价值。档案涉及者，也就是档案所涉及到的人，至少包括两种人，一种是被档案所直接记载到的人，另一种是与档案中所记载的政策、事件、物品等有关系的人。档案对这两种人都有价值。

先说被档案所直接记载的人，也就是档案里记载着他的名字的人，这可以说是档案的直接涉及者。档案中记载着许多关于人的基本信息和各方面情况。这些不但对档案中有记载的人本人一生都会有用，在他本人在世时，会经常利用到，而且对他的子孙后代也会有用，在他本人去世后，还会对他的子孙后代具有利用价值，被他的子孙后代所利用。

档案对本人的利用价值体现在方方面面。仅婚姻档案就在本人离婚、再婚、生育、购房、落户口、继承遗产甚至旅游等十几个方面需要利用。

档案对子孙后代的价值也很广泛。最典型的可举连战多次获赠其亲属档案一例。2005年台湾的国民党领导人连战首访大陆，到西安时，陕西省领导人送他的礼品中，有他父亲早年在西安任职的档案；到北京大学时，北大送他的礼品中，有他母亲当年在燕京大学上学时的档案；总书记同他见面会谈后赠送他的礼品中，有他祖父的档案。他的祖父连横，号雅堂，台湾人。日本统治台湾后，强行把台湾居民全部改为日本国籍。民国时期，连横先生呈文中国政府，要求把自己国籍改回中国。中国政府批准了这一请求。这件档案，现保存在中国第二历史档案馆。得知连战要来大陆的消息后，国家档案局建议把这件档案复制作为礼品，由总书记赠送给连战。连战收到这件礼品后，特别重视和珍爱，多次同媒体谈到这件礼品。因为这件档案充分体现出他祖父的爱国精神和他家族的爱国传统。几年后，他去南京参访，又特意参观二史馆，并在这件档案珍品前流连许久，照相留念。这是档案在几十年后还对档案中人物的子孙后代具有价值的典型案例。

20世纪80年代，我得知西方发达国家的档案利用者，多数是利用档案来撰写家谱的。今天，我国人民在解决温饱问题后，也开始纂修家谱。这几年，我在一些档案馆，就碰到过利用档案写家谱的利用者。编写家谱用档案，用的档案年代会更早，有的甚至会用到几百年前涉及本家族祖先的档案。因此，档案对写家谱的人的价值可能会延续几百年。

再说与档案中所记载的政策、事件、物品等有关系的人，这可以说是档案的间接涉及者。比如：关于住房制度改革的档案，所有有住房的人，在发生产权纠纷时，都可能会利用相关的政策性档案；关于土地制度改革的档案，所有有土地的人，在发生地权纠纷时，都可能会利用相关的档案。我本人就曾遇到过一批要求利用并刻意篡改半个多世纪前有关“经租房”政策的档案来争取自己权益的事。2007年，北京的一批“经租房”上访者在到好多中央部委上访多年无果后，又聚集到国家档案局，要求利用上世纪50年代的“经租房”档案，经我们说明情况后离去。不久，有关部委转来一件“经租房”上访者提供的“电子合成档案”，是1956年中央3个部委下发的一件关于“经租房”的通知，让我馆核实真伪。我们调出馆藏这一文号的原件与这件“档案”比对，发现这件“电子合成档案”比我馆所藏档案原件多了几行字，这几行字是档案原件中所没有的，上访者竟用现代技术在档案中增加了内容，并据此向有关部门争取其利益。好在有真档案为凭，他们的伪档案便露出了马脚。这说明，有些政策性文件，在几十年后，还会被人拿来作为凭据争取自己的利益；档案对其涉及者，在几十后后还具有利用价值。

在现实生活中，有些政策的落实，往往还需要直接涉及和间接涉及这两类档案。

比如，中央档案馆曾为一名新疆生产建设兵团的老知青落实子女回原籍落户提供过这两类档案。这名老知青是上海人，上海前些年出台政策，当年上海支边青年其子女可落户上海。这名老知青是从学校毕业后集体去新疆支边的。他到我馆来利用能证明他是该校人的档案，我馆在该校校徽登记表中查到了他的名字，证明了他是该校人。但有关方面又要求他提供能证明他们这批学生当年是集体支边的档案。他再次来查时，我馆又从该校的一份毕业工作简报中，找到了他们这批学生集体支边的证据。当他的子女根据这些档案落户上海后，他专门写来感谢信，感谢我馆为他提供了这些几十年前的、看起来没有什么价值的档案，使他享受到了党和政府的惠民政策。

由上可见，档案对其涉及者的价值是非常广泛的，涉及到方方面面；作用时间是很长的，可能几十年、上百年，写家谱的甚至几百年。

档案对涉及者的价值，也就是对人的价值，不但范围广、时间长，而且还关系到社会稳定这个根本问题。因为人是“活”的，具有能动性；同时人又是“群体的”，具有社会性。我有时想：涉及物的档案、涉及事的档案、涉及制度或文化的档案等，极而言之，即使人们不小心把它丢失了、销毁了，物、事、制度、文化等都不会找有关部门去闹事；但涉及人的档案，如果人们把它弄没了，他则会找有关部门去上访闹事，甚至聚众上访闹事，形成社会问题，影响社会稳定。2006年日本发现有大量公民养老金档案被政府丢失后，群情激愤，舆论哗然，导致当时先是执政党丧失独立执政地位、接着首相又辞职下台。这一世界史上的经典案例，突显了档案对涉及者价值的重要性。

正是因为涉及人的档案有这些特点，所以我们才说，人的档案最重要，价值很广泛、很长久，应该特别重视涉及人的档案的重要性，把所有涉及到人的档案收集全、保管好、利用好。最近十年来，我国各级档案馆，普通群众的利用占档案利用者的多数、民生档案的利用占被利用档案的多数，这两大事实，就进一步证明了档案对涉及者的重要价值。

三是对档案研究者（包括收藏爱好者，下同）的价值。也就是对所有研究档案，根据档案进行文学艺术创作、科学研究、历史研究、教学研究等学术研究的学者们，以及对档案的收藏爱好者们所具有的价值。这种价值表现为档案的学术价值、艺术价值、文物价值等。

档案的学术价值是永恒的。档案的形式，反映其形成时代的信息载体及其制造技艺、文书制度与格式等；档案的内容，反映其所记载的人物、物品、事件、制度、思想等及其之间的社会联系，反映时代的实况。每一时代的每一位学术研究者，都可从中有新的发现、新的挖掘、新的总结、新的提炼。因此，档案对学术研究者价值永恒、历久弥新。有时，一批新档案的发现，会在国际学术界产生广泛影响，形成学术研究热，甚至形成一种新的学问。例如：甲骨档案的发现，把商朝历史坐实、把文字历史前推，许多著名学者投入研究，发表不少成果，形成“甲骨学”。简牍档案的发现，把战国秦汉历史细化，把边疆历史、屯田历史细化，很多学者积极研究，形成“简牍学”。敦煌文书即敦煌档案的发现，使敦煌这个地方更加“敦”而“煌”之，使敦煌档案形成的那个时代更加丰富多彩，国内外学术机构争相收藏，国内外学者竞相研究，学术研讨会一个又一个，学术研究成果一批又一批，形成“敦煌学”。它们的发现，都已有几十年、百多年，但老的学者研究过，新的学者还在研究，老学者有老收获，新学者有新收获。这是档案对研究者的永恒学术价值的最好说明和绝佳例证。

档案的艺术价值也是永恒的。一些档案书写者的书法，一些名家的绘画，都具有永恒的艺术价值，给不同时代的人以不同的艺术享受，可以满足不同时代人们的审美需求。比如毛泽东手稿就极具艺术品位，是不世的艺术珍品，2013年的一场拍卖会，一个仅有毛泽东写的几个字的信封，就拍出600多万元的高价来，就是典型的一例。

档案的文物价值同样永恒。档案同各种文物一样，也具有文物价值，可以收藏品玩。如甲骨、简牍、金铭、石刻、票证、帐簿、尺牍、字画、标牌等，任何时代都会有人收藏。时间越久、数量越少，就越值钱、越有价值。

四是对档案所有者的价值。我国的大多数档案属于国家所有，是国家全宗的一个组成部分，都是国家宝贵的信息资源、文化财富和历史遗产。所以，我国的大多数档案，除了具有以上三方面的价值外，还对国家即档案的所有者具有价值。

档案对国家的价值，包括社会价值和经济价值两个方面。

档案对国家的社会价值，主要体现在以下几个方面：

一是对国家进行社会管理、社会服务的价值。档案是国家进行社会管理、社会服务的工具，特别是公共事务档案，主要是国家在进行社会管理和服务中形成的，是国家继续进行社会管理和服务的基本依据和得力工具。比如：土地档案是国家对几十亿亩土地产权、使用权、经营权变化、流动进行管理、服务及对与土地有关系的十几亿人进行管理、服务的直接依据；户籍档案是国家对十几亿人的迁徙、居住进行管理、服务的直接依据；房产档案是国家对全国所有房产及其住户进行管理、服务的直接依据。没有这些档案，政府的管理和服务就没有依据，就会产生社会混乱。政府有了这些档案，如果不慎失去，还会产生社会问题。

二是对国家维护主权和领土完整的价值。历史上，我国多次依据档案与邻国进行了领土谈判，签定了双方边界条约，解决了领土争端，维护了国家主权与领土完整，发挥了档案“一纸定乾坤”的作用。今天，日本对我国在钓鱼岛的主权有着争议，越南、菲律宾等国对我国在西沙群岛、南沙群岛的主权有着争议。我国有着这些海岛自古属于中国的大量档案。正是依靠这些档案，我国才一直坚持着对这些领土的主权，对相关国家的无耻谎言和无理要求予以了严正驳斥，向国际社会宣布了我国对这些领土的主权。这些都表明，档案对国家维护国家主权与领土完整具有不可缺少、无可置疑的重要价值。

三是国家对公民开展社会教育和宣传的价值。多年来，各级档案部门举办了很多档案展览，出版了很多档案图书，制作播出了很多档案文献电视片和档案网络视频，为国家对公民开展爱国主义教育作出了重大贡献。1997年，国家档案局和中央外宣办等部门联合举办《雪域明珠——西藏档案文物展》，中央领导、两会代表以及几十万观众参观了展览，时任总书记和总理专门指示中央外宣办把包括两件档案在内的3件展品向国外宣传。我受命连夜撰写文章，由《人民日报》海外版刊载，对3件展品加以介绍和分析。通过档案，把西藏自古属中国管辖，达赖的分裂活动是出尔反尔这些事实向国外加以报道。2008年“三一四”事件后，针对甚嚣一时的西藏分裂活动，我主持制作了5个关于西藏历史的专题档案网络视频，在国家档案局网站播出后，由中央各大媒体和国内外100多家英文网站、300多家中文网站加以转载，有力地说明：西藏从元代起，就由中国中央政府进行行政管辖；历代达赖喇嘛都是由中央政府册封任命的；西藏在和平解放和民主改革前，实行着黑暗的农奴制。从而有力地驳斥了国内外分裂势力分裂西藏的荒谬言论，舆论赞扬档案部门“在关键的时刻，用关键的材料，说了关键的话”，有力地维护了国家统一。2014年，为落实习总书记重要批示精神，我主动向中央建议，把中央档案馆藏已公开审判的45名日本战犯笔供，制成网络视频，在网上公开发布，受到中央领导的高度关注，指示届时召开中外记者发布会加以发布，并译成外文对外宣传报道。结果，仅国内就有100多家电视台、700多家报纸、1000多家网站，连续45天作了系列报道。国外很多媒体也作了报道和评论。俄罗斯媒体称，这是中国一个大的政治行动；从爱国主义角度看，这次宣传堪与首次设立全国抗战胜利纪念日和南京大屠杀遇难同胞公祭日相当。中国打算让这些文献具有世界意义。事实证明，档案在爱国主义宣传中作用巨大，对国家向公民开展爱国主义教育有着不可估量的重要价值。

四是开展国际外交斗争的价值。近年我国与日本的外交斗争表明，档案对于国家开展外交斗争也具有重要价值。2014年，为向全世界揭露日本在第二次世界大战中的战争罪行和法西斯暴行，反击日本右翼势力，中国决定把南京大屠杀档案和日军“慰安妇”档案，向联合国教科文组织申报世界记忆。这一下子戳到了日本的痛处。先是日本内阁官房长官召开新闻发布会、外务省向中国外交部发照会，要求中国取消申报；接着，日本首相、外务相、文化相先后8次向联合国教科文组织高官做工作，阻挠中国的申报；日本右翼团体和人士，多次面见联合国教科文组织有关官员和专家或向他们发呼吁信，诬指中国申报的档案内容不实。但结果，在白纸黑字、不容置疑的一系列可以形成证据链加以互证的档案面前，联合国教科组织的官员和专家们，主持正义和公道，把南京大屠杀档案列入世界记忆。这一结果，使南京大屠杀成了日本右翼势力永远也翻不了的铁案，使日本军国主义的侵华罪行、战争罪行、法西斯罪行、反人类罪行昭告于全世界，把日本法西斯分子永远钉在了耻辱柱上。日本痛到极点，穷凶极恶地不顾国际形象，粗暴地对联合国教科文组织发出不交会费的威胁，并痴人说梦地要求重新审议中国的这个项目，其无耻面目更让世人耻笑。这次我国档案申报世界记忆，有力地牵制了日本的对华外交攻势，使其在国际舆论中处于下风，处于失败者的地位，特别是使日本的国际形象一落千丈，国际地位更加下降，这使中国在与日本的外交斗争中处于更加有利的地位。

档案对国家的经济价值，主要体现在以下几个方面：

一是对国有资产保值增值的作用。档案是国有资产的记录，对国有资产的保值增值有着重要作用。1989年亚洲金融危机发生后，我国曾成立了几家资产管理公司，专门管理之前几十年国家的不良债务。2004年，我曾到过一家这样的公司检查档案工作。这家公司的人员告诉我，他们的主要工作就是利用过去形成的借贷档案，去讨回企业贷款，再用这些钱去生钱。说简单点，就是利用档案，把“债”变成“钱”。有了档案，所有债不一定能全部变成钱，因为有些债已成死债、废债；但是，没有档案，则所有债都不能变成钱。因此，在他们那里，“档案就是钱”。他们这一句话，让我顿时眼睛一亮、心里一阵狂喜。因为我以前一直只是认为“档案很值钱”，但到底有多值钱，没有一个具体概念。但他们明确说“档案就是钱”，一下就把我以前的空泛认识具体化、抽象概念形象化、模糊观点清晰化了。听完介绍后，我又看了他们的档案库房。库房不很大。当时他们已利用档案收回国有资产1260多亿元。我想，如果把1260亿元人民币，全部用最大面额，堆在这个库房，肯定也堆不下。所以，如果用档案与其收回资金的体积来比较，我们肯定可以说，“档案比钱更值钱”。在这家公司，半天之内，我对档案价值的认识，得到了两次升华：先由“档案很值钱”升华到“档案就是钱”；再由此升华到“档案比钱更值钱”。

这是档案对国有资产保值增值重要价值的生动说明。

二是对打开我国产品世界市场的价值。随着“中国制造”走向世界，不少国家树起贸易壁垒，给中国产品扣上“倾销”的帽子，企图把中国产品挡在其国门之外。多年来，不少中国企业奋起反击，与外国打起了“反倾销”的官司。每场官司，所利用的档案都是用车往外推的，包括企业水电费的凭据都得利用，总之，凡是涉及企业产品一切成本的档案，都派上了用场。结果，打赢了官司，保住了产品的国外市场，使我国产品照样“勇闯天涯”，销售全球；使“中国制造”遍及世界、誉满五洲。

三是对提高我国国际竞争力的价值。知识产权是一个国家国际竞争力的重要体现，因为没有知识产权就不可能形成品牌和技术；没有品牌和技术，国家的国际竞争力就缺少一个重要方面。而知识产权档案则是知识产权的表现形式和具体载体，也是知识产权的最终依据和根本体现。没有知识产权档案，知识产权就不会被各国所承认，就不能为你所独有，别人就会仿冒你、侵害你、整垮你、占有你。因此，包括商标档案、专利档案等在内的知识产权档案，可以确保知识产权不受侵犯，从而确保它所代表的品牌和技术畅通无阻地走向世界，从而提高国家的国际竞争力。

以上档案的四个方面价值，是我个人根据几十年档案工作经验作出的总结和概括，在世界各国档案界中可以说是独一无二的。我从未见有别人也这样说过，它在档案学理论方面，应该是一个小小的创新。现在我把它介绍出来，各位档案工作者将来可以在档案工作实践中，共同检验我说得对不对，帮助验证，并进一步加以丰富和发展。

由上可以看出，档案的价值是多方面的而不是单一的，它既对档案的形成者具有利用价值，又对档案的涉及者具有利用价值，同时，对广大的档案研究者以及对档案的所有者，也都具有利用价值。认识这一点非常重要。因为在以往的档案鉴定实践中，不少档案工作者对档案价值的认识比较片面和单一，往往较多或只是注意到档案或文件对其形成者的价值，而较少注意甚至根本不注意档案或文件对其涉及者、研究者、所有者的价值，以致发生了许多悲剧性的事情，例如：把应归档的文件没有归档，把应划分为永久的文件没有划分为永久，把应移交或收集进档案馆的档案没有移交或收集进档案馆，把不该销毁的档案移出去销毁等，使国家的档案财富受到不应有的损失，使本来可以通过某些档案获得解决的社会问题得不到应有的解决。这种损失可以说是无法弥补的。我们只有认识到档案价值的多重性、多方面性，才会在进行档案价值鉴定时，全面注意档案的价值，也就是：不但注意档案对其形成者所必然会有和可能会有的利用价值，而且注意档案对其涉及者、研究者、所有者所必然会有和可能会有的利用价值。这样，才能把应该予以留存的档案留存下去，为党和国家、为子孙后代留下更多凭证、积累更多文化财富和历史遗产，从而满足社会各方面的长远利用需要。

其实，只要我们稍为留意一下就会发现，大多数文件材料形成后，总有其大小不等的利用价值，总会在各种不同情况下，被重新利用一次以上。我自己在工作中就有过多次这样的经历：某份材料放了多年没有用，刚清理扔掉后不久就又想到要用，但已后悔前几天刚扔掉。可以说，几乎没有什么文件材料在形成后就不再具有利用价值的。即使是临时性、磋商性、事务性的文件材料，也有其价值。因为他们能告诉人们在处理同样问题时会产生哪些突然性的变化，会出现哪些需要注意的事情，应怎样提前预防和妥善处理这些突然的变化或细小的问题。因此，也可以说，世界上没有绝对无利用价值的文件和档案。

有人说，世界上没有绝对的废物；废物是放错地方的资源。外国有的情报部门专门回收大机关、大公司的废纸，因为从废纸上的零星、片断信息中，他们能分析出有利用价值的情报来。中央档案馆今天珍藏的毛主席手稿中，就有一些是当年毛主席的秘书田家英从废纸篓中捡出来毛主席扔掉的废弃手稿。连废纸都有利用价值，何况完整的文件、档案呢？

同样，对历史学家来说，也没有绝对的废纸。著名的敦煌文书中，有不少是利用之前的公文纸的纸背来抄写经文的，但在后来的历史学家眼中，这些“纸背文书”价值连城，远胜于那些后来抄写的经文。

另外，对收藏者来说，更没有绝对的废纸。我曾在北京庙会的地摊上，看到有人在出售文革期间防化兵的演习计划、演习方案等，每件30元，他说是从一个军队干休所收购来的废品。还有不少民间收藏家，他们从社会各个角落，收购到诸如照片、契约、合同、书信、日记、票据、账簿、证照等，加以收藏，现在看来，都是非常珍贵的档案，其中有些已经结集出版，成为公共文化产品。我经常佩服收藏家们的慧眼和识见，我也经常慨叹：如果档案工作者能都具有收藏爱好者们的识见和慧眼，那么，我国的档案财富会更加丰富。我甚至因此而号召过档案工作者要向收藏爱好者学习，不但学习他们辨废识宝、变废为宝的慧眼，更重要的是学习他们“以万物为宝”而“不视万物为废品”的卓识远见，学习他们上下求索、执着收集、迷恋收藏的敬业精神和专业态度。有了这种慧眼、识见和态度，我们档案工作者的素质将会进一步提高。

五、档案价值的不确定性

判断档案价值虽然是档案工作中经常遇到的问题，但却是最难以判断准确的事情，因此，它又是档案工作中最为复杂的问题。之所以如此，是因为档案价值是多方面的，而判断档案价值又没有一个确切的标准。也就是说，判断档案价值的标准具有不确定性。这种不确定性具体表现在以下四个方面：

一是因人而异。即因人的不同而不同，不同的人，对档案价值的认识会截然不同。比如：档案或文件的当事者会认为其是有用的，但非当事者则认为其无用；再比如：一件档案所记载的人物或其子孙后代在无名时，人们可能认为它价值不大，而当档案中记载的人物或其子孙后代成为名人时，人们又会认为它价值很大；又比如：那些研究档案、研究档案形成者、研究档案涉及者的研究人员会认为相关档案有价值，而非研究人员则会认为这些档案无价值。我就知道有这样一个事例：一些工厂和生产大队的档案，被有关人员当作“废品”卖到废品店以后，又被我的一位学者朋友当作宝贝，买回去加以研究，形成为重要的学术成果。这就活生生地证明，档案价值因人而异：同样一件档案，有人视同草，有人视为宝；世上只有不懂档案价值的人，而没有不具利用价值的档案。

二是因时而异。即因时代的不同而不同，档案在不同的时代，会具有不同的价值。一个时代有一个时代的价值观，不同的时代，有不同的价值观。在我经历的几十年中，在“政治挂帅”的年代，人们重视档案的政治价值；在“以经济建设为中心”的年代，人们重视档案的经济价值；在“文化大发展大繁荣”的年代，人们重视档案对文化的价值；在“以人为本”的年代，人们重视档案对人的价值。所以，档案或文件在过去无利用价值，在今天则会有利用价值；在今天看来无用，在明天则可能会有用。有时候，沉寂、尘封几十年的档案，会因某一契机而突然成为利用的热点，被人们争相利用。2012年，我到浙江的好几个档案馆，都见有许多利用者，我询问他们用的是什么档案，他们不约而同地告诉我：是“户粮档案”。我从事档案工作几十年，竟未听说过这种档案。他们告诉我，就是过去计划经济时代城镇居民供应粮食的档案。为什们忽然有很多人利用“户粮档案”呢？因为不久前，浙江出台文件，对上世纪60年代初“三年自然灾害”时期由城市下放到农村的回乡人员予以补助。回乡人员要想得到这笔补助、享受到这一惠民政策，就必须证明自己当初的城镇居民身份，而“户粮档案”则正好是有力的证据。因此，沉寂了半个多世纪无人问津的“户粮档案”，被政府一项补助政策激活了，一个时期内，全省先后有上百万人利用过“户粮档案”。类似的事例，这些年相当多见。这又活生生地证明：同样一批档案，今天如同一把草，明天则可能如同一块宝；暂时无人利用的档案，不代表永远无人利用；档案价值不是人不知道，而是时候未到。

三是因事而异。即因事情不同而不同，不同情况下，档案价值往往迥异。例如：对计划经济具有参考价值的档案，对市场经济可能不太具有参考价值，这是因制度而异。再例如：对宏观研究或理论研究具有价值的档案，对微观研究或技术研究可能不太具有参考价值，这是因研究方法而异。又例如：档案在同类型档案数量很多的情况下，可能会显得价值不大；但在同类型档案数量很少的情况下，又会显得异常珍贵，这是因档案数量而异。据我所知，同样是清代晚期的股票，在收藏市场上，存世数量多的，一件才标价一两千元；而有一件存世仅此一件的孤品，标价竟至数百万元。这就告诉我们：虽然档案有时以系统、完整为有价值，但有时竟还会“物以稀为贵”，因其少见而更显价值。

四是因地而异。即因地点不同而不同，对这个民族、地区、或国家具有利用价值的档案，对其它民族、地区或国家则可能不具有那样大的利用价值。例如：关于琉球的档案，中国人由于研究琉球的很少，故开始没人重视，但琉球人即今日本冲绳人却因涉及自己祖先和祖国的历史，对其非常重视，千方百计地加以复制、收集和利用、研究。

档案价值的这些不确定性，决定了档案价值认定难。这是档案价值的又一个特点。而“不确定性”或认定难这个特点，又是由“多重性”那个特点所引起的。正因为档案价值具有“多重性”，所以它也就具有“不确定性”或认定难。在档案学研究中，我尚不知此前是否有人揭示过或像我这样地揭示过档案价值的这又一个特点。

档案价值具有不确定性，或者说档案价值认定难，决定了鉴定档案价值具有很大的难度，需要引起档案人员的高度重视。我在这里揭示档案价值具有“不确定性”，正是为了让广大档案工作者在鉴定档案价值时，举轻若重、认真思考、慎重选择、慎重对待，而不能举重若轻、草率从事、简单进行、鲁莽对待。每个档案工作者，都要充分认识这种不确定性，在实践中，不要因自己认为某份文件或档案不重要，便轻视它、忽视它，而要想到从他人的角度、未来的角度、其他地区或国家的角度来看待它的价值，从而慎待它，把它留存下去。

六、怎样破解档案价值的不确定性这一难题

在今后的实际工作中，我们该怎样破解档案价值不确定、档案价值认定难这个难题呢？办法是三个字：“全部留”。也就是：凡本单位正式形成的文件和与本单位权益、历史有关的文件材料，全部加以归档留存。

有人可能会质疑、反驳：这不是档案学以前所反对的“有文必档”吗？这样做不是会导致把一些无继续留存价值的文件也留存下去、从而加大社会成本吗？

我要回答：是的，确实如此，但又不得不如此、必须如此；特别是在大数据时代，也应该如此、可以如此。理由是：

第一，从档案学理论看应该“全部留”。上边我们已经讲到，档案价值具有多重性和不确定性，档案价值认定难。解决这一问题的唯一全面和可行的应对之道，就是“全部留”，即把一个立档单位所形成的东西无遗漏地全部留下，这样，将来这个立档单位无论需要什么（它当初未形成的除外），我们都能给全部无遗漏地提供出来，不会留下任何遗憾。如果有一件不留，都可能会有一个遗漏和一件遗憾。即使为此而增加一些成本，也是必要的。正如一个国家，即使在一个相当长的时期内不会打仗，但还是要保持一支相当数量的军队，而且军队还是要经常演练，武器装备还是要经常更新，这笔钱不得不花，这个代价必须要付。建立档案就像建立军队一样，为了“用兵于一时”，你就

必须“养兵于千日”；为了“毫无遗漏地提供”，你就必须“毫无遗漏地留存”。如果你今天做不到“全留存”，那明天就做不到“全提供”。

第二，从档案工作实践看也应该“全部留”。有一个中央企业的档案处长曾同我谈过她的亲身体会和看法：一次，企业领导让她提供一份文件，她们想尽一切办法也未提供出来，估计当初是漏归档了。尽管之前她们为企业归档了很多文件，也提供利用了很多文件，但就因为这一份文件当初漏归档、此次未提供，使企业领导非常生气，把她们档案部门痛贬了一顿、狠损了一通。这位档案处长很伤心、也很委屈地对我说：我们收藏了那么多文件，做了那么多事，领导没看见，但只漏提供了一份文件，就被领导看见了，他就把我们档案工作和档案人员说得一无是处。这件事让她意识到：既然企业形成的100份文件，99份都已经归档了，何必那1份不也一起归档呢？这样，不管将来企业需要利用哪份文件，我都可以百分之百地提供出来，不会再有遗漏。所以她告诉我，从那以后，她们对企业自身形成的文件，就开始百分之百地全归档、全留存。这位档案工作者的亲身经历很有说服力，她的做法也很正确，正好有效破解了档案价值不确定、而且认定难这个问题。因此，从档案工作的实践来看，也有必要对企业文件全归档、全留存。因为我们实在不能预知“哪块云彩会有雨”，“哪份文件会被用”。实际上，现在大多数单位对本单位形成的文件的大部分都已经归档、留存了，未归档、未留存的只是少数，那我们何必不把那少数文件也像多数文件一样，一起加以归档、留存呢？也许有人会说：那少数是没用的，不需要归档。但你怎么能知道那少数是没用的呢？无数事实已经证明：无论是谁，他都不能准确地预测哪份文件完全没有价值、将来不会被利用、不需要归档留存；谁如果说他能准确预测，那我认为他一定是在吹牛、说假话。

第二，从大数据时代的趋势和一些信息企业对数据的看法及对数据留存的做法看，更应该“全部留”。2014年，我到浙江阿里巴巴总部参观时，他们告诉我：在大数据时代，数据或信息不是包袱，而是财富。因为利用大数据技术，可以通过对过去数据或信息的分析，预测出未来的发展趋势和走向，引领社会的发展。数据或信息越多，预测得越准确。该公司对成立以来的所有数据，都全部留存，无一遗漏，而且还多套异地保存，以防不测。尽管这样对所有数据全留存，耗费巨大，但他们认为很值得。这对我触动很大。我们档案界的人，确实缺少这样的眼光、这样的见识，确实应该向信息界的人学习，在信息时代、大数据时代，重新认识档案的价值，重新审视纸张时代形成的档案鉴定观、档案价值观，重新确定文件的归档范围和保管期限表，重新进行档案价值鉴定。否则，我们在大数据时代，将会成为落伍者，将会被别人所淘汰、所取代。

七、档案价值认识上的几个误区

长期以来，在世界各国的档案学界，几乎都存在着对档案价值的一些不完全正确的认识。我们可以把人们对档案价值貌似有理的一些错误认识，称为档案价值认识上的误区。我略举几个：

一是误认为记事、记物、记钱的档案比记人的更重要。这种错误认识以前相当普遍。对重大活动的档案、重要会议的档案、涉及钱和物的档案，都划为永久，而涉及普通人的档案，则在本人死亡后或单位撤销后便不再留存。最典型的是前几年不少档案馆为落实国家对建国后水库移民补助政策而提供档案时，提供的多是当年移民领取补贴的档案（因为涉及钱便留存下来了），而非移民名册（因为都是普通百姓，故名册多未留存下来）。现在，我们提倡一切以人为本、以人为中心，所以，我们必须改变过去那种“重事轻人”“重物轻人”“重名人而轻普通人”的档案价值观，树立“涉及人的档案最重要”的档案价值观，把“涉及人的档案”收集全、留存好，建立覆盖广大人民群众的档案资源体系。

二是误认为上级机关形成的档案比下级的更重要。这种错误认识以前也很普遍。我曾到过一些基层档案馆、室，他们普遍把上级的普发性文件划作永久、认真保存，而对本级文件反而不甚重视。实际上，上级的文件并不一定比下级的更重要。对一个单位来说，真正最有价值、最为重要、也最应该划作永久的，应是他本单位自身形成的档案，而非他的各级上级单位形成的档案。

三是误认为综合性的档案比分别性的更重要。这种错误认识在档案工作实践中表现为：重年度报表，轻季度和月份报表；重汇总材料，轻单行材料；重结论性材料，轻过程性材料；重会计账册，轻记账凭证等。比如，自己过去就曾错误地认为：会计账册已汇总并完全包括、完整反映了各个记账凭据，故记账凭据可以不再留存。但后来基层档案人员告诉我，只有记账凭据才具有法律凭证作用，而会计账册却并不具备。因此，就凭证作用来讲，记账凭据等分别性的档案，其价值并不低于会计账册等综合性的档案。事实上，分别性的档案，往往因为它更具体、更详细，而且属于第一手材料，更加原始可靠，因而更具有凭证作用和参考研究价值；而综合性档案不但内容更空泛，而且在汇总加工的过程中，往往掺入了更多的主观因素，因而离事实更远，其凭证和参考价值反而不如分别性档案高。

四是误认为有现实价值的档案比有历史价值的更重要。这是一种近视病。因为档案的现实价值总是短暂的，它的历史价值才是长久的。因此，档案的历史价值与现实价值应同样受到重视，千万不能认为凡失去现实效用的档案都该销毁、都不用继续留存。

五是误认为有经济价值的档案比有社会价值的更重要。档案在利用后，有的能产生经济效益，有的则只能产生社会效益。因而有人误认为只有能产生经济效益、具有经济价值的档案才值得继续留存，否则便不值得继续留存。殊不知，档案的社会效益如维护社会稳定、维护国家领土主权等，往往是用金钱无法换来的，也是无法用金钱来衡量的。因此，绝不能认为不具有经济价值的档案便无需继续留存。

八、档案价值鉴定的标准

档案（或文件）价值鉴定的标准可能有多条，并人言人殊，但有一条我觉得应该是根本性的和无异议的，即：独一性。所谓独一性，是指该档案（或文件）所包含的信息在别的地方没有，在别的档案中没有，甚至在别的文献中也没有。越是具有独一性信息的档案（或文件），其价值就越高。

按照这条标准来衡量，凡是本单位制发或形成的文件，一般都具有信息的独一性，因而，本单位制发的文件应是本单位档案中价值最高的部分，应当受到最大的重视，应当作为重点加以留存和保护。

作为机关、企事业单位档案工作者，一定要充分认识本单位文件的重要性，充分珍惜它们的价值，不要随便把它们列入不归档范围，不要随便把它们划入定期，更不要随便把它们销毁掉！要从为党和国家保存凭证、积累文化财富的高度，从为给将来的利用者留下史料、留下记忆的高度，来慎重对待文件的销毁与留存，应该留存的绝不要随手扔掉或者随意销毁。在制定和修改文件归档范围和保管期限表时，是宽一些比严一些更利于文件的留存；在具体确定文件是否归档和该划分为哪种保管期限时，也是宽一些比严一些更利于文件的留存；在进行档案的移交和销毁的再鉴定时，还是宽一些比严一些更利于档案的留存。我们在判定档案价值时，一定要有以人为本的观点，一定要有历史的眼光、长远的眼光、群众的眼光、学术的眼光，一定要有对历史负责、对人民负责的责任感。决不能图省事，怕麻烦，简单草率，马虎对待。那样，就会给历史留下空白，给后人留下悬案，让社会失去记忆。

九、重视档案价值必须敬重和珍惜档案

档案人对档案要怀有敬重和珍惜，而不要怀有冷漠和轻视。这是我2014年从一个敬重档案的普通人身上得到的体会。2014年4月，我从中央电视台看到一条报道：山西一名退休人员叫王艾甫，花了3000元从地摊上买到几本档案，其中有84份解放太原战役烈士阵亡通知书，后又用十几年时间，艰难地把其中37份通知书送到烈士亲人手中。这位老人对档案所怀有的敬重和珍惜，让我这个专职档案人深怀惭愧、深受感动，得到了上述这一体会。这个体会，是我从事档案工作30多年即将离开档案工作岗位时才得到的，我认为它是我一生当中几个最重要的体会之一。作为曾经的全国档案界领头人，我也愿意把它分享给全国广大档案工作者、留给后来的所有档案人。如果你们也能体会到这一点，今后对档案都更加怀有敬重和珍惜之心，那么，不但你们个人将来会从中受益，而且将来你们的单位甚至是我们的国家、我们未来的公民，也会从中受益。最近十几年来，我眼见过、听说过、特别是更经历过不少档案人不敬重档案、对档案冷漠与轻视的案例。例如：有的档案保管员把档案放在地上，不以为不对；有的档案保管员发现档案不在原来的存放处，竟然不闻不问，不采取任何措施，像什么事都没发生一样；有的档案人员把档案随意当废纸卖掉，等等，不一而足。所以，我深知，有一些天天和档案打交道的人，天天扎在档案堆里的人，却对档案怀有冷漠和轻视，把档案看作废纸、弃如垃圾，恨不得档案越少越好。因为在他们看来，档案越少，他要干的活就越少，他就越清闲、

越享受；档案越多，他要干的活就越多，他就越受累、越觉苦。所以，他看见档案就烦、就讨厌。这样轻视档案的人，你跟他谈档案的价值，他肯定不以为然。所以我认为，对档案怀有冷漠和轻视的人，对档案一点感情都没有的人，不可能会尊重档案，不可能懂得档案的价值；重视档案价值，必须要能敬重和珍惜档案。这是我在讲档案价值鉴定时，强调要敬重和珍惜档案的原因。

不久前，一位著名艺术家去世时，同行们回忆他生前热爱艺术，总觉得“戏比天大”。此前我也听说过不少优秀艺术家都有一个认识：“戏比天大”。看来，艺术家们有一个共同的信条，就是：“戏比天大”。那么，我们档案人也应该有一个共同的信条，我想它应该是：“档案比钱贵”。我想，如果更多档案人有了这个信条，都觉得档案比钱贵，都知道珍惜、敬重档案了，那么，档案价值鉴定工作就自然可以做得更好了。

以上所说，归纳起来主要是说：档案具有多方面的价值，任何人都很难把握准。因此，我们在工作中，一定不要以个人的判断，轻易地把文件不归档、或划短期限、或不接收进馆，特别是不要轻易地把文件或档案处理甚至销毁掉。要想到“四个无用、四个有用”，即：对自己无用的，可能对别人有用；对本单位无用的，可能对社会有用；对今天无用的，可能对明天有用；表面看是无用的，可能实际上有用。我们一定要为他人着想，为国家和社会着想，为历史和未来着想，多留下一些档案，多保存一些档案。这是我们档案人的基本职责，也是我们档案人对社会的最大贡献。

辑三

档案工作实践研究

大编研：档案编研工作的新趋向和新出路

改革开放以来，随着我国各项事业的发展和档案工作为各项事业服务的深化，档案编研工作也出现了新趋向，这就是档案编研的主体和客体不断拓展，范围不断扩大，形式不断更新，影响不断增强。这一切，可以概括为从“小编研”向“大编研”的转变。

所谓大编研，是相对于传统的档案编研而言的，是对传统档案编研的扩展和延伸。传统的档案编研，实际上主要就是档案馆、室以书刊为载体汇编档案在一定范围内加以公布。它的编纂者基本是档案馆、室，它的载体基本是书籍、刊物等印刷物，它的形式基本是文件汇编，它的材料基本是馆藏档案，它的发行范围一般也比较小。我们可以把这称之为“小编研”。而今天业已出现雏形并在今后将进一步成熟、拓展的“大编研”，则是对以往那种“小编研”的全面扩展和纵向延伸，它的编纂者除了档案馆、室自身，还有由档案馆、室广泛地联合社会上的各单位，包括其他档案馆、室，学术单位、科研单位、企事业单位，经济建设部门、其他专业主管部门，甚至有关专家、学者和个人；它的载体除了书刊等印刷物以外，还有录音、录像、光盘、缩微胶卷等；它的形式除了文件汇编外，还有档案资料目录汇编、档案资料内容介绍或提要、档案资料的考证或评介、对档案资料经过研究加工而编写的有关资料或撰写的研究论著以及各种文学艺术作品等；它的材料除了档案，还有图书、报纸、刊物、机关出版物、书画、碑拓、印章等各种资料；它的材料来源，除了本单位收藏的，还有本单位以外收藏的；它的发行范围一般也比以前大。

这种“大编研”，包括了对档案以及档案部门收藏的其他资料的原始文献公布、文献信息报道和文献深层加工这三个开发层次，是对档案部门各种信息资源的全方位和立体式开发，能够更有效地为我国各项事业和国际文化交流服务，它正在成为我国档案编研工作的方向和出路。档案工作者应该自觉地树立这种“大编研”的观念，自觉地拓宽档案编研工作的领域，改变档案编研工作的形式，使档案编研工作充满活力，显示生机，提高品位，扩大影响。

那么，应该怎样搞好这种“大编研”呢？笔者认为，该注意“五个结合”。

一是注意档案与资料相结合。各级各类档案部门除了收藏档案外，还收藏包括报纸、杂志、图书、机关出版物、碑拓、书画、印章等在内的各种资料，它是档案部门收藏中的一个重要信息源，同样具有重要的开发价值。从数量上说，全国档案部门所收藏的各种资料总量，相当于档案总量的三分之一左右；在一些单位，资料数量往往与档案数量不相上下，有的甚至还多于档案数量。从内容来看，各类资料都自有特色，各有其独特的编纂开发价值。例如，报纸、杂志等资料现实性比较强，有效信息比较多，与改革开放和经济建设的联系较为密切；图书、机关出版物等资料的内容具有系统性和条理性，书画、碑拓、印章等资料具有艺术性和欣赏价值等，它们都能弥补档案在内容方面的许多不足。所以，档案部门应该注意把开发档案与开发资料结合起来，把编纂研究各类资料作为档案编研工作的一项内容，在编纂研究档案的同时，也开展对资料的编纂研究。

二是注意编纂与研究相结合。多年来，我国的档案编研工作虽然号称编研，似乎是编、研并重了，但从总体上看实际却是编的多，研的少，不少单位甚至只编不研。这种状况是同一部分同志中存在有重编纂、轻研究的认识分不开的，今后，我们应该走出这一认识误区。实际上，对档案、资料进行研究，从而撰写出评介、考释、综合、研究性的论著，或者编写成系统、简明的专题资料，是对档案、资料这些原材料的一种加工、转化，是对档案、资料的一种深层次开发或高级开发，它对档案、资料进行了去粗取精，提炼加工，把各个孤立的整埋成系统的、有联系的，把表面性的提炼成本质性的，把无规律的概括成有规律的，把非理性的升华成理性的，把枯燥无味的改造成引人入胜的，把冗长繁杂的删削成简明扼要的。它和单纯地编纂公布档案资料文献相比，往往需要花费档案工作者更多的心血，使档案与资料的价值得到更充分的展示和更深入的挖掘，更能体现档案工作的水平，也更加受到利用者的欢迎。早在20世纪50年代，周恩来总理就已对档案部门的研究工作给予了充分肯定，认为档案工作者进行历史研究：“比钻在历史档案里头出不来更好”。因此，我们应该大力提倡档案人员把对档案与资料的编纂和对档案与资料的研究结合起来，在编纂档案、资料，对档案、资料信息进行浅层开发、初级开发的同时，研究档案、资料，对档案、资料信息进行深层开发、高级开发。应该鼓励档案工作者对档案、资料进行考证、研究、分析、综合、概括、加工。利用档案、资料去编写各种专题资料和综合信息，撰写研究报告和学术论文，进行文学创作和艺术创作，通过研究档案与资料，去攻克学术难关，参与经济建设，普及科技知识，进行爱国教育及国际交流等，从而更大程度地弘扬档案、资料的价值，更大程度地发挥档案工作者的作用。

三是注意馆内与馆外相结合。这里包括三个方面的意思：

第一个方面是馆（室）内档案、资料与馆（室）外档案、资料相结合。也就是说，如果在馆藏内容不够丰富或者不能直接为经济建设和改革开放服务的话，那么，也不妨走出馆（室），搜集馆（室）外的档案、资料进行编纂，研究。比如，有些档案馆每年让本地区的各机关报送当年的工作情况，编辑成本地区的年鉴；有些档案馆面向本地区的有关企业或事业单位，收集他们的名优产品资料、获奖科技成果资料、较大工程项目资料等，编辑成该地区的《名优产品简介》《科技成果简介》《建设工程简介》等；有的档案馆带着照相机或者录像机，走向社会，拍摄有关素材，编辑成介绍本地区综合或专门情况的画册、电视片、录像片等，都引起了很大的社会反响，得到了领导和有关部门的好评与重视。这是近年来档案编研工作中出现的一种新思路、新举措，是对传统编研范围的一种突破，也是对某些档案馆（室）藏中现实档案资料劣势、科技档案资料劣势、经济建设档案资料劣势的一种有效弥补，它开辟了档案编研工作的新领域，也开辟了档案馆（室）为经济建设和改革开放服务的新领域，是档案馆（室）贴近经济建设、贴近党和政府各项中心工作、及时为改革开放服务的一种很好形式，因此，应该提倡将馆（室）内档案、资料的编研与馆（室）外档案、资料的编研结合起来。

当然，这并不是说所有档案馆（室）都要走出去收集本单位以外的档案、资料进行编纂。如果馆（室）藏比较丰富，不乏经济、科技等方面的题材，对馆（室）藏档案、资料的编研能够有效、及时地为经济建设和改革开放服务，那么，也不必守着粮囤而出去找米下锅。总之，要因馆（室）制宜，视情而定，把编研馆（室）内的档案、资料和馆（室）外的档案、资料结合起来，宜内则内、宜外则外，既立足于馆（室）内，又不排斥馆（室）外，内藏丰富则全力以赴开发内藏，内藏贫乏则找米下锅开发外藏，以外补内，这样就可以把编研工作搞活，把开发工作搞活，把服务工作搞活。

第二个方面是馆（室）内编研力量与馆（室）外编研力量相结合。一些档案馆（室）编研工作陷入困境的原因，往往并不是档藏不足，而是编研人员与编研经费不足，自身无力进行编研开发。这就需要档案馆（室）把目光投向馆（室）外，投向社会，与其他单位合编合研，甚至还可以邀请一些专家来馆（室）进行编纂研究，从而解决档案馆（室）人员不足、经费不足的老大难问题，使馆（室）藏信息及时得到开发。例如，可与海外的某些专家、学者共同编纂研究他们感兴趣的档案、资料，可与党政机关、群众团体联合编研他们的机构沿革、专业史志、专业史料，可与企业、事业单位共同编写他们的厂史、院史、校史、产品史，可与宗教团体共同编研馆（室）藏宗教史料等。这样做，一可弥补档案编研人员对专业不熟悉的弱点，使专业档案的编研体现出专业特点和水平；二可双方共同负担经费甚至可以完全由对方承担经费，弥补档案部门编研经费的不足；三可借助他们的力量，在他们的单位或系统推销编研成果，为编研成果找到“婆家”，解决档案部门编研成果积压难售的问题；四可直接为用户服务，为经济建设服务，使档案资料信息的开发更准确、更直接、更及时、更有效。有的档案馆（室）收藏的那些开发难度特别大而又具有特殊价值的档案资料，甚至可以从社会上邀请一些专家来馆（室）进行研究，以使这些死档案变成活宝贝，例如，一些单位保存有一些少数民族文字或者外国文字、历史上的死文字等特殊文字的档案资料，不但本馆无人认识，无法释读，甚至在本地区或整个档案界也无人认识，无法释读。因而只好长期束之高阁，连它们是什么内容、形成于什么时代等都不知道，成了“死档案”。对这类档案如果能从国内外聘请一些能够认识解读它们的专家学者来加以研究，不就可以使这些档案、资料变活，从而显示出其珍贵价值了吗？

第三个方面是馆（室）内的编研课题与馆（室）外的编研课题相结合。一些编研人员比较多但内部编研课题又吃不饱的档案馆、室，在完成本单位编研任务的前提下，还可以考虑适当接受一些馆、室外的编研课题，有偿地为其他单位进行编研服务，完成他们委托的代编任务。例如为一些企业家撰写传记，为一些企业编写厂史、产品史，为一些项目撰写论证报告，为一些旅游景点编写名胜志，等等。这样既可为委托单位解决他们的问题，扩大档案馆、室向社会的服务面，又可为档案馆、室增加一部分经费，增强档案馆、室进一步开发自身资源的力量，也是一举两得的好事。

四是注意书刊与其他形式相结合。传统的书刊形式是档案馆、室编纂公布档案的主要形式，也是比较有效的形式，但这并不是唯一的形式。前些年，一些单位开始用发行档案资料缩微复制品的形式编纂、公布档案、资料，就大大地增加了档案部门公布档案的容量，加快了档案部门公布档案、资料的步伐，同时也为档案部门增加了数目可观的经济收入。近年来，一些档案部门更开始运用广播、电视、录音带、录像带等视听形式编纂公布档案，这些形式更以其可听可视、新颖活泼而深为广大群众所喜闻乐见，引起广泛的社会反响和好评，其传播手段更为先进，宣传效果也更好。因此，档案馆、室今后的编研形式，应该更加多样化，要结合运用报纸、杂志、书籍、缩微复制品、广播、电视、光盘、录音带、录像片等各种形式，从而使档案、资料的编研成果得到更广泛的传播，引起更强烈的社会反响，使档案资料信息的开发收到更大的效果。

五是注意严肃性与通俗性相结合。迄今为止的档案编研成果绝大多数都是以严肃的面孔出现的，以通俗性、趣味性形式出现的档案编研成果，在档案界还很少见到。但在文学界，却出现了一些大量引用文件、电报的纪实文学作品或以档案为素材而撰写的人物传记，成为市场上十分抢手的畅销书。这种现象，就给了我们一种启发：我们的档案编研成果能否尝试也以通俗的形式出现呢？能否变得稍为通俗一些、趣味一些、大众化一些、可读性和艺术性都强一些呢？那些在过去惊险斗争中形成的文件，我们何尝不可以用它们作主线，运用一些文学的技巧、艺术的技巧，把它们编织成悬念迭出、跌宕起伏的惊险故事呢？那些曾经记载或体现了历史荒唐的档案，我们何尝不可以用它们为实例，来编写一些历史上的趣闻逸事，重新展示一下历史的荒唐可笑呢？那些传奇人物、英雄人物一生所形成的材料，我们何尝不能用之来描绘这些人物的传奇故事或英雄故事呢？在今天和今后严肃形式的编研成果销路趋于萎缩的情况下，我们似乎也应该考虑用通俗形式的编研成果去开拓市场、争取读者或观众，甚至是创收盈利，以通俗来补严肃、养严肃了。只要我们能够运用档案、资料编写出一批趣味性强、艺术性强、可读可视性强、通俗易懂、大家爱看、市场畅销的，以报告文学、小说、故事、传奇、传记、戏剧、电影、电视剧等各种艺术形式出现的编研成果来，我们就一定能够进一步扩大档案和档案编研成果对读者的影响面和对社会的宣传面、教育面，扩大档案和档案编研成果对市场的占有面，提高档案编研成果的社会效益和经济效果。

（原载于《档案与史学》1994年第2期）

建好家庭档案　为构建和谐社会服务

——在“中国·沈阳家庭建档与和谐社会建设高层论坛”上的讲话

一、对家庭建档工作的认识

我最早接触家庭档案，是2004年在沈阳，看了臧立君等两户家庭建档示范户的家庭档案，当时觉得家庭建档是一项很好的工作，但认识还没现在这么高。第二次接触是今年4月在青岛看社区档案工作的时候，参观了一些家庭档案。在社区搞家庭档案展览，进行宣传，我觉得很好，加深了印象。有一个家庭户主是单位的会计，他有一个职业习惯，在单位记账，回家也给家庭记账，记得非常详细，好几十年积累下来，非常有价值，是将来研究社会史、经济史的珍贵史料。第三次接触是今年5月，济南市档案局原副局长孙嘉焯给我写了一封信，把《中国档案报》上登载的广东省召开会议提出每年5万户家庭建档的目标、河北省提出搞百万家庭建档工程的消息复印给我，并把几年前原全国人大常委会副委员长姜春云同志有关家庭建档的谈话记录寄给我，使我对家庭建档工作有了新的认识。今年8月，我到河北的秦皇岛、唐山、衡水、保定等地看了家庭建档工作以后，对家庭建档工作有了更加深刻的感受和认识，觉得家庭建档这项工作有“三个有利于”，就是有利于家庭、有利于社会、有利于档案工作。

（一）家庭建档有利于家庭

1. 家庭建档有利于家庭权益的维护。各地的很多实例可以证明，家庭档案对家庭成员工龄和工资的确定、对家庭保险和家庭消费权益的维护等家庭生活的方方面面都能起到重要作用。

2. 家庭建档有利于家庭事务的管理。办理房产证需要房产证明，出去旅游需要结婚证，评职称需要毕业证书、个人成果等材料。有了家庭档案以后，办理这些事情非常方便，很快能解决问题。建立家庭档案的老百姓归纳了一句话叫“用时省心”，就是说家庭建档有利于家庭事务的管理，可以提高效率。

3. 家庭建档有利于家庭矛盾的解除。在秦皇岛时，我了解到一个例子，有一对婆媳，家里的一张存折不见了，互相怀疑是被对方藏起来了，建立家庭档案以后，找到了存折，婆媳矛盾消除了。在秦皇岛我还看到另一个例子，有一个再婚家庭，家庭档案中有一份再婚时订的协议，他们经常拿出来看，互相遵守这个协议，也拿这个教育子女，告诉他们父母对你们都是公平的。家庭建档对消除家庭矛盾、维护家庭团结和睦发挥了很重要的作用。

4. 家庭建档有利于家庭品位的提高。这次论坛上很多同志都提到，建立家庭档案是家庭文化生活的一个很好内容。建立家庭档案后，闲暇时可以拿来消遣，是一种身心的愉悦。上一代可以拿家庭档案教育下一代继承老一代的传统，用自己的奋斗史、成长史来教育激励自己的子女成才，甚至是用孩子自己的成长史，来教育激励孩子成才。

5. 家庭建档有利于家庭经济的发展。建档家庭中有相当一部分是农村种植养殖户、科技示范户、龙头企业的示范户，或者是一些营销大户。这些家庭建立家庭档案，对家庭经济的发展有很重要的帮助。比如，这次会上江苏的同志介绍的江阴市郑金良家的水产养殖技术档案，对于家庭发展养殖业，增加收入，提高生活水平起到了重要作用。

6. 家庭建档有利于家庭成员的健康。很多家庭都有病历档案，还有现在很多单位、很多社区甚至是农村都给职工、居民、村民进行体检，形成了体检档案。这类家庭档案有利于家庭成员的健康。

7. 家庭建档有利于家庭史料的积累。中国历史有三大支柱：官府正史、州县方志、家族家谱。中国自古就重视修家谱、编家史。建立家庭档案可以为编写家庭历史、教育后人积累很重要的史料。

（二）家庭建档有利于社会

1. 家庭建档有利于社会和谐。家庭是社会的细胞，家庭的和谐是整个社会和谐的重要基础。如果每个家庭都和谐了，社会自然就会变得和谐。家庭档案的建立对融洽人际关系有很重要的作用，有的地方搞家庭档案展览，街坊邻居都去参观，增加了家庭之间的往来，对社会和谐有很重要的作用。建立家庭档案实际上起到了以家庭的和谐来促进社区的和谐、促进整个社会的和谐的作用。

2. 家庭建档有利于社会稳定。家庭档案记录了家庭生活的发展和变化，利用这些档案有利于社会感恩意识的建立。首先是有利于老百姓对政府的感恩。沈阳市家庭档案珍藏展览中，有一位老先生的工资变化曲线图、有一个家庭几十年的住房面积对比、有一个家庭十几年里家用电器和生活用品的照片，这些方面的发展和变化都可以让老百姓切切实实地感受到生活的变化，感受到党和政府对老百姓生活的关心。利用这些档案能增强老百姓对党和政府的感恩意识。其次是有利于子女对父母的感恩。我们好多父母有时候很困惑，对孩子可以说是尽心尽力，无微不至，但是很多子女往往不领情，甚至是逆反，不对父母感恩。通过家庭档案的建立，把孩子降生时的手印脚印、生病时父母的关心照料、平时的关心教育等方面的档案建立起来，能让子女切切实实地感受到父母在自己的成长中倾注了多少心血，给予了多大期望，能够让他们对父母感恩。如果全社会感恩意识提高了，就会有助于社会的稳定，减少怨言、减少牢骚。家庭档案还有助于社会矛盾的化解。因为原始凭证都在，遇到矛盾，家庭档案就能解决了，社会矛盾就此得到化解，得到消除，这样社会就稳定了。

3. 家庭建档有利于社会的宣传教育。家庭档案对于建立现代公民意识、加强社会的认同感很有好处。因为家庭档案是宣传现代经济发展、宣传社会进步、宣传党和政府对老百姓的关心与各种惠民政策的很好的宣传教育材料。沈阳及其他一些地方搞家庭档案展览，起到了很好的宣传教育作用，能提高老百姓的思想道德水平和科学文化素质。江苏省在发言中提到利用吴仁宝的家庭档案进行党风廉政教育。这些都是有利于社会宣传教育的典型例证。

4. 家庭建档有利于社会经济的发展。在各个地方的家庭建档中，我刚才已经提到有相当一部分专业户建立了家庭科技档案、营销档案，这类档案，有利于家庭经济的发展，也有利于整个社会的经济发展。比如，江苏省江阴市郑金良家的水产养殖技术档案，不仅增加了自家的家庭收入，而且增加了社会物质财富，带动了地方经济的发展，保护和恢复了长江鱼类生态资源，促进了和谐社会建设。

5. 家庭建档有利于社会史料的积累。家庭史料是社会史料的一部分。家庭建档为将来进行学术研究积累了大量的史料，学术界对这个感受很深，这样有利于我们未来的社会进步和社会稳定。

（三）家庭建档有利于档案工作

1. 家庭建档有利于档案资源的丰富和增加。现在，所有家庭建立的档案整体上说都是民族的财富、社会的财富。有些家庭档案很有社会价值、学术价值。特别是在家庭建档活动中，有一些觉悟比较高的同志，主动把自己家庭档案中对国家和社会有保存意义的档案捐赠给了档案馆，丰富了档案馆的档案资源，丰富了国家的档案资源。秦皇岛市有一位退休的政协主席，把他经办的秦皇岛市著名旅游景点“秦皇求仙入海处”的全套材料，捐赠给了档案馆，丰富了档案馆的档案资源。那些没有捐赠给档案馆的家庭档案，也是我国的社会财富，也从整体上丰富了全国档案资源。

2. 家庭建档有利于档案服务范围的扩大。家庭建档可以让档案部门有更多的事情去干，有更大的舞台去发挥作用，有更多的机会来实现档案部门的价值。试想为家庭服务，这个领域、这个舞台是多么的大呀！全国有3.7亿多个家庭，如果其中有1/10需要建立家庭档案，全国就要有3000多万个家庭需要档案部门来服务，这个领域给了我们更大的舞台来为社会服务、为群众服务，有利于档案服务范围的扩大。

3. 家庭建档有利于社会档案意识的提高。过去，档案是很神秘的东西，是官府专有的，老百姓家哪有档案？现在我们通过家庭建档，老百姓家里也有档案，在家庭建档示范户的客厅，我们也能够看到档案卷盒了。这次会上有人用了一句古诗叫“旧时王谢堂前燕，飞入寻常百姓家”来形容这种变化，恰好我也想到了这句诗，并把它改了一下，叫“旧时官府阁上卷，进入寻常百姓家”。档案进家庭，对于全社会档案意识的提高，具有非常重要的意义。社会档案意识的提高，不仅体现在上层人士或者说精英人士对档案的认可上，更重要的是要让档案植根于普通百姓，进入草根阶层，得到他们的认可。只有让档案进入草根阶层，档案工作才会具有强大的生命力，如同“野火烧不尽，春风吹又生”。档案怎么和老百姓结合？今年春天我特地看了北京市档案局与居委会联合举办的一个胡同档案展，就在居委会的大院里，老百姓积极参与，把家里的档案、照片、账簿，包括家里的文物主动捐赠过来，几乎是家家户户、老老少少都来观看。我当时就说办胡同档案展对档案进入草根阶层意义重大。现在看来，家庭建档是档案进入千家万户的又一很好契入点，是档案工作走向草根阶层的一个很重要的形式。所以家庭建档这项工作有利于社会档案意识的提高。只有全社会的档案意识都提高了，档案工作才具有旺盛的生命力。

正因为家庭建档工作有这“三个有利于”，所以，现在全国家庭建档工作基本形成了“三个积极性”。

第一个是老百姓的积极性。凡是要求建档的家庭都有积极性，有这种需求，各地在开展家庭建档活动中已经体会到这种群众的积极性。

第二个是领导和相关部门的积极性。比如沈阳市、河北省以及其他地方，好多领导、好多相关部门都很有积极性。

第三个是档案部门的积极性。因为家庭建档这项工作就是档案部门挑起来干的，所以积极性很大，各地发展势头现在挺好，好多省、好多市都开展了这项工作。

从目前的情况看，家庭建档已经成为“四个工程”。

第一个是档案工程。很多地方档案局职工全体出动，有些像我们当年搞档案馆考评定级一样，每个人都给分任务，都要建立联系点、联系户，是一个空前的发动。

第二个是领导工程。河北省和沈阳市家庭建档工作，牵头挂帅的不是档案局的领导，而是当地政府分管档案工作的领导，市长是领导小组的组长，好多部门参加，档案部门只是其中之一，所以称为领导工程。

第三个是社会工程。这项工作不是档案部门一家在干，而是档案部门联手跟有关部门一起干，沈阳市是六家单位一起搞，在河北省有的地方是七家，有的地方是八家，包括文明办、妇联、教育局、共青团、离退休办等相关的部门，共同来部署，共同来动员，共同来指导，共同来表彰，共同来推广，很多工作都是好多部门联合干，成为一项社会工程。

第四个是百姓工程。特别是河北省，提出了百万家庭建档，开始我还有点怀疑，后来到地方一看，好多家庭都参与进来了，可谓是百姓工程。

二、对下一步家庭建档工作的一些想法

（一）要认真总结并充分认识家庭建档的重要意义

1. 家庭建档是档案部门落实科学发展观的重要抓手。科学发展观的中心是以人为本。档案工作应该全面贯彻以人为本，以科学发展观为指导，建立覆

盖民生或者覆盖广大人民群众的档案资源体系和档案利用体系。档案资源的建设，过去主要是注重机关的文书档案，对涉及人的这一块不是很重视，包括在保管期限的划分上，都没给予适当的对待。比如工资表、花名册，这些涉及人的档案，都认为太具体、太多，都不愿意划分为永久保管，不愿意接收到档案馆保存，怕成为包袱。这些思想今后我们档案部门在落实科学发展观中，一定要逐步地加以扭转，一定要建立起能够覆盖广大人民群众、能够覆盖民生的档案资源体系。档案的利用要能够允许并便利到广大人民群众，要建立这样一种档案利用体系。家庭建档就是档案工作贯彻以人为本的一个重要方面。

2. 家庭建档是档案部门为和谐社会服务的新的着力点。党的十六届六中全会以后，档案部门适时提出为构建社会主义和谐社会服务，这是档案工作一个很重要的方面。现在又进一步将档案工作向家庭延伸，通过家庭建档促进家庭和谐，进而促进社会和谐。可以说，家庭建档是档案部门为和谐社会服务的新的着力点。

3. 家庭建档是档案部门为民生服务、为广大群众服务的重要内容。为广大人民群众服务，除了刚才提到的建立覆盖广大人民群众的档案资源体系和档案利用体系外，建立家庭档案也是一个重要内容。因为家庭档案中很多都是涉及民生的档案，对百姓自己保障民生、改善民生具有很好的作用。同时，帮助千千万万家庭建立档案，也是档案部门为普通群众的一种直接服务。

4. 家庭建档是对档案工作地平线的新拓展，是对档案工作领域的新扩大，是对档案工作服务范围的新延伸。大家可以回想，从新中国成立以后，档案工作的地平线就不断地在拓展，服务范围、服务领域也在不断地扩大和延伸。刚开始只是搞机关档案，后来延伸拓展到搞企业和事业单位档案，后来又延伸拓展到搞乡镇档案、村级建档、社区建档，现在我们在过去的基础上，又延伸到社会的最基本的单位——家庭。这是档案工作地平线一次新的拓展，是档案工作领域和工作范围的一次新的延伸和扩大。

5. 家庭建档是争取社会各方面支持的一种好手段。档案工作要善于找结合点。各级领导现在关注的是什么？关注的是和谐社会，关注的是民生，关注的是广大人民群众。我们档案工作通过家庭建档能为和谐社会服务、为民生服务、为广大人民群众服务，实际上干到了点子上，社会各方面肯定会支持。有的同志总结出一条经验说档案部门是弱势部门，就得抓住老百姓想要的，政府才会重视，才会支持。实践证明，家庭建档很容易引起领导的重视，引起社会各部门的重视，是档案部门争取社会各方面支持的一种好手段。

6. 家庭建档是中国档案工作者的一项创举，填补了国际档案界的一个空白，是中国档案工作者对国际档案界的一个新贡献。国外没有档案部门深入家庭指导家庭建档的，国外的私人档案都是私人自发搞起来的，不是档案部门指导建立起来的。世界各国的档案工作领域没有中国的这么广泛，中国档案工作的特点就是深入社会的方方面面。家庭建档使档案工作深入社会的最底层和最小单位——家庭。所以这是中国档案工作者对国际档案界的新贡献。

7. 家庭建档是对中国历史传统的一个发掘继承和弘扬光大。中国有着一种重视历史，特别是重视家庭历史、撰修家谱的好传统。好多家族撰修家谱是有制度的，有的规定30年修一次，有的规定20年修一次，还有的10年要登记一次。很多家庭为了撰修家谱，成立了专门的修谱组织，有钱的出钱，有力的出力。孔府的档案是中国最典型的家族档案，内容涉及方方面面；徽州的契约文书和贵州的林业契约文书历史都比较悠久，在国际上很有影响，它们几百年来都是由老百姓保存在家里的，也可以说是历史上的家庭档案。可见我国有重视家庭档案的传统。现在我们要把这个传统发掘出来，继承下来，特别是要进一步发扬光大，让百姓更自觉地建立家庭档案。

（二）要在全国范围内广泛地开展家庭建档工作

我刚接触家庭档案的时候，没有想到要在全国范围内推广。那个时候我有顾虑，怕家庭建档增加老百姓的负担，向老百姓推销档案盒，让老百姓反感。但是这次在河北，我看到这样一个好做法：档案部门跟政府争取一笔钱，做成卷皮、卷盒，谁有积极性，我就送给谁，这很好。这个顾虑我现在没有了。现在各地开展家庭建档的积极性已经起来了，我看是已经到了“春色满园关不住”的时候了。国家档案局在此号召，各地档案部门要积极引导，在全国范围内广泛开展家庭建档这项工作。开展这项工作要注意以下几点。

1. 要把家庭建档变成领导工程、社会工程、百姓工程。家庭建档不能仅仅是档案工程，一定要争取列入领导议事日程，争取列入有关部门的工作，包括社区工作、农村工作、家庭文明创建工作等，把家庭建档跟它们结合起来，把老百姓发动起来，想办法让老百姓理解，同时也适当给老百姓提供一些支持，政府适当拿点钱，提供卷皮、卷盒。一定要把家庭建档变成领导工程、社会工程、百姓工程。

2. 坚持以服务为切入点。家庭建档工作必须以服务为出发点、立足点和最终的落脚点，只有这样家庭建档工作才能健康发展。这次会上天津的同志主张提“家庭建档服务”，我很赞成。

3. 一定要坚持实事求是。家庭建档一定要根据需要来建，正像江苏的同志说的那样“急不得，高不得，包不得”。要求和标准都不要太高。要联合其他部门一起搞。不要“一刀切”地要求家家搞。要抓重点、抓需求，主要是在有退休老人或中小学生的家庭和家中有点成果的家庭、有文化的家庭和有需求的家庭建，不是家家户户都去建，暂时没有条件、没有需要的，都先不要建。

4. 一定要坚持自觉自愿，不强迫搞。河北提出愿意建就建，愿意怎么建就怎么建，愿意建多少就建多少，我很赞成。特别是有隐私的，人家不愿意拿出来，你就不要强迫人家建，还要保护人家的隐私。不要用机关的标准去强求，那不太现实。人家不愿意捐赠给档案馆的，也不要强迫人家捐赠，家庭档案是人家自己的东西，要尊重人家的自愿。要坚决不给群众增加负担，做到不收费、不吃喝、不添麻烦，只提供服务。

5. 注意发挥家庭档案的作用。沈阳的做法非常好，编成书、出画册、拍成电视播出，让大家看到家庭档案的作用，这样老百姓就有积极性，这样家庭建档才不会自生自灭。

（节选于《档案学研究》2007年第5期）

建立“两个体系”，把档案工作推向服务民生、服务人民群众的新阶段

民生问题是关系广大人民群众直接现实利益的重要问题。关注民生、改善民生，是科学发展观的重要内容，也是新时期党中央、国务院执政治国的又一着力点。浙江省档案部门近年来积极推动档案工作服务民生、服务人民群众，使档案成为党和政府服务民生的重要帮手，成为广大人民群众改善民生的有力依据，取得了很好的成绩，发挥了很大的作用，在全国档案系统中走在了前列、做出了表率。新闻媒体和省委领导对此高度关注，今年9月，新华社记者在有关媒体上作了专题报道。赵洪祝书记和李强秘书长都作出重要批示。现在，省档案局又专门召开这个有全省各市县档案局长参加的座谈会，总结、交流近年来全省档案工作服务民生的经验和做法，并研究部署进一步推动这项工作的措施和步骤，我认为这个会开得非常及时、非常重要。今年以来，我一直在关注各地档案工作服务民生、服务人民群众的情况。我这次来的一个重要目的就是学习你们的新鲜经验，吸取营养，充实思想，提高认识，为推动全国这方面的工作做积累和准备。借此机会，我代表国家档案局对浙江省各级档案部门在服务民生中取得的出色成绩表示祝贺，对大家的努力工作表示感谢，并向全省档案工作者表示诚挚的问候！

档案工作服务民生、服务人民群众，是档案部门在新的历史时期的重要任务，是在档案工作中贯彻落实科学发展观的直接体现。大家知道，科学发展观是马克思主义中国化的最新成果，是现阶段我国各项工作的指导思想，档案工作也必须以科学发展观为指导。科学发展观的核心是以人为本，而档案工作服务民生、服务人民群众恰恰就是以人为本的集中体现。我们要以胡锦涛总书记关于“以解决人民群众最关心、最直接、最现实的利益问题为重点”的指示

精神为指导，采取切实有效措施，及时建立新形成的与民生有关、涉及人民群众的各类档案，并整合各类民生档案服务民生。

在档案工作中贯彻落实科学发展观，让档案工作服务民生、服务人民群众，要着重建立起两个体系。

一是要建立覆盖民生、覆盖人民群众的档案资源体系。要改变过去重物轻人、重事轻人的档案价值观念，树立“人的档案最重要”的观念，重新认识所有与普通百姓、与民生有关的各种专业档案的价值，把所有涉及人的档案收集齐全，认真管好，让档案资源体系能够覆盖民生的各个领域，覆盖最广大的人民群众。

二是要建立服务民生、服务人民群众的档案利用体系。要改变过去重单位、轻个人，重业务、轻民生的档案利用观念，树立“服务民生与服务业务并重，服务领导与服务群众并重”的利用观念。把所有涉及民生、涉及人民群众直接现实利益的档案优先提供给广大人民群众利用，使档案的利用体系能够便捷高效地为民生服务、为广大人民群众服务。

总之，我们要真正做到：民生所想，就是档案工作之所向；民生所需，就是档案工作之所趋。

近年来，全国各级档案部门都在认真贯彻落实科学发展观，把服务民生、服务广大人民群众作为落实科学发展观的战略举措和服务党和国家工作大局的新的着力点来抓，取得了显著的成绩，使服务民生成为档案工作服务大局的一个新亮点，也成为档案工作出现、重大变化的一个新拐点。各地的主要做法有：

1. 指导建档，即通过制订相关规范性文件，确保将各种新形成的与民生有关的文件材料及时收集归档。近年来，国家档案局与有关部门联合制订了《收养登记档案管理办法》《婚姻登记档案管理办法》《关于加强集体林权制度改革档案工作的意见》《关于促进民营企业档案工作发展的意见》《关于加强银行档案工作的意见》等涉及民生的档案工作规范性文件，还与有关部门正在共同调研起草关于加强农业农村档案工作、社会保障档案工作、社区档案工作、环保档案工作、生产事故档案管理等方面的政策性文件。浙江、上海、安徽、江苏、广东、黑龙江、湖北等许多省市档案行政管理部门也制订了有关社保、社区、医疗等民生方面档案的管理办法。青岛市档案局指导民政、卫生、教育等30多家涉民档案管理部门完善相关业务标准，打造民生档案管理和服务制度保障体系。

在一系列规范性、政策性文件的推动下，许多近些年新形成的涉及民生的专业档案得以及时建立。浙江全省有456个农民专业合作社和农业产业化龙头企业建立了档案，为200多万农民建立了技能培训档案，普遍建立了集体林权制度改革档案并及时接收进馆，为2000多户三峡移民和2万多户滩坑移民建立了完整档案。河北、广东、沈阳等省市为上百万户家庭建立了档案。此外，一些地方还建立了居民体检档案、新型合作医疗档案、低保档案、民情档案、劳资关系档案、小额信贷档案等。这些与广大人民群众直接现实利益有关的档案的建立，为解决人民群众的生产、生活问题发挥了显著作用，深受百姓欢迎。

2. 整合资源，即对分散在各个机关的与民生有关的各类专业档案进行整合，为服务民生准备充足的档案资源。

浙江、安徽、广东、上海、山东、深圳等地积极进行档案资源整合，实行各类档案相对集中管理，大量与人民群众切身利益相关的民生档案，如房地产档案、婚姻档案、知青档案、改制企业档案、土地承包档案、林权制度改革档案、农村税费改革档案、城市低保档案、农民工档案、劳模档案、学籍档案、移民档案、拆迁档案、社保档案、复退军人档案等，被及时从形成档案的各个部门接收到国家综合档案馆，使得大量的民生档案由分散变集中，档案馆为民生服务有了更加充足的资源，档案馆的专业服务优势也得到了更加充分的发挥。各地档案部门还积极开展已公开现行文件利用工作，并主动送文件到社区、到农村，把党和政府改善民生的政策性文件送到老百姓手里，使广大百姓不出社区、不出村镇就可以查阅党和政府的民生政策文件。

3. 优先利用，即对与民生有关的各类档案优先进行整理编目和提供利用，使民生档案与民共享。

各级档案部门对涉及民生的各类档案，集中力量，优先进行整理、编目、划控、数字化及提供利用，以确保民生档案及时服务民生。青岛市档案馆将整理档案的重点放在涉及民生的档案上，编制了医疗改革、土地管理、消费者权益维护、残疾人权益维护、妇女权益维护等30多个专题档案目录，为查阅民生档案提供了极大的便利，来馆利用民生档案的普通百姓大幅增加。随着民生档案工作的不断发展和深入，一些地方的档案利用工作开始出现普通百姓利用多于机关人员利用的可喜局面，标志着我国档案利用工作开始进入广泛为人民群众服务的新阶段，普通百姓历史上第一次成为档案利用的主角。

此外，一些地方的档案部门还热心开展建立家庭档案服务，帮助那些有建档需要的家庭，把家庭过去积累起来的各种发票、账本、证书、奖状、文稿、合同、协议、照片、录音、录像、资料、收藏等进行系统整理，建立起家庭档案，使家庭档案成为家庭管理与维权、社会文明与和谐的好帮手，受到广大人民群众、党政领导及有关部门的好评。家庭建档服务成为档案工作服务民生、服务人民群众，扩大档案工作服务范围，提高社会档案意识的一个有力抓手。

各级档案部门在为民生服务中做了大量实实在在的工作，取得了巨大的社会效益，为和谐社会建设作出了可贵的贡献。主要表现在：

1. 利用民生档案，维护了党和政府的威信。

近几年，党中央、国务院和各地党委、政府在改善民生方面出台了一系列政策措施。在具体落实这些政策措施的过程中，档案部门提供的大量民生档案，成为有关部门开展工作、把好事办实的重要信息保障。如，2006年国务院出台了《关于国家大中型水库后期扶持政策的意见》，规定符合条件的移民及其家属和子孙每年可享受600元的补助金，累计补发20年。许多有水库移民的地方档案馆，为落实这一政策提供了大量移民档案，出具了移民证明。浙江淳安县档案馆高峰时一天接待五六百名利用者，公安部门不得不派人来维持秩序，在不到一年的时间内，共接待查档移民3万多人次，出具移民证明1.2万多份。安徽金寨县档案馆在不到80天的时间内，就接待查档移民一万多人，并创造了一天连续接待利用者达18.5个小时的历史最高纪录。又如，中央出台了扶助弱势群体的一系列政策后，各地在落实和执行中，有关部门为减免贫困户水费、电费而查阅了贫困户档案，为减免贫困生学费、杂费而查阅了贫困生档案，为安置特殊困难职工就业而查阅了失业登记档案等，查阅档案使相关工作部门摸清了情况，确保了党和国家的惠民政策得到具体落实，使人民群众充分感受到党和政府的关怀与帮助，提高了党和政府在人民群众中的威信。

2. 利用民生档案，维护了公民权益。

许多公民通过利用档案，享受到党和政府的惠民政策，维护了自己的权益。如，青岛市某企业职工万女士在办理退休手续时，拿不出曾经下乡的凭证，因而工龄被少算了几年。在青岛市档案馆查到自己下乡的档案凭证后，她激动地留言说："档案馆像太阳一样，给我温暖，给我希望。"安徽省一名企业老职工，由儿子带着跑了好几个部门也未能解决自己的养老保险问题，当在档案馆查到相关档案可以得到养老保险时，万分激动地说："档案馆比我儿子强。"

3. 利用民生档案，维护了社会稳定。

各级档案部门提供民生档案作为凭证，化解了许多社会矛盾和纠纷，平息了不少上访、打官司的案件，有效地维护了社会的稳定，促进了社会和谐。浙江嘉兴市秀州区镇西村部分农户对2002年镇政府扩征他们的土地面积有异议，准备上访、打官司。村干部多次劝阻无用后，想到了查档案，在当时的丈量面积清单和分配清单面前，村民代表心平气和地化解了误会。河北唐山市北苏闸村与邻村为一口石灰窖址的归属发生了纠纷，当从村档案室找到有关凭证后，纠纷马上得到解决。该村由于档案齐全，遇事有据可查，已经连续30多年未发生过上访案件。

档案工作在服务民生中取得了令人可喜的成绩，积累了宝贵的经验。但我们也必须清醒地意识到，这是一项长期的、艰巨的工作，我们现在所做的仅仅是个开始，需要我们在今后的实践中不断完善、不断创新、不断总结。对今后如何进一步促进档案工作服务民生，我初步有以下三点想法。

第一，要进一步总结经验，全面推广。

各级档案部门要认真总结前一时期档案工作为民生服务的成功经验和好的做法，并通过召开会议等形式，让大家相互交流各自在档案工作服务民生中的心得和体会，取长补短，共同提高。对于经过实践检验、成熟可行并受到人民群众一致好评的做法，要用各种形式予以全面推广，让这些成功经验在更大范围得以应用。

第二，要进一步加强宣传，全面推动。

各级档案部门要通过媒体报道、编发宣传小册子、举办展览、召开现场会等各种形式，广泛宣传档案工作服务民生的各种好做法，宣传民生档案发挥各方面重要作用的典型事例，使广大人民群众了解档案中确实有与自己利益息息相关的内容，确实能帮助他们解决一些身边的实际问题，从而促使他们自觉地、主动地、有意识地用档案来解决自己的困难，维护自己的合法权益，从而对档案工作服务民生给以全面的推动。

第三，要进一步加强指导，全面推进。

各级档案部门要本着以人为本、对群众负责的态度，做好档案工作服务民生的指导工作，针对实践中出现的新问题、新情况，认真地想办法、想对策，切实把人民群众的利益放在首位，积极发挥档案工作服务民生、为人民造福的职能。目前，国家档案局正在着手起草关于加强档案工作服务民生方面的文件，而且在今年年底的全国档案工作会议上，我们也将对这项工作进行专门部署，从而推动全国档案部门在服务民生方面迈出更大步伐。

同志们，档案工作服务民生为党和政府联系人民群众搭建了一个新的平台，为档案工作服务社会、造福人民构造了一个新的舞台，为档案事业的可持续发展注入了新的活力。让我们紧密团结在以胡锦涛同志为总书记的党中央周围，以邓小平理论和“三个代表”重要思想为指导，认真贯彻落实科学发展观，勇于创新，扎实工作，把档案工作推向服务民生、服务广大人民群众的新阶段，以服务和谐社会建设的实际行动和优异成绩为党的十七大胜利召开献礼。

（节选于《在浙江省档案工作服务民生座谈会上的讲话》，
该文原载于《中国档案报》2007年9月27日）

档案部门怎样进一步贯彻以人为本、建立“两个体系”

——在2008年档案工作者年会上的讲话

中国档案学会组织召开的2008年档案工作者年会今天召开了。这是首届中国的档案工作者年会。我代表国家档案局对大会的召开表示热烈的祝贺，向大会的所有组织者和参加者表示衷心的感谢，并借此机会向全国广大档案工作者表示诚挚的问候！

两年前，当中国档案学会领导向我提出要举办档案工作者年会这一设想时，我就非常高兴他们有这一创想，非常支持他们把这件事办起来，办好，并且能持续地办下去。为什么呢？因为大家知道，国际档案界有个国际档案大会，那是各国档案工作者会聚的场所、交流的平台、联欢的节日。但那个会四年才开一次，而且多数在国外召开，中国档案工作者能够参加这一盛会的，为数很少。在其他国家，也有类似的档案工作者全国性的聚会，著名的如美国的档案工作者协会年会，每年不但有成百上千的美国档案工作者参加这个聚集交流，而且还吸引了不少外国的档案工作者前去参加。我国是世界各国中档案工作者人数最多的国家，但现在每年却没有一个让全国档案工作者面对面交流的场合，确实很不相称。因此，我特别支持中国档案学会举办中国的档案工作者年会，因为中国是一个有着数以百万计档案工作者的档案大国，是世界上档案人员队伍最为庞大的国家，中国应该有一个这样的档案人员盛会。这在中国档案工作历史上将是一个创举，对中国的数以百万计的专兼职档案工作者将产生很大的吸引力和推动力，在国际档案界也将会产生一定的影响，直至成为仅次于国际档案大会的一个档案界大聚会。我希望中国档案学会能在让广大与会者都有收获、都较满意的前提下，不断地总结经验，把这个年会持续办下去，并且办出水平、办出特色，办成例会、办成品牌；不但办成吸引中国广大档案工作者广泛参加的品牌盛会，而且办成吸引周边各国以至其他国家档案工作者也来参加的品牌盛会；不但办成中国档案学会的一个品牌盛会，而且办成中国档案界直至国际档案界的一个品牌盛会。

经过两年的艰苦筹备，第一届年会在云南省档案局和档案学会的大力支持下，在各地档案部门和广大档案工作者的热情参与下，成功召开了，而且参会人数远远超出我的预想。我开始跟他们说，第一次年会能有500人参加，就是大胜利，但现在已超过一千人。可见这样的活动是全国档案工作者期待已久并广泛支持的，是广受大家欢迎的。我相信，广大档案工作者通过这种形式相聚在一起，互相认识，广泛交流，现场观摩，共同切磋，彼此都会有很大的收获和提高。会议形成的学术成果，也一定会促进档案工作者业务能力和工作水平的提高。同时我相信，中国档案学会也将通过举办年会，为广大档案工作者搭建起交流与友谊的新的广阔平台，从而备受广大档案工作者的尊重与欢迎，成为真正的档案工作者之家。

从一开始我就答应，第一届档案工作者年会举办时，我一定前去参加，以襄盛举，同时也表示国家档案局对年会的支持。我想利用这个机会，同大家交流一下我对档案部门怎样进一步贯彻以人为本，建立“两个体系”这一问题的看法。

建立“两个体系”，即建立覆盖人民群众的档案资源体系，建立方便人民群众的档案利用体系，是我去年秋天开始提出来的。大家知道，去年夏天，胡锦涛总书记在中央党校作重要讲话时，明确提出，科学发展观的核心是以人为本。从那时起，我就开始琢磨，发展要以人为本，档案工作何尝不要以人为本，档案的最大价值应该是满足最大多数人的各种需要，档案工作的终极目标应该是为社会中最大多数人提供他们需要的档案服务。这就需要做到两点：第一点，档案资源体系应该覆盖所有被档案记载过的人，否则，有的人在档案资源中就是空白，当他需要利用有关他的档案时，档案工作者就无法满足他的需要；第二点，档案利用体系应该方便所有想利用档案的人，否则，即使档案资源中有他想利用的档案，他的利用愿望也会落空。

刚好，在这前后，我有机会到青岛、河北、浙江等地调研，看到他们或者利用民生档案服务民生，或者建立家庭档案服务千家万户，或者在城市的社区和农村的乡村两级建立广泛而且先进的档案工作网络，为生活在最底层的普通百姓提供方便快捷的档案利用服务，使有些生活在山区的村民也能在本村、在自己的家门口，看到县政府、乡政府的红头文件，看到村里头跟自己息息相关的档案。这些实践中最鲜活的东西，给了我强烈的启发，激发了我的灵感。2007年9月5日，我在纪念档案法颁布20周年座谈会上讲话时，即席提出了要建立“两个体系”。但由于是即席发挥的，事先准备的讲稿上没有，所以发表时并没有这两句话。9月下旬，我在浙江省民生档案工作座谈会上讲话时，正式提出了建立“两个体系”这个提法。之后，在今年年初全国档案工作暨表彰先进会议上讲话时，我明确提出要“贯彻以人为本，建立两个体系”，并对开始时不大规范的“两个体系”的提法作了规范，即覆盖人民群众的档案资源体系，方便人民群众的档案利用体系。这里的人民群众，指的是所有的城乡居民，指的是最广大的人民群众，既包括了官，也包括了民；既包括了市民，也包括了村民；既包括了名人，也包括了普通人，是没有身份地位之别和高低贵贱之分的。

为什么我们要提出建立“两个体系”呢？

首先，这是以人为本思想对档案工作提出的新要求。以人为本思想的提出和在实践中的贯彻，是我们党在指导思想方面的一个重大转变，它带来社会的一系列重大转变。人成了全社会关注的中心和重点，成了发展的中心目标和重点指向。档案工作必须适应这一转变，把最广大人民群众纳入档案工作的体系当中，并作为体系的中心，围绕人民群众这个中心来确定档案工作的终极目标，建立档案工作的各个体系，调整档案工作的发展路径。

其次，这是科学发展的形势给档案工作提出的新任务。近几年来，随着全党、全国贯彻落实科学发展观的不断深入，民生问题成为党政领导关注的重点，也成为上上下下、方方面面关注的焦点，而大量民生问题的解决，民生档案又起到了关键性的作用。这就把所有涉及人的档案的价值，把有关广大人民群众的档案的价值，给凸显了出来。我们猛然认识到，如果没有大量有关广大人民群众的档案，我们根本无法为各级党政领导维护人民群众的权益以及改善民生去服务。如果说，过去，当全社会都政治挂帅的时候，档案工作体系即使远离广大人民群众，档案工作还可以为党和国家的中心工作服务的话，那么，在今天，当全社会都以人为本、都去关注民生的时候，如果档案工作体系还远离广大人民群众，那就很难谈得上去为党和国家的中心工作服务了，档案工作就要偏离中心了。在全社会都在以人为本、注重民生，改善民生已经成为党和国家工作大局的今天，哪个部门脱离人民群众，哪个部门就脱离中心，就会被边缘化。档案工作服务广大人民群众，就是服务党和国家工作大局。如果档案工作不能以人为本，有效并及时地服务民生、服务广大人民群众，那么，不但各级领导不会重视你，而且全社会和广大人民群众也会冷落你。只有着眼和立足于广大人民群众来建立档案的资源体系与利用体系，有效及时地服务广大人民群众、服务民生，档案工作才有成绩，才见成效，才能受到重视，得到支持，才会具有活力，蓬勃发展。

再次，这是对我国档案工作实践中出现的新趋势的新总结。这些年，随着我们党执政为民理念和以人为本思想在社会实践中的深入贯彻，档案工作也更加关注人民群众，更加贴近人民群众。例如，在继续加强机关档案工作、国有企业档案工作、农业农村档案工作的同时，新拓展了民营企业档案工作、社区档案工作、家庭档案工作等，档案工作涉及和覆盖的人群越来越多，越来越广泛；再例如，档案利用突破历史文件的范畴，新开辟了已公开现行文件利用这一新的领域和“文件超市”这种新的形式，为广大人民群众利用现行“红头文件”打开了大门，提供了方便；又例如，开辟了送文件下乡、为社区和农村档案室建立远程利用终端等新的服务形式，使普通百姓在自家门口就能利用有关档案；还例如，在一些地方的档案利用者中，成分发生了重大变化，普通百姓占据多数，成为利用的主角和主体。这些趋势，都表明我国的档案资源体系和档案利用体系在悄悄发生变化。建立“两个体系”这一想法的提出，不过是把这种趋势揭示了出来、总结了出来、提炼了出来，从而号召、推动、促进广大档案工作者共同去把握这种趋势、强化这种趋势、扩大这种趋势，从而把这种苗头性的东西变成普遍性的东西，把这种趋势性的东西变成现实性的东西。最近我读到毛主席在1945年的一次讲话，中心意思是说：领导就是预见，当你看到一些新生事物刚露头出现的时候，你就预见到它，把它捕捉到，提出来，这就是领导。为了领导，必须预见；没有预见，就谈不上领导。我希望我们各级档案部门的领导，应该预见到目前档案工作中新出现的这种趋势，并积极带领广大档案工作者共同去强化、推动这种趋势，在自己的工作范围内推动建立

“两个体系”。

最后，这是对我们过去档案工作体系中薄弱方面的新加强。在我们过去的档案资源体系中，大多数人民群众的档案和涉及广大人民群众的好多专业档案，进入不了国家的永久性档案资源中，档案资源中涉及普通人、涉及民生的内容相当薄弱。同样，在我们过去的档案利用体系中，对怎样方便人民群众利用档案重视不够，普通群众利用档案还存在着方方面面的不便。如果用以人为本来对照、来检查，这两点是我们过去的档案工作体系中明显的薄弱方面。因此，我们必须针对这两个薄弱方面来重点加强，予以弥补，建立健全适应以人为本新要求的档案工作体系，建立覆盖人民群众的档案资源体系和方便人民群众的档案利用体系。

总之，贯彻以人为本，建立“两个体系”，是我们根据我们党的指导思想、我们国家科学发展的形势、我们档案工作中新的发展趋势和过去的薄弱方面提出来的，既有理论基础，又有实践基础。这个想法提出后，全国档案界反响比较好。《中国档案报》今年就此开设了专栏，广大档案工作者积极参与讨论。今年七月上旬，中国档案学会、江苏省档案学会及苏州市档案学会共同举办了“亲民、为民、利民——实现‘两个转变’，建立‘两个体系’”为主题的学术论坛，不少专家学者发了言。总的看，大家都是非常赞成的。那么，今后我们应该怎样具体来推动“两个体系”的建立呢？我个人有这样几点想法，在这里提出来与大家交流。

第一，要进一步转变观念。在档案价值上，要进一步转变重物轻人、重事轻人、重典型人物轻普通人物的观念和认识，重视所有涉及人的档案的价值，树立“人的档案最重要、最具有价值”的新观念、新认识。在档案服务观念上，要进一步转变重机关团体、轻个人特别是轻普通个人的观念和认识，像重视为机关团体服务、为重点人物服务那样，重视为个人服务、为广大人民群众服务，树立“群众至上”“人民最大”的新观念。

第二，要抓紧修改和制定有关法规。要用“以人为本”的思想，重新审视过去制定的有关档案工作法规制度，修改那些重物轻人、重事轻人、重典型人物轻普通人物的相关规定，修改那些轻视、忽略、排斥普通人档案和不利于普通人利用档案的不合理条款，特别是要尽快修改各立档单位的文件归档范围和保管期限表，确保把涉及普通人、关系广大人民群众切身利益的文件材料，列入归档范围，并延长其保管期限。这是建立“两个体系”最基本、最重要、最迫切、最具体的一件事。这件事不做好，大量涉及普通群众切身利益的各种文件材料，根本就会被排斥在归档范围之外，压根儿就归不了档，进入不了档案，成为不了档案资源，我们的档案资源体系就覆盖不到广大人民群众，人民群众在我们的档案资源中就是空白。做好修改文件归档范围和保管期限表这件事，是功德无量的一件事，是档案资源建设过程中带有根本性、基础性的一件事，因为做好这件事，就为我们做其他任何事奠定了基础、创造了条件。我个人是把这件事看得非常重要的。国家档案局制发的机关文件归档范围和保管期限表，我是多次逐条加以修改的，那里头就把原来许多涉及普通人、涉及广大群众切身利益的文件材料纳入了归档范围，并延长了保管期限。前不久我看到《西安档案》杂志上，刊登了四川一位基层档案工作者的文章，这位作者是个有心人，他把这个修改后新印发的文件同过去的文件逐条进行了对照，并把不同点一一列了出来，发现新的文件体现了“以人为本”，把大量同人有关的文件材料增列进了归档范围或者延长了保管期限。这位作者说得完全正确。另外，我们要求所有中央国家机关都要新修改本单位的文件归档范围和保管期限表，并要报国家档案局审批。对所有报我局审批的各中央国家机关的文件归档范围和保管期限表，我再忙，也都是逐条看，并提出不少修改意见的，我提议修改的重点，就是把所有涉及人的档案扩大进归档范围并延长其保管期限，确保我们的档案资源体系覆盖到更多的人，将来能为更多的人服务。

修改法规还有一个重点，就是要尽快修改各级各类档案馆的进馆范围。对于档案资源体系来说，归档范围是第一道关，它把许多文件材料排斥在机关档案资源体系之外；而进馆范围则是第二道关，它把许多机关档案排斥在档案馆之外，也就是排斥在国家永久性档案资源体系之外。因此，档案馆进馆范围也很重要。如果进馆范围不包括许多涉及广大人民群众切身利益的档案，那么，我们国家的永久性档案资源体系也覆盖不了广大人民群众，将来档案馆为广大人民群众服务又会成为空话。因此，各级各类档案馆都要抓紧按照以人为本的思想，修改自己的进馆范围，切实重视人的档案的价值，注意把人的档案、把有关人民群众切身利益的档案接收进馆。

总之，一个机关文件归档范围，一个档案进馆范围，这两个档案资源体系建设方面最基本、最重要、最具体的文件，要抓紧修改。

在档案利用体系建设方面，要修改有关档案利用规定，注意保障普通群众利用档案的权利，尽量为广大人民群众利用可以利用的档案提供方便。当然，其他的法规制度中，凡是不符合以人为本思想，不利于“两个体系”建设的内容，都要抓紧逐步修改。

第三，要重视过去已形成档案中民生档案资源的整合与开发。在过去已形成的档案中，有不少专业档案含有大量的民生信息，与改善民生、维护广大人民群众权益息息相关。如户籍档案、婚姻档案、干部职工人事档案、人口普查档案、知青档案、军转人员档案、土地承包与流转档案、林权档案、移民档案、土地征用拆迁档案、房地产档案、就业档案、医疗档案、保险档案、计划生育档案、学籍档案，等等。但是，这些涉及人的档案过去有些并没有受到应有的重视。今天，我们贯彻落实以人为本的科学发展观，就应该重视这些档案的价值，加强对这些档案资源的整合，优先整理这些档案，优先把它们数字化、信息化，优先开发利用这些档案。

第四，要时刻关注并重视新形成的民生档案。要密切关注各地区、各部门、各单位在落实科学发展观、改善民生方面出台的新政策、采取的新措施、开辟的新领域、开展的新工作，为这些新领域的工作及时建档，及时把各种新形成的与人民群众有关的各类档案建立起来、收集起来，把它们列入归档范围、收集范围、进馆范围，纳入档案资源体系。例如，对近年新形成的新型合作医疗档案、就业培训档案、居民健康档案、民情档案、新型合作经济组织档案、新型服务性组织档案、新型劳资关系档案、社会保障档案、民营企业档案等，我们档案部门就应该及时跟踪，指导建档。最近召开的党的十七届三中全会，提出要“培育农民新型合作经济组织，发展各种农业社会化服务组织”、“扶持农民专业合作社加快发展”“全面推进集体林权制度改革”“建立健全土地承包经营权流转市场”等新要求。各级档案部门应该积极介入，主动服务，指导农民专业合作社、土地流转中心、林权改革单位以及农民自己，及时建立农业合作、土地流转、山林权益等方面的档案。

第五，要眼光向下，重心下沉，注重做好基层档案工作。机关、企事业单位、社区、乡镇、村形成的档案，与广大人民群众紧密相关，广大人民群众更多的是需要利用这些单位的档案，因此，我们必须下大力气，加强这些单位的档案工作，把基层档案工作夯实。要指导并督促他们制订好本单位的文件归档范围和保管期限表，确保所有涉民档案得到归档收集，不再散失在档案资源体系之外；同时，还要督促帮助他们保管好、利用好这些档案，及时有效地为广大人民群众服务。做好基层单位档案工作要达到以下三个目标：一要把档案工作的网络延伸到所有的立档单位；二要把各单位的归档范围覆盖到所有应归档的文件材料；三要让立档单位的服务满足所有需要利用其档案的人。

第六，要创新工作手段，改进服务形式。去年以来，浙江省档案局主动在一些地方帮助县、乡领导建立"民情档案"，受到基层领导的欢迎，也受到媒体的关注。这种积极主动的服务形式，是档案部门服务科学发展、建立"两个体系"的很好形式和有效抓手，对于发挥档案自身价值、提高档案部门地位、扩大档案工作影响，都有显著的作用。与之相似的是此前青岛市档案局主动与民政部门开发"社区一点通"档案软件，在全市各个社区统一推广使用，也是档案部门服务科学发展、建立"两个体系"的很好形式。另外，有些档案部门开展"送红头文件下乡"活动，把地市级和县级党委政府有关民生方面的可公开现行文件及相关档案，或者复印分送到各社区和各乡镇村档案室，或者通过网络终端传送到各社区和各乡镇村档案室，使普通百姓足不出村便可以看到上级红头文件，享受利用档案的便利。还有的档案部门，与当地电视台合作，把已公开现行文件及有关档案，通过有线电视网，传送进千家万户，普通百姓可以足不出户，通过遥控器点击电视频道来利用档案。还有的档案部门，把相关档案信息通过手机短信进行发送，使普通百姓可以随时随地阅读档案信息。所有这些，都是档案工作手段的创新，都是档案服务形式的创新。今天，科技的发展进步，尤其是信息技术的发展进步，已经为档案部门建立方便人民群众的档案利用体系提供了强大的技术支撑和可供多种选择的技术手段，我们完全可以而且要尽快推动通过计算机网络、手机网络、有线电视网络等现成的先进手段，借助其他部门在社区和农村已经建好的各种网络平台，上载档案内容，开发档案信息，尽快建立起方便人民群众的档案利用体系。

第七，要推进家庭档案工作。近几年，一些地方档案部门联合有关部门，开展家庭档案工作，为有建档需要和建档条件的家庭建立家庭档案，这是档案部门建立“两个体系”的又一很好的工作形式和抓手。各地档案部门和广大档案工作者应该积极仿效这一做法，大力推进家庭建档工作，让档案工作走进千家万户，让档案资源体系和利用体系覆盖千家万户。

（原载于《中国档案报》2008年11月17日）

建立覆盖新农村建设各个方面和全体农民的农村档案工作体系

为了做好社会主义新农村建设档案工作，我们必须统筹城乡档案工作协调发展，建立与农村改革发展和新农村建设需要相适应的、覆盖新农村建设各个方面和全体农民的农村档案工作体系。要实现这样的目标，应从以下几方面着手。

一、以解放思想为先导，大胆破解新农村建设档案工作中的各种难题。

同我国经济社会发展中存在着严重的城乡差别一样，在我国的档案事业体系中，也存在着较大的城乡差别，农村档案工作是我们的薄弱环节，是档案事业发展的短板。在城市，我们每个人都有一份个人档案，记录着我们学习、工作、成长的历程，而占我国人口绝大多数的农民却很多没有自己的档案记录。在城市的每个机关、团体、企业事业单位都建立起了档案工作，重要的档案资料都移交到国家档案馆永久保存，利用者到档案馆利用档案资料也比较方便。而在广大农村，特别是边远和欠发达地区，档案收集、保管、利用体系还覆盖不到所有农村社会组织和农户，很多农村社会组织和农民没有档案，利用档案资料也很不方便，广大农民很难通过利用档案得到帮助和实惠。如果广大的农村不能有效地建立健全档案工作，档案工作不能为广大的农民提供有效的服务，就很难说我们档案事业的发展是全面、协调、可持续的，就谈不上统筹城乡发展，科学发展观就谈不上在档案工作中得到了真正贯彻落实。

党的十七届三中全会提出了到2020年，城乡经济社会发展一体化体制机制基本建立、城乡基本公共服务均等化服务的明显推进等发展目标。对照这一目标，新农村建设档案工作还有着很大的差距，还面临着非常艰巨的任务，还存在着很多亟待破解的难题。各级档案部门要以解放思想为先导，敢于冲破传统观念的束缚，敢于打破传统工作的常规，不为困难所吓倒，不为难题所困扰，着力转变不适应新农村建设发展形势和发展实际的思想观念、工作作风、方式手段、体制机制，着力破解影响和制约新农村建设档案工作发展的突出问题。什么问题突出，就扑下身子先去解决什么问题；什么办法管用，就实事求是地赶紧先采用什么办法。只要能促进档案工作为新农村建设和广大农民服务，该做什么，就抓紧去做，切实去抓，抓三件五件更好，抓一件两件也行。绝不能什么也不敢去想，什么也不愿去做，只在那儿困坐愁城，坐等上级的办法或支持，坐等他人的指点或帮助。要通过解放思想，把畏惧困难的情绪打掉，把克服困难的决心鼓起，把破解困难的勇气唤起，找到破解难题的办法。同时要坚持实事求是，不搞“一刀切”。农村情况复杂，不但全国不能“一刀切”，就是一个市、一个县，差别也不小，也不能搞“一刀切”、只搞一个模式。每个村、每个乡、每个县都要探讨最适用于自己、最有效的档案管理和服务模式。

二、以统筹兼顾为根本方法，探索建立有利于社会主义新农村建设档案工作协调可持续发展的工作体制和机制。

社会主义新农村建设档案工作涉及方方面面，单靠哪一个部门无法总体解决。档案部门必须统筹兼顾，主动争取各方面支持，积极联合各涉农部门和相关部门，借助各方面力量，共同解决农村档案工作中的难题。

（一）努力争取把档案工作列入社会主义新农村建设总体规划。各级档案部门要积极争取当地党委和政府支持，将档案工作列入社会主义新农村建设总体规划和发展计划，争取档案部门参加新农村建设的领导和协调机构，在各专项工作计划中就档案工作提出要求，做出部署，使档案工作与新农村建设同步发展。特别是县级档案行政管理部门要切实加强对辖区内新农村建设档案工作的统筹规划和组织协调，争取把档案工作纳入对乡（镇）村工作的考核内容，纳入示范村、小康村、文明村建设内容，与新农村建设的其他工作一同规划、一同部署、一同检查。与此同时，各级档案部门的领导要积极为基层档案部门开展工作争取一定的政策支持和资金投入。特别是对贫困地区要想方设法创造条件进行重点帮扶和对口支援，争取在最短的时间内完成村级建档任务。

（二）继续建立和完善新农村建设档案工作的协调机制。档案部门要继续加强与组织、民政、农业、林业等有关涉农部门的通力合作，密切配合，建立分工协作的联系制度，创建合力推动的工作机制。各级档案部门应善于找准工作结合点和切入点，积极协调新农村建设的有关主管部门把涉农档案工作列入新农村建设的工作内容和考核范围，在考核各项工作时，同时检查相应的档案工作，形成新农村建设档案工作发展的长效机制。

（三）进一步建立健全新农村建设档案工作的体系。各级档案部门要加强对新农村档案工作体制机制的研究，积极探索适应本地区新农村建设档案工作的体系建设，为新农村建设档案工作提供保障。

县级档案部门处在新农村建设档案工作的前沿，直接肩负着推进社会主义新农村建设档案工作实践的重任。上级档案主管部门要积极协调，帮助县级档案部门健全体制机制，充实业务指导人员。县级档案行政管理部门在新农村建设和发展中，要切实承担起县域内档案体系建设和管理的重要职责，建立健全对各项涉农工作档案管理进行统一协调和监管的制度。要协调有关部门，综合涉农档案信息，统一开发平台，避免重复建设。

乡镇是新农村建设档案工作的中坚力量，起着承上启下的作用，加强和健全乡镇档案工作是做好新农村建设档案工作的关键。各地要抓住乡镇体制改革的契机，创新乡镇档案管理体制，有条件的地方可建立乡镇档案馆或联合档案室，强化乡镇档案管理机构对辖村档案工作的监督指导和档案信息服务的职能。要加快乡镇档案工作规范化步伐，充实档案人员，完善乡镇档案工作制度，改善档案管护条件和服务设施，全面提升乡镇档案的综合管理水平。

行政村是新农村建设档案工作的基础，也是档案工作服务新农村建设的重要落脚点。各地要继续加大普及、规范村级建档的力度。村级档案室建设要切合实际、因地制宜，按照当地经济发展水平，与新农村建设的村容村貌保持一致，与村文化活动室、党员活动室、图书阅览室等相配套。各地要健全行政村建档的指导性、规范性文件，采取必要的措施和手段，确保村级各类档案收集齐全、保管有序、利用方便。不具备保管条件的村，档案可由乡镇代管。

（四）建立县乡村三级档案部门的联动机制。社会主义新农村建设档案工作的实践主体是县乡村三级档案部门。县乡村三级档案部门要建立上下联动机制，既各负其责，又联合行动，一家有好的经验，好的做法，就在乡域内、县域内总结推广，学习运用；一旦上级有新的政策、新的要求，就在乡域内、县域内联合行动，共同实行。县一级、乡一级的档案资源，要以各种有效的方式，在县域内、乡域内实行共享。

（五）县以上各级档案部门，要重心下沉，面向农村。要从统筹城乡发展的高度，像重视机关、企业、社区档案工作那样，切实重视社会主义新农村建设档案工作，加大对农村档案工作的调查研究力度、经验推广力度、业务指导力度、政策支持力度及经费支持力度。我本人打算把湖北宜都作为农村档案工作的联系点，重点是研究和推进农村的“两个体系”建设。希望县以上各级档案部门领导同志，每个人都建立一个农村档案工作联系点（县、乡、村都行），以加深对农村档案工作的了解。要做到：每年在部署工作时，都不能缺了农村档案工作这一块；每当在制定有关政策法规时，都不能忽视农村档案工作的特殊性；每当到基层调研时，都不能忘了到农村蹲一蹲，看一看；每次到表彰先进时，都不能忘了农村基层的档案工作者；每当在向有关部门争取支持时，都不能忘记为农村争一些。

三、以以人为本为核心，建立覆盖农村各方面和广大农民的档案资源体系。

档案资源体系是档案工作的基础，档案资源体系建设好不好，决定着档案工作的基础牢不牢。新农村建设档案工作的首要任务，是要建立一个适应新农村建设需要的档案资源体系。按照以人为本的科学发展观，新农村档案资源体系应该包括两个方面：一是要覆盖新农村建设的各个方面，也就是要把社会主义新农村建设中各个方面、各项工作中形成的有价值的文件材料收集齐全，归档管理；二是要覆盖广大农民群众，也就是把涉及每个农民各方面权益的文件，不管是农民自己形成的也好，还是党政部门、各种社会组织形成的也好，都收集齐全，归档管理。这一点，我们以前强调得不够，各地注意得也不够，所以做得不是很好，可以说是我们过去农村档案工作中的一个薄弱环节。今天，我们贯彻落实科学发展观，按照以人为本的思想来对照检查，必须着重强调在农村档案资源体系建设中，切实注意把涉及每个农民各方面利益的文件材料纳入归档范围，收集齐全，管好用好，从而真正建立起覆盖新农村建设各个方面和广大农民群众的档案资源体系。各级档案部门要把这项工作当作一项重要的、基础性的任务来抓，大抓狠抓，抓细抓实，常抓不懈，持续地抓下去。

怎样建立这样一个新的档案资源体系呢？

（一）要切实转变观念。当前，特别是要转变过去重视政策性、事务性、财务性、物资性文件材料，轻视涉及广大农民各方面情况的文件材料的观念，树立“人的档案最重要”的新观念，注意把涉及广大农民各方面权益的文件材料收集归档。因为随着科学发展观在农村的贯彻落实，农村改革发展的目的是为了广大农民，农村的改革发展依靠的是广大农民，农村改革发展的成果也都是由广大农民来共享的。因此，农村档案的主要利用者是广大农民，农村档案工作的主要服务对象也是广大农民，如果广大农民的档案在农村档案资源体系中缺失，那么，我们用什么去为广大农民服务呢？我们怎么还谈得上以人为本呢？因此，今后我们要把涉及农民权益的档案收集全不全，作为检验农村档案工作好不好的一个重要标准。

（二）要抓紧修订好乡村两级文件归档范围和保管期限表。一个单位的文件归档范围和保管期限表，决定着这个单位的哪些文件要不要归档和归档后保存多长时间。列不进归档范围的文件材料，压根儿就进入不了档案资源体系；保管期限定得短的文件材料，也不能进入长久性的档案资源体系。因此，各单位的文件归档范围和保管期限表，是档案资源体系建设中根本性的文件。过去，乡村两级也都制订过这类文件，但由于那是多年以前制订的，现在来看，它们至少存在两个方面的问题，一是这些年来的农村工作有了很大变化，特别是社会主义新农村建设中出现了很多的新型社会组织，出现了很多过去没有过的新的工作，形成了很多新的类型的文件材料，而过去的归档范围没有包括这些新的内容。二是由于过去制订时的指导思想不是以人为本，所以，对涉及人的特别是涉及广大普通农民群众的各类文件材料重视不够，很多没有容纳进来，在今天来看，这是一个严重的缺失。基于这个原因，我们必须尽快地根据新农村建设发展的新形势、新情况，按照以人为本的新思想，抓紧修订农村特别是乡村两级各立档单位的文件归档范围和保管期限表。国家档案局在2007年在同农业部、民政部联合制发的《关于加强社会主义新农村建设档案工作的意见》中，重新明确了村级档案的归档范围。但这是一个全国性的普遍性文件，而全国的农村情况千差万别，有的村是农区，有的村是林区、牧区或渔区；有的村有几千人，有的村只有上百人；

有的村只有村支部、村委会，没有其他社会组织，而有的村还有好多村办企业，小学、中学、各种服务性组织等；有的村有外来的务工人员，有的村则有外来的务工人员。

这就需要各地根据自己的情况，进一步加以细化，加以调整，制订每个县，甚至每个乡、每个村的文件归档范围和保管期限表。各省档案局要根据国家档案局同农业部、民政部的文件精神，结合本地区实际，指导地、县两级档案行政管理部门，以适当的形式，推动乡村两级各立档单位重新制订或修订本单位的文件归档范围和保管期限表。这件事，有人可能认为是一个具体性文件，是一件小事，但其实不然。因为乡村两级立档单位的文件归档范围和保管期限表关系到我们农村档案资源到底全不全、合理不合理、科学不科学，关系到农村档案工作将来能不能很好地为新农村建设各项工作服务，能不能很好地为广大农民群众服务，因此，它是新农村建设档案工作中非常重要的具有基础性、前提性、关键性的一件大事，这件事抓不好，其他工作都是浮而不实的，都是治标不治本的。因此，我们一定要上下同心同力，高度重视这件事，赶紧去做这件事，大力抓好这件事。要以典型示范，重点抓好典型单位的制订或修订，然后在同类单位中示范性推荐，带动各单位普遍进行。同时，还要做好县和县以上各级涉农单位的文件归档范围与保管期限表的修订，从而为建立从上到下完整健全的新农村档案资源体系创造条件，打下基础。

乡村两级文件归档范围和保管期限表的修订，重点在于：一要把这些年新产生的一些门类或内容的文件纳入归档范围；二要把涉及广大农民各方面权益特别是有关民生的土地、林权、房产、社保、就业、教育、医疗等方面文件纳入归档范围，并延长保管期限。另外，今后还要不断地与时俱进，根据新农村建设进程中的新发展，及时增补新的内容，从而确保农村档案资源体系不断完善。

乡村两级文件归档范围和保管期限表的制订或修订，各省要在2010年年底前全部完成。各个县都应制订本县的原则性意见，并指导乡、村两级立档单位制订本单位具体规范性文件。希望各省档案部门回去后积极予以推动，提出具体要求，督促各地落实。国家档案局将在2010年下半年开展一次专项督查，并把这方面工作列入今后对各地的有关检查、评估等内容。

（三）要加强对所有涉农单位文件归档情况的检查和监督。各级档案行政管理部门要每年对涉农单位特别是对乡村两级立档单位的立卷归档情况进行检查，看他们的文件归档范围和保管期限表制订得合不合理、需不需要再加修改？看他们的立卷归档符不符合其文件归档范围和保管期限表，该归档的是不是都归档了，保管期限定得是不是合理？确保把应该归档的文件材料都收集齐全、完整归档，为提供利用打下基础。

（四）要及时指导新型社会组织建立档案工作。在新农村建设进程中，村办企业、民营企业不断产生，新的合作经济组织和社会服务组织不断产生。最近召开的党的十七届三中全会，提出要“培育农民新型合作经济组织，发展各种农业社会化服务组织”“扶持农民专业合作社加快发展”“建立健全土地承包经营权流转市场”。在土地承包经营权流转过程中，一些地方出现了土地流转经营中心这样的中介组织。各级档案部门一定要紧密关注新农村建设中的新发展、新变化，及时指导和帮助村办企业、民营企业和农村专业合作社、土地流转中心等各种农民新型合作经济组织和社会化服务组织，及时建立档案，把它们形成的档案及时纳入农村档案资源体系当中来。

（五）要热心指导和帮助农业经营大户、科技示范户、致富带头人、文化遗产继承人、农村各界名人等建立家庭档案。这些人的家庭档案，对新农村建设有着重要的保存价值和利用价值，帮助他们建立档案，是档案工作者新的有意义的任务。档案部门应该热心地为有建档条件和要求的农村典型户建立家庭档案，以进一步丰富农村档案资源。

（六）要确保乡、村两级档案的保管安全。档案收集齐全后，很重要的是要保管安全。只有这两个“全”都做到了，档案资源才是完整的，所以确保乡、村两级档案的安全也很重要。各级档案部门要积极想办法，采取各种可行的措施，来确保乡、村两级档案的安全。要以一些地方目前正在进行撤并乡镇、农村社区化建设或新的大行政村建设为契机，争取把乡、村档案室建设纳入这些建设规划中统一进行。有条件的地方，可以村村建立专用的档案室；没有条件的地方，也可在村委会办公室或党员活动室、文化活动室内建立档案柜；实在没有保管条件、村级档案安全得不到确保的，也可以采取村档乡管的模式，把村级不常用档案和重要的档案集中到乡镇档案室管理。各级档案部门要千方百计，开动脑筋，在改善乡、村两级档案保管条件方面想一些办法。对于有条件的乡和村，要鼓励、引导、推动、促进他们自己改善；对于没有条件的乡和村，要想办法给一些支持和帮助，带动他们改善。总之，一定要确保新农村建设档案的安全，绝不能让费尽千辛万苦收集起来的档案再因保管条件不善而毁坏损失了。

四、以有效服务为重点，建立方便农村各方面和广大农民的档案利用体系。

新农村建设档案工作的根本目的，是为新农村建设的各个方面和广大农民群众提供有效服务。新农村建设档案工作的其他各项工作，都是以此为出发点和落脚点的。因此，我们必须创新工作手段，改进服务形式，努力建立起方便新农村建设各个方面和广大农民群众的档案利用体系。

（一）要进一步强化乡、村两级档案部门的档案利用功能和服务功能。乡、村两级档案利用的重点是乡、村两级的干部和群众，要把利农便民，方便本乡、本村利用作为新农村建设档案工作的一个重要特点来考虑和安排。在已经实行村档乡管的地方，要用有效的办法解决各村档案的日常利用和方便村民利用问题。各级档案部门要利用各种形式，进一步加大对新农村建设档案价值与作用的宣传力度，提高涉农部门和广大农村干部群众利用档案的意识和自觉性，培养服务对象，培养用户。要进一步修改不利于各方面特别是普通农民利用档案的利用制度，简化利用手续，降低利用“门槛”，方便群众利用。要主动以各种方式向社会宣传介绍档案信息，让普通农民知道哪儿有什么档案，遇到什么问题可以利用档案去解决。档案管理人员要热情服务，对利用者热心解答问题，热心提供档案，跟踪利用效果，开展深入服务；还要加强主动服务，围绕乡、村的中心工作，主动向有关方面提供档案信息，或者利用档案办一些小型的展览，在乡、村行政中心和农村集市上展出，宣传乡情、村情，宣传乡、村的重点工作，宣传乡、村的典型人物，宣传乡、村的发展变化等。

（二）要积极开展送文件下乡、送计算机下乡、送软件下乡的活动，以方便农村的档案利用。地县两级与农村联系较紧，地级或县级档案行政管理部门，要主动把地、县两级政府每年新公开发布的涉及农村的政策性文件，本级档案馆收藏的、可公开的、目前农村急需利用的档案信息等，复印分送到乡、村两级档案室；有条件的还可以为乡级甚至村级的档案室送计算机，送电子档案，送档案管理软件等，以丰富乡村两级的档案内容，方便乡村各方面和广大农民利用档案。

（三）要积极搭建新型的农村档案利用网络。目前，其他有关部门已经在农村建立了农村党员远程教育计算机网络、广播电视网络、手机网络等。各级档案部门要积极同有关部门沟通合作，利用这些公共信息传播网络，上载档案内容或档案目录，传播档案信息，方便农村的档案利用。国家档案局初步有个设想，准备下一步向有关部门争取实施“农村档案资源共享工程”，争取由国家支持，在乡、村两级档案室配备计算机，或利用已有网络，上载档案信息，促使全国乡、村两级档案室普遍运用计算机网络利用档案，实现农村档案资源共享，实现广大农民利用档案一般不出村的宏伟目标。估计会有很大困难，但也有实现的可能，我们会积极争取。希望各级档案部门也一起向本级有关部门争取，谁先争取到谁就可率先实现这一目标。我觉得这个题目很好，而且所需的资金量也不是很大，在一些地县，甚至一些省市，很快就能实现这一目标。县以上范围，谁先实现这一目标，率先在本地区所有乡和村档案室配备计算机，上载档案，让农民在本村通过点击鼠标利用档案，到时我们就到谁那个地方去开现场会。

五、以提高素质为目标，进一步加强乡村两级档案队伍建设。

任何工作都是由人来开展的，工作水平高低和队伍素质高低密切相关。新农村建设档案工作搞得怎么样，关键在于农村档案队伍的建设。当前乡村档案队伍的主要问题，一是人员不稳，二是水平不高。由于乡、村两级档案人员绝大多数为兼职，今年这个人来兼，明年又是另一个人来兼了，所以对档案工作的基础知识、基本要求、基本技能不熟悉，工作水平很难提高。各级档案部门要强化对乡、村两级档案人员的培训，通过有效的培训，提高他们的素质。要拓宽培训的形式，充分发挥远程教育的作用，组织一些熟悉乡村档案工作的专家，进行深入浅出、通俗易懂、便于实际操作的讲解，并配以实际操作的画面，制作成工作指南光盘，或通过计算机网络，发送到乡村档案员，让他们随时可以看，而且一看就懂，一学就会。这样，不管换了什么人，只要看了这些讲座，就可以学会怎么干，就可以知道怎么干好。希望有条件的省先这样干，效果好了，我们再向全国推广。此外，各级档案部门也要在如何稳定农村档案队伍、提高农村档案人员素质上多花些精力，多投入些力量。因为这是提高新农村建设档案工作水平的根本大计，我们必须高度重视，下力气抓好。

农村是一个广阔的天地，新农村建设和农民新生活为档案工作服务提供了广阔的舞台，档案工作在农村是可以大有作为的。让我们在科学发展观的指导下，瞄准农村改革发展的新领域，贴近新农村建设和农民生活的新需要，不断推进农村档案工作上水平，创造为社会主义新农村建设服务的新业绩！

（节选于《在全国社会主义新农村建设档案工作现场会上的讲话》，该文原载于《中国档案》2008年第12期）

以丰富馆藏、提高安全保障能力和公共服务能力为重点，实现档案馆事业新跨越

21世纪头十年，我国档案馆事业取得了重大发展。下一个十年，全国档案馆工作要紧紧围绕党和国家工作大局，以建成“两个体系”为目标，以丰富馆藏、提高档案安全保障能力和公共服务能力为重点，搞好馆舍建设、馆藏建设、信息化建设、公共服务建设、安全建设，努力把各级国家档案馆建设成为档案安全保管基地、爱国主义教育基地、档案利用中心、政府公开信息查阅中心、电子文件中心“五位一体”的公共档案馆，实现档案馆事业的跨越式发展。

第一，大力加强馆舍建设，为档案安全保管和社会利用提供坚实保障。多年的实践证明，符合规范的档案馆馆舍是做好档案馆各项工作的前提和基础。“5·12”汶川地震中档案严重受损和德国科隆档案馆的坍塌再次警示我们：档案馆舍对于确保档案的安全有多么重要。

一要把馆舍建设当作大事要事去抓。目前，新一轮馆舍建设正在全国各地掀起，一批功能齐全、面积符合国家建设标准、具有地方特色的档案馆舍建了起来，为其他地区的档案馆舍建设带了好头，起了示范作用。这有利于在馆舍建设方面形成一种你追我赶、力马奔腾的生动局面，从而把馆舍建设不断推向新的水平。凡档案馆建设任务没有完成的各级档案局馆，都要把馆舍建设当作档案工作的重要基础性工作去思考，作为今后的工作重点和向各级领导争取支持的首要目标去抓，争取把这项工作抓出成效来。

二要在馆舍建设上追求更高标准。东部沿海地区要不断巩固馆舍建设取得的积极成果，并在此基础上，继续把馆舍建设水平向上推升。中西部地区要以这次国家拟安排中央预算内投资补助中西部地区县级综合档案馆建设为契

机，全力抓好档案馆建设。档案馆建设要符合《档案馆建设标准》和《档案馆建筑设计规范》；要满足“五位一体”的功能需求，不能仅仅只是一个档案库和档案人员办公室，而要充分满足公共服务和对外开展宣传教育的功能需要；外观和功能设计上要突出地方特色和档案特色；要尽地方的最大努力，在国家补助面积的基础上，争取更高标准、更高质量；在建馆舍的同时，要建好配套设施。

三要上下一心共同实现馆舍建设的目标。今后十年，全国档案馆建设的目标是，在五年内消除各级国家档案馆中的“无库馆”“危房馆”现象，实现副省级市以上国家档案馆面积达标；十年内实现全部国家档案馆面积达标，把各级国家档案馆建设成为面积达标、设施完善、功能齐全，具备档案安全保障能力和公共服务能力的新型公共档案馆。

第二，突出抓好馆藏建设，尽快建立覆盖人民群众的档案资源体系。馆藏建设是档案馆事业发展的永恒主题。没有丰富的馆藏资源，档案馆的公共服务功能也就无从谈起。我们要坚决贯彻以人为本的科学发展观，按照建立覆盖人民群众的档案资源体系的要求，下大力气抓好馆藏建设。

一要按照《机关材料归档范围和文书档案保管期限规定》，指导各级机关编制好《机关文件归档范围和保管期限表》，并督查其认真执行，实现档案资源的前端控制。对各机关报送的文件归档范围和保管期限表要进行认真审核，确保把反映党和国家重要工作、反映该单位基本职能和涉及公民、关系广大人民群众切身利益的文件材料列入归档范围，并延长其保管期限。

二要及时修改调整档案馆的接收范围并及时接收档案。档案馆接收范围是档案馆业务建设的根本和依据，加强档案馆资源建设，必须要下大力气修改和完善档案馆接收范围。各级国家档案馆要在三年内按照以人为本的思想，全面完成本馆接收范围的修改。接收范围的修改，要充分考虑到本级党政机关的二级甚至三级单位永久档案的归宿问题，充分考虑民生档案的接收问题，充分考虑改制和破产企业重要档案的接收问题等，切实做到把对国家和社会、对广大人民群众具有保存和利用价值的档案都接收进馆，做到应收尽收。千万不能以现有馆库面积来定接收范围，而一定要以未来社会需求来定接收范围。接收改制和破产企业档案要借鉴江苏苏州等地的工作经验，在接收档案的同时，把企业档案管理机构、人员、经费、馆舍等问题统筹报请党委、政府一并解决。从明年起，国家档案局将把副省级市以上档案馆接收范围的修改列入备案审查，并把已修改的、有示范作用的接收范围在全国转发，同时，对副省级市以上档案馆贯彻国家档案局8号令及接收范围的修改情况进行专项督查，并在全国范围内进行通报。希望地方各级档案行政管理部门也对档案馆接收范围的修改工作进行专项督查和通报，以把这项对国家档案资源建设带有根本意义的工作抓实抓好。各级国家档案馆对重要单位的重要档案，还要根据需要，提前予以接收，以确保其集中保管和绝对安全。要依法把属于接收范围的立档单位的档案及时接收进馆，特别是按照国家档案局《关于加强民生档案工作的意见》要求，把涉及人的档案尽可能全面地尽快接收进馆。

三要积极以多种形式进行档案资源整合。各地应借鉴上海、广东、安徽、哈尔滨等地档案管理模式改革的经验以及一些地方运用网络对本地区档案或档案目录进行整合的经验，结合本地区实际，不断创新本地区档案资源整合的模式，积极运用档案集中保管、建立国家档案馆分馆、进行档案信息的网络整合、开展馆际协作及馆室协作等多种形式，进行档案资源整合，为档案资源社会共享打下基础。在档案资源建设上，我们既要尊重现状，又要敢于突破，敢于打破现状，创造新的模式；既要普遍号召，又不强求一律，坚决不搞“一刀切”，不要求一种模式。各地区要从本地区实际出发，确定适合于自己的档案资源建设与整合方案，运用自己的档案资源建设与整合方式。总的方向是建立覆盖人民群众的档案资源体系，为档案馆服务和谐社会建设提供档案资源支撑。

四要通过征集、交换档案复制件等方式，继续加快对散存在民间及境外的具有保存价值的重要档案的征集步伐。鼓励个人向国家档案馆捐赠或寄存档案。对于经鉴定确有重要历史文化价值的民间档案和具有明确线索的境外保存的散失档案，可以列入国家重点档案抢救和保护范畴，使用国家重点档案抢救补助经费进行征集。

第三，加快搞好信息化建设，推进档案信息资源社会共享。信息化是当今世界经济和社会发展的必然趋势，是一场深刻的科技创新和技术变革。它直接影响到作为国家重要信息资源储存基地的档案馆。对此我们要重点采取以下两条应对措施。

一要加强电子文件中心建设。随着信息技术的广泛应用，办公自动化的日益普及，电子文件大量形成，今天的电子文件就是明天的电子档案，因此，以建立本级电子文件中心为突破点，加强电子文件的归档和电子档案的管理，是今后各级档案馆的一项重要任务。各级国家档案馆要积极建立本级电子文件中心，对本级各机关电子文件进行统一备份和集中保管，并按照已发布和将要发布的电子文件管理法规和技术标准，按照2007年全国电子文件中心建设经验交流会精神，对电子文件进行科学管理和异质、异地备份，并按规定开发利用。电子文件中心建设要借鉴国内一些已建好的单位的经验和国外经验，把保安全作为重点，运用最先进、最有效、最管用的手段，确保电子文件的真实有效和长期可读。

二要加快数字档案馆建设。数字档案馆是信息时代档案馆的发展方向，是档案信息化整体水平的集中体现。建设高水平的数字档案馆要规划好、设计好数字档案馆软件系统，选用好数字档案馆的扫描设备和存储介质，确保数字化档案真实完整、清晰可读、利用便捷、长期可用；要做好其他介质档案数字化的前期处理工作，使其完整有序，不缺不乱；要对数字档案进行鉴定，划分开放和控制利用两部分，对开放部分要利用党政网、互联网等平台及时向社会提供，及时实现档案资源的社会共享。要扫描一批，利用一批，不要光扫描，不利用，把数字化档案束之高阁。要按照有关业务规范和技术标准，迅速建立档案资料目录数据库，并将可公开目录在网上公布，供利用者远程检索。各级国家档案馆还要充分利用信息技术和网络优势，对本地区各个档案部门的有关档案资料、不同地区档案馆的有关档案资料进行信息整合，实现更大范围的档案信息社会共享。

第四，切实加强公共服务能力建设，建立方便人民群众的档案利用体系。为全社会、为广大人民群众提供便捷的档案信息，是各级国家档案馆履行政府公共服务职能的重要任务。各级国家档案馆要紧紧围绕党和国家工作大局，围绕各级党委、政府的中心工作，围绕领导需要、社会需要和群众需要，运用各种手段和形式，及时提供档案资料，广泛开发档案信息资源，从各方面加强档案馆的公共服务能力建设，建立方便人民群众的档案利用体系，实现档案信息资源社会共享。

一要大力加强档案馆的各项利用设施建设。要高标准、高要求地建设好各类档案的阅览场所、政府信息查阅场所、档案展览陈列场所、档案宣传教育场所、档案远程利用场所等，同时配置好相应的设备，使档案馆的场所、设备等硬件设施能满足各项功能的需要，特别是公共服务的需要，使各方面利用者能享受舒适、便捷的服务。

二要加大档案开放和提供利用力度。要加快档案的整理步伐，特别是按照《档案法》的规定，加大馆藏形成满30年档案的鉴定和开放力度，尽快做到应开放的档案资料全部开放。要完善利用制度，简化利用手续，积极向利用者提供档案资料。要把档案利用服务向基层延伸、向群众倾斜，通过送档案文件下农村、进社区，利用网络平台和电台、电视台等新闻媒体发布档案信息等形式，并不断创造其他新的便利社会各个方面和广大人民群众利用档案的档案利用形式，不断推出社会关心、人民群众需要的档案信息，真正做到让利用者方便，让人民群众满意。

三要积极发挥档案馆的社会教育功能。要紧紧围绕档案馆为构建社会主义和谐社会服务这个主题，努力挖掘档案所蕴含的历史内涵、文化内涵和思想内涵，积极融入社会，通过制作档案文献电视片、举办档案展览、制作网络视频节目、出版档案史料汇编等形式，对档案信息进行深加工，开发研制有品位的档案文化产品，对广大青少年和人民群众进行爱国主义教育，为社会主义文化大发展、大繁荣服务。要积极推动传统档案馆向公共档案馆转型，发挥档案馆的爱国主义教育功能，按照《国家档案馆爱国主义教育基地工作规范》的要求，通过举办学术报告会、讨论会、笔会、讲座，开展以历史、文化、革命传统、科普知识为主题的团日、队日、班会、夏令营活动等方式，让更多公民走进档案馆，接受各方面的教育，提高公民的思想道德水平和科学文化水平。我们将配合教育部在调研和试点的基础上，适时启动中小学生社会实践示范基地工作，推动档案馆爱国主义教育基地建设可持续发展。

四要进一步做好政府公开信息查阅工作。要进一步完善政府公开信息的报送、利用等各项规章制度建设，为公民、法人或其他组织获取政府公开信息提供便利，把《政府信息公开条例》赋予各级国家档案馆的这一新职责切实履行好。

第五，始终不懈地抓好安全建设，确保档案信息安全保密。

一要加强安全督查。国家档案局将继续每年对省级和副省级市档案馆进行安全保密专项督查，各级档案行政管理部门也要对本地区档案馆进行安全保密检查，发现安全责任事故，及时严肃处理；发现隐患，及时下达整改通知并限期改正。各级国家档案馆要经常对档案安全保密进行专项自查，及时排除各种安全保密隐患。要加强安全保密制度建设，特别要建立和落实安全保密责任制，做到谁的事，谁来管；谁出事，谁负责。

二要加强安全保密设施建设。要在档案馆的相关部位配置视频监控、自动报警、自动灭火、门禁系统等设施、设备，使档案安全保密现代化、自动化、可控制、可追溯。

三要加强应急管理。要建立严格的突发事件防范和应急处置责任制，制定相关工作预案，并经常开展应急处置演练，切实履行各自职责，保证突发事件应急处置工作的进行，最大限度地预防和减少突发事件对档案造成的危害。

四要建立重要档案的异地、异质备份制度。为了确保国家档案安全，各级国家档案馆要通过建立异地备份库等形式，对本级重要档案及电子文件实行异地备份，对重要的电子文件还要实行异质备份，确保电子文件的长期可读，确保档案信息资源的绝对安全。国家档案局提倡和支持省级和副省级城市档案馆自愿结对，互为对方建立档案备份库。日前，南京市档案馆和哈尔滨市档案馆就双方互建重要馆藏档案数据备份基地初步达成协议，并将启动实施。希望其他没有自己异地备份库的省级和副省级城市档案馆，积极行动，把建立重要档案异地备份库作为档案安全的一项必要工作来抓，或者自建异地备份库，或者与兄弟省市档案馆互在对方设立备份库。这项工作限在2012年年底前完成，国家档案局将从明年开始每年把这方面情况在全国范围内进行通报。互为对方设立异地备份库，以自愿为前提，其管理形式由双方商定，并由各馆自行开展，国家档案局不统一组织结对。市县级档案馆的备份方案由各省自己确定，并积极推进。辽宁省档案局已就市、县级档案馆备份中心建设提出了方案。他们的做法，值得各地借鉴和学习。

五要加强档案安全管理。各级国家档案馆对所有已有各种形式复制件的档案原件要进行封存，并定期检查其安全，没有特殊需要，不再对外提供利用，以防止档案在利用中受损。要不断完善、严格执行各项规章制度，并在实际工作中认真贯彻落实。要定期对档案人员进行档案安全保密教育，深刻认识档案安全保密的重要性，始终把档案安全保密放在各项工作的首位，筑牢档案安全保密思想防线。

（节选于《档案学研究》2009年第6期）

以实现农村档案信息共享为目标，开辟社会主义新农村建设档案工作新天地

刚刚闭幕的十七届五中全会提出“十二五”期间要统筹城乡发展，加快推进社会主义新农村建设，加快经济社会各领域信息化。农村档案信息共享工作，是实现城乡统筹发展、加快推进新农村建设的一项重要工作。在“十二五”期间，我们要把这作为农业农村档案工作的一个重点来抓，也作为全国档案工作的一个亮点来抓，争取在“十二五”期间，使这项工作取得突破性和实质性进展。具体地说，就是争取在全国90%左右的农村地区实现各种形式的档案信息共享，其中，确保东部省份有80%左右、中部省份有60%左右、西部省份有40%左右的乡镇和村，要实现网络形式的档案信息共享。这一目标如能实现，我国的档案工作水平和档案工作为社会主义新农村建设服务的水平，就将迈上一个新的台阶。

那么，怎么去实现这个宏伟目标呢？关键要解决“怎么看”和“怎么干”的问题。

概括地说，“怎么看”，首先要看清什么是农村档案信息共享。农村档案信息共享，简单地说，就是把涉及“三农”的档案信息，通过各种可行有效的形式，送到农民身边，实现农民利用档案信息不出村的目标。“共享”实际是更大范围、更多人的利用。传统的档案利用是一对一的提供利用，“共享”则是一对多、一对众的提供利用。这是现代档案工作与传统档案工作一个本质性的重要区别。实现“共享”，都有些什么可行有效的形式呢？目前各地已经做的，至少有三种形式。第一种是网络形式，也就是在已经通有各种网络的地区，档案部门把涉农档案信息上传到网上，农民和任何人都可以在网上利用。这是目前最先进的形式，可说是最广泛的共享。第二种是计算机加光盘的形

式，也就是在网络没有覆盖的地区，档案部门把涉农档案信息刻成光盘，送到有计算机的乡、村档案室或其他公共场所，农民可以在计算机上看光盘中的档案信息。第三种是纸质复印形式，也就是在没有网络也没有计算机的地区，档案部门把涉农档案信息编印成册，送到农村档案室、文化室、农家书屋等，让农民利用。当然在网、盘、书这三种形式以外，有些地方还创造了其他的形式，如运用电子触摸屏或广告屏、运用电视滚动字幕、运用手机等发布档案目录等信息。但不管哪种形式，只要把档案信息主要是涉农档案信息送到农民身边了，农民能在本村方便地利用到档案信息，享受到档案信息的便利了，都可以叫实现了农村档案信息共享，并不是说只有运用最先进的网络形式才算，别的形式就不算。只有这样认识，我们才能因地制宜、多措并举地推进农村档案信息共享。

“怎么看”还要看清农村档案信息共享工作的重点。第一要看清需要共享的档案信息内容的重点，那就是农民最迫切需要的东西，主要是三部分。一是各级特别是本县市政府及其涉农部门以及各个乡镇发布的有关“三农”的政策性文件；二是关系到农民各方面切身利益的凭证性材料；三是可以帮助农民致富和更好生活的各种知识性、技术性信息。目前需要共享的并不是所有“三农”档案，而主要是这三部分东西。它们主要存在于县级档案馆和县级各涉农部门以及各个乡镇。第二要看清开展这项工作的重点部门。开展农村档案信息共享工作的重点部门是县级档案局馆、县级各涉农部门的档案室、乡镇档案室，其中，县级档案局馆是重中之重的关键部门。为数众多、处于最基层的村级档案室，由于其档案就在本村，其他村的人很少利用，所以，即使他们的档案暂时不上网、不扫描，也不太影响农村档案信息的共享。作为农村档案信息的落脚点，他们的主要任务是怎么让上级档案部门送到村的档案信息有效地提供给村民利用。等将来条件具备时，村的档案再扫描上网。

所谓“怎么干”，首先要弄清本县市乡镇和村目前有没有通各种网络、大约有多少地方有计算机，从而根据这种县情，确定干的方向或形式。已通有各种网络的，可选择把相关档案数字化后传到网上；未通网络但已有计算机的，可选择把相关档案数字化后刻成光盘再分送到有计算机的乡、村；连计算机也没有的，则可选择把重要档案编印成册，送到农村。其次要重点解决最基本的设备。共享工作的最基本设备是数字化扫描设备，即扫描仪加上计算机，一台（套）需七八千元，一个县要想启动这项工作，至少也必须有一台（套）扫描设备。如果要刻录光盘或打印，还需再花一两千元，配刻录或打印设备。这些设备有条件的县可以自己解决，条件差的县可以省、地、县三级共同解决，即省级、地级、县级各拿一部分。一台扫描仪如果充分利用，一年至少可扫描二三十万页档案，即使一个县仅有一台，五年下来，扫描数量也较可观了。只要把档案扫描了，数字化了，就既可传到网上，又可刻成光盘，也可打印成册，从而实现共享。第三，要有具体的干法。有条件的县，可让各重点单位分别配备扫描设备，让他们各自扫描自己的，条件差而只有一台设备的，可由县档案局馆集中使用，分头到各重点单位去扫描。扫描中要先扫农民急需的且又是内容可以公开的，扫描后经审核即可传上网或刻光盘、编印成册送到农村。网络或计算机都不必是档案部门专用的，其他部门的也可以，只要在乡镇和村的公共场所就行，档案部门完全可以借助它们为农民提供档案信息共享。

具体地说，究竟“怎么看”“怎么干”，我们需要做到五个“进一步”。

一、要进一步提高对农村档案信息共享工作的认识

（一）实现农村档案信息共享是反映社会主义新农村建设重要内容的一项基础性工程。农村档案反映了新农村建设的各方面成果，记录了新农村发展的整个历程，是今后新农村建设必须应用的基础性信息，对提高农村基层组织管理水平、实现村民民主决策、保护农民合法权益、维护农村社会稳定、发展农业生产等，都具有十分重要的基础性作用。同时，新农村建设不但体现在建新房、修新路等农村硬件的改善上，而且更重要的体现在教育资源、医疗资源、科技文化资源、档案信息资源等的互通共享上。因此，实现农村档案信息共享，是反映新农村建设重要内容的基础性工程，是新农村建设中不可或缺的一个重要部分。不仅档案部门要重视，各级领导和涉农部门也更要重视。

（二）实现农村档案信息共享是反映广大农民迫切愿望的一项民心工程。在新农村建设中，农民的最大愿望是求富裕、求稳定、求发展。农村档案信息共享正是帮助农民增收、实现农村稳定、推动农业发展的民心工程。过去，农村特别是偏远乡村的农民查个档案非常不方便，再要寻求个生产经营信

息什么的就更困难了。这主要是我国农村人口居住比较分散，档案信息离农民太远。开展农村档案信息共享工作，通过送档案下乡特别是通过现代化的网络和计算机技术可以使档案真正成为农民致富的好帮手。各地在农村档案工作中，要以档案信息共享为核心，以农民一般查档案不出村为目标，把贴近农民实际需求的农村政策文件、政府公开信息、馆藏档案资料等，传到网上或者送到村上，把这个民心工程真正建到农民心中。

（三）实现农村档案信息共享是反映农村档案工作新方向的一项带动性工程。农村档案工作的未来方向是什么？新农村建设档案工作与过去传统的农村档案工作的最大区别是什么？是档案信息共享。档案信息共享工作覆盖了档案工作的主要方面和业务环节，是一项综合性的系统工程，开拓了农村档案工作的新领域，反映了新农村建设档案工作的新面貌，对档案工作的标准、规范以及档案的收集鉴定、整理保管、编目利用等工作提出了新要求，将促进农村档案工作跨上新台阶，带动新农村建设档案工作的整体发展，是今后农村档案工作的发展方向和主要目标。开展这项工作，可以全面带动农村档案工作的各个方面。因此，它是反映农村档案工作新方向的一项带动性工程。

（四）实现农村档案信息共享将把我国档案工作全面提升到一个新水平。我国档案事业的发展水平与世界发达国家的差距在哪里？主要的不是在城市，而是在农村，特别是在农村的档案信息共享这方面。这几年，我们党和国家提出要统筹城乡发展，实现城乡一体化。不仅经济社会发展要如此，档案事业发展也要如此。农村是我国区域最广大的地区，农民是我国人口数量最多的群体，没有农村档案信息的共享，就没有全国的档案信息共享。进入21世纪以来，跟随世界信息革命的脚步，我国大力推进档案信息共享工作，以促进档案工作的跨越式发展。但是，仅仅在城市和发达地区实现档案信息共享是远远不够的，缺少了农村这一块依然不能根本改变我国同发达国家档案工作水平的差距。实现农村档案信息共享能够弥补农村档案工作在国家整体档案事业发展中的短板缺陷，是我国档案事业发展水平普遍提高的一个显著标志，将把我国的档案工作全面提升到一个新的水平。各级档案部门应充分认识这一点，并把这项工作作为一项重要工作来抓。

（五）实现农村档案信息共享必须破除畏难思想。“最大的畏惧是畏惧本身”。凡事不怕难，而怕“怕难”。当前，实现农村档案信息共享的最大的困难不在别处，而在于我们一些同志的畏难思想。有的人认为本地区没钱、没设备，搞不了共享，有的人认为本地农民没需求，没必要搞共享。实际上，从现在一些已经搞起来的地方的实践看，开展这项工作并不太难，关键是想不想去做。只要真正想做，没有条件也能创造出条件去做。比如，有些档案部门自己没有网络，他们主动借船出海，利用别的系统在农村已建的网络去上传档案信息；有些本地区没有任何网络，他们把农村档案信息刻成光盘或者选编成册，送到各个乡村。美国现在实施一个为贫困人口提供免费阅读的项目，名称叫“为了站得更高”。我们实施农村档案信息共享工程，也可以说是为了让几亿农民站得更高，让他们像城市居民一样能够享用档案信息。只要我们能站在这个高度上去认识这件事的意义，带着对农民的感情去做这件事，我们就一定能够克服任何困难，积极动手去做这件事，直到完全做成这件事。我个人也是带着对农民的感情来推动这件事的，因为我出身于农民，当过农民。我曾说过，我现在最大的愿望就是让我国的广大农民利用档案不出村，便利地共享档案信息，共享档案工作现代化的成果。我希望我们共同努力，尽快地实现这一愿望。昨天我们在胶州市北关办事处，看到他们提出的一种干事的精神，叫“盯上、靠上、摽上、豁上、拼上”。各级档案部门都要用这“五上”的精神来干农村档案信息共享这件事。

二、要进一步争取各方面的支持

（一）争取领导和有关单位在政策、资金、网络等方面的支持。农村档案信息共享是一项利国利民、顺应人心的工程，档案部门要积极争取当地党委、政府的重视与支持，把农村档案信息共享工作摆上议事日程，列入各地政府的信息化发展规划之中；把档案部门纳入当地的信息化工作小组，参与地方的信息化建设工作；把农村档案信息共享平台建设纳入政府信息化建设中，同步发展，配套应用；为档案部门解决档案数字化所需的基本的设备购置资金。档案部门还要争取有关部门的支持，借助他们的电子网络、服务网点、公用设施等，开展档案信息共享。

（二）争取各涉农单位的支持，形成齐抓共管、部门联动的工作机制。随着农村各项事业的发展进步，许多涉农单位把涉农档案列入新农村建设的工作内容和考核范围，有的部门还主动联合档案部门共同部署工作、共同协调行动。在新农村建设中，农业、民政、林业等主要涉农部门都曾主动联系档案部门，建立各种协调机制，相互配合，取得了良好的效果。各地档案部门要积极争取当地各涉农部门的支持，同他们齐抓共管，互相联动，分工协作，共同推进档案信息共享工作。要争取同他们共同部署这件事，各涉农部门分工负责，分头按照档案部门的统一标准，把本部门的涉农档案数字化，由档案部门加以整合，实现共享。

三、要进一步狠抓农村档案资源建设

档案资源建设是档案信息共享的基础。没有丰富的资源，档案信息共享只能是“无源之水、无本之木”。所以一定要进一步狠抓农村档案资源建设。

（一）加强各涉农单位的档案工作。县级党委政府及其各涉农部门的档案，直接涉及广大农民的合法权益和切身利益，是农村档案资源建设的重点部位。档案部门要加强对这些部门档案工作的制度建设和业务指导，重点联系农业、林业、民政、公安、社保、土地、水利、卫生、教育等主要涉农部门，帮助并督促他们把大量涉及民生的档案及时归档，收集齐全，并尽快予以数字化后及时向档案馆移交并提供数字化信息。当涉农部门进行撤并改革时，档案部门要加强督查，防止档案因机构变动而流失，保证档案资源齐全完整。

乡镇档案室是农村基层档案工作的主阵地，加强这一阵地是做好农村基层档案资源建设的关键环节。要不断加强乡镇档案室的建设，并不断扩大其档案来源，赋予其档案信息整合的管理权限，条件允许的地方可以成立乡镇档案馆。广东东莞市大朗镇档案馆同时也是东莞市档案馆的分馆，既整合了全镇的档案资源，同时也成为东莞市档案馆资源的一个组成部分，这种做法值得推广。还有一些地方对保管条件差的村实行“村档镇管”，也有利于农村档案资源的整合和安全。要创新乡镇档案管理机制，强化档案队伍，为档案资源建设创造有利条件。

要继续推进行政村建档工作，不断提高村级建档水平，强化各项硬件和软件建设，把行政村的档案室打造成档案资源建设的基层堡垒。对于村级建档，各地要放在极端重要的地位来抓，因为这一层的档案是直接服务于农民群众的，村级档案如果缺失或损毁了，造成的损失和影响将难以弥补。在这方面，大连的经验值得学习。明年，我们准备配合民政部制定村级档案管理的相关规范性文件，进一步提高村级档案工作的规范化水平。

（二）不断修改各涉农部门和乡、村档案室的文件归档范围和保管期限表。县、乡镇、行政村要做好国家档案局8号令的贯彻落实工作，及时修订各自的文件归档范围和保管期限表，特别注意把一些新门类和涉及广大农民利益的各类民生档案纳入归档范围，不断完善新农村建设档案信息，逐步建立起覆盖农村各个方面和全体农民的档案资源体系。一要关注新农村建设发展的新变化，把乡、村所属的各个所、站、办、企以及各种农村新型经济合作组织和各个新的工作领域产生的文件以及新型载体文件纳入归档范围，明确保管期限。二要关注广大农民的各方面权益，把有关民生方面的如土地、林权、房产、社保、户口、婚姻、医疗、教育、移民、计划生育、粮棉补贴、金融信贷等涉及农民切身利益的文件全部纳入归档范围，并延长保管期限。三要突出地方特色，把反映和代表地方特色的，具有典型性、代表性的人物和事件，以及特色产品、历史文化遗产等方面的文件纳入归档范围。各级档案部门一定要深入基层、认真调研、加强审核，使每一个涉农部门、每一个乡镇、每一个村都有规范适用的文件归档范围和保管期限表，并在今后随着形势的新发展而随时加以修改，不断扩大归档范围，不断丰富档案资源。

（三）加强对农村基层归档、建档的指导。农村基层档案工作由于人员编制等条件的限制，管理基础比较薄弱，这就要求各级档案部门把基层建档、归档作为业务指导的重点来抓。县级档案局是重点，是主体，负有重要的责任，不但要指导好县级各涉农部门的档案工作，而且要指导好乡、村两级的档案工作，要把重心沉下去，跑乡村，下基层，实地督查指导帮助。县以上各级档案局也要重视农村档案工作这一块，在政策法规标准制定、人员培训、经费投入、设备支持等方面给以倾斜。要本着制度为先、规范为主、实效为重的原则，以档案的齐全完整、规范有序为目标，力争在基层建立起制度全面、扎实有效的档案收集整理体系，最大限度地拓展农村档案信息共享工作的基础。

（四）整合各涉农单位的档案信息资源。由于受到行政管理部门条条和块块的分割，农村档案信息资源不系统、不完整。各级档案部门要大力做好各部门涉农档案信息的整合工作，不断丰富农村档案信息资源。不仅要整合县级档案馆和乡镇的档案资源，还要整合县级民政、土地、农业、林业、水利、社保、公安、计划生育、教育、文化、卫生、质检等各个涉农部门的民生档案信息，构建尽可能覆盖农村各个方面和全体农民的农村档案信息资源库。档案信息资源整合的方式可以不拘一格。可以进行档案目录的整合，也可以进行各种档案副本的整合，还可以进行档案实体的整合，也可以同相关主管部门进行信息资源互换。

四、要进一步狠抓农村档案信息共享工作

有了资源不共享，资源再多也发挥不了作用。各级档案部门要把农村档案信息共享放在农村档案工作的突出位置来抓，在怎么共享上下力气，切实加强共享工作。

（一）加快涉农档案专题目录的数字化和上网。从当前经验看，在县一级档案部门建设农村档案信息共享平台最理想。目前全国大部分县级档案局馆都有自己的网站，这个基础很好。档案部门要以此为依托，首先抓紧把馆藏涉农档案的目录数字化并放到网上，同时，还要推动把县级各主要涉农部门和乡镇这一级的涉农档案目录也尽快上网，实现涉农档案目录的共享。

（二）加快可公开涉农档案的开放审核和数字化及上网。档案共享仅享目录还不行，必须有档案内容的共享，否则不能称作真正的档案信息共享。内容丰富、贴近群众、实用高效是档案信息共享工作的生命力。为什么有些涉农信息服务网络建立时热闹风光，过后就冷冷清清？就是因为它们的内容服务没有跟上。档案部门应该吸取这个教训，抓紧开展涉农档案的审核，划分出开放利用和控制利用两部分，并及时把开放部分的档案信息数字化，然后或者上传到网上，或者刻成光盘、编印成册，送到农村。要分出轻重缓急，先搞农民急需的、有用的、可以公开的，如有关涉农政策的，户口管理的，土地、山林、草场、水面承包经营的，房屋建设的，社会保险的，合作医疗的，婚姻的，生育的，教育培训的，就业的，健康的，等等。各级档案部门要把这当作农村档案信息共享的核心任务、关键任务、重点任务来抓，协同攻坚，加快推进。

（三）加快推进各级政府公开信息在农村的网上查询。根据《政府信息公开条例》的要求，各级政府机关近几年的公开信息也就是可公开的红头文

件，多数已经上传到网上，各县级档案部门要积极同相关部门联系，利用农村已有的各种网络，向农民宣传、指导，帮助他们在网上查询这些政府公开信息，缩短国家现行政策和农民的距离，扩大农民获取档案信息的广度。

（四）加大对各种涉农信息的整合并上农村网。除了档案目录、档案、政府公开信息以外，一些其他的信息，如经济信息、市场信息、科技知识、健康知识、图书报刊资料、文化娱乐项目等，档案部门也可整合起来，一起传到网上或刻成光盘、编印成册，送到农民身边。总之，凡是农民需要的、喜欢的实用信息，档案部门都可以整合到一起，通过各种办法让农民共享。

（五）充分利用现有各种网络和平台，推进档案信息广泛共享。农村档案信息共享工作中，难度最大的是网络，好多同志迟迟不干的最大借口也是档案部门没钱建专用网。在这方面我们一定要解放思想，转变思路，善于借鸡下蛋，借梯上房，借船出海，化难为易。据我所知，目前在农村覆盖面比较大的有党委组织部门的农村党员现代远程教育网、教育部门的农村教师远程培训网、文化部门的文化信息资源共享网、科技部门的科技网等，各级档案部门要打开思路，积极争取有关部门的支持，充分利用他们已经建好并在使用的各种网络和信息平台，大力推动档案信息在网上的传送。近年来，有些地区利用农村党员现代远程教育网，开展农村档案信息共享工作，这个思路就很好。现在全国已经有20个左右的省市建成了这个网，有关省市的档案部门可以充分利用这个网络。现在有些网上，缺少实用信息，如果我们把农民需要的涉农档案信息上传到他们的网络上，正好可以丰富他们网上的信息量，增强其对农民群众的吸引力，是一件双赢的好事，他们一定会欢迎。这样，我们档案部门就可以少花钱多办事，甚至不花钱办成事，扩大共享成果，让农民得到更多实惠。

除了利用现成网络外，档案部门还要善于利用其他现有资源，例如，把档案信息光盘或汇编本送到村委办公室、党员活动室、行政服务中心、农家书屋、乡村文化室等，供农民阅读；在各种公共电子显示屏上打字幕、在电视上打滚动字幕宣传档案信息，在手机上传送档案信息等。总之，要充分利用大众传媒和公共资源，充分利用已有的各种现代信息平台和现成的网络、站点，来输送上传档案信息，把档案信息送到农民身边。

（六）加快乡、村两级档案机构的信息接收终端建设。有条件的地区，省、市、县三级档案部门要合力加强乡、村两级档案机构的电子硬件建设，为其配备计算机等信息接收终端。先做到每个乡档案室有一台计算机，再逐步做到每个村档案室有一台计算机，这样，既便于他们为农民提供阅读电子档案信息服务，又可以对乡、村档案人员开展远距离业务培训，使农村档案信息共享成果更加扩大。

（七）加强信息安全工作。信息安全是农村档案信息共享工作不可忽视的一个重要方面。各级档案部门必须采取严密的措施确保信息安全。要围绕档案安全体系建设的要求，严格按照规定上传档案信息，不宜公开的秘密信息、内部信息、个人隐私等绝不能上网或送去共享。要有专人对共享信息进行审查、检查，绝不允许出现档案失泄密安全事故。要应用先进的软件设置防火墙，防止系统和网络遭到黑客的攻击。要定期开展信息安全检查，发现隐患，及时排除，确保档案信息的安全。

（八）统一规范县域内的档案信息化工作。县这一级是农村档案信息共享的主要平台，县域内档案信息的采集、加工、存储、传输都要在同一平台上完成，因此必须有统一的技术规范和数据格式等。各地在规划之初就要对本地特别是本县域内的档案信息共享工作提出统一规范的要求。要在使用的软件和技术上统一标准和格式，并尽量采用兼容性强的软件和技术，同时，还要做好与其他单位信息技术平台的衔接，保证相关数据的正常使用。

（九）积极开展送档下乡、送光盘下乡等活动。农村档案信息共享是今后农村档案工作的普遍性工作，不管哪个地区都要结合实际积极开展。条件好的地区可采用网络传输的办法，条件差的地区则可用其他可行的办法。有些地方档案部门开展的送档案信息选编、档案信息光盘和软件到农村给农民，就是一些成本低、见效快、效果好的办法，很多地方都能做到。对于广大的中西部地区和欠发达地区的农民来说，这也是获取档案信息的有效途径。各地档案部门要积极采用这些好的办法，能用哪种办法就先用它干起来，等条件具备再采用更先进的方法。总之，要不等不靠，有条件的用现代化的办法干，条件暂不具备的用传统办法干。允许先用传统的办法搞共享，但不允许什么也不干。先干起来，再逐步完善、逐步扩大。

五、要进一步加强领导

（一）加大宣传力度。各级档案部门一方面要向各级领导宣传，让他们了解农村档案在发展经济、富民强农、解决社会矛盾、维护社会稳定中的作用，取得领导的支持；另一方面要向群众宣传，特别要宣传农民利用档案信息产生效益的实例，让广大农民认识到农村档案信息是他们增长知识、搞好生产、发家致富、维护权益的重要工具，培养他们利用档案的习惯。

（二）落实组织保证。各级档案部门要积极争取当地党委和政府领导在组织上的支持，成立以主管领导挂帅的农村档案信息共享工作领导小组，相关涉农部门和乡镇的负责同志都要参加。同时，要调集业务骨干和技术人员，提供队伍保证。

（三）列入工作日程。各级档案部门要把农村档案信息共享工作当作“十二五”期间的一件大事来抓。一把手要亲自升帐挂帅，加强调查研究，积极组织实施。要按照这次会议提出的东、中、西部各地区的五年总目标，提出本地区各年度的完成指标，并每年根据这些指标，提出具体要求，采取切实措施，分年完成，做到每年都有较大的动作，每年都有新的进展。国家档案局将从明年开始，把各省农村档案信息共享工作的进展情况列入每年的督查内容，办法是：每年11月底，各省级档案局向我局书面报告当年开展这项工作的具体措施和完成情况两方面内容，我局在每年的全国档案局馆长会议上通报这些情况。请各省级档案部门积极行动，组织本省各地、县级档案部门分批实施，加强督查，逐步推动。另外，我局还将在适当的时候，召开农村档案信息共享百家先进单位经验交流会，推动这项工作的全面开展。

（四）加强人才培训。档案信息共享是一项新工作，技术性、专业性比较强，需要专门的知识和人才。各级档案部门要运用网上培训、实地培训、送教材培训等各种形式，培训一批人才，为农村档案信息共享工程提供人才支持。国家档案局已组织基层档案部门的同志编写了《农村档案人员工作手册》一书，并将发放给基层。明年我们将进一步采取措施为农村档案信息共享工作提供业务骨干学习和培训的机会，也希望各地继续创造条件为档案信息化锻炼队伍培养人才。

（五）扩大试点，全面推进。我国地域辽阔，各个地区尤其是农村的发展水平不一，档案信息共享不可“一刀切”。一定要试点先行，取得经验后再逐步展开。可以在不同类型的地区试行不同的共享方法。试点取得经验后，立即在同类地区推广，扩大战果。各省、区、市要依托近年来档案信息化工作和数字档案馆建设的成果，努力打造实用、简洁和规范的工作标准和工作软件，并把这些成果送到各个试点的市县和乡镇。各级档案部门的领导都要建立农村档案信息共享工作联系点，经常到点上去看看，会有更深的体会和更多的思路。以后我和国家档案局的其他同志要到你们的点上去学习并把你们的经验在全国推广。

（节选于《在全国农村档案信息资源共享工作现场会上的讲话》，
该文原载于《中国档案》2010年第12期）

实施“三大战略”，促进档案事业更好更快发展

一、“十一五”时期档案事业发展的回顾

（一）党和国家对档案工作的重视前所未有

1. 胡锦涛总书记对刘义权同志的感人事迹作出重要指示，希望全国档案工作者学习刘义权同志的先进事迹和崇高精神，并到医院亲切看望他。总书记还亲自观看反映刘义权同志事迹的话剧《生命档案》。党和国家最高领导人对普通档案工作者给予亲切关怀和充分肯定，是我国档案史上前所未有的大事和要事，使广大档案工作者受到前所未有的鼓舞和鞭策。温家宝总理多次在《政府工作报告》中讲到档案工作，提出要搞好档案保护，促进档案事业发展。他还专门就汶川地震档案抢救和电子文件管理作出批示。李长春同志在人民大会堂会见刘义权同志先进事迹报告团成员并讲话。习近平副主席在中国浦东干部学院视察了该院与我们共建的以档案为教材的“党性教育主题教室”，并给予很好评价。中共中央政治局委员王刚、王乐泉、回良玉、刘淇、刘云山、李源潮、汪洋、张德江、俞正声，全国人大常委会副委员长何鲁丽、顾秀莲、严隽琪，政协全国委员会副主席阿不来提·阿不都热西提、董建华、张梅颖、林文漪等党和国家领导人，都以不同的方式关心、支持档案工作。

2. 经中组部大力支持，财政部安排专项经费，我们从2009年起，在中央党校和中国浦东干部学院举办档案领导干部培训班；中国人民大学定向为档案系统培养硕士研究生。这在新中国档案史上都是第一次，对档案干部队伍建设具有深远意义。

3. 国家发展改革委大力支持，启动中西部地区县级综合档案馆建设，今年中央投资6亿元，补助203个县级综合档案馆建设；并决定在“十二五”期间继续补助1209个县级综合档案馆建设，至“十三五”期间，共投资补助2066个

中西部地区县级综合档案馆建设。这是历史上国家对档案馆建设的最大一笔专项投入。该项目的实施，将从根本上改善我国县级档案馆现状，为档案安全保管和有效利用提供切实保障。

4. 财政部大力支持，大幅度增加投入，每年拿出9000万元，5年共4.5亿元用于补助国家重点档案抢救和保护，大大加快了国家重点档案抢救和保护的进度。

5. 汶川地震后，国家对灾区损毁档案馆的恢复重建高度重视，把41个重灾区档案馆的恢复重建全部列入《国家汶川地震灾后恢复重建总体规划》。中央财政还为北川档案抢救和保护下达专项经费1000多万元，确保了受损档案及时抢救。这在历史上都是空前的。

6. 国务院三峡办大力支持，落实了三峡工程库区移民档案管理资金近亿元，专门用于移民档案的移交进馆和开发利用。这也是史上空前的。

（二）档案工作为党和国家工作大局服务的成效前所未有

1. 为领导决策服务。我们创造性地围绕党和国家中心工作，主动对档案资料进行加工，编印成不定期刊物，送中央领导同志参阅。在拉萨“3·14”事件、汶川地震、乌鲁木齐“7·5”事件、舟曲泥石流灾害等发生后，都及时向中央提供了相关信息。各级档案部门也紧紧围绕本地区的中心工作，及时为领导决策提供有价值的参考信息，变“死档案”为“活资料”，受到各级领导的鼓励和好评。

2. 为重大工作服务。为庆祝新中国成立60周年，我们为庆典活动提供了毛泽东和邓小平的讲话录音，在10月1日群众游行队伍经过天安门前时现场播放；为有90多个中央部委参展、70余万人参观的“辉煌60年”大型展览提供了大量档案；编辑出版了《中华人民共和国国旗国徽国歌档案》等档案史料，组织各地档案部门编辑出版了《城市解放》系列丛书。各地档案部门也办展览，出图书，展示新中国的辉煌成就。拉萨“3·14”事件发生后，我们以发布网络视频、接受媒体采访等形式，在国内外公共媒体上迅速公布相关档案，以铁的事实证明西藏从元代起就是中国的一部分，揭露各种分裂谎言。我们参与举办“西藏民主改革50年大型展览”，胡锦涛总书记和中央政治局常委都参观了展览，观众近33万人次。2008年南方冰冻灾害发生后，灾区档案部门积极服务，及时提供大量抢险救灾一线急需的工程档案信息，为保交通、保供电、保民生作出了贡献。汶川地震后，我们及时将《从唐山抗震档案看当前抗震救灾应注意些什么》专题资料报送国务院抗震救灾总指挥部，并在网上发布，为抗震救灾工作提供借鉴。汶川、玉树、舟曲严重自然灾害发生后，灾区档案部门在艰苦条件下坚持工作，服务抗灾救灾和恢复重建。在筹办和举办北京奥运会、第十一届全运会、上海世博会和广州亚运会等过程中，有关档案部门及时介入，主动抓好档案工作，使这些重大活动留下完整档案，并为这些重大活动的成功举办提供了服务。

3. 为企业改革与发展服务。我们与国资委联合召开中央企业档案工作会议，合发《关于加强中央企业档案工作的意见》，与国家知识产权局合发《关于加强知识产权档案管理的意见》，与国家发展改革委、全国工商联合发《关于促进民营企业档案工作发展的意见》，召开全国民营企业档案工作经验交流会，把档案服务从国有企业扩大到民营企业。各级档案部门积极探索适应现代企业制度要求的企业档案管理模式，认真做好国企改制、信用体系、企业职工、知识产权等档案工作，热情帮助民营企业建立档案，在企业改革与发展、企业及职工权益维护等方面发挥了重要作用。

4. 为新农村建设服务。我们召开全国社会主义新农村建设档案工作现场会和全国农村档案信息资源共享工作现场会，并与农业部、民政部合发《关于加强社会主义新农村建设档案工作的意见》，与农业部合发《关于加强农村土地承包档案管理工作的意见》，与国家林业局合发《关于加强集体林权制度改革档案工作的意见》，引导创建“全国社会主义新农村建设档案工作示范县”，推进农村档案信息资源共享。很多地方把档案工作纳入新农村建设整体规划，农村档案科学规范管理和档案信息平台建设不断推进，新型农村合作医疗、农村养老保险、农民专业合作经济组织、农产品质量安全、农民工等新内容档案逐步建立，档案为农村稳定、农业发展、农民致富提供了越来越多的服务。

5. 为国家重点建设项目服务。我们与国家发展改革委合发《重大建设项目档案验收办法》《国家电子政务工程档案管理暂行办法》，与国防科工委合发《国防科技工业固定资产投资项目档案验收办法》，印发《关于加强新增中央投资项目档案管理的通知》《关于加强新疆维吾尔自治区建设项目档案工作的意见》；开展了重点建设项目和国防科技工业固定资产投资项目档案工作巡回检查和专项检查；与各地档案部门共同参加了三峡工程、青藏铁路、西气东输等几十项国家重点建设项目的验收，有效地促进档案在国家重大工程、重点项目的运营维护中发挥作用。

6. 为文化大发展大繁荣服务。各级档案部门通过举办面向公众的“档案馆日”“档案开放日”，组织丰富多彩的主题活动、讲座和论坛，举办档案展览，编辑档案文化出版物，拍摄档案影视片，与报纸、广播电台、电视台合办专栏，承担国家重大文化工程项目等，开展了档案特色文化服务。我们与有关单位联合摄制了《伟大长征》《周恩来的故事》《毛泽1949》等文献电视片，在中央电视台等播出。各地档案部门的档案文化服务也形成了一批品牌，充分发挥了档案工作的文化功能，服务于人民群众日益增长的精神文化需求，促进了社会主义文化大发展大繁荣。

7. 为保障和改善民生服务。各级档案部门坚持以人为本，紧贴百姓需求，出台各种措施，促进档案服务民生。我们印发《关于加强民生档案工作的意见》，与人力资源社会保障部合发《社会保险业务档案管理规定（试行）》，与国务院南水北调办合发《南水北调工程征地移民档案管理办法》，与国务院三峡办合发《关于进一步做好长江三峡工程建设移民档案工作的通知》。各地区也相继加强民生档案工作，大力建立和开发民生档案为民生服务。

（三）档案工作指导思想的突破前所未有

1. 以科学发展观指导档案工作。各级档案部门认真学习实践科学发展观，深入开展“重新认识档案工作”大讨论，自觉以科学发展观指导档案工作。把促进档案事业发展作为第一要务，争取社会各方面大力支持事业发展，用自主创新和先进科技支撑事业发展，通过完善法规保障事业发展；抓住以人为本这个核心，在资源建设方面重视涉及人的档案的价值，在服务方面重视方便人民群众利用，在队伍建设方面着眼于提高人的素质；以全面协调可持续发展为基本要求，妥善处理内部建设与外部联系、基础业务与提供服务、信息开发与安全保密、现代科技手段与传统工作方式等关系；以统筹兼顾为根本方法，统筹事业行政管理和档案保管利用两种职能，统筹不同区域的档案工作，统筹业务建设、条件建设和队伍建设。

2. 提出建立“三个体系”。我们把建立“三个体系”作为贯彻落实科学发展观的突破口，提出要转变重事轻人、重物轻人、重典型人物轻普通人物的传统观念和认识，建立覆盖人民群众的档案资源体系；转变档案工作中重为机关团体服务、轻为群众服务的传统观念和认识，建立方便人民群众的档案利用体系；适应新形势对档案安全保密的新要求，建立确保档案安全保密的档案安全体系。“三个体系”密切关联，相辅相成，构成了推动档案工作为科学发展服务和实现档案工作自身科学发展的有机整体。

3. 提出实施“三大战略”。为了加快推进“三个体系”建设，我们提出要实施“三大战略”：一是“以人为本”战略，即坚持从人民利益出发来谋划档案工作，在资源建设方面重视所有涉及人的档案的收集与保管，在档案利用方面重视所有人特别是普通群众的利用需求，在队伍建设方面重视人的价值和发展潜能；二是“服务先行”战略，即坚持围绕党和国家工作大局开展档案工作，自觉为各级领导服务、为社会各方面服务、为人民群众服务，以服务带动工作发展；三是“安全第一”战略，即始终抓住档案的安全保密不放松，把安全保密作为第一责任和基本职责，全面提升安全保障能力，确保档案安全保密万无一失。

（四）档案安全条件的改善前所未有

1. 档案馆库建设取得重大进展。建设部、国家发展改革委联合发布了由国家档案局编制的《档案馆建设标准》，为档案馆建设提供了新的规范性依据。在中央的大力支持下，各地对档案馆建设的投入力度空前，档案馆建设呈现你追我赶的良好发展势头。一批符合档案工作要求，体现档案馆社会性、文化性、教育性、开放性，具有地方特色和地标性特点，在国际上具有先进水平并让国外同行赞叹不已的现代化档案馆建成或开始建设，档案保管和利用条件得到显著改善，为档案馆全面发挥各项功能提供了条件保障。

2. 档案安全基础设备和技术防范系统建设得到加强。各级档案部门装备了一批现代化、先进实用的档案基础设施，并全面加强安全技术防范系统建设，对提高档案安全防护能力起到了至关重要的作用。

3. 重要档案异地备份制度开始实施。各省、计划单列市、副省级市档案馆已全部结对，互为对方提供档案备份库房。有的省为全省各地档案馆进行集中备份，有的省引导本省各地市档案馆间互为对方异地备份。档案安全保管有了更坚实的保障。

（五）档案资源建设的力度前所未有

1. 全面修订机关文件归档范围和保管期限表。我们修改发布《机关文件材料归档范围和文书档案保管期限规定》，并首次全面审批修改各中央和国家机关的文件归档范围和保管期限表。各级档案部门认真贯彻规定精神，加紧修订各级立档单位文件归档范围和保管期限表，重点确保把涉及普通人、关系群众切身利益和反映党和国家重点工作、反映各单位基本职能的文件列入归档范围，并延长其保管期限，为建设覆盖人民群众的档案资源体系奠定了坚实基础。

2. 民生档案、家庭档案得到重视。各级档案部门密切追踪党和政府改善民生的重大举措，对近年来新形成的有关新农合、新农保、就业培训、居民健康、新型合作经济组织、新型社会服务组织、产品质量、社会保障、社会救助、土地流转、林权改革、民营企业等多种类型的民生档案，及时指导建档，及时接收进馆，纳入档案资源体系。有的还开展家庭建档服务，为有需要、有条件建立档案的家庭提供建档指导，既使档案资源进一步丰富，又受到人民群众欢迎。民生档案服务民生和家庭建档工作的大规模开展，在中国档案史上前所未有，将对未来的档案事业产生深远影响。

3. 推进档案资源整合。各级档案部门通过实体整合、信息整合等不同形式，大力推进档案资源整合，取得显著成效，使档案资源配置更加合理，为实现档案资源社会共享创造了有利条件。

4. 把电子文件纳入档案资源体系。根据中共中央办公厅、国务院办公厅有关电子文件管理的规定，我们专门就贯彻落实管理规定印发文件，对电子文件归档及移交等作出规定，为把电子文件纳入档案资源体系提供了依据，接收、保存有价值的电子文件成为档案资源建设的重要任务之一。各级档案馆积极实施电子文件（档案）备份中心建设，有的被列为国家政务信息资源管理试点项目，有的被纳入本地区信息化建设整体规划，有的成为本地区电子政务系统的配套项目，一批电子文件接收管理系统投入使用，中国特色电子文件管理体系正在逐步形成。

5. 加强重大活动建档。许多地方制定重大活动档案管理办法，档案部门还直接参与相关工作，确保了重大活动档案系统完整，并及时移交档案部门管理。

（六）档案公共服务能力的提高前所未有

1. 人民群众开始成为档案利用的主体。各级档案馆创造性地开展服务民生工作，很多普通群众走进档案馆，利用政府公开信息和民生档案，档案利用工作开始呈现人民群众成为利用主体的可喜变化和可贵转折。想方设法满足人民群众对档案信息的需求，已成为档案馆利用工作的基本取向之一。

2. 采用现代信息技术提高档案公共服务能力。有的档案部门利用信息技术和网络优势，整合民生档案资源，实现区域内各档案馆民生档案信息的共享。有的档案部门依托互联网、政务网、党员教育网等网络平台和电视广播网，把已开放档案信息、政府公开信息送进城乡千家万户，把档案服务送到百姓身边。

3. 开展查阅政府公开信息服务。各级档案馆贯彻落实《政府信息公开条例》，建立政府公开信息查阅场所，并推出全天候服务、“一站式”服务、绿色通道服务、电话查询、节假日预约查阅等人性化服务方式，深受人民群众欢迎。国务院办公厅调研组考察后给予充分肯定。

4. 建设爱国主义教育基地和中小学生社会实践活动示范基地。在继续推进档案馆爱国主义教育基地建设的同时，我们又与教育部协商在各级档案馆创建中小学生社会实践活动示范基地，并确定了第一批试点单位。各档案馆不断改进教育基地和示范基地工作，彰显了档案工作的社会教育功能。

（七）档案部门应灾能力的加强前所未有

1. 及时了解并反映灾情。近几年各种自然灾害和社会事件频发，给档案造成不同程度的损坏。拉萨“3·14”事件、汶川地震、玉树地震、舟曲泥石流等发生后，我们都及时向灾区档案部门了解情况，并及时向中央办公厅报告档案部门灾情。

2. 及时向有关部门争取支持。汶川地震后，我们主动请求国务院抗震救灾总指挥部和国家发展改革委把受损严重的档案馆恢复重建列入国家灾后恢复重建总体规划，得到大力支持；四川省档案部门主动向当地抗震救灾指挥部请求派人抢救北川档案，使5万多卷深埋在废墟中的档案被抢救出来，我们积极争取财政部为这批严重受损的档案下拨了专项抢救经费。甘肃陇南事件发生后，当档案安全面临威胁时，陇南市档案部门及时争取有关部门派人迅速转移了档案。

3. 及时开展捐助和对口支援。汶川、玉树地震后，各地档案部门踊跃为灾区档案部门捐款捐物，同时，我们还组织有关省对汶川地震重灾区档案部门开展对口支援。

4. 及时指导并组织力量保护重要档案和抢救受损档案。汶川、玉树地震后，胡锦涛总书记都到灾区指导抗震救灾，并用粉笔写下重要题词。档案部门及时把这些重要档案收集到档案馆保存，并组织专家采取专门保护措施。这两次地震后，我们都迅速派专家到灾区了解灾情，研究抢救档案的方案，并组织全国有关专家协同帮助灾区抢救受损档案。北川档案的成功抢救已成为国际上抢救灾损档案的一个成功范例。

5. 及时收集有关档案并及时提供利用。汶川、玉树地震后，我们都发出通知，要求及时收集档案。灾区档案部门也积极行动，及时把灾中散失的档案和抗震救灾新形成的档案收集起来，并及时提供有关部门利用，为抗震救灾服务。

（八）档案宣传和执法监督的强度前所未有

1. 档案工作者先进事迹开始被中央各大媒体向全社会广泛宣传。2007年卞峰煜同志先进事迹推出后，中宣部部署十多家中央媒体在“时代先锋”专栏进行了广泛宣传，档案工作者先进事迹首次为社会各界和广大人民群众所了解。2009年刘义权同志先进事迹推出后，中宣部除部署十多家中央媒体广泛宣传外，还同解放军总参谋部、总政治部和我局在人民大会堂联合举办事迹报告会，报告团还赴外地作了巡回报告，解放军总政话剧团公演了反映刘义权同志先进事迹的话剧《生命档案》。2010年顾金钟同志的先进事迹推出后，各大中央媒体也在“时代先锋”专栏广泛宣传。

2. 档案工作服务大局的成绩引起媒体的密切关注。“十一五”以来，人民日报、新华社、中央人民广播电台、中央电视台等中央主要媒体多次报道档案服务工作。如拉萨“3·14”事件后我们发布的5集网络视频，国内外400多家著名中英文网站予以转载，各大中央媒体及海外媒体也加以报道。我们为纪念新中国成立60周年发布的52集网络视频，国内多家著名网站予以转发，全年点击量达2亿多人次。各级档案部门召开的重要会议、举办的重大活动等，都有中央媒体给予报道，特别是人民日报主动以整版篇幅专门介绍档案工作，新华社几次连续编发四五篇关于档案工作的稿件，这些都为档案事业的发展提供了有力的舆论支持。

3. 档案新闻发言人亮相媒体。我们建立了新闻发言人制度，并根据中央外宣办的安排，同其他中央单位新闻发言人一起出席媒体见面会并简要介绍了我国的档案工作，这是档案部门借助新闻发言人制度主动发布信息的良好开端。

4. 档案进党的干部学校。2010年我们提供78件相关档案，与中国浦东干部学院联合创建“党性教育主题教室”，并派专家为主题教室授课。又与中央党校合作筹办纪念建党90周年档案展览并计划明年在中央党校展出，同时将展览制成光盘，发放到地方党校，作为对领导干部进行宣传教育的生动教材，初步实现档案进干部学校的目标。

5. 开展档案督查。加大对档案违法行为的处分，我们与监察部、人力资源社会保障部等单位共同起草并准备发布《档案违法违纪行为处分规定》，还设立了督查部门，建立了督查队伍，每年对中央和地方档案部门开展重大专项督查，依法保障档案事业的健康发展。

此外，在档案法制建设、档案科学技术研究、档案报刊出版工作、档案对外交流与合作及档案工作其他各方面，都取得新的成绩。

事实证明，“十一五”时期的5年，是我国档案工作在以往很好基础上取得新的重大成就的5年，是在中国档案事业发展史上影响深远的5年，是值得全体档案工作者为之骄傲的5年。这些成绩的取得，是各级领导和社会各方面关心支持的结果，是全国广大档案工作者共同奋斗的结果。我代表国家档案局，向关心支持档案工作的各级领导和社会各界，向奋战在档案事业各个岗位的档案工作者，表示崇高的敬意和衷心的感谢！

二、关于“十二五”时期的档案事业发展

完成“十二五”时期的主要任务，必须以科学发展观为指导，创新思路，转变观念，以全面建设“三个体系”为基本落脚点，以实施“三大战略”带动各项任务的落实，促进档案事业更好更快、协调持续发展。

（一）实施“以人为本”战略，重点在档案资源建设上有普遍改进，全面完善覆盖人民群众的档案资源体系

以人为本是科学发展观的核心，保障和改善民生是“十二五”乃至今后更长时期我国经济社会发展的主题之一。各级档案部门要在档案资源建设过程中大力实施“以人为本”战略，凡是涉及人民群众的档案，凡是人民群众需要利用的档案，凡是对经济社会发展有用的档案，都要纳入档案资源建设体系，保证经济社会发展全过程和各领域形成的档案应建尽建，全面覆盖。“十二五”期间要重点做好以下工作。

1. 树立“大档案”的观念。国家档案资源体系应该既包括各级国家档案馆已经和准备接收的档案，也包括各级国家档案馆尚未和不准备接收的档案；既包括党政机关、团体、国有企事业单位的档案，也包括民营企业、各种经济与社会组织以及家庭的档案；既包括“红头文件”之类的档案，也包括大量的各类专门业务档案；既包括反映党和国家重点工作及各单位基本职能的档案，也包括反映个人各方面权益的档案；既包括纸质档案，也包括录音、录像、电子等磁介质档案，从而全面收集、全面管理。

2. 抓紧制订规范。要适时修订《电子公文归档管理暂行办法》《会计档案管理办法》《城市建设档案管理规定》《职工档案管理办法》《水利工程移民档案管理办法》《国有企业资产与产权变动档案处置暂行办法》《档案鉴定办法》等，适时制定《中央企业文件材料归档范围和档案保管期限暂行规定》以及其他新形成的涉及民生的重要专业档案管理办法，依法保障档案资源建设有序进行。

3. 重点加强文件归档工作。各级机关、团体、企事业单位，都要及时制订和修改本单位的文书档案及各种专业档案特别是新形成的专业档案的归档范围和保管期限表，确保把反映党和国家重点工作、反映本单位基本职能、反映人民群众切身利益的各类档案全部归档。各级档案行政管理部门，要一方面及时帮助新成立的各种社会组织、经济组织制订文件归档范围和保管期限表，建立档案；一方面加强对已建立档案单位立卷归档工作的监督检查，督促他们按照修改后的归档范围把应归档的文件全部归档；同时还要主动帮助民营企业、家庭等建立档案。

4. 加强档案接收进馆工作。各级国家档案馆要及时修订本馆的接收范

围，注意把民生档案、重要二级机构档案、企业档案、驻外机构档案、电子档案等纳入接收范围，注意把重要档案及时接收进馆。

5. 加强档案收集工作。各级国家档案馆要扩大档案收集面，以征集复制、交换、接受捐赠、接受寄存等多种方式，收集散失在国外、散存在社会上的档案，收集重要的民营企业和家庭档案，以进一步丰富馆藏资源。

6. 加大档案资源整合力度。要以馆际合并、馆际合作、设立分馆、集中备份、馆室合作、信息整合、网络共享等各种形式，对现有档案资源进行整合，使分散的档案资源更加集中，使零星的档案资源更加系统，更便于社会利用。

（二）实施“服务为先”战略，重点在档案公共服务能力建设上有实质加强，全面完善方便人民群众的档案利用体系

服务是档案工作的立身之本。要想提高社会的档案意识，必先提高档案部门的服务意识。只有通过服务充分体现档案和档案工作的价值，档案事业才能得到党和政府的进一步重视，才能得到社会各方面的更大支持，才能赢得更加有利的发展环境。各级档案部门必须坚持“服务为先”战略，不仅要更加主动地为各级领导服务，为各部门服务，也要满腔热情地为广大人民群众服务，不断增强档案部门的公共服务能力，全面完善方便人民群众的档案利用体系，最大限度地满足社会对档案服务的需求。“十二五”期间要重点做好以下工作。

1. 树立“大服务”的观念。档案部门的服务，既包括为各方面提供档案，也包括为各方面提供政府公开信息；既包括为各方面提供档案信息，也包括指导或帮助各方面建好管好用好档案；既包括为机关、团体、企事业单位提供各种服务，也包括为家庭、个人提供各种服务，从而满足社会对档案部门的各方面需求。

2. 加快传统载体档案数字化步伐。要优先把社会各方面和人民群众急需利用、内容又可以开放的传统载体档案数字化，以便于开展远程利用。各级国家档案馆要争取在“十二五”期间把馆藏重要档案基本数字化，建立数字档案馆。

3. 加快档案开放鉴定步伐。要优先对已数字化档案、已复制档案和电子档案进行鉴定，划分出开放与控制利用两部分，并及时把开放部分的档案以各种形式提供社会利用。

4. 进一步做好档案阅览和政府公开信息查阅工作，热情为利用者提供各种力所能及的服务，特别要开展馆际合作、馆室合作，为利用者提供“一站式”服务。

5. 积极利用计算机网络、电视、手机、电子显示屏等传播系统，开展远程利用、远程服务，实现档案信息资源的最大共享。

6. 积极开展送档案进课堂、进社区、进农村活动，把档案刻成光盘或汇编成册，或制成展板，送到学校、社区、企业、农村，送到各种公共场所，把档案服务送到广大人民群众身边和手上。

7. 继续办好爱国主义教育基地和中小学生社会实践活动示范基地。内容上要不断更新，以更加符合新的实际和新的需要；形式上要不断创新，以更加吸引受众。特别是中小学生社会实践活动示范基地建设，各级档案部门要紧密联系教育主管部门，尽快建成，在“十二五”期间有突破性进展。

8. 深度开发档案信息产品。要深入研究发掘档案内容，对档案信息进行整合、加工、提炼，使档案信息产品具有综合性、条理性、知识性、思想性，使档案服务深化、增值。

（三）实施“安全第一”战略，重点在安全保障能力建设上有根本提高，全面完善确保档案安全保密的档案安全体系

档案作为党和国家各项工作与人民群众各项活动的真实记录和可靠凭证，对于促进工作、提高管理水平和维护人民群众的合法权益等具有不可替代的重要作用。如果档案发生丢失或泄密等安全问题，就会损害党和国家与人民群众的根本利益和合法权益。档案安全事关重大，事关全局。因此，档案部门必须把确保档案安全作为基本任务和第一要务，作为档案工作的生命线。面对危及档案安全的自然因素、人为因素、技术因素无所不在的客观现实，“十二五”期间必须大力实施“安全第一”战略，重点做好以下工作。

1. 树立“大安全”的观念。档案安全既包括对已收集归档档案和已接收进馆档案的安全管理，也包括对应收集归档档案和应接收进馆档案的齐全完整收集、接收；既包括档案实体不受损害，也包括档案内容不失泄密；既包括档案载体的长久保存，也包括档案信息的长久可读，从而全方位地抓档案安全。

2. 进一步加强安全教育。以各种形式开展安全宣传和培训，克服安全与己无关的思想，克服麻痹意识、厌烦情绪，提高全员安全意识，使每个人都知道需要保安全和如何保安全。

3. 进一步落实管理制度。要建立健全并及时修订各项档案安全保密制度，把制度覆盖到档案工作的每个环节、每个岗位、每个人。特别要经常检查制度的执行情况，对违反者予以严惩，把安全漏洞及时堵上。

4. 进一步加强馆库建设。建设符合档案安全要求的档案馆库，为档案建立一个“安全巢”，是确保档案安全的基本条件。“十二五”期间，各级档案部门要下大力、铆足劲，拼尽全力，争取在馆库建设上有大突破、大进展。国家发展改革委已决定“十二五”期间由中央投资补助1209个中西部县级综合档案馆建设。已列入这项计划的地方，要积极努力，全面配合，争取选定好的馆址；争取地方政府加大配套资金，扩大建设规模；监督资金使用，不许挪作他用；争取好的设计、好的施工，确保新建馆库先进、实用、美观、环保。没有列入这项计划的地方，也就是东部的省、市、县以及中西部的省和市，凡档案馆不符合标准的，尤其是属于“无库馆”和“危房馆”的，要抓住各地正在制订“十二五”规划的有利时机，努力争取把档案馆库建设列入当地的经济社会发展“十二五”规划，并在“十二五”期间启动建设。最近一段时间，各省和地市两级档案部门负责人，要迈开腿，下到有关地方，一个一个地向有关地方的领导或有关部门呼吁争取。各级档案部门要各负其责，共同努力，力保实现《全国档案事业发展“十二五”规划纲要》中提出的“实现副省级市以上国家档案馆面积达标，消除各级国家档案馆中‘无库馆’‘危房馆’现象”的目标。各级机关、团体、企事业单位也要积极搞好档案室建设。

5. 进一步采用安全方面的各种先进技术和设施。各级档案馆、室要建立健全安全技术防范系统，积极采用先进的消防设施、温湿度调控设施、防盗报警设施、安全监控设施、先进实用的档案装具等，积极应用各种先进的计算机加密、防入侵、防病毒等技术，档案字迹加固、保护技术，档案消毒、防虫、防霉技术，纸张去酸、修裱技术，照片修复技术，电子信息恢复技术，计算机处理录音录像技术等，为档案安全提供技术支撑。

6. 全部完成现有国家重点档案抢救。重点档案抢救工作已开展多年。按照财政部要求，这项工作必须在“十二五”期间决战决胜，全部完成。我们将尽快核准各省尚未完成的数量和今后每年应该完成的数量，并在今后每年年底通报一次各省完成情况。另外，我们将同财政部开展专项检查，看有没有挪用专款，发现的要追回挪用资金，并予通报批评。

7. 搞好原件保护。凡有缩微、光盘等复制件的档案原件要抓紧封存起来，不再提供利用；还没有复制件的，也可在提供利用时及时复制，以复制件提供利用；工作中除修裱、拍照、扫描等非动用原件不可的，一般不动用原件，而采用复制件进行著录、鉴定等；除特殊情况外，档案原件一般不动用、不出库房，以确保其安全。

8. 对重要档案实行异地备份。切实落实异地备份制度，对所有多套档案或档案复制件，一定要异地存放至少一套，以防重大灾害对档案造成毁灭性损失。对重要的电子档案，不但要同质备份，而且要异质备份，及时转换成缩微品或纸质档案，以确保它们长久可读。

9. 严防档案失窃密。要加强对所有拟开放或拟出版公布档案及档案目录、上网信息的审核鉴定，严防把不宜公开的档案信息公开出去。要加强对电子文件形成、存储、传输、利用等各个环节以及计算机系统、存储介质等各个方面的保密防范，严防电子文件被窃密。

（节选于《在全国档案局长馆长会议上的讲话》，
该文原载于《中国档案报》2010年12月24日）

运用档案服务社会的又一新的举措

——在《建党以来重要文献选编（一九二一——一九四九）》
出版座谈会上的发言

在中国共产党成立90周年即将到来之际，《建党以来重要文献选编（一九二一——一九四九）》正式出版了。

这本书的编辑出版，是档案和文献部门运用档案服务社会的又一新的举措。本书收录的我们党从成立到执政这28年间的3600多篇重要文献，多数是中央档案馆过去已公布和这次新公布的档案，是从我馆收藏的上万件相关档案资料中精选出来的。它们是马克思主义传入中国、影响中国、改变中国的真实记录，是中国共产党人探索真理、唤醒民众、争取民族独立解放的历史记忆，是中国革命光辉历史的不朽写照。人们从中可以看出，中国共产党是怎样获得全国人民拥护支持，从而战胜强敌、取得胜利的，中国共产党是怎样的一个先进政党，中国共产党人是怎样的一群信仰坚定、勇于牺牲、一心为民的先锋战士。把这些重要档案集中编辑并向社会公开出版，不但对这些档案作了一次广泛的社会传播和普及，而且为全社会开展社会主义核心价值观教育提供了一批重要的精神食粮和丰富的思想营养，是我们公布档案为社会服务、运用档案向社会开展爱党爱国教育、充分发挥档案作用的又一个大动作，是档案与文献工作者向党的生日献上的一份厚礼。今年为纪念建党90周年，我馆共利用档案推出一部网络视频，拍摄两部电视片，举办两个展览，出版两本书。这本书就是其中之一。

这本书的编辑出版，为人们研究中共党史、中国革命史、马克思主义中国化史等提供了重要史料。本书不但收录了党在成立后领导中国革命的重要文献，而且附录了党正式成立前党的早期著名人物传播马克思主义、筹备建党的代表性文献；不但收录了党中央主要领导人的重要文献，而且收录了党的各地方、各大战略区、各部队著名领导人的重要文献；不但收录了中国共产党的重要文献，而且收录了党所领导的革命团体的重要文献；不但收录了体现党的正确思想的重要文献，而且适当收录了体现党的“左”、右倾错误的有代表性文献。因此，本书不仅主要体现了鲜明的政治性、思想性，而且同时兼顾了丰富的史料性和广泛的代表性。书中的文献，客观、全面、真实地记录了中国共产党以民族复兴为己任、团结带领全国人民探索中国革命道路、创建新中国的光辉历程，客观、全面、真实地记录了中国革命波澜壮阔、艰难曲折的雄奇过程，客观、全面、真实地记录了中国共产党把马克思主义传到中国、继而结合实际应用发展、从而把马克思主义中国化并形成马克思主义新成果的历史进程，对于党史界、学术界研究中国共产党史、中国新民主主义革命史、马克思主义中国化史等，对于全党开展党史教育，都具有第一手的重要史料价值。它们的编辑出版，必将推动党史研究和党史教育的新进展。

这本书的编辑出版，对于全党继承光荣传统、开拓新的伟大事业具有重要借鉴意义。本书收录的一些重要文献，包含着中国共产党为什么能够从小到大、由弱转强、绝处逢生、充满活力的许多秘诀和重要经验，对我们今天和今后在新的条件下，不断开创新的事业，具有重要的启示和借鉴作用。我们从中至少可以得到以下几点重要启示：1.党必须解放思想，用人类最先进的思想指导自己，同时又不把它当作教条束缚自己；2.党必须实事求是，深入研究中国的实际和当下的实情，认识中国的特质和当前的特性，把眼下最需要解决的问题和最能够依靠的力量搞清楚，将马克思主义基本原理与中国实际相结合，走出适合国情的路子来；3.党必须与时俱进，不断根据国内外形势的新变化和人民群众的新要求，创造出自己的新理论，对马克思主义作出新发展，形成马克思主义中国化的新成果；4.党必须始终代表中国先进生产力的发展要求、先进文化的前进方向、最广大人民的根本利益；5.党必须始终坚持以人为本，立党为公，全心全意为人民服务，始终把让人民满意作为制定一切政策的出发点，用一切办法团结最大多数的人，调动各方面的积极性；6.党必须始终用党的理想和先进思想去教育人民，把先进分子的思想化作广大群众的思想，把先锋队的行动变为广大群众的行动，让广大群众与党同心同力，共同完成党的伟大事业。可以说，本书中的一些重要文献，既体现了中国共产党的思想内核，也体现了中华民族的精神内核，是中国共产党和中华民族思想宝库的重要一部分。它们的编辑出版，将有利于全党和全国人民更好地继承和弘扬这份珍贵的精神财富。

今后，我们要更加积极主动地以各种形式公布开放档案，满足各方面对档案的需求，为社会提供更多的精神营养，更好地为建立与完善社会主义核心价值体系服务。

（原载于《人民日报》2011年6月24日）

努力形成“档案大宣传”格局，使档案宣传成为全国宣传工作的一个知名品牌

当前和今后一个时期档案宣传工作的主要任务是：

一、在党和国家宣传工作方针政策指导下，努力形成“档案大宣传”的格局，使档案宣传成为全国宣传工作的一个知名品牌

（一）要将档案宣传纳入全国宣传工作之中，努力创建全国宣传工作的知名品牌。我们要敢于这么想，也要努力这样做。前些年的经验告诉我们，这不但是应该的，而且也是可能的。

要紧紧围绕党和国家工作大局，自觉地把档案宣传工作放到全国宣传工作大局中去思考、去谋划、去部署。要敢于和善于走出档案界，面向全社会，以提高全民族的思想道德水平和科学文化水平为己任，根据党和国家的中心工作和本地区党委、政府的重点工作，根据社会和群众的关注热点去策划档案宣传。当前，要围绕科学发展观的深入实施，围绕国家“十二五”规划的全面实施，围绕即将召开的党的十八大，围绕加强和创新社会管理、改善民生、企业改革和发展、社会主义新农村建设、社会主义核心价值体系建设等，同宣传文化教育等部门，共同策划宣传主题，并运用各种公共媒体和大众宣传形式，开展档案宣传，充分发挥档案特色和档案优势，多出有档案特色的精品，多出有权威、有影响的力作，使档案宣传成为全国宣传工作的知名品牌，成为被大众传媒认可、被广大公众接受和喜爱的宣传文化产品。

（二）要树立大局观念，努力形成“档案大宣传”格局。要明确认识到，档案宣传的任务首先是提高全社会的思想道德水平和科学文化水平，而

不仅仅是提高档案专业人员的政策水平和业务水平；档案宣传的主要对象首先是社会各方面的领导和群众，是各行各业的亿万人群，而不仅仅是百万档案工作者。要解放思想，坚持突破档案宣传只面对档案专业人员的“小众”格局，形成面对全社会各方面人群的“大众”格局。不但要高度关注档案工作的重点、热点，更要高度关注党和国家的大事、要事；不但要大力宣传档案工作政策法规，更要大力宣传党的路线方针政策和国家的重要法规；不但要向领导进行宣传，而且还要面向全社会、面向群众广泛开展宣传，使其了解档案工作、重视档案工作；不但要宣传档案工作、档案工作者事迹，而且要宣传档案的社会内容和对社会各方面的作用；不但要高度重视传统媒体的作用，更要高度重视新兴媒体的作用，特别要提高驾驭新兴媒体的能力；不但要开展面对国内的宣传，还要开展面向国外的宣传，从而形成全方位、广覆盖、深层次的宣传态势。要整合资源，形成合力，注重协调和运用各方面的力量和资源开展工作。

要积极与党委、政府的宣传、新闻出版、文化、信息管理等主管部门进行沟通，争取他们的支持，主动与其他单位宣传部门联系，加强部门间宣传协作；要加强与主流媒体的联系与合作，充分发挥大众传媒覆盖广、受众多、公信力强的优势，借船出海，借势而为，争取更大的社会宣传力度。要打破系统内的地域界限、单位界限、行业界限等，与本地区的其他档案部门，与本地区的其他系统、其他单位，联合共办展览、共编图书、共拍电视、共同举办各种宣传活动，整合宣传资源，实现资源共享，增强整体效应，提升宣传效果，形成齐抓共管的档案宣传新局面。

（三）要统筹兼顾，科学规划档案宣传。档案宣传内容多，涉及面广，要站在全局的高度，进行通盘考虑和整体规划。要注意规划好日常宣传与重大活动宣传，临时宣传与长期宣传，全国宣传与本地宣传，常规性宣传与突击性宣传之间的关系；要统筹好不同受众、不同形式、不同载体的宣传，使档案宣传既有一定规模和声势，又能长期可持续开展，并保持较高的质量。国家档案局今后要加大对全国档案宣传工作的指导力度，加大对重大宣传活动的统一组织与协调，更多地组织全国联动、多单位参与的档案宣传活动。各地档案部门也要加强规划协调，组织好本地区的档案宣传活动。

二、紧紧围绕党和国家工作大局，有针对性地开展档案宣传

（一）档案宣传要为经济建设服务。要紧紧围绕科学发展这个主题和加快转变经济发展方式这条主线，为经济社会发展提供档案宣传。要大力营造聚精会神抓机遇、一心一意谋发展的浓厚氛围，为推动实现科学发展、加快转变经济发展方式、顺利实现“十二五”战略目标，作出档案宣传工作应有的贡献。要做到经济社会发展到哪里，档案宣传就开展到哪里。

要对各单位在新经济领域中及时建立档案工作的经验和档案在新经济领域中发挥的作用进行大力宣传，使档案工作在新的经济增长点中发挥更大作用。要加强对企业档案、科技档案、项目档案、农业农村档案工作的宣传力度，为发展经济建设、提高科技水平服务，促进档案在更大范围内发挥效益，更快地转化为现实生产力。

（二）档案宣传要为政治建设服务。中国特色社会主义理论体系在其形成、发展和不断完善过程中，产生了大量珍贵的档案，要充分发掘和利用这些档案对全社会进行中国特色社会主义理论体系的宣传，进行社会主义核心价值体系的宣传，深入宣传中国共产党的光辉历史和丰功伟绩，宣传祖国各项建设的辉煌成就，充分展示社会主义制度的优越性，大力唱响共产党好、社会主义好、改革开放好、伟大祖国好、各族人民好的时代主旋律。

（三）档案宣传要为文化建设服务。档案“记录历史、传承文明”，具有文化和教育功能。要充分发挥档案的社会教育功能和档案部门的公共文化服务功能，利用档案对公民进行民族优秀历史文化和民族精神的宣传教育，大力弘扬民族精神和时代精神，促进社会主义文化大发展大繁荣。

（四）档案宣传要为社会建设服务。要大力宣传档案“服务社会、造福人民”的作用，大力宣传档案在社会管理、社会建设方面的凭证作用，大力宣传档案在服务民生、改善民生，维护和实现政府权益、企业权益、公民权益方面的证据作用，推进民生建设，构建和谐社会。积极宣传送档案进课堂、进社区、进企业、进农村活动，使广大人民群众深切感受到档案服务就在我身边的便利，促进各方面利用档案。

（五）档案宣传还要充分利用档案及时为党的建设、祖国统一大业、国

防建设、外交建设、生态环境建设等各项建设服务，当各项建设需要档案部门发声时，我们一定不能失声。

三、以“三个体系”建设为中心，以档案法制宣传为重点，积极宣传档案工作，提高社会档案意识

（一）要积极宣传档案资源体系建设。要结合“以人为本”战略的实施，宣传“大档案”的观念。大力宣传凡是涉及人民群众的档案，凡是人民群众需要利用的档案，凡是对经济社会发展有用的档案，都要纳入档案资源体系的观念，以保证经济社会发展全过程和各领域形成的档案应建尽建，全面覆盖。要做好各级各类专业档案的宣传，特别是各地建立各种新形成的涉及民生的重要专业档案的宣传，引导各方面及时建好新形成的专业档案。要继续做好贯彻国家档案局8号令的宣传，加强文件收集、征集、归档的宣传监督，督促文件应归尽归。加强档案接收进馆工作的宣传，以进一步丰富和优化馆藏资源。通过宣传，提高社会档案意识，促进覆盖人民群众的档案资源体系建设。

（二）要积极宣传档案利用体系建设。要结合“服务为先”战略的实施，宣传“大服务”和服务至上的观念。大力宣传档案服务的内容和范围，以满足社会对档案部门各方面的需求。要加强档案馆自身的宣传，大力宣传档案馆的功能、馆藏档案内容、档案利用的程序和方式，使其为广大群众知晓。要加强档案利用效益的宣传，既要注重档案利用服务经济社会发展的宣传，也要注重档案利用服务民生的宣传；既要注重档案利用服务领导决策的宣传，也要注重档案利用惠民利民的宣传。要对档案利用的典型事例进行重点宣传，面向社会举办更多档案利用效益方面的展览，汇编更多档案利用效益实例。通过宣传，提高档案部门服务意识，促进方便人民群众的档案利用体系建设，促使更多的人利用档案。

（三）要积极宣传档案安全体系建设。要结合“安全第一”战略的实施，宣传“大安全”的观念。大力宣传档案安全理念，提高全员安全意识；要加强档案安全科研技术、国家重点档案抢救修复、档案原件保护、重要档案异地异质备份工作的宣传，确保档案安全落在实处；要加强档案实体和档案信息安全保密的宣传，严防档案失泄密。要充分发挥档案宣传的舆论监督作用，对

档案安全隐患和事故及时曝光，无情揭露，全面督促档案安全，杜绝档案安全事故。

（四）要积极宣传档案法制建设。依法管理档案事业，是档案部门落实依法治国方略的重要手段，要充分发挥舆论导向作用，大力开展以档案法及其实施办法为主要内容的档案法制宣传，特别是加大对档案执法工作的宣传报道，加大对违法案例进行查处的宣传力度。要结合档案法修订和“六五”普法活动，宣传档案法制建设和档案工作规章体系建设，使档案法制观念深入人心，为推进依法治档进程营造良好的舆论环境，为档案事业发展保驾护航。

四、进一步巩固和扩大档案宣传阵地

（一）要加强传统媒体阵地建设。《中国档案报》和《中国档案》杂志是国家档案局主管的专业报刊，以它们为代表的全国众多档案行业期刊承担着行业宣传和舆论引导的重要职能，发挥了政策宣传、业务交流、学术研究、史料公布等重要作用，对宣传档案工作起到了名片效应，各级档案部门要继续高度重视，不断加大支持力度。档案报刊要坚持正确的办刊方向，准确把握职能定位，“走基层、转作风、改文风”，进一步落实新闻报道“三贴近”要求，使档案报刊成为社会了解档案内容和档案工作的重要窗口，成为宣传党和国家档案工作方针政策的重要阵地，成为反映档案事业发展历程的生动载体，成为贴近广大档案工作者的良师益友，成为社会各界和人民群众喜看爱看的文化读物。要着力提高报刊质量、丰富报刊内容、改进报刊形式、提高报刊水准、打造报刊品牌、扩大报刊影响，切实增强报刊的指导性、知识性、可读性。要重视档案图书的编辑出版，采取多种形式，深度编研，努力策划和推出一批具有思想性、知识性、综合性的优秀档案图书。

（二）要扩大新兴媒体阵地建设。要增强驾驭新兴媒体的能力，加大网络建设与管理力度，提高网上舆论引导水平。国家档案局政府网站、中国档案资讯网、中国档案网以及各级档案信息网站，现在已经成为档案宣传的主流媒体和重要阵地，因此要高度重视档案网站作用，积极发挥网络宣传优势，突出档案信息发布、政务公开、档案信息资源共享和服务功能。同时，要密切关注其他新兴媒体的发展，充分利用其为档案宣传工作服务。

关于宣传阵地建设，根据中央的部署，目前正在进行非时政类报刊出版单位的改革。各级档案部门要按照中央关于文化体制改革的总体部署，深刻认识改革的重要性，切实把思想统一到中央的决策部署上来，积极稳妥推进改革。要加强与改革主管部门的交流沟通，积极取得他们的理解和支持。要积极完善内部管理机制、用人机制、分配机制，利用改革的机会促进机制的转变。改革既要保障职工利益，又要巩固与扩大档案宣传阵地。要通过文化体制改革，走出一条档案宣传媒体做大做强的创新之路。

（三）要善于并大力运用公共宣传阵地。公共宣传阵地的影响力远远超过档案宣传阵地。各级档案部门要自觉地、主动地同各种公共传媒打交道，舍得把好的题材、好的内容提供给公共传媒，不要只注重档案传媒的独享，而要更看重公共传媒的共享，从而借助公共传媒，把档案宣传的效果放大十倍、百倍、千倍、万倍。因为档案宣传阵地的受众只是数以万计，而公共传媒的受众则数以十万计、百万计、千万计、万万计。

五、进一步丰富档案宣传内容

档案宣传要做好主题宣传、典型宣传、成就宣传，在丰富宣传内容上下功夫。档案资料浩如烟海，档案工作涵盖百业，这为档案宣传提供了丰富的资源。因此要突出档案特色，充分挖掘档案资源，设计宣传主题。要加大和突出对档案内容的宣传，要像过去重视宣传档案工作知识与档案工作经验那样，重视向社会宣传档案的内容，宣传档案里的故事、智慧、规律等。要善于从档案里找故事，把枯燥的档案变成有趣的故事；善于用现实的眼光寻找历史的档案，把档案变成现实的延伸、现实的背景、现实的参照，加强档案同现实的联系，使档案具有鲜活力，让人读来具有新鲜感，从而提高档案宣传的吸引力、感召力、影响力。要深入宣传档案工作的历史、传承和作用，不断提高档案工作的地位。要重视宣传档案工作经验，深入档案工作基层和一线，发现和宣传档案部门坚持科学发展、服务经济建设、构建和谐社会的新鲜经验和好做法。要加强档案业务和学术研究的宣传，普及档案知识、推广先进技术。要宣传档案先进典型人物和职业精神，弘扬优秀档案文化，在全系统形成学先进赶先进的良好氛围，把先进人物的崇高思想品质转化为推动工作的强大精神动力。

六、进一步创新档案宣传形式

（一）档案宣传要与时俱进。当今社会思想观念深刻变化，文化需求不断增长，信息传播手段日益多样便捷。档案宣传要适应发展变化，在采取办报办刊、出版图书、举办展览、拍摄电视片、举办讲坛讲座、举办文艺会演、举办诗歌比赛、开办夏令营、送档案下乡进社区等有效形式宣传的同时，要顺应信息传播手段发展和随之带来的各类受众兴趣的变化，注重发挥各种新兴媒体的宣传作用，运用各种新的宣传形式，比如动漫的形式、网络视频的形式、手机短信的形式、电视滚动字幕的形式、户外电子屏信息的形式、电子书的形式、微博的形式等，从而拓展宣传形式、手段和载体，占领新兴媒体阵地，进一步丰富和创新传播渠道，吸引更多的宣传受众。

（二）档案宣传要坚持改革创新。档案宣传无止境，要进一步解放思想，自觉破除不合时宜的陈旧观念和思维定势。只要是有利于档案宣传的创新创造都要大力倡导，只要是有利于推进档案事业发展的措施办法都要积极宣传推广。要加强对档案宣传工作规律的探究，拓宽视野，挖掘报道深度，加强档案宣传能力建设，切实提高舆论引导水平。

（三）积极推进档案系统新闻发言人制度建设，完善新闻发布制度。对档案部门的重大工作或重要活动，要适时召开新闻发布会，扩大档案工作的影响力。要提高新闻发布会的权威性、影响力，把握舆论引导的主动权，特别是针对突发事件，要在第一时间发布真实准确的权威信息，不断提高舆论引导的时效性、公信力，树立档案部门民主、进步、文明、开放的良好形象。

七、进一步加强档案对外宣传

（一）要利用档案宣传维护国家利益，提升国家形象。要认真贯彻中央关于对外宣传工作的方针，把扩大国家影响力、塑造展示良好国家形象作为档案对外宣传的重要任务。一方面，要发挥档案特色，广泛宣传我国过去和现在独立自主的和平外交政策、走和平发展道路、坚持互利共赢开放战略的理念以及推动建设和谐世界的主张，充分展示我和平发展、民主进步、文明开放的国家形象。另一方面，要充分挖掘历史档案资源，通过公布档案史料等方式，澄清历史，揭露谎言，积极配合有关部门有效开展维护国家统一、维护领土主权、促进民族团结与宗教进步等方面的国际舆论斗争，坚决维护国家利益。

（二）要加强档案对外交流与合作，宣传新中国档案事业的巨大成就。要充分利用参加国际会议、出国访问、接待来访等机会，通过档案人员互访、交换档案史料、互派专家讲学、互办档案展览、共同举办会议、进行项目合作等各种形式，宣传我国党和政府对档案工作的重视，宣传独具特色的中国档案事业体系和档案工作成就，将体制优越、网络健全、管理有效、服务广泛、成绩卓著的中国特色档案事业的良好形象展示在世界同行面前，使国际社会从我国档案工作的良好形象中了解我们党和国家的良好形象。

八、进一步加强对档案宣传工作的领导

（一）要进一步提高对档案宣传工作的认识。档案宣传是档案工作的舆论先导，是扩大档案工作影响，提高档案工作地位，促进档案事业发展的一项重要工作。各级领导要站在事关档案事业全局和发展的战略高度，从档案事业科学发展的客观要求出发，重新认识档案宣传工作，把它当作提高全民族思想道德水平和科学文化素质、提高全社会档案意识的大事来抓。通过做好档案宣传工作，使各级领导、各机关单位和全体公民加深对档案工作的理解，认识档案工作的社会价值，进而重视和支持档案工作，为档案事业发展提供更优良的平台和更广泛的舆论支持。

（二）要进一步加强对档案宣传工作的领导。各级档案部门要采取多种措施切实加强对档案宣传工作的领导。要明确领导分工，有主要领导同志负责档案宣传工作，有条件的可成立档案宣传领导小组。要将档案宣传工作列入重要议事日程，定期研究档案宣传工作，分析档案宣传工作形势，部署阶段性工作。要把档案宣传工作纳入年度工作计划和目标考核，把宣传工作和业务工作同对待、同布置、同考核，督促落实。要深入了解档案宣传工作的进展情况，帮助协调和解决工作中存在的问题和困难。要加强档案宣传工作的组织建设，合理设置和配备档案宣传机构和人员，使之与承担的任务相适应。要增加对档案宣传的投入，争取各级党委、政府支持，落实专项经费，保障档案宣传工作

的正常开展。

在这里我们要强调，档案宣传贯穿于档案工作的各个环节，它不只是档案宣传部门的事情，也是档案各个部门的事情。开展档案执法检查、业务指导是宣传，进行档案接收、征集是宣传，提供档案利用是宣传，开展档案科研和教育、从事档案外事等也都是宣传。要树立人人都是档案宣传员的意识，提倡人人做好宣传员。希望各级领导、各个部门，包括各位档案工作者都来重视档案宣传，利用各种机会，发挥各自影响，积极开展档案宣传，形成全员合力开展档案宣传的新格局。

（三）要进一步加强档案宣传人才队伍建设。做好档案宣传工作，必须要有一支素质过硬的档案宣传队伍，有一批精通业务的档案宣传人才。要进一步加强档案宣传队伍建设，从人力资源上保证档案宣传工作。一要善于发现和储备人才。按照政治强、业务精、纪律严、作风正的要求，把既熟悉宣传工作，也了解档案工作，既有文字能力，也了解新闻传播及信息技术等专业知识，符合新形势下档案宣传需求的复合型人才放到档案宣传岗位上来，作为档案宣传的领军人物，带动和提升档案宣传队伍的整体素质。要注意解决档案宣传后备人才的问题，通过各种方式有计划地补充优秀年轻干部，做好人才储备。二要善于培养和锻炼人才。要加强对现有人员的培训，帮助大家掌握最前沿、最需要、最管用的知识和技能。在工作中要大胆使用年轻干部，要交任务，压担子，使他们得到历练，更快地成长为档案宣传的行家里手。三要善于创造人尽其才、才尽其用的良好氛围。要坚持尊重劳动、尊重知识、尊重创作，充分调动工作积极性、主动性、创造性。要深入开展创先争优活动，推动档案宣传工作者立足本职岗位创先进、争优秀，进一步营造学习先进、争当先进、赶超先进的良好风气。要坚持以人为本，关心爱护档案宣传人才，切实帮助他们解决实际困难，免除后顾之忧，为他们开展工作创造条件，提供保障，使他们全身心地投入档案宣传工作之中。

（节选于《在全国档案宣传工作会议上的讲话》，
该文原载于《中国档案》2011年第11期）

做好民生档案工作，是档案工作服务大局的新方向、新任务

今后一个时期，我们要以科学发展观为指导，深入、持久、全面地深化民生档案工作，大力推进民生档案建设和民生档案工作创新。

一、进一步深化对民生档案工作的认识，提高做好民生档案工作的自觉性

民生档案，是党和政府各部门、各单位在保障和改善民生工作中形成的真实记录，是维护人民群众各项权益的原始凭证。做好民生档案工作，是贯彻落实科学发展观，践行党的根本宗旨的内在要求。以人为本的科学发展观是我们党的指导思想，为人民服务是我们党的根本宗旨。保障和改善民生，是我们党贯彻落实科学发展观、践行为人民服务宗旨的重要内容。建好用好民生档案并服务民生，则是其中必不可少的一项基础性工作，是新形势下党对档案工作的新要求，是档案部门在档案工作中贯彻落实科学发展观、践行为人民服务宗旨的新内容。无论是涉及民生的各部门、各单位的领导和工作人员，还是所有档案工作者，都应该重视民生档案，把做好民生档案工作提到贯彻落实科学发展观、践行党的宗旨的高度来认识，当作落实科学发展观、为人民服务的一件实事、要事来办，当作一项应尽义务和必办工作来完成。

做好民生档案工作，也是为党和国家工作大局服务的新的方向。进入21世纪特别是党的十六大以来，保障和改善民生，逐渐成为人民群众要求的重点、社会关注的重点，同时也理所当然地成为党和国家关心的重点。各级党委政府高度重视民生，采取了一系列保障和改善民生的新措施，出台了一系列利

民惠民的好政策。保障和改善民生，已经成为各级党委政府的重要任务和工作重点，成为党和国家工作大局的一个新的方向和重要内容。民生档案涉及民生的各个方面，牵涉城乡居民的切身利益，关系人民群众最关心、最直接、最现实问题。民生档案工作做不好，很多民生政策就落不到实处，很多民生问题就不能有效和顺利解决，这就会直接影响党的执政能力，影响党和政府的威信，影响社会稳定，不利于党和国家的工作大局。无论是哪个部门和单位，要为党和国家工作大局服务，都必须在做好其他工作的同时，建好用好民生档案并服务民生。所有涉及民生的各部门、各单位的领导和工作人员，所有档案工作者，都应从为党和国家工作大局服务的高度来认识和重视民生档案，把做好民生档案工作当作为党和国家工作大局服务的一项新任务来抓。

做好民生档案工作，还是党和政府创新社会管理、确保社会稳定的一个新的抓手。社会管理是政府的重要职能。近两年，党中央提出要加快推进以改善民生为重点的社会建设，创新社会管理。许多地方的实践已经证明：建立健全民生档案并服务民生，可以有效落实惠民政策，切实解决民生问题，有力改进社会管理。所以，做好民生档案工作，是社会管理中的一种新型有效手段，是社会管理形式的一种创新，对于创新社会管理、促进社会和谐与稳定，具有重要意义。它表面上看起来是一项档案工作，实际上却是一项社会管理工作、维护稳定工作。因此，民生档案工作，不仅是档案部门的工作，而且是各个社会管理部门的工作；做好民生档案工作，不仅是档案人员的责任和分内事，而且是社会管理各部门人员的共同责任和应该抓好的分内事。

做好民生档案工作，更是保持档案事业发展持续动力的需要。民生问题，涉及亿万群众的方方面面。建好民生档案服务民生，使档案工作可以直接为亿万群众排忧解难，使亿万群众得到实惠，从而开辟了最广大的档案利用人群，拓展了异常广阔的档案利用领域，发挥出空前巨大的档案利用效益，受到广大人民群众的热烈欢迎，使档案工作走出象牙之塔，走出神秘境界，走出高端人群，走进民间，走进大众，走进生活，与亿万群众息息相关、紧紧相连，深深植根于人民群众之中、植根于社会生活之中。这将使档案事业获得永不枯竭的发展动力，始终保持蓬勃旺盛的生机与活力，得到持续发展。同时，广泛建立民生档案、广泛服务民生，还是我国档案工作中的一项开创性工作，具有转折性意义，它为我国档案事业开创了一个全新的局面，把我国档案事业推向了国际先进水平。各级分管档案工作的领导和全体档案工作者，更应该充分认识民生档案工作在档案事业发展中的这种特殊作用和重要意义，把服务民生作为档案人的神圣职责，自觉、主动地做好民生档案工作。

总之，做好民生档案工作，是发挥档案“存凭、留史、资政、育人”重大作用，履行档案工作“记录历史、传承文明、服务社会、造福人民”基本职能，完成档案工作者“为党管档、为国守史、为民服务”神圣职责的重要方面，我们必须切实重视，大力完成。

二、进一步加强对民生档案工作的研究，明确民生档案工作的基本范畴和重点

要研究并明确民生档案的基本概念和内涵，建立民生档案的基本体系框架。民生，顾名思义，就是人民生活，或生存、生命、生产、生计，包括人们从生到死各个阶段关于出生、教育、就业、居住迁徙、生产生活、财产、健康、养老、死亡等各个方面。民生档案，则是指机关团体企事业单位（包括党政军机关、国有和民营企业、各类事业单位、居委会和村委会、各种经济或社会组织）及个人所形成的与民生各方面有关的档案。对民生档案的理解，就像对其他的概念一样，不同的人在不同的阶段会有不同的理解，总的是有狭义和广义之分。去年，国家档案局在公布两批《国家基本专业档案目录》时，对民生类档案的理解就是比较狭义的，而各地档案部门在实际工作中理解和执行的，则是比较广义的，我上边所说的也是指比较广义上的民生档案。

按照这个理解，民生档案不仅包括两批《国家基本专业档案目录》中人事类的全部档案，即干部、流动人员、户籍、企业职工、学籍、机动车驾驶员、出租车驾驶员执业、律师执业、会计师执业、医师执业、导游资格、民用航空器驾驶员登记方面的档案；民生类的全部档案，即城乡居民最低生活保障、伤残抚恤人员、殡葬服务单位业务、婚姻登记、社会保险业务、城乡居民健康、病历、移民、农村五保供养、城镇廉租房、拆迁、就业失业登记、工伤鉴定、公积金方面的档案；政务类当中的公证、司法鉴定、劳动人事争议仲裁、农产品质量安全方面的档案；经济类当中的土地管理、环保、房屋产权登记、土地承包登记、信用、税收征管、企业法人登记、个体工商户、食品安

全、林权登记、专利、银行信贷、证券期货业务、保险业务方面的档案。这些列入《目录》的44类档案，都与民生密切相关，都应列入民生档案的范畴。此外，还有与民生密切相关的、各地也十分关注和利用较多的有关人口出生、体检、独生子女、计划生育奖惩、领养抚养、身份证、知青上山下乡、干部职工城镇居民下放、劳动合同、人员录用转正调动安置、干部任免、职称评聘、职业资格或技能认证鉴定、荣誉奖励、人员处分、工资福利、特殊工种、就业援助、失业补助、建房补助、土壤普查、污染普查、水利普查、退耕还林还草、灾害救助、流浪乞讨人员救助、合作医疗、预防接种、特殊疾病管理、扶贫等方面的专业档案，以及与以上各方面民生工作有关的文书档案或管理类档案，也应该纳入民生档案的范畴。以上这些，可以作为民生档案的基本内涵和民生档案体系的基本框架，供大家进一步研究，以便将来进一步予以充实和调整，使之更为丰富、完整和科学。相信随着实践的进一步发展和研究的进一步深化，民生档案的内涵会进一步丰富和具体，民生档案工作体系会进一步完善。

要研究并明确民生档案工作的指导方针、总体原则和工作重点。上午，我们在天津市社保中心档案馆看到了一句话，叫“记录一生、保障一生、服务一生”。我认为非常好。可以在此基础上改一个字，叫“记录民生、保障民生、服务民生”。我想，这12个字，就可作为民生档案工作的指导方针。前几年，我们曾提出过“以改善民生为重点的社会建设开展到哪里，民生档案工作就延伸到哪里”，我觉得，这可以作为我们开展民生档案工作的总体原则。同时我们还曾提出过建立覆盖人民群众的档案资源体系和方便人民群众的档案利用体系即“两个体系”，我觉得，这也可以作为民生档案工作的工作重点。说到底，民生档案工作主要是全面收集与民生有关的各方面档案，并对其中利用最多最频繁的部分，优先进行整理、编目、数字化和鉴定，然后通过网络等各种现代与传统的开发利用手段提供利用，切实为保障和改善民生服务。各级档案部门、各类档案人员，都要按照这一方针、原则和重点，开展和做好民生档案工作。

三、加强对民生档案工作的领导，积极争取领导及各部门重视和支持

民生档案内容丰富，涉及面广，仅专业档案就有几十种，涉及几十个部门，所以，民生档案工作是一项涉及多个部门的综合性的系统工程，需要各方面的支持和配合。各级档案部门要紧紧依靠当地党委和政府，争取把民生档案工作列入本级党委政府的议事日程和检查、考核范围，切实加强对民生档案工作的领导和协调，建立党委政府统筹领导、涉及民生的各主管部门各负其责、档案部门监督指导协调的工作机制。要争取各级党委政府出台加强档案工作的意见，加大投入，为民生档案工作创造良好的环境。还要加强与各涉民部门的沟通与合作，共同调研、共同制发文件、共同开展活动，齐抓共管，共同把民生档案真正建好用好。尤其要争取他们在布置新的涉及民生的专项工作时，把建立档案作为其中一项内容同布置、同检查，以便从源头上做好民生档案工作。民政部、国家档案局近期将出台《关于加强民政档案工作的指导意见》，在新的起点上对民政专业档案工作作出新的部署。今后，国家档案局将把与有关部门联合制定各类民生专业档案管理办法作为一项工作重点，每年与有关部委共同制定或修改重点的民生专业档案管理办法。希望各级档案行政管理部门也都这么做，每年各出台不少于10个民生专业档案的归档范围、业务标准或管理办法等文件，每年各与有关部门联合开展不少于5次有关活动，合力做好民生档案工作。各机关、团体、企事业单位档案部门，也要努力争取本单位领导对民生档案工作的重视，从工作布置方面、人力财力物力方面支持做好本单位的民生档案工作。

四、建立完善民生档案规章制度体系，加强对民生档案工作的业务指导和行政督查

民生档案工作贯穿于机关档案工作、企事业单位档案工作、农村档案工作、社区档案工作、档案馆工作、家庭档案工作等各个方面。各级档案行政管理部门要在认真总结近几年民生档案工作经验的同时，深入调查研究，了解民

生档案的相关业务、职能分工、工作程序、业务范围及所形成的各类文件材料的规律和管理现状，了解民生档案工作与其他档案工作的联系，在布置其他档案工作时，布置并协调民生档案工作。要根据民生档案的特点、形成规律及收藏情况，及时制定和调整相关政策，做好对民生档案工作的政策引导。可通过对各部门的民生档案进行年度检查、专项检查、登记备案等形式，促进民生档案的建立健全和规范管理。要深入专业主管部门，按照有关要求，加大对民生专业档案的业务监督指导力度，提前介入，帮助他们建立制度，规范化开展民生档案建档工作，特别要注意加强对新形成的民生档案的建档指导，确保各种新单位、新领域、新形式的民生档案及时建档。还要注意加强对部分担负社会管理和公共服务职能的二级单位专业档案的监督指导。因为有些这样的单位民生档案非常重要，数量也非常大，不加强指导，不利于民生档案的健全。还要通过系统培训、督促检查、通报表彰、集中开展“民生档案建设年”活动等各种方式，调动各方面积极性，推进政策的贯彻落实，巩固政策的执行效果。各机关、团体、企事业单位档案部门都要普遍完善干部人事职工档案、公积金档案等的归档、管理、利用及移交制度。所有形成民生专业档案的机关、团体、企事业单位档案部门，都要普遍建立和完善各自形成的民生专业档案的归档、管理、利用、移交等制度，尚未建立的要尽快建立，需要修改完善的尽快修改完善。比如，学校要完善学籍档案、公共教育补助档案等；医院要完善出生档案、体检档案、居民电子健康档案、病历档案等；派出所要完善户籍档案等的归档、管理、利用、移交制度。各级综合档案馆也要尽快建立完善有关民生档案的接收、征集、管理、利用制度。

五、加强民生档案收集力度，进一步促进民生档案资源建设

各级机关、团体、企事业单位档案部门，要按照文书档案和各类专业档案归档范围的要求，把本机关涉及民生的文书档案、干部人事职工档案、公积金档案、其他民生专业档案应收尽收、应归尽归，并实行集中管理。对那些暂时没有实行集中管理而由业务部门管理的专业档案，也要实行业务指导，使其规范管理，并监督其安全保管，还可把其目录集中起来，便于监管和统一利用。此外还要按照移交规定，及时向有关档案馆移交。各级综合档案馆要以贯

彻实施国家档案局9号令为契机，认真研究制定收集档案范围的细则和工作方案，将接收民生档案工作规范化、制度化，做到有章可循。要把民生档案的接收置于突出地位，把本行政区内的民生专业档案列入综合档案馆接收范围，并按接收规定予以接收。对群众迫切需要的民生档案可与有关部门协商，采取提前接收的方式及时接收进馆。对尚未明确归属的民生档案，为安全保管和方便利用，可采取为有关部门开辟民生档案专用库房或寄存的方式接收进馆。对一些确实暂时不好接收进馆的民生档案，可把档案目录、电子文件、数字化电子数据等接收进馆。各级综合档案馆除保证婚姻、劳模、知青、招工、土地承包合同、林权改革等民生档案的接收进馆外，都要争取每年新接收几种民生专业档案进馆，逐步从注重接收文书档案向注重接收民生档案转变。各级综合档案馆还可以通过在本级有关民生的专业或部门档案馆加挂综合档案馆专业分馆牌子的办法，促进民生档案的共建共享。要注意加强与相关行业部门联系，做好沟通和协商工作，促进民生档案信息资源的共建共享，使档案馆真正成为既保存政府公务信息又保存社会公众信息的中心，为档案馆从“档案馆有什么，群众查什么”向“群众查什么，档案馆有什么”转变而奠定坚实基础。还要加强对部分担负社会管理和公共服务职能的二级单位形成的民生专业档案的收集，加强对破产企业档案的收集，把它们列入进馆范围并积极接收进馆。中央档案馆今后将选择一些中央和国家机关所属二级机构和中央企业，开展档案接收进馆的试点工作，在相关做法成熟后再大面积推开。各级综合档案馆凡未开展的，也要开展接收相关二级单位和重点企业、破产企业档案进馆工作。按照国务院三峡办和国家档案局批复的《长江三峡工程库区移民档案进馆项目实施方案》，相关地区要在2012年年底完成长江三峡工程移民档案移交进馆工作。据统计，长江三峡工程安置移民31.273万户113万人，移民档案总数为125.19万卷，移交进馆量62.51万卷。有关档案馆要抓紧工作，按时保质保量完成任务。各级档案行政管理部门要加强对各类档案室和档案馆民生档案收集工作的业务指导和执法督查，并协调解决民生专业档案的集中管理和接收进馆问题，使民生档案在到移交期限前由各单位档案部门集中管理，在到移交期限后及时由档案馆接收。

六、加强民生档案的整理编目、数字化和开放鉴定，确保民生档案安全保管和有效利用

为更好地满足社会各界对民生档案的利用需求，各级综合档案馆要集中力量优先对利用频繁的民生档案进行整理、编目、数字化和开放鉴定，争取在“十二五”末，90%以上省级、副省级综合档案馆和80%以上地、县两级综合档案馆完成利用率高的房产、婚姻、劳模、知青、招工、学籍、户籍等民生档案的数字化，建立10种以上民生专业档案的全文数据库和30种以上民生专业档案目录数据库，并对已数字化民生档案及时进行开放鉴定，及时开放可开放的档案，为提高档案利用服务效率奠定坚实基础。要积极推广档案与电子文件登记备份制度，由档案馆对民生专业档案和电子数据进行常态化、动态化备份，确保民生档案安全。

各机关、团体、企事业单位档案部门要在民生档案形成伊始，就将民生档案数字化工作纳入工作安排中，在移交进馆前，完成民生档案目录数据库与数字化建设。在“十二五”末，争取省级机关30%有条件的档案室要进行业务系统和数据的归档工作，实现业务数据在线移交。

档案馆要建立起与其他档案馆和有关档案室之间的民生档案信息交流共享平台，加大民生档案信息资源服务社会的力度。要利用好电子文件中心和政府公开信息查阅中心的功能，打造本地区民生档案的数据平台，将不同行业、部门的相关民生档案信息进行集中整合，并向社会各界提供利用；要利用好现有的网站平台，加强与群众沟通互动的功能建设，充分发掘和调动社会力量，做到群众急需用哪些民生档案，我们就先搞哪些档案的数字化；群众希望开放哪些民生档案，我们就加大哪些民生档案的开放工作力度。各级档案馆、室要加强对民生档案信息资源安全建设，强化保密观念，改进设备，完善管理系统，加强人员管理，加大信息系统的安全检测，完善各项保密措施，防止失泄密事件发生。同时还要强化个人隐私、个人信息保护观念，对不宜向他人公开的个人信息一律只提供本人或家人利用而不提供无关的个人利用，以防止个人隐私流向社会。在民生档案数字化和网络化建设的过程中，要加大对数据安全的监管，充分考虑到

数据的使用范围和权限，加强网络安全的软、硬件建设，在保障群众知情权的同时，确保群众的个人权益。

七、创新民生档案利用机制，强化优质服务

各级档案部门要着眼于民生档案的“用”，建立方便人民群众的档案利用体系。一是要牢固树立利用者至上的理念，转变作风，用热心、耐心、细心接待查档者。推荐实行接待利用“一窗受理、首问负责”的新机制，以“马上就办”为原则，实现服务提速。二是要挖掘馆藏资源，提高服务能力。要编制公开目录和利用指南，定期公开民生档案信息。要不断增加民生档案目录数据库的信息量，研发信息管理系统软件，建立信息目录共享平台，实现计算机快速检索，使接待能力适应查阅需求的增长。要根据利用需求，把人民群众切切实实用得上的民生政策或民生信息编成专题文件汇编，提高利用率。可以为宅基地划分、村民养老保险、农龄核算、利润分成等新农村建设提供热点服务；为残疾人、低保户、贫困户和优抚对象等社会特殊群体提供主动服务；为推进家庭建档提供各种可能的主动服务。要把涉及民生的政策信息和已公开民生档案上网发布，使居民村民不出社区和村，便可利用民生档案。三是要不断丰富民生档案服务方式和手段。各综合档案馆和有条件的档案室，要以档案查询窗口、政府信息查阅场所和档案网站为载体，以多样化、人性化的服务为依托，采取咨询、函查、电话查询、网上预约、在线查阅，定期回访、跟踪服务，围绕社会热点举办讲座、展览，建立语音查档系统，开通114查号台查阅热线，利用微博、微信、手机、电子广告屏等各种大众媒体发布民生档案信息等多种服务方式，服务基层，服务百姓，服务和谐社会建设。特别是要像天津、上海、长春等地已经做的那样，积极开展馆际合作、馆社联动、就地用档、异地出证工作，通过网络平台，把档案馆、档案室与城乡社区联结起来，把各个档案馆和各个档案室的民生信息整合起来，综合提供，使档案利用、档案取证服务到群众身边。四是要推广“走出去，送档上门”服务，把档案资料复印件、档案资料汇编、档案资料光盘送下乡、送进企业、社区，直接为企业、农村和社区服务。对残疾人、孕妇等特殊群体开辟“绿色”查档通道，为困难老人开展送档上门

服务，对部分因故不能到档案馆室查档的老人实行全程代办、送档上门的服务。建议各级各类档案馆、室推出群众查阅民生档案“零收费”制度，公民个人查阅涉及本人权益的档案停止收取查阅、保护、复制等费用。五是要提高服务层次，要求接待利用人员业务知识“零”盲点、优质服务“零”距离、查档结果“零”投诉。推出“专家会诊诊疗”制度，对接待工作中的难点问题进行综合“会诊”，多渠道、多线索解决问题。建议推广双休日查询甚至双休日照常服务、开通服务热线、24小时在线记录等便民服务措施，并为利用者提供老花镜、放大镜、便民笺、休息场所等，使利用者更为方便、更为满意。

（节选于《在全国民生档案工作经验交流会上的讲话》，

该文原载于《中国档案报》2012年10月8日）

实施“三大战略”，健全“三个体系”，实现“三个翻番”，向“建设档案强国”这一目标奋勇迈进

2013年全国档案工作的主要任务是：

一、在档案工作中全面贯彻落实党的十八大精神，提高对档案工作的指导力

（一）进一步以科学发展观指导档案工作。党的十八大把科学发展观确立为我们党的指导思想，这是十八大的历史功绩之一。贯彻落实十八大精神，最关键的是要进一步以科学发展观全面指导档案工作。

要继续以“发展”为第一要义，把促进档案事业发展作为每个档案部门和人员的第一任务。要发扬创新精神，打破习惯性思维和定式，创造性地开展工作，每年都搞一些创新或突破，每年都有一些新发展。要全方位开展档案服务和档案宣传，积极争取社会各方面大力支持事业发展，调动每个档案部门和人员的积极性、调动一切积极因素投入事业发展，用先进的档案科学理论和技术支持事业发展，积极完善档案法规体系保障事业发展，大力开展档案人员教育培训和对外交流合作促进事业发展，推动档案事业不断创历史新高、创世界一流，早日把我国建成档案强国。

要继续以“以人为本”为核心。在档案资源建设中更加重视涉及人的档案特别是民生档案的价值，把它们列入机关归档范围和档案馆接收范围，延长其保管期限，让档案资源体系真正覆盖人民群众、覆盖城乡居民，同时注重档

案的安全保密，确保档案资源不受损、不流失；在档案利用中更加重视人民群众的利用需求，更多为基层单位、弱势群体、偏远居民、特殊人群着想，进一步拓宽利用形式、简化利用手续，让档案利用体系真正方便人民群众、方便城乡居民、方便国内外利用者；在档案工作中更加注重人的工作，注重队伍建设，用一切办法调动人的积极性和创造性，提高人的能力和素质。

要继续以“全面协调和可持续发展”为基本要求。既抓好档案系统内部的各项工作，又搞好档案系统与外部的各方面联系；既做好基础业务工作，又做好为党和国家工作大局的各项服务；既搞好档案信息资源的开发利用，又切实保护好档案中的国家秘密、商业秘密、工作秘密、个人隐私；既做好对进馆单位的建档指导与服务，又做好对非进馆单位的建档指导与服务；既运用现代技术手段保护传统载体档案，比如把纸质档案数字化，又运用传统手段保护新型载体档案，比如把重要的电子档案转化为纸质或胶片档案；既重视档案的历史价值、发挥档案的历史作用，又重视档案的现实价值、发挥档案的现实作用，使档案事业得到全面发展、协调发展、可持续发展。

要继续以“统筹兼顾”为根本方法。统筹档案事业行政管理和档案保管利用两种职能；统筹档案馆工作、机关档案工作、企事业单位档案工作、档案法制工作、档案科技工作、档案教育工作、档案宣传工作、档案外事工作、档案学术团体工作等各项工作；统筹国内的立档单位和其在国外的分支、派出机构；统筹业务建设、条件建设和队伍建设；全面发挥档案“存凭、留史、资政、育人”的作用，全面履行档案工作“记录历史、传承文明、服务社会、造福人民”的职能，全面完成档案工作者“为党管档、为国守史、为民服务”的职责。在总览全局、统筹规划的基础上，抓重点工作的突破，抓薄弱环节的加强。

总的来说，进一步以科学发展观指导档案工作，就是要继续大力实施以人为本、服务为先、安全第一“三大战略”，进一步健全覆盖人民群众的档案资源体系、方便人民群众的档案利用体系、确保档案安全保密的档案安全体系“三个体系”，朝着“建设档案强国”这一新的目标奋勇迈进。这是十七大以来我们在科学发展观指导下不断探索出来的新的档案事业发展思路。这个新的发展思路，是各级档案部门新实践的总结，是广大档案工作者新智慧的结晶，也是档案事业对党和国家各项事业科学发展新需要的应对。它已经被这几年我国档案事业的大发展、新发展证明是完全正确的，它也应该为我们今后所继续坚持。

（二）为十八大确定的建设中国特色社会主义五位一体总布局服务。党的十八大指出，建设中国特色社会主义，总布局是五位一体。所谓五位一体，就是建设社会主义市场经济、民主政治、先进文化、和谐社会、生态文明。各级档案部门要把为五位一体总布局服务作为贯彻落实党的十八大精神的一个重要着力点，也作为今后档案工作服务大局的一个新方向。

要进一步加强企业档案工作，特别在加强对国有企业建档工作指导的同时，加强对重点民营企业和“走出去”企业的建档指导；加强农业农村档案工作、城镇建设档案工作；建好用好财政档案、金融档案、资产档案、科技档案、知识产权档案、建设项目档案、科研项目档案及其他经济科技档案，为建设社会主义市场经济服务。

要进一步做好各级党政机关、人大机关、政协机关、人民团体的档案工作，建好用好村务公开、厂务公开、政务公开、基层选举、司法、民族、宗教、侨务等方面工作的档案，进一步做好政府公开信息查阅工作，为建设社会主义民主政治服务。

要更多地运用各种大众传播形式把档案转化为文化产品，特别是打造成文化精品，为各项文化创作提供档案，为当下的各项文化建设建立档案，并以拍照、摄像、录音等方式为濒临失传的“老文化”现象建立档案，同时更好地开展档案系统的行业文化建设，为社会主义文化强国建设服务。

要进一步做好教学档案、就业档案、社保档案、住房档案、健康档案、医疗档案、安全生产档案等重要民生档案和人口档案、公安档案等社会管理档案的收集、管理、利用工作，进一步推动社区建档、家庭建档，为改善民生和加强社会管理、建设社会主义和谐社会服务。

要更加重视建好用好土地管理档案、林业档案、海洋档案、水利档案、气象档案、环保档案、地质档案、测绘档案、地震档案等，为建设社会主义生态文明、建设美丽中国服务。

（三）确立与全面建成小康社会相适应的档案工作主要目标。党的十八大提出到2020年要全面建成小康社会，并提出两个翻一番的具体指标。我们档案工作也应该同十八大对表、对标、看齐。根据这一目标，在全国档案事业发展“十二五”规划的基础上，我们进一步提出几项与全面建成小康社会相适应的档案工作主要目标并要求大家为此而努力奋斗。

——到2020年全国各级综合档案馆全部建成面积达标、符合规范的新馆，建筑总面积比2010年翻一番，2013年以后新设计的还要努力建成绿色节能的新馆，彻底消除“无库馆”“危房馆”现象，档案安全保障能力明显增强；各级档案馆都开展异地备份工作。

——到2020年全国各级综合档案馆馆藏总量比2010年翻一番，民生档案达到馆藏的60%左右，实现档案资源体系对民生、对社会的“全覆盖”。

——到2020年全国各级综合档案馆纸质档案数字化的数量比2010年翻两番；电子档案接收工作全面开展，数字档案馆建设取得实质性进展。

以上说的档案馆建筑面积翻一番、馆藏数量翻一番、纸质档案数字化数量翻两番，这“两个翻一番、一个翻两番”的指标，是就全国各级综合档案馆总体来说的，具体到每个地区、每个馆，则要根据自己的情况，确定今后的着力方向和具体指标。比如，档案馆建设以面积达标为上限，建馆面积已达标的今后则可不用再朝建馆方向着力；馆藏数量以按收集范围规定应收尽收为上限，达到应收尽收的今后也不用再朝增加馆藏方向着力，尤其不能把不应进馆的档案进馆；馆藏纸质档案数字化以应数字化的全部数字化为上限，已全部数字化的今后也不用再搞数字化。我们提出这3个指标，主要是对今后全国档案工作的重点方向作出引领，促进大家共同朝这几个重点方向去努力。

实现以上目标，将把我国档案事业推上一个新台阶，为建成档案强国打下坚实基础。各级档案部门和广大档案工作者要有信心和干劲，特别是要有翔实的规划和扎实的措施实现这一新的目标。

（四）切实转变作风，实干兴档。各级档案部门要按党中央实干兴邦的要求，切实转变工作作风，鼓实劲，干实事，务实效，不尚空谈，不搞花架子和形式主义，不搞庆典、仪式，能不开会的不开会，能不行文的不行文，以更多的精力深入基层、深入实际，针对实际问题，采取切实措施，推动工作见实效。

二、增强档案工作服务能力，提高档案工作的影响力

在各地各部门贯彻落实十八大精神的过程中，档案部门要积极主动地利用档案资源提供各种服务、举办各种活动。同时要积极转变服务方式，由只对档案信息进行简单整理和汇编，转为对档案信息进行归纳提炼和深度分析，实现更高层次的开发利用，更好地为领导决策提供智力支撑。明年各级政府将进行政府机构改革及事业单位改革等一系列改革，各级档案部门要密切关注改革进程，根据改革方案，加强对改革单位档案流向的指导，积极收集撤销单位的档案，防止改革中档案流失。明年各地还将根据十八大的要求，开展以为民务实清廉为主要内容的党的群众路线教育实践活动，各级档案部门要切实加强对这一活动档案工作的指导，认真收集这一活动的档案。

最近召开的中央经济工作会议部署了明年的经济工作，档案部门要认真贯彻落实会议精神。明年，我们要印发《〈企业档案工作规范〉实施评价办法》，以评价为抓手，进一步规范企业档案工作。明年三峡工程将进入整体验收阶段，档案验收是其中的一个重要组成部分，我们将根据国家总体要求，制定档案验收大纲，认真组织好档案验收工作。希望有关单位和部门积极配合，把相关工作做实、做细，确保验收工作顺利有序开展，确保验收结果经得起历史检验。要按照中央经济工作会议关于推进城镇化的部署，全面加强城镇建设档案工作，继续开展省级区域内建设项目档案巡回检查工作；同时结合建设项目档案管理示范工程活动，召开建设项目档案工作现场会，推动全国建设项目档案工作上新台阶。社会主义新农村建设档案工作示范县创建活动明年将进入攻坚阶段，各地在积极推进创建工作的同时，要着手总结新农村建设档案工作中的经验和问题，特别是对涉农档案的归档范围和分类方案、涉农档案的归属和流向以及农村档案资源信息共享平台建设等问题展开深入研究，解答有关现实问题，解决制约农业农村档案工作发展的“瓶颈”问题。我们将适时启动“农业农村档案建设系统规划与示范”项目，对各地的研究工作予以支持和帮扶。

要切实增强档案工作服务社会主义文化强国建设的能力，充分挖掘档案的历史价值和文化价值，精心选题，创新形式，打造出一批有助于建设社会

主义核心价值体系、丰富人民精神文化生活的档案文化精品。明年是毛泽东诞辰120周年，我们将推出365集专题网络视频《档案天天看——毛泽东档案系列》，从1月1日到12月31日，在我局网站和国内知名网站上每天推出1集有关毛泽东的手迹等档案。同时还将举办一些档案展览，出版一些档案史料，拍摄有关文献电视片。要与地方教育行政管理部门密切合作，开展国家级和省级中小学档案教育社会实践基地的申报评选工作。要继续在全国文明城市创建中大力创建国家级档案馆。

各级档案馆要进一步改进档案利用和政府公开信息查阅工作，尽可能简化手续，延长时间，提高质量，特别是要尽量免费服务，以最大限度地让利用者满意。

要坚持做好档案宣传工作。从明年开始，我们将把每年的6月9日即“国际档案日”作为各级档案部门的集中活动日。各级档案部门要围绕这一档案界的特殊日子，集中开展一批主题鲜明、形式多样、内容丰富的宣传活动。宣传活动要贴近实际、贴近生活、贴近群众，把面向基层、服务群众作为宣传活动的宗旨，把宣传活动办到社区村头，把档案声音传进千家万户。各级档案报刊、网站也要把宣传搞得更加丰富多彩、生动有效。

三、强化档案资源建设，提高档案事业发展的推进力

（一）认真贯彻落实国家档案局9号和10号令。9号令已发布1年多，目前，已有近20个省级馆向我们上报了本馆收集档案范围细则，不少省级馆收集档案范围细则还有待进一步修改完善。请没有报审的馆抓紧报审，报审后需要修改的按审核意见抓紧修改，到明年年底，各省级馆收集档案范围细则必须全部完成修改并实施。省以下各级馆明年也要把修改制订本馆收集档案范围细则摆在突出位置，当作一件大事来抓，确保全面完成。各级馆要着力于馆藏档案资源的结构调整，加大民生档案的进馆力度。10号令前不久刚刚发布，各地要抓好学习宣传贯彻，通过树立示范、典型引路的方式，力争用3年时间，完成本级所属国有企业的管理类文件材料归档范围和保管期限表的编制审核工作。

（二）切实加强所属机构档案工作。各级党政机关的所属机构形成的档

案数量大，很多所属机构还承担了机关的部分职能，产生的档案也很重要，有许多涉及国计民生。但所属机构档案工作一直是我们工作的薄弱环节。各级档案部门要会同主管机关，加强对党政机关所属机构档案业务的指导，把他们的档案资源纳入监管范围，把那些具有国家价值、地方价值、民生价值、社会价值的档案纳入档案馆收集范围。

（三）切实做好专业档案工作。各机关档案部门要通过宣传使本单位领导充分认识建立专业档案对提高管理水平的促进作用，自觉运用建立专业档案这个手段来提高管理水平、促进工作开展，主动把建立档案与开展专项工作同部署、同检查。各级档案部门要充分发挥专业部门积极性，主动与有关主管部门联合制定相关档案的建档范围和管理办法，共同推行。明年，我们将再与有关部委联合出台一些民生专业档案管理办法，加大专业档案指导力度。各级档案行政管理部门要对已列入目录的专业档案每年制订10个以上的专业档案管理办法或规范，各级档案馆要每年接收一些新的专业档案进馆，真正把建好收好专业档案作为推动档案资源建设的一个重点，着力抓好，落到实处。

（四）继续扩大建档范围，做到应建尽建、应收尽收、应存尽存。各级档案行政管理部门不但要监督指导所有向档案馆移交档案的单位建好档案，而且要帮助指导其他立档单位也建好档案。特别要加强对重点工作、重点建设项目、重大科研项目、重大活动的建档指导，注意指导新领域、新专业、新机构、新型组织及时建档，重视对新型载体档案的规范指导。要严格按照《电子档案移交与接收办法》做好电子档案收集工作。

四、促进民生档案工作新发展，提高对社会建设的贡献力

要认真贯彻全国民生档案工作经验交流会的精神，以“改善民生为重点的社会建设开展到哪里，民生档案工作就延伸到哪里”为总体原则，以“记录民生、保障民生、服务民生”为指导方针，以“建立覆盖人民群众的档案资源体系和方便人民群众的档案利用体系”为工作重点，积极推动民生档案工作向纵深发展，不断提高对社会建设的贡献力。要紧密围绕办好教育、实现就业、增加收入、统筹城乡社会保障体系、提高人民健康水平、加强和创新社会管理六方面内容，搞好民生档案工作，解决好民生档案的收集归档、科学管理、

安全保管、接收进馆、优先数字化和有效利用等问题，为民生谋利，替民生解忧。

五、推进档案安全体系建设，提高档案安全的保障力

（一）加强档案馆库建设。明年我们将配合国家发展改革委继续对中西部地区县级档案馆建设项目展开审核，按照“奖先罚后”的原则下达中央投资计划。四川、云南、甘肃、青海四省要依据国家发展改革委文件，做好藏区州、县两级馆需求测算，上报相关文件。山东要按照国家发展改革委给予山东省若干县享受中部政策文件精神，做好这些县档案馆的需求测算，上报相关文件。各地要做好监督指导工作，务必确保地方配套资金及时足额到位，务必确保建设资金全部用在馆库建设上，务必确保建设工程按进度、按质量推进，为档案保管创造良好的安全基地。凡发现挪用中央投资的，我们将建议当地党委政府对相关领导就地免职，对直接责任人给予严厉处分。同时，各地要以得力措施狠抓未列入中央投资补助的东部地区县级档案馆和全国多数省份的地市级档案馆建设，使各地区各级档案馆建设齐头并进，协调发展。在今后的档案馆建设中，一定要按照生态文明建设的要求，积极采用各种环保节能的理念、技术和材料，确保把档案馆建成节能、环保、美观、协调的绿色档案馆。明年我们要完成《档案馆安全风险评估指标体系》的制订并开展适用性的试点。

（二）加强档案信息安全保密工作。各级档案部门要按照国家有关规定，准确把握政策精神，对过去已鉴定开放的档案进行重新鉴定，凡过去未逐件逐页鉴定档案内容的，要逐件逐页进行认真鉴定，凡不属开放范围的，一律不得开放，更不得上网提供利用，已上网的必须坚决撤下来。明年我们将对副省级市以上档案馆档案开放利用的鉴定划控工作开展专项检查。当前各地都在通过外包方式开展档案数字化工作，在数字化外包前应先做好有密级档案的挑选和鉴定工作，无须继续保密的档案可委托外包，仍需继续保密的档案则由本单位职工进行数字化。凡外包数字化的，一定要严禁外包涉密档案，严禁外包公司留存和外泄数字化档案信息，一经发现，必须严肃查处。

（三）加强对数字档案的安全保管。目前各地都已形成了一批数字档案，如何保管好数字档案是当前各级档案部门需要重点研究的问题，一方面要

做到长久保存，另一方面又要做到有效使用。各级档案部门要结合自身实际采取有效措施。目前为确保安全，要坚持异质异地备份，各省级档案局要统筹考虑解决本省各地、县两级档案馆数字档案的异地备份问题，有条件的地区和单位可以尝试开展数字档案转缩微胶片工作。

六、完善档案法制建设，提高依法治档的执行力

（一）继续推进《档案法》修改和档案法规体系建设。明年要争取把《档案法》修改列入国务院立法工作计划二档，确保《档案法》在“十二五”期间修改出台。各地各部门要根据《国家档案法规体系方案》的规划，结合工作实际，认真研究立法需求，尽快向我局报送2013年度立法计划，努力制定、修订一批档案事业发展急需的法规制度。

（二）加大档案法的执法检查。明年我局将联合全国人大教科文卫委、国务院法制办开展新一轮档案法实施情况调研和执法检查，对10个以上的省区市、20个以上的中央和国家机关、20个以上的中央企业进行执法检查，坚决查处违法案件，限期整改重大安全隐患。

七、加快档案信息化建设，提高档案科技的驱动力

（一）努力建设以服务为主导的档案信息化体系。要按照党的十八大关于新四化的要求，在新的起点上进一步推进档案信息化，即从过去以技术为主导向以服务为主导转变，从注重应用信息技术向注重档案内容信息化转变，树立“内容为王”的观念，建设以服务为主导的档案信息化体系，下大力气持续地开展传统档案数字化工作，按照社会需求开展信息化。各级档案馆、室都要把数字化作为主要业务，大力实施“数字化带动”战略，把社会急需、群众急需的档案优先数字化，以数字化为龙头，带动档案信息化与档案服务体系深度融合，与档案资源体系、安全体系良性互动，从整体上推进档案事业发展。我们将从明年开始搭建全国开放档案和政府公开信息资源共享平台，各级档案馆要积极支持，把经重新鉴定为可开放档案的目录及全文，以及已公开的本级政府公开信息，上传到这个平台上，以打通档案信息社会共享的“最后一节

路”，真正实现档案信息社会共享，推动以服务为主导的档案信息化体系的实质性建立。今后每年，每个省级和副省级市馆要上传2万件以上已开放档案和已公开政府信息，有条件的地县级馆也要积极上传。同时我们也将让每个上传单位共享这个平台上的所有信息。

（二）加快推进档案信息系统安全等级保护工作。明年，我们要按照公安部有关要求，发布档案信息安全等级保护定级工作指南，启用测评软件，开展联络员培训。各地方各部门要加大投入力度，积极推进档案信息系统安全保护定级备案和测评整改工作，确保档案信息化安全发展。

（三）进一步完善数字档案馆评估指标体系。要尽快发布《数字档案馆评估指标体系》，完成测试软件的研制，选择部分档案馆进行试评估，组织对部分数字档案馆进行规范性测评，组织数字档案馆建设培训，进一步提高全国数字档案馆建设水平。

（四）认真贯彻落实《电子档案移交与接收办法》。要开展这一办法的相关培训，制定配套规章、标准，做好电子档案接收与长期保存试点工作。

（节选于《在全国档案局长馆长会议上的讲话》，
该文原载于《中国档案》2013年第1期）

电子档案安全亟须警惕

电子时代的来临，已经把档案变成电子的了。

电子网络在给人们提供无限便利时，也为不法分子篡改、窃取和删除电子档案提供了极大便利。

在电子时代，电子档案的安全漏洞比以往的任何时候都大，电子档案正面临着前所未有的安全威胁，电子档案安全问题已成为档案工作者面临的日益迫切的严重问题。

但是，有些人对电子档案安全问题并不以为然，他们自恃其网络有“防火墙”、有“隔离网”，有这样那样的“防护栏”、“安全盾”，可以高枕无忧，不用杞人忧天、庸人自扰。

最近，我连续看到几则消息，却使我长期以来一直存在的对电子档案安全问题的担心，又加重了起来、紧迫了起来，感觉有必要说出来，给档案界的同行们再提个醒。即使有人又会说我是“忧天”之“杞人”、“自扰”之“庸人”，我也在所不计。

第一则是关于山东考生篡改同学高考志愿的消息。最近一段时间，山东接连发生了至少两起篡改高考志愿的事件。一是山东胶州市的考生常升，其高考志愿遭到同学郭某的篡改。这个郭某，由于其高考成绩不如常升，但为了增加自己的升学机会，却窃取了密码，修改了自己同学的高考志愿。结果，高考成绩出色的常升，没有被他填报志愿的陕西师大录取。只是在事件曝光之后，陕西师大才补录了常升。二是山东单县的一名姓陈的学生，篡改了自己两名同学的高考志愿，导致这两名考生被录取的大学，都不是本人所报考的大学，而是被陈某改报的大学。

那么，问题来了。第一，申报高考志愿的网络没有采取过任何的安全措施吗？显然不会，肯定是既有“防火墙”，也有“隔离网”之类的。

第二，我们很多单位、包括很多档案馆的网络，所采取的安全措施，会优于申报高考志愿的网络吗？据我了解，未必！那么，你们单位的电子档案，会比高考志愿信息更加安全吗？答案也必然是：未必！

第三，篡改这些高考志愿的人，是技术过人的高级“黑客”、“网攻专家”吗？不是，他们只是普通的高中生，只是在很多高中生身边一起学习、玩耍的“同学”。那么，要想进入一些单位、包括一些档案馆的网络，需要什么样的专门人才吗？不需要！一个普通高中生（或相当于）就可以，一个普通工作人员就可以，一个档案人员的随便什么“身边人”都可以。

第四，这些篡改高考志愿的学生，有什么重大的政治目的、经济目的吗？答案是：没有！他们的目的很卑微：嫉忌同学，或不想让同学比自己好，或为自己扫除一个上同一学校的劲敌。

这就告诉我们：第一，篡改电子档案，不需要“大内高手”、“网攻专家”、“高级黑客”，不需要怀有重大政治目的或经济目的，有时候，只需要一个稍懂网络知识、会用网络的人就可以，只需要一个仅仅想“试一下”或者仅仅想“进去瞧瞧”的人就可以。也就是说，可以篡改电子档案的人比比皆是；篡改电子档案这件事，人人可为，门槛很低。

第二，很多单位包括档案馆，其网络安全措施并不牢靠，只是一捅就破的“窗户纸”而已；其安全级别并不高，一个普通中学生“徒手”即可“越墙”而入；其安全性能也并不象有些“专家鉴定会”上所说的那样“处于××先进水平”或“达到××领先水平”。

第三，我们千万不要轻信某些“砖家”所说的那些为对得起“鉴定费”而瞎说的“鉴定结论”，或者自欺欺人的“大话”，不能再被他们“忽悠”了。我们很多单位包括档案馆的网络，就像“高考志愿网”一样，是“一捅就破”、“迈腿即入”、随时可进、无人能挡的。如若不信，不妨一试！

第二则消息是关于“云存储”信息被盗的。“百度云”，是我国著名信息公司百度推出的一款为用户免费提供云存储空间的产品，用户规模比较大。但是，最近传来消息说，不少“百度云”用户发现：自己存满信息的云盘，在一夜之间，变成了可怕的空壳：有的盘内原存的资料全部消失，踪影全无；有的盘内原有资料被盗走，被“掉包”替换成了不堪入目的淫秽视频。公司回应称：出现这些问题，可能是用户帐号被盗。

看了这则消息，我的忧虑比看前一则消息更加升级、更加严重。为什么呢？丢失信息的不是一般单位，而是国内顶级的专做信息产业的、在国际上也非常知名的网络公司，他的信息安全技术，非一般单位可比。如果他的云盘信息尚可以被盗取、“掉包”，那么国内还有哪几家的云盘信息或优盘信息是不可被盗取或被做各种手脚的呢？百度的信息安全都不可靠，国内还会有哪几个单位的信息安全是可靠的呢？

近两年，档案界讨论、呼吁档案信息采用“云存储”的声音不小。我一直是“消极派”，“观望派”。看了这则消息，我不得不对档案界那些极力主张档案信息采用云存储的“积极派”、“行动派”泼一些冷水，提醒他们：“档案云存储”应该缓行！最好等信息安全有了保障以后再说。否则，最近这些丢失云盘内信息的“百度云”用户们的悲剧，就会在档案人身上重演。不过，如果真的是这样，档案人失去的，将不仅是档案信息，还有可能是国家利益、单位声誉及个人前途。孰轻孰重，愿各位熟虑之、沉思之、慎行之。那些已经把档案信息交给云公司存储的单位，一定要与存储公司共同加强防范，严上加严，确保安全。否则，将自尝苦果，悔之莫及。

“百度云”信息被盗事件发生后，已经有专家呼吁信息公司强化信息安全防护，不要让“大数据时代”变为“大数据泄密”时代。我要呼吸各级档案部门，从这一事件中吸取教训：对电子档案，一定要以极其慎重的安全态度，采取极其严格的安全措施，慎之又慎，防之再防，不要轻易被人“忽悠”了。重要的电子档案一定要异质并异地备份，以防万一。对云存储这种完全外包的、钥匙放在别人手中的、高集中度的、树大招风容易被人攻击的存储，更要慎重采用；即使采用了，也要互相制约、慎重防护，不能盲目信任对方，一包了之，悉委于人。不要轻信云存储技术和信息公司的安全性，“百度云”信息一再被盗事件，已经把云存储技术的安全弱点、信息公司在信息安全方面的无能、无用、无奈（也确实是无奈，因为技术就是如此，现状就是这样，信息技术日新月异，信息专家高手如云，今天的“盾”刚铸好，明天又一款新的“矛”又出现了，防不胜防，他们也只能无奈）而且无耻，（出了事把责任推给用户，不是自己安全技术不高，而是用户泄露了帐号，自己一干二净，这就有点无耻和极不负责了）暴露无遗。我们不能让“档案大存储”变成“档案大消失”，不能让“大数据时代”变成“数据大遗失时代”，不能让今天的“信息时代”在未来变成“信息空白时代”。

第三则消息是关于高级网络攻击的。不久前，全球知名的网络安全服务商美国赛门铁克发布消息说：一个名叫“神行客”的黑客组织，使用新型恶意软件，针对中国、俄罗斯等国的特定目标，发动持续的网络攻击。另外，从我国的有关专家那里获悉，“神行客”的网络攻击手段和方法都非常高级，在存储器的内存中就可以完成操作并能得手。在攻击过程中，不会产生任何实体性文件，可以说是不留痕迹，悄无声息，因此很难被发现。“神行客”在网络攻击时，用的是一款名为Remsec的恶意软件。这种软件可以在被感染计算机上开设后门，并从计算机中窃取文件或数据。“神行客”的攻击目标有政府机构、科研和教育单位等。目前，我国对“神行客”这样的高级网络攻击，需要通过长期的跟踪、溯源和分析才能发现。另据了解，在“神行客”之前，境外黑客组织已连续多年用“火焰”、“震网”等高级软件，对我国的重点机构进行了持续性的高级网络攻击。有关国家对我国的高级网络攻击，已经持续化和常态化。

看了这则消息，我的忧虑比之前更甚。因为这种高级网络攻击，采用的技术非常先进，可以突破我国任何既有的网络设防，可以进入我国任何他们想要进入的计算机并窃取或修改或删除其中的信息。我国现有的网络安全防护设施，在它面前都是“纸墙”、“纸网”，更不要说档案部门现有的那些网络安全防护措施了。人家悄悄地进入我们的电子档案数据库，把档案修改了，窃取了，可能我们都不自知；或者把我们的电子档案删除了，可能我们还不知道是怎么回事。在这样的高级网络面前，我们还能再迷信我们既有的那些网络安全设施吗？我们还能不赶快采取其他更加高级、更加科学、更加有效的办法加以防范吗？

俗话说，“小心驶得万年船”。面对具有先进技术和专用软件的高级黑客持续发动的高级网络攻击，面对出于各种目的的、无需高级技术和专用软件的一般人的普通网络恶意事件，档案工作者对电子档案安全问题，必须再次保持高度警惕，并须永远保持高度警惕。电子档案安全这根弦，一刻也松不得。因为电子档案的安全性较差，安全防护能力较弱，而可造成电子档案不安全的人数又很多，随时都有人可能成功遂行对电子档案的窃取、篡改或删除，电子档案的安全时时面临着威胁。这种威胁，或将长期存在下去，与电子档案终生相伴。

首先，必须不断强化各级领导、有关人员乃至全体人员的网络安全意识。要充分认识到电子档案、电子网络、云存储等的高危性，意识到现存网络安全设施的局限性、脆弱性、不可靠性，意识到网络攻击、网络窃密的经常性、激烈性、技术先进性、人员复杂性等，破除“高忱无忧”、“一劳永逸”、“一包了之”等错误观念，意识到电子档案安全、网络安全对国家利益、单位声誉、个人前途的重要性，不能浑浑噩噩，全然无知，别人说什么就信什么。无论是采用新的管理办法也好，还是采用新的技术手段也好，始终不忘把“安全”放在首位，用“安全”去拷问、去衡量其是否能用，把“安全”放到“一票否决”的决定性、首要性位置上，永远绷紧“安全”这根弦。

其次，必须充分利用现有安全设施，严格防范外来攻击。现有安全设施，尽管门槛不高，但也是门槛；尽管不能拦住全部侵入，但也能拦住部分侵入。所以，对现有网络安全设施，还是要充分利用，百分之百地发挥它的功能，严格地防范外来攻击，而不能弃置不用或表面上用而实际上不用，自废武功，完全不设防，任由任何人随意攻击。

再次，要不断用最先进技术和手段改进、升级现有网络安全设施，不断提高安全防护等级，不断增强安全防护效能。在网络技术方面，“矛和盾”的较量将是长期的、无止境的。再坚固的“盾”，也只能防昨日之“矛”，而不能防今日之“矛”，更不能防明日之“矛”。今日之“矛”再厉害，明日之“盾”也能防护它。我们的一切档案网络防护设施，都是针对过去的网络攻击技术设计的，都会很快过时，被今天和明天更新的网络攻击技术所攻破。所以，采用任何高级的网络防护设施，我们都不能希望其能“毕其功于一役”、“一劳永逸”，因为信息技术发展日新月异，网络攻防领域的竞争异常激烈，甲方刚在防的方面推出新手段，乙方又在攻的方面推出新产品，能轻松破解甲方之前的新手段。各级档案部门，要想有效防止各种网络攻击，必须经常采用新的防护技术，不断升级自己的网络防护设施，不断提高自己的网络安全等级、安全系数和安全效能，使自己的设施常用常新、长期有效。

第四，要善于“以拙制巧”，使用原始的、笨拙的办法，有效防护和破解日益升级的高级网络攻击，使自己立于不败之地。“大智者若愚”。既然我们知道，没有攻不破的电子网络，那我们在应用电子网络时就应该多一个心眼，格外小心，随时防一手。什么措施最能从根本上保证电子档案安全，我们就采取什么措施，不管这种措施是原始的还是现代的，是笨拙的还是智能的。例如：我们可以吸取好多绝密级文件在用计算机处理的过程中被敌人远程窃取的教训，对绝密级文件一律不用计算机处理；我们可以吸取好多纸质文件在数字化过程中被人窃取的教训，对绝密或机密级纸质文件不进行数字化；我们可以吸取好多电子文件生成后或被篡改掉包、或被删除消失的教训，把重要的电子文件及时异质存储，保全其信息，保证其信息的绝对安全，等等。诸如此类，不一而足。这些办法，虽然土，不洋，但有效；虽然原始，不现代，但好使；虽然笨拙，不智能，但管用。而且更重要的是，它还简单，不复杂，能确保电子档案的信息安全。

第五，对新的档案存储载体、档案处理和传输技术等，为确保安全，要慎重使用。新的信息存储载体和处理、传输技术，往往首先考虑的是便利而不是安全，而档案存储载体和档案传输、处理技术，首先需要考虑的则是安全而不是便利，如果不安全，则越便利的东西，用后造成的危害会越大。因此，在应用信息新技术方面，档案部门的方针应该是：稳妥积极。也就是：以稳妥安全为第一考量， 在此前提下，才能积极应用。档案部门最好不要急于或率先应用那些未经检验的各种新载体和新的处理、传输技术，而要在其它部门应用后经过检验、证明比较安全了，再加应用。走别人走过的路，把后悔留给别人，把安全留给自己。因为档案部门“输不起”，一出事，就可能出大事，所以不能当新信息技术的“小白鼠”，做新信息技术的试验品。上面那条消息中所说的“云盘信息”消失或被“掉包”的用户，如果是档案馆，那会给国家造成多大的损失、给档案部门造成多大的信誉损害呀！又会有多少人成为这一安全事故的牺牲品呀！所以，档案部门在采用新的信息技术之前，一定要把安全问题放在首位加以考虑，对它用“安全”问题再三加以拷问，对它的安全效能再三进行测试，并要与提供方签订协议，由对方为安全后果负全责、买全单，把双方都绑在安全“囚车”上，放在安全“利剑”下，让双方谁都不敢松懈，从而确保档案安全。

让档案活起来　亮起来

2014年全国档案工作要以服务全面深化改革为中心，以建设档案强国为总目标，继续实施以人为本、服务为先、安全第一战略，继续健全覆盖人民群众的档案资源体系、方便人民群众的档案利用体系、确保档案安全保密的档案安全体系，发扬习近平总书记倡导的“钉钉子”精神，为实现与全面建成小康社会相适应的档案工作“三个翻番”主要指标而继续努力。

一、贯彻落实党的十八届三中全会精神，服务全面深化改革

党的十八届三中全会通过了《中共中央关于全面深化改革若干重大问题的决定》（以下简称《决定》），部署了到2020年全面深化改革的总目标和主要任务。这个纲领性文件，对我们党和国家的各项工作都具有重要指导意义，我们必须在2014年和今后几年的工作中，持续不断地结合实际加以贯彻落实。

第一，要进一步深入学习领会《决定》的精神。全面深化改革，是党和国家的中心工作和重点工作，是党和国家的工作大局。《决定》内容丰富，关系到档案工作的服务方向和着力重点，各级档案部门必须逐条逐句地认真学习，深刻领会，全面理解，准确把握。学习重在联系实际，结合本职工作，进行“对号入座”“对照调整”。学习中，一要克服“与己无关”的思想。要认识到，《决定》中虽然没有“档案”两个字，但却包含着档案工作的许多事，与档案工作关系密切，对档案工作关系重大。要结合本职工作，思考怎样去服务改革，怎样用改革的精神去改革和推进自身工作。二要冲破思想观念的束缚。要进一步解放思想，转变观念，不为传统思想、传统做法所束缚，不被旧的本本和条条框框所限制，努力研究新情况，树立新观念，采用新办法，解决新问题。三要突破利益固化的藩篱。要从改革的大局和全局出发，勇于放弃部

门利益、个人利益，支持改革，服从改革。

第二，围绕改革做好档案工作，为全面深化改革服务。全面深化改革，涉及党和国家的各项工作，这些改革，既需要利用过去已形成的各方面档案，又会新形成一些档案。随着改革的不断深化，档案的形成者、形成内容都会发生新的变化。各级档案部门必须紧紧围绕改革做好档案工作，并随着改革的深化，不断调整档案工作，为全面深化改革服务。

一要及时做好有关档案规章制度的废、改、立工作。比如，《决定》提出要废止劳动教养制度，国家档案局和有关部门过去合发的涉及劳教人员档案管理的文件的有关内容也应在劳教制度废止后及时废止。随着改革的推进和深化，不少单位将会形成新的内容的档案，一些档案的价值也会发生变化，有的还会形成一些新的专业档案。因此，各机关、企业、事业单位档案部门要根据改革的进程，及时地修改、调整本单位的文件归档范围和保管期限表；各级档案行政管理部门也要及时与有关专业主管部门联合制定新的专业档案管理办法。

二要及时建立改革中新设立机构的档案工作。根据《决定》的精神，今后将会不断有新的机构设立，各级档案部门要注意跟踪改革的发展，当新的机构设立时，及时与他们联系，建立业务指导关系，帮助他们及时建立档案工作，包括配备档案人员、设立档案工作机构、建立档案工作制度等。比如，《决定》提出要“设立国家安全委员会”“中央成立全面深化改革领导小组”。国家档案局将在这两个新机构设立后，及时与他们建立业务联系，帮助他们尽快建立档案工作。又比如，《决定》提出要“探索建立知识产权法院”“建立党委和政府监管国有文化资产的管理机构”“研究建立城市基础设施、住宅政策性金融机构”“建立开发性金融机构”“允许具备条件的民间资本依法发起设立中小型银行等金融机构”等，各级档案部门要随时注意在这些新的机构设立后，及时指导、帮助其尽快建立档案工作。

三要及时收集管理改革中新形成的档案。随着改革的推进，将会形成一些过去没有过的新的档案。各级档案部门必须及时收集管理好这些新的档案。比如，《决定》提出要“对水流、森林、山岭、草原、荒地、滩涂等自然生态空间进行统一确权登记”，这将形成非常重要的自然资源确权登记档案。国家档案局将在这项改革实施时，会同有关主管部门，联合制定这类档案的管理办法；各级档案部门要根据管理办法，及时收集管理这类档案。又比如，《决定》提出了一系列关于农民产权转让的改革措施，这些改革实施后，有关档案部门也要及时地把这些新形成的农民产权转让档案收集起来，管好用好。

四要做好改革中的档案处置工作。改革的全面深化，将导致一些单位的撤并、重组。比如，《决定》提出要“推动文化企业跨地区、跨行业、跨所有制兼并重组”，这些企业兼并重组后，相关档案部门要及时指导他们做好档案处置工作，防止档案散失。

五要做好相关档案提供利用工作，为各项改革服务。《决定》中提出的许多深化改革的措施，都将会利用相关档案为依据来实施。比如，“健全错案防止、纠正、责任追究机制”“创新劳动关系协调机制”，对食品药品安全“建立最严格的覆盖全过程的监管制度”“建立生态环境损害责任终身追究制”等，这些以及其他责任追究制度、安全监管制度的实施，都必须依赖于相关的档案，需要利用相关的档案，各级档案部门必须加强对这些档案的收集与管理，保全相关凭证，并及时积极主动地提供利用，为改革的实施提供凭证保障。

第三，用改革的精神，做好档案工作的改革。一要继续探索创新基层档案资源管理模式。档案资源到底是集中管理好还是分散管理好，或者集中管理与分散管理相结合好，这些年各地都在不断摸索，进行管理模式的创新。比如，有的对全县档案资源实行集中管理，有的对集中在一个大楼的办公单位档案实行集中管理，有的设立乡镇档案馆，或把乡镇档案馆作为县档案馆分馆，有的由乡镇代管村级档案，等等。今后，要按照改革的思路，继续实事求是，不搞“一刀切”，允许各地根据本地区的实际情况，积极探索创新基层档案管理模式，只要有利于档案的收集、管理和利用，就可以大胆实践，积极推广。

二要进一步深化档案行政审批工作。《决定》指出要“进一步简政放权，深化行政审批制度改革”。各级档案行政管理部门要根据国务院行政审批制度改革的要求，继续规范和完善档案行政审批制度，将保留的档案行政许可的事项、依据、条件、数量、程序、期限以及需要提交的全部材料的目录和申请书示范文本等在网上和行政许可办公场所公示；要按照《决定》的精神，进一步减少行政审批事项，能取消的一律取消；能下放给地方和基层管理的，一律下放。

三要积极稳妥推广购买服务。《决定》提出要“推广政府购买服务，凡属事务性管理服务，原则上都要引入竞争机制，通过合同、委托等方式向社会购买”。随着档案数量的逐年增长和档案工作范围的日益扩大，档案工作量越来越大，但档案人员却因编制的限制而不能随之增加，向社会购买事务性管理服务，是解决各级档案部门人少事多问题的出路之一。各级档案部门要对全部事务进行研究，把可向社会购买的事务性管理服务，从由档案人员进行，改为以购买服务的方式进行。

四要积极引入社会力量。要按照《决定》关于“适合由社会组织提供的公共服务和解决的事项交由社会组织承担”“支持和发展志愿服务组织”的精神，在遵守国家有关法律法规的前提下，把可由社会组织和志愿者承担的一些具体事务交由社会组织或志愿者承担，并加强监督指导检查，以缓解档案部门人少事多的矛盾。要按照《决定》关于“鼓励社会力量、社会资本参与公共文化服务体系建设”的精神，允许、鼓励并规范企业、社会组织和个人依法设立档案事业发展基金，以扩大社会对档案工作的支持。

五要发挥企业在档案科技创新方面的作用。要按照《决定》关于“强化企业在技术创新中的主体地位”的精神，允许并鼓励企业承接档案科研项目和标准的研制，参与档案科技创新。

六要按照全面深化改革的精神，积极推进档案工作各方面的改革。比如，在减少行政审批和评比达标表彰活动后，要不断改进监督指导方法，采取网络指导、网络培训等新的方法；要积极利用网络、手机、电视等新媒体宣传档案工作；要采取各种有效手段在档案提供利用和服务外包过程中确保档案安全；要积极采用各种新的技术手段来保证和改善各种载体档案的安全等。

总之，我们要围绕全面深化改革，随着改革的不断深化，做好相关档案工作，积极提供档案服务，做到全面改革深化到哪里，档案工作就服务到哪里；全面深化改革需要什么档案，档案部门就提供什么档案，使档案工作为全面深化改革作出新贡献。

二、进一步推进档案利用公共服务多样化、均等化

第一，要提升服务意识。要从转变政府职能，建设服务型政府的高度来做好档案公共服务，着力健全和进一步完善方便人民群众的档案利用体系，全面提升档案公共服务能力和水平。

第二，要增加服务内容。不仅要主动开发档案信息资源，积极为各级党委政府提供档案资政服务，而且要准确把握人民群众日益增长的档案利用需求，主动联系相关部门，科学整合各种档案资源，尤其是民生档案资源，提供“一站式”的民生服务。

第三，要创新服务形式。要进一步简化利用手续，方便群众查阅档案信息。要善于利用编研、展览、电视、网络、社交媒体等各种形式和手段，提供多样化、个性化、常态化的档案服务。2013年，我们搭建了全国开放档案信息资源共享平台，2014年各副省级市以上档案馆要继续上传已开放档案，地县两级档案馆也要积极把已开放档案上传到这个平台上来，大家共同努力把这个平台建成世界上规模最大和具有巨大影响力的档案资源共享平台，成为国内信息界和国际档案界的一个知名品牌。

第四，要扩大服务范围。2014年我们将推广“农业农村档案建设系统规划与示范”项目的成果，使农村档案的规范化管理、涉农档案的资源建设和农村档案信息资源共享等工作得到明显提升，让更多的农民可以和市民一样，享受到同等的档案公共服务，实现档案资源配置和获取上的公平。2013年，国家正式取消了利用档案收费项目，使利用档案进入免费时代，客观上扩大了档案服务的范围和受众。但是，少数档案部门对这项政策有意见，甚至有抵触。这里我强调，在国家已经给出明确政策的情况下，任何档案部门都要不折不扣地执行利用档案零收费，不允许再对档案利用者收费。这是对人民群众的感情和态度问题。今后我们会密切关注各地各部门情况，对利用档案收费实行零容忍，发现一起，通报查处一起。

三、进一步提高档案安全保障能力

第一，要稳步推进中西部县级档案馆建设。根据有关文件精神，档案馆不属楼堂馆所范围，档案部门要继续想方设法地抓档案馆建设。2014年，要继续做好中西部县级档案馆建设项目审核与督促工作，并在抓紧馆库建设的同时，同步抓好档案安全设施建设工作，确保档案安全设施和设备同步规划设计、同步建设、同步竣工验收。档案馆库建设既要坚持国家相关标准，集安全、节能、环保、美观、适用于一体，又要坚持不超标准，不贪大求全，特别是行政办公用房绝不能超标，把资金用在刀刃上，把行动落实到厉行节约上。

第二，要确保档案实体安全。要构筑人防、物防、技防相结合的“三位一体”综合防范体系，加强内部管理，把安全责任、安全制度、保障措施落到实处。继续推行对已有复制件的档案原件进行封存的做法，无特殊情况的，都不再提供利用档案原件，而以复制件提供利用，以最大限度地延长档案寿命。对突发灾害、事件造成档案损失的，一定要尽快对破损档案采取抢救和保护措施，避免造成更大损失。要继续做好国家重点档案抢救和保护工作，把专项经费切实用好，严禁挪作他用。要进一步完善突发事件应急预案，加强平时演练，提高应急处置能力。

第三，要加强档案信息系统安全保障建设。2014年我们将印发档案信息系统安全管理基本要求，启用档案信息系统安全等级保护测评工具；要开展档案信息系统安全等级保护工作，对全国省以上重要档案信息系统进行安全检查、行业测评。各级档案部门要将信息安全等级保护工作列入数字档案馆建设日程，将信息安全等级保护费用纳入数字档案馆建设预算；要加强与有关部门的沟通交流，在定级备案、建设整改、等级测评、监督检查等环节密切合作，共同做好数字档案馆的信息安全等级保护。

第四，要加强档案信息安全管理。近两年，有关部门发现并查处了一些档案信息泄密事件，并检查发现了一些档案信息安全的重大隐患。比如，有的对政府公开信息审核把关不严，把涉密的现行文件上网公布；有的对开放档案审核鉴定不细，不看档案，仅看标题就确定档案开放，以致把涉密档案上网开放；有的把涉密档案也外包给公司进行数字化，所有数字化信息皆由外包公司掌控，安全隐患非常大。这些问题，应引起我们的高度重视和警惕。

对政府公开信息和开放档案的审核必须严格，凡涉密和内容敏感的都不要公开或开放，更不要上互联网。各档案馆（室）都要立即组织力量对已上网的政府公开信息和开放档案进行重新复核审查，做到涉密的不上网，上网的不涉密。

在数字化外包前，应先做好涉密和内容敏感档案的挑选、鉴定、解降密工作，不再涉密的档案可在解降密后委托外包，仍涉密的档案则坚决不要外包，特别是仍属绝密的档案一律不搞数字化。对外包公司，要进行保密资质审核。在数字化过程中，要采取各种有效的管理措施和技术手段，加强管理和监控、防范，严禁外包公司留存、外泄数字化档案信息，一经发现，必须严肃查处，从而确保档案数字化过程中的档案信息安全。此外，一些档案部门把档案信息系统的运维服务也外包给专业公司了，有些企业把含有核心商业秘密的档案或其他涉密档案委托给不具备保密资质的档案托管机构管理，存在巨大的安全隐患，一定要高度警惕，采取严密的措施，做到涉密的不外包，外包的不涉密，严防外包服务中档案失泄密。

对安全问题，国家档案局已三令五申，但有些地方不够重视、执行不力，以致出现问题。2014年，国家档案局将和有关部门联合进行档案信息安全问题的专项检查，发现失泄密问题，不但要严惩相关直接责任人，而且要追究有关领导的责任。

四、进一步加快数字档案馆（室）建设步伐

数字档案馆（室）是现代化的、升级版的档案馆（室）。建设数字档案馆（室），是推进国家治理体系和治理能力现代化的需要，是档案工作现代化的方向，是档案信息化的重点，是建设档案强国的着力点，必须坚定不移、全力以赴、持续不断地向前推进。

第一，要按照“存量数字化”的思路，大力开展传统载体档案数字化。随着信息化的日益普及，过去形成的纸质等传统载体档案，如果不数字化，则无法进入社会的信息化系统，无法充分发挥其作用。而且，数字化也大大有利于传统载体档案的安全和证据保全。因此，把现存的传统载体档案数字化，

是各档案馆（室）迟早都要完成的任务。2012年我们提出了传统载体档案数字化十年翻两番的全国总体指标，一年来的实践证明，只要真正去干，这一指标肯定可以实现。有的地方只用了两三年就大大提前实现了，我们3个中央级档案馆，按目前趋势，再用3—4年时间也可以提前实现。很多地区和单位目前都已经确定了完成目标并作了具体部署。各级档案部门要按照全国数字档案馆（室）建设推进会的要求，制定符合本地区、本部门实际的数字档案馆（室）建设路线图、时间表和总体目标，规划好本地区、本部门的数字档案馆（室）建设。2014年，我们将尽快发布数字档案馆测评指标、数字档案室建设指南，适时推进相关测评工作。各级档案部门要破除畏难情绪，动员各种人员力量、运用各种激励手段，用“钉钉子”的精神，坚持不懈，一年接着一年干，持续开展传统档案数字化工作。

第二，要按照“增量电子化”的思路，积极进行原生电子文件的归档接收工作。现在，绝大多数新形成的文件都有电子版，及时把电子文件归档接收并纳入档案部门管理、纳入档案信息资源体系，不仅关系当前，而且涉及长远，必须高度重视，立即抓起，抓得越早越好。要严格标准规范，保证电子文件收集齐全、整理有序、命名科学、格式规范、元数据合理有效、归档及时。从2014年开始，我们将推广电子档案移交、接收和长期保存试点的经验，对50家副省级以上档案馆传统载体档案数字化和原生电子文件的归档接收情况以及开放档案平台数据上传情况在全国范围进行通报，各省档案局也要做好相关通报工作。要制定《企业电子文件归档和电子档案管理指南》，召开这项工作的现场会。

五、进一步加强档案文化建设和档案宣传工作

第一，要努力打造档案文化产品。要通过对档案的筛选、加工、提炼、编撰，努力把档案转化为各种形式的文化产品，使之成为影响更广、受众更多、流行更远的大众文化产品。特别是要把档案产品努力打造成文化精品，推出一批有档案特色、有影响力的精品力作。要通过编辑档案资料汇编、举办档案展览、制作电视节目、发布网络视频、发行音像制品等多种形式，为社会奉献更多的档案产品，让档案从库房“走出来”，让它“活起来”“亮起来”。

2014年，是邓小平同志诞辰110周年，经中央领导同志批准，我们将在网上发布专题视频《档案天天看——邓小平档案系列》，每天发布1件邓小平档案。2015年是抗战胜利70周年，各级档案馆要从2014年开始就着手准备各种专题开发项目，以进一步弘扬爱国主义精神。

第二，要为文化建设提供档案服务。现在，各种文化活动利用档案的越来越多，不仅小说、电影、电视、戏剧等的创作和史志、论著等的编写要利用档案，而且古城重建、古迹遗址恢复、村镇记忆的保留、文化设施的建设、大型文化活动的开展等也会利用档案。各级档案部门要主动为各种文化活动提供档案服务，在档案利用方面不断“开疆拓土”，让档案的利用面和作用领域不断延伸和扩大，使档案利用成果不断丰富。

第三，要为文化建设建立档案。各级档案部门要积极地帮助和指导文化建设者，把在文化活动中形成的电子的、音像的、纸质的等各种载体、各种内容、对后人有参考价值的东西留存起来，分门别类，建立档案。同时，还要主动记录即将消失的各种文化现象，如老城、老镇、老村、老街、老宅、老店、老厂、老校等，用文字、照片、录音、录像等各种形式为“濒危文化”建立档案，积极地承担起为国家守历史、为人类存记忆的神圣使命。

第四，要加强档案文化建设。要通过各种可能的形式，举办群众性的文化活动，通过各种大众化的文化传播形式，宣传档案工作的意义、成绩、知识，宣传档案工作者的事迹、精神，向社会传播档案行业文化，为建设文化强国作出档案工作者应有的贡献。2014年，我们将继续举办第二届全国“国际档案日”系列宣传活动，以“走近档案”为主题，开展内容丰富、形式多样的宣传活动，进一步营造全社会支持档案工作的氛围。

（节选于《在全国档案局长馆长会议上的讲话》，

该文原载于《中国档案报》2014年1月6日）

从珍贵的史料到艺术的创造

在纪念毛泽东同志诞辰110周年之际，110集的文献电视片《百幅手迹怀伟人——毛泽东的110个故事》，由中国档案出版社推出，光盘和同名图书也同时与广大读者和观众见面。文献电视片从珍贵史料到艺术创造的艺术转化过程，给我们提供了可贵的艺术创作经验。

中央档案馆不仅保存着中国共产党成立以来中央机构的重要档案、新中国成立以来中央国家机关的重要档案，而且保存着老一辈无产阶级革命家、党和国家领导人的重要档案。特别是毛泽东同志的手迹、录音、照片、图书等重要档案，更是集中保存在中央档案馆。馆藏的两万多件毛泽东手迹，在全国是独一无二的，也是广大观众极少见到又极想见到的。《百幅手迹怀伟人——毛泽东的110个故事》每集以一件毛泽东珍贵手迹为引子，讲述一个与这件手迹有关系的毛泽东故事。每集反映毛泽东同志的一个生活断面或侧面，通过这110个断面与侧面，全面地、立体地、多角度地反映毛泽东，又创下了我国人物传记类文献电视片的长度之最。

毛泽东同志是伟大的马克思主义者，伟大的无产阶级革命家、战略家和理论家，中国共产党、中国人民解放军和中华人民共和国的主要缔造者和领导人，毛泽东思想的主要创立者。他既在政治、军事、外交、经济、文化等众多领域创造了辉煌的业绩，又同国内外、党内外的各方面人士有着异常广泛的人际交往。他既有高瞻远瞩的伟大思想，又有热烈丰富的动人情感；既是伟大的政治家、军事家，又是杰出的书法家、诗人；既经历过顺境，又经历过逆境。《百幅手迹怀伟人——毛泽东的110个故事》所选择的具有广泛代表性的内容，既有表现他辉煌政治业绩的，又有表现他杰出军事指挥才能的；既有表现他伟大思想的，又有表现他高雅情致的；既有表现他和孙中山、鲁迅、周恩来、宋庆龄、李宗仁、张治中、胡志明、蒙哥马利、斯诺等各方面人物的交往的，又有表现他与爱妻杨开慧的爱情、与子女们的亲情、与老师同学们的友情、对普通群众的深情的；既有表现他在顺利条件下引领人们势如破竹、一往无前的，又有表现他在艰难困苦中坚忍不拔、带领人们曲折前进的。因此，这部文献电视片，是到目前为止表现毛泽东各个方面最为广泛的文献电视片。特别是作品还发掘了一些毛泽东鲜为人知的故事，观众从这部文献片中，不但能看到一个伟大的毛泽东，而且能看到一个平凡的毛泽东；不但能看到一个作为领袖的毛泽东，而且能看到一个作为普通人的毛泽东；不但能看到毛泽东高超的政治艺术、军事指挥艺术，而且能看到毛泽东杰出的书法艺术、文学艺术；不但能看到顺境中的毛泽东，而且能看到逆境中的毛泽东；不但能看到一个熟悉的、人所共知的毛泽东，而且能看到一个新鲜的、人所罕知的毛泽东。

片中穿插的有情节、有细节、带趣味性、有吸引力的故事，使得本片既有严肃性，又有趣味性：毛泽东为黄埔军校招收第一期学生的故事；为枣园村老人们祝寿的故事；让人为历史上妇女不生小孩的延安侯家沟村化验水从而使这个不育村传出婴儿声的故事；为演员们送卸妆油的故事；夜送醉友的故事；用一纸新闻吓退傅作义十万骑兵、上演了一出现代“空城计”的故事；在北京郊区农村“微服私访”的故事；在他一生中唯一一次佩带驳壳枪的故事；看戏看到入神处竟然拍案而起的故事；他知道延安有一个农民骂他后不但不予追究反而为边区人民减粮的故事；外国朋友学着他吃辣子而被辣得一夜睡不了觉的故事；他的警卫员为他的衣服数补丁、数着不小心又在衣服上弄出一个洞的故事；批示拨款在北京建一所防治传染病的隔离医院的故事；把特赦释放后的末代皇帝溥仪请到家里做客的故事；不计前嫌地对早年曾经要开除自己的校长予以接济的故事等，都饶有趣味，引人深思。由于有着许多故事，因此，本片不但好看，而且好听。

这部文献片运用的资料，不但有电影纪录片、照片、人物采访、毛泽东工作和生活过的地方的实景拍摄，而且有毛泽东的手迹、录音、藏书等珍贵资料，而这些都是由中央档案馆唯一收藏和独家拥有的，因此，它们在全国具有唯一性、独家性和孤有性。这部电视片中共使用了毛泽东手迹几百幅，录音十几段共几十分钟，照片上千张，电影纪录片几百分钟。本片是国内外迄今为止运用毛泽东手迹和录音最多的一部电视片，也是我国以电视形式集中展示毛泽东手迹和录音的第一次尝试。通过这些手迹和录音，毛泽东的独特书法艺术和独有的讲话魅力得到了充分展示，喜爱毛泽东书法和声音的观众，可以大饱眼福、大饱耳福。

通过深入挖掘，毛泽东现存最早的一篇手迹——中学作文，毛泽东到火车站迎接从上海到北平参加新政协会议的宋庆龄的电影资料，毛泽东在上海和武汉同英国元帅蒙哥马利两次会见的电影资料，新中国成立以后毛泽东在杭州等地活动的电影资料，他亲自过问的黄克功案件的档案等珍贵史料，都在本片中一一展现，使本片具有不可多得的珍贵性。

本片每一集以一件手迹开头，用它引出相关的故事。巧妙的切入，具有很强的创造性、新颖性，也具有相当的吸引力，是手法运用上的一个创新。片头的音乐背景用的是毛泽东的一段讲话录音，这在其他文献电视片中从没有人运用过，也是一种手法上的创新。

文献电视片《百幅手迹怀伟人——毛泽东的110个故事》，为我们开辟了一条从珍贵的史料到自由的艺术创造的艺术之路，为我们从“史”到“文”乃至电视艺术的相互结合、相互转化拓展出一条富有启示意义的新路。

（原载于《人民日报》2003年12月23日）

推动“两个体系”建设

建立覆盖人民群众的档案资源体系和方便人民群众的档案利用体系，是以人为本思想对档案工作提出的新要求，是科学发展的形势给档案工作提出的新任务，是对我国档案工作实践新趋势的新总结，也是对以往档案工作体系薄弱方面的新加强。各级档案部门要把建设“两个体系”作为贯彻落实科学发展观的重要抓手，全方位推进，特别是下大力深化、细化，从以下几个方面进一步抓实。

1. 抓紧修订和制定有关法规规章。一是要继续开展《档案法》修改工作；二是要继续落实国家档案局8号令。各级档案行政管理部门都要加强督促各立档单位在一两年内完成文件归档范围和保管期限表修改工作，并对其进行认真审查，确保把涉及普通人、关系广大人民群众切身利益和反映该单位基本职能的文件材料列入归档范围，并延长其保管期限。这是建设“两个体系”的基础和条件，这项工作做不好，大量涉及普通群众合法权益的各种文件材料就会被排斥在归档范围之外，无法纳入档案资源体系。三是要尽快修改各级各类档案馆的进馆范围。仅把涉及普通群众合法权益的各种文件材料纳人归档范围是不够的，还必须将其纳入进馆范围，使其成为各级各类档案馆馆藏的组成部分，才能真正建立起永久性的覆盖人民群众的档案资源体系，各级各类档案馆为广大人民群众服务才能成为现实。因此，各级各类档案馆都要抓紧修改各自的接收档案范围，实现与有关立档单位归档范围的有效衔接，切实做到把涉及人的档案、把有关人民群众合法权益的档案完整齐全地接收进馆。四是要在符合国家档案法律法规的前提下，加紧修改有关档案利用的规定，注意保障普通群众利用档案的权利，尽量为广大人民群众利用可以利用的档案提供方便。同时，要对档案工作规章体系进行梳理，凡是不符合以人为本思想，不利于“两个体系”建设的内容，都要抓紧进行修改。

2. 重视已有档案中民生档案资源的整合与开发。在过去已形成的档案中，含有大量的民生信息，与改善民生、维护广大人民群众合法权益息息相关。如户籍档案、婚姻档案、干部职工人事档案、人口普查档案、知青档案、军转人员档案、土地承包档案、林权档案、移民档案、土地征用拆迁档案、房地产档案、就业档案、医疗档案、保险档案、计划生育档案、学籍档案等。由于种种原因，在一些地方，这些档案处于保管比较分散，检索不甚便捷，人民群众不知到哪儿利用和如何利用的状态。有关档案部门要赶紧摸清家底，优先整理，优先数字化，对这些档案资源进行科学整合，大力开发利用，构建并完善民生档案服务平台，为人民群众提供实实在在的方便。

3. 及时建立新形成的民生档案。随着小康社会建设的向前推进，各地区、各部门在改善民生方面不断出台新的政策、开展新的工作，随之形成了多种类型的民生档案。各级档案部门对此要密切关注、跟踪服务，及时把各种新形成的与人民群众有关的档案列入归档范围、进馆范围，纳入档案资源体系。例如，对近年新形成的新型合作医疗档案、就业培训档案、居民健康档案、民情档案、新型合作经济组织档案、新型服务性组织档案、新型劳资关系档案、产品质量档案、社会保障档案、土地流转档案、民营企业档案等，我们都应该及时跟踪，指导建档。2009年，国家档案局将会同有关部门，推动制定社会救助、社会组织、社会保险、劳动保障等与民生密切相关的专业档案的管理办法，并对《关于加强集体林权制度改革档案工作的意见》《污染源普查档案管理办法》等的落实情况进行检查。各地档案部门也要积极采取措施，加大对涉及民生的专业档案的监管力度，切实把民生档案建好、管好、用好。

4. 加强基层档案工作。基层单位形成的档案，与广大人民群众紧密相关，广大人民群众更多的是需要利用这些单位的档案，因此，各级档案行政管理部门必须下大力气，加强基层单位的档案工作，把基层档案工作夯实。做好基层单位的档案工作，要抓住以下三个重点：一要把档案工作的网络延伸到所有立档单位，确保所有档案形成单位应建尽建，并要求各单位明确承担档案工作的专兼职机构或人员，明确本单位档案工作的职责。二要把各单位的归档范围覆盖到所有应归档的文件材料，指导并督促各单位制订好本单位的文件材料归档范围和保管期限表，确保所有涉民档案应归尽归。三要把各单位的档案保管好、利用好，督促并帮助他们搞好各项基础业务建设，做到整理科学、保管安全、检索准确、利用方便。

5.开展家庭建档服务。为有建档需要和建档条件的家庭提供建档指导，是近年来档案部门拓展服务领域、造福人民群众的一项新工作，同时也是推进“两个体系”建设的重要落脚点之一。普及和推广家庭建档，促进了社会文明和进步，受到了人民群众的欢迎。各级档案部门应从本地区实际出发，争取工、青、妇、民政、教育、精神文明建设等部门的支持，发挥社区、居委会、村委会、学校等基层组织和基层单位的作用，积极推进家庭建档，使这件利国利民的好事成为广大百姓的自觉自愿，把档案工作进千家万户作为对于“两个体系”建设的重要补充，把档案服务工作渗透到社会生活的方方面面。

6.创新利用服务方式和手段。近年来，各级档案部门紧密跟踪本地区经济社会发展变化，及时了解人民群众对档案的查阅需求，增强了提供利用服务的主动性，创造了许多新方法，取得了很好的效果。下一步，我们要在现有工作的基础上，充分利用现代信息技术手段，包括借助其他部门在社区和农村已经建成的各种网络平台，上载档案内容，或发布利用指南，帮助人民群众了解与己有关档案的可查阅范围、查阅方法、查阅地点及时间等，加快建立和完善方便人民群众的档案利用体系，为人民群众利用档案提供更多的方便。

（节选于《以科学发展观为指导，推动档案事业更好地科学发展并为科学发展服务》，该文原载于《中国档案》2009年第1期）

要解决好电子文件的保真、保密、保存、保读取等难题

——在电子文件管理国家战略国际学术研讨会上的讲话

电子文件的大量形成，是信息时代的一大特点，它给档案工作带来了新的难题，使档案工作者面临着新的考验。电子文件是一种易被改动、易被窃取、易于传播、易于消失的信息，特别是它还是一种不能直接识读而必须依赖于特定的设备和软件才能被读取的信息，这就使电子文件的管理大大地不同于对其他文件的管理。管理好电子文件，关系到国家和社会历史记忆的长期保存，关系到人类文明的传承延续。对电子文件的管理，必须解决好它的保真、保密、保存、保读取等巨大难题，尤其是对专门负责档案信息长久流传的档案工作者来说，怎样确保今天的电子文件在几十年、几百年后还能被人读取利用，更是一个需要特别注意的重大问题和特别要解决好的根本问题。解决这些问题，不仅需要技术，更重要的是要具有长远的历史眼光和强烈的职业责任感，否则，我们就有可能顾此失彼、图小利而铸大错，留下永久的历史遗憾。

把更多有价值的信息留给未来，是我们档案工作者的历史责任。我们在做电子文件的每一方面工作时，都应该始终以此为宗旨。就信息的长久流传来说，电子文件本身具有一些与生俱来的致命弱点，或者说，具有天生的、难以克服的脆弱性。只要电子文件的致命弱点还没有完全被克服，我们就不得不在保存电子文件的同时也对它进行异质备份，把它转化为不易被篡改但又易于识读的其他载体。采取这种办法，在目前来看，实属万不得已，但却行之有效。否则，就可能是一种冒险，是对历史的不负责任，是对我们神圣职责的亵渎。因为也许若干年后，人们会发现我们今天的电子文件或者信息被改动过，或者信息已经从载体上无端地消失了，或者电子文件虽然存在，但能读取它的设备和软件却没有了，信息读取不出来。

据我所知，在不少国家，对电子文件的管理是不采取异质备份的办法的。在中国，尽管我们一直要求对重要的电子文件进行异质备份，但仍有一些单位没有这样做。其后果，已经造成了不少电子信息的永远消失，从而给人类的记忆、人类的文明造成了难以逆转和不可弥补的损失。远一些的，如40年前美国阿波罗登月的一些电子信息；近一些的，如十几年前北京亚运会的一些电子信息，今天都已经无法读出了。同样的事例，可能每个国家都存在，可能今天在座的每个专家都曾遇到过或者听说过。刚才冯校长也提到了这样的事情在各地比比皆是。如果不加控制，随着时间的推移，这样的悲剧还会继续产生并将更多地产生。回首过去，这十分令人痛心；面向未来，这更十分令人担忧。作为档案工作者，出现这种情况，我们很难说是尽到了自己职责的，也是很难安心的。

也许，从财政的角度看，电子文件异质备份要花费更多的财力和人力，但它能确保电子文件中的信息真实地、长久地流传下去，为人类的发展和文明的进步持续地提供借鉴。这两种价值，究竟哪一种更大、更值得我们追求呢？我想对档案工作者来说，应该是不言而喻的。

也许，从技术的角度看，电子文件的载体可以保存几十年、几百年，但是，从过去的实践看，几十年后、几百年后，能够读取今天电子文件载体的那些设备或软件却会消失，而且技术进步得越快，这些设备或软件就消失得越快，那时，仅有这些电子文件载体又有何用呢？同样的例子，在音像档案上就已经发生过，在我的身边，一些六七十年前的录音带，还有一些四五十年前的录像带，今天都因为已经找不到播放它们的设备而成为死的物件而非活的信息。难道这一教训还不足以让我们明智起来和清醒过来吗？

也许，人们可以有一千条、一万条理由不赞成目前对电子文件进行异质备份，但我们却有一条根本的理由赞成和坚持这样做，这条根本理由就是：确保电子文件的绝对安全是档案工作者的首要职责和根本使命。除非电子文件的所有致命弱点已经被我们完全克服，否则，我们是不应该放弃这样的认识，也不应该放弃这样去做的。

在我个人看来，至少在今天，如果要避免过去那些令人痛心的电子文件信息消失的悲剧不再发生，如果要避免当代哲人们关于“今天的信息时代未来可能会成为信息空白时代”的担忧成为现实，那么，对电子文件进行异质备份仍是最有效、最根本的办法。否则，电子文件的未来将是不幸的，人类文明的未来也将是不幸的。

目前，中国的电子文件国家管理战略是，不仅要确保电子文件可以长期不失真、不失密和不丢失，而且要确保重要的电子文件中的信息能够在多年以后还能被读取利用，也就是说，我们不仅要考虑电子文件的今天，而且还要考虑它的明天和后天；不仅要考虑电子文件的短期效益，而且还要考虑它的长远效益。因此，我们不仅注重电子文件的法律地位、标准化、可兼容性、可迁移、多套异地备份、保护、修复等问题，而且强调对重要的电子文件要进行异质备份，及时转换成胶卷、纸张等其他载体。我希望有更多的人认识到这一点，我希望有更多的人来这样做。这不仅是电子文件之幸，更是人类文明之幸。

当然，随着技术的进步，电子文件的各种致命弱点终将会一一被克服。只有到那时，我们才会不再这样去认识，不再这样去做。为了这一天的早日到来，现在正有许多人在努力攻克各种技术难关。今天研讨会上大家所展示的，就是其中的一部分。这个研讨会本身也是为了促进这一天的早日到来。我也相信这一天一定会到来。但是，即使到了那一天，我也不会认为我们今天的认识和做法是不必要的和毫无意义的。

（节选于《在电子文件管理国家战略国际学术研讨会上的讲话》，

该文原载于《中国档案》2009年第8期）

实施“服务先行”战略，提高档案服务能力

档案服务是档案工作发挥社会作用、为经济和社会发展作出贡献的重要途径。进入21世纪以来，我国在处于人均收入3000美元以下的矛盾凸显期和多发期的条件下保持社会和谐稳定更需要档案服务，社会进一步从粗放式管理向精细化管理发展更需要档案服务，在以人为本思想指导下以保障和改善民生为重点的社会建设更需要档案服务，广大人民群众在解决温饱以后的文化、休闲、维权等活动更需要档案服务，法制社会、诚信社会、学习型社会建设等也更需要档案服务。因此，在新形势下，我们要把满足各方面日益增长的档案服务需求作为档案工作的出发点，实施“服务先行”战略，努力把握党和国家工作大局和广大人民群众需要，不断改进档案服务工作，提高服务能力，切实增强档案为经济社会服务的功能。

第一，进一步提高对档案服务功能的认识。过去我们对档案服务功能的认识存在一个误区，即重视档案为历史服务的功能而轻视档案为现实服务的功能，也就是重视档案为党和国家积累史料、提供历史经验、传承历史文明方面的功能，而忽视通过建立档案对人、财、物、事进行管理从而提高社会管理水平、提高社会效率方面的功能。与此相联系的又一个认识误区是重视档案工作在提供档案信息服务方面的功能，而忽视在帮助建立和管理档案方面的功能。今天，社会各方面对档案部门的服务需求是多方面的，既有要求提供档案信息服务的，又有需要提供帮助建立和管理档案等服务的。我们必须对档案服务功能有新的更加全面的认识，既要重视档案的历史服务功能，也要重视档案的现实服务功能；既要重视档案工作为各方面提供档案信息的功能，也要重视档案工作帮助需要者建立和管理档案等方面的功能。

第二，进一步提高档案信息服务能力。档案信息服务是档案服务的重要方面。各级档案部门要紧紧围绕领导需要、各部门需要和群众需要，主动开

发档案信息资源，超前策划服务项目，定向提供专题服务。主动提供档案信息，关键在于档案家底要清，服务方向要准，知道社会各界需要什么样的档案服务、自己能够提供什么样的档案服务。各级档案部门不能仅仅满足于接待查阅，被动地按查档要求原原本本提供档案，更要善于主动围绕中国特色社会主义建设重点、热点、难点问题，对档案信息进行深入研究、综合加工、深度开发，主动为各方面提供经过提炼的、深层次、高质量的档案信息产品，真正把“死档案”变成“活信息”。例如，围绕党和国家工作大局，围绕本地区、本部门、本单位的中心工作，经常性地编辑专题档案信息，主动为领导和有关方面提供参考。再如，根据社会需求，精心策划更多的档案文化产品，编辑出版档案汇编，举办档案展览和有关主题活动，制作播放档案电视节目，发行档案音像制品等，把档案服务融入人民群众的生产生活。目前一些基层档案部门对所保管的档案按专题进行系统、深度梳理，然后主动将相关信息提供给有关单位，为这些单位开展工作提供了极大的便利，深受有关单位欢迎和好评。例如，为了帮助求职者尽快找到工作，帮助用人单位尽快找到合适的应聘者，有的档案馆主动对馆藏中特定群体求职人员的专业特长信息进行整理，并将这些信息提供给人力资源管理部门和用人单位，不仅提高了招聘工作效率，而且提高了求职者和用人单位的满意度。这种主动提供适用档案信息服务的做法，很值得其他档案部门学习借鉴。

第三，进一步提高帮助建立和管理档案等服务能力。随着我国经济和社会建设的不断拓展，新的经济组织和社会组织层出不穷，新的专业、新的工作不断出现，每年都有更多的领域、更多的专业、更多的单位、更多的个人需要档案部门帮助他们建立和管理档案，档案部门必须及时了解，及时跟进，及时提供相关服务。例如，党的十七届四中全会提出要“推广在农民专业合作社、专业协会、产业链、外出务工经商人员相对集中点建立党组织的做法，抓紧在非公有制经济组织建立党组织，加大在中介机构、协会、学会以及各类新社会组织中建立党组织力度”。这将会出现一大批新的基层党组织。档案部门必须联手有关部门，及时帮助这些党组织及其所在经济组织、社会组织建立并管好用好档案。又例如，今年的中央经济工作会议提出要“培育农村新型金融组织”“加快发展农民专业合作组织”“有条件的地方可以发展专业大户、家庭农场”“要开展低碳经济试点，努力控制温室气体排放”“建立资源环境产权制度”“扩大排污权交易试点”“深入扎实地做好新型农村社会养老保险试点的各项工作”“培育我国战略性新兴产业”等，档案部门要主动配合，积极指导农村新型金融组织、农民合作组织以及专业大户、家庭农场及时建立档案；主动会同有关部门共同指导建好温室气体排放、排污权交易、新型农村社会养老保险、战略性新兴产业等新的专业、新的产业、新的工作方面的档案。总之，我们要紧紧盯着经济社会的新发展，着眼于各方面的新需要，在做好已有领域建档服务的同时，积极做好新的领域的建档服务。新领域建档服务，涉及民生的尤其重要。《社会保险业务档案管理规定（试行）》实施后，各级档案部门要积极会同社保部门大力推进社会保险业务档案工作的规范化建设，确保建档时不漏一人、建档后不丢一份，为各级政府履行公共服务和社会管理职能提供准确依据，为维护人民群众切身利益，建设和谐社会做好档案服务。2010年，国家档案局将与有关部门进一步研究制定社保档案工作有关规章制度，并联合启动社保档案工作考评活动，地方各级档案部门也要做好相关工作，共同促进社保档案工作在规范化建设的基础上，服务水平不断得到新的提高。国家档案局还将与国家林业局联合制订《集体林权制度改革档案管理办法》，进一步规范林改档案工作，长久地为维护亿万农民利益服务；与有关部门开展职工档案调研，为尽快修改《职工档案管理办法》做准备，各地档案部门也要积极会同有关部门，抓紧修改本级职工档案管理办法。

第四，进一步提高档案部门远程服务的能力。信息社会对档案信息服务提出了更高要求，信息技术也为档案信息服务实现方便快捷提供了技术保障。无论是各级机关团体、企业事业单位，还是各级各类档案馆，都要在加强档案资源建设的同时，加快采用信息技术，充分利用网络优势，提高远程服务的能力，建设覆盖广泛、内容丰富、检索方便、利用快捷的方便人民群众的档案利用体系。2010年，国家档案局将以宣传贯彻《电子文件管理暂行办法》《数字档案馆建设指南》，开展农村档案信息资源服务系统规划与示范研究等为重点，引导、推进全国档案信息化工作，这些都对提高档案远程服务具有重要意义。各地档案部门要以服务民生为重点，加快探索和推进区域内档案信息远程共享工程，首先在国家档案馆之间实现民生档案信息数据库共建共享，利用者所需档案信息只要保存在其中某个档案馆内，即可在首访的档案馆查阅并可异地开具档案证明，无须往返奔波。目前一些地方档案部门已经在这方面进行了有益的探索，并取得初步成效，这种实实在在的便民服务方式很值得参考借鉴并大力推广。要继续推进农村档案信息资源共享工程，依托农村党员干部现代远程教育网等网络，把涉农部门可公开的、农民需要的档案信息扫描上传，让广大农民在本村即可利用档案信息。要充分运用我国目前正在推进的电信、计算机、电视“三网融合”这一机遇，把已上和可上计算机网络的档案信息，向手机、电视等媒体扩展，更大限度地实现档案远程服务。各级档案部门都要以开拓创新的精神，努力探索更多惠民便民的档案服务方式和手段，把以人为本的服务理念更加深刻地体现到档案工作中来，把更多的人性化服务送到百姓身边。另外，要学习推广上海金山等档案部门的经验，利用网络开展远程档案业务指导等服务，从而创新档案业务指导的形式。

第五，进一步推动档案服务公共化、均等化。要改变过去长期形成的档案服务不均等现象，既要为城市和市民服务，也要为农村和农民服务；既要为政府服务，也要为群众服务；既要为国有企业服务，也要为民营企业服务；既要为向档案馆移交档案的立档单位服务，也要为不向档案馆移交档案的立档单位服务；既要为大部门、大企业、大项目服务，也要为小部门、小企业、小项目服务；既要为高层、上层服务，也要为基层、底层服务；既要为名人服务，也要为普通人服务。

档案资源是开展档案工作，服务党和国家工作大局的基础性条件，因此，必须加大对所有具有保存价值的档案资源的保护和监管力度。要坚持以机关团体和企业事业单位档案部门为基础、各级国家档案馆为主体、其他档案所有者为补充的国家档案资源建设工作基本思路，依法加强和规范文件归档、档案接收征集工作，为进一步发展档案事业、更好地服务于中国特色社会主义建设奠定坚实的档案资源基础。

第一，要充分发挥各级机关团体、国有企业事业单位、社区与村级自治组织、各级国家档案馆积累档案资源的主渠道作用。各部门、各单位都必须依法建立档案工作，特别是以科学发展观为指导，按照建立“两个体系”的要求，建立和修改完善本单位的文件归档范围和保管期限，凡是反映本部门、本单位基本职能和人员情况、涉及重大活动和民生的文件材料，都要列入归档范围并确定较长的保管期限，把本部门、本单位履行职能过程中形成的应归档文件收集全、保管好，按规定向档案馆移交，为国家积累档案财富。特别是各专业主管部门在职能活动中形成的专业档案，种类多、数量大、专业性和时效性强，在小康社会建设中具有不可替代的作用，必须做到应收尽收，完整纳入国家档案资源管理体系。各级机关团体、国有企业事业单位要在今后三年内抓紧完成本单位文件归档范围和保管期限表的修改，并报同级档案行政管理部门审批。县以上各级档案行政管理部门要认真审批并加紧督促完成。各地在开展各项重大工作时，档案行政管理部门要主动指导有关单位把建立相关档案与开展工作同规划、同部署、同检查、同落实，明确建档范围和管理办法，认真贯彻落实。对于涉及民生的专项工作，更要及时建档，确保相关档案完整齐全。各级国家档案馆要适应新的形势，依法加强档案接收工作，尽快修改调整档案馆的接收范围和接收时限，不断完善馆藏档案结构。2010年，国家档案局要开始修改《各级国家档案馆收集档案范围的规定》，同时将把副省级市以上档案馆接收范围的修改列入备案审查和专项督查，在全国范围通报修改情况。希望地方各级档案行政管理部门也对档案馆接收范围修改工作进行审查和督查，促使各级国家档案馆在三年内完成这项工作，按照以人为本的思想，建立起新的档案资源体系。此外，各级档案部门要认真做好对党政领导干部个人保存的公务文件材料的收集工作，有重点、有计划地征集散失在国内外的珍贵档案，并鼓励个人向国家档案馆捐赠或寄存档案。

第二，要全面推进其他组织和新领域的档案资源建设。新形势下的档案资源建设已经不局限于传统的立档单位，各种新兴的经济组织、社会组织不断产生，要求档案部门必须关注新组织、新领域的档案工作，以档案资源建设为起点，将其纳入国家档案事业体系。非公有制经济组织及其他社会组织形成的档案，是这些组织开展管理活动、进行生产经营等的真实记录，是我国档案资源的组成部分，应当纳入档案资源建设的整体范畴，以保证国家档案资源的完整。各级档案行政管理部门要加强对非公有制经济组织及其他社会组织档案工作的指导，帮助它们建好用好档案，既有利于其自身发展，又为国家积累档案资源。2010年，国家档案局将与民政部、农业部共同开展社会主义新农村建设档案工作示范县创建活动；还将探讨建立健全全国农产品质量安全档案工作机制、检查《关于促进民营企业档案工作发展的意见》贯彻落实情况等，这些工作都将对相关领域档案资源建设起到重要指导作用。各级档案部门还要继续积极指导并帮助有意愿的家庭建立家庭档案，通过家庭建档，把反映国家建设发展、居民家庭变化、百姓生活改善的档案保存下来。

第三，要科学整合档案资源。各级档案行政管理部门要积极争取党委、政府的支持，进一步理顺与其他专业主管部门在档案管理方面的关系。要突破档案资源建设传统模式，从实际出发，采用现代化手段，对档案实体或档案信息进行科学整合，包括整合同一地区内不同档案机构的档案资源，整合同一系统、不同地区档案机构的档案资源，整合不同系统、不同地区档案机构的档案资源，促进档案资源配置更加科学合理，为全面实现档案资源社会共享奠定基础，创造条件。

（节选于《在全国档案局长馆长会议上的讲话》，
该文原载于《兰台世界》2010年第1期）

建立确保档案安全保密的档案安全体系，确保档案实体安全和信息安全

我国档案安全工作近年来取得了显著成绩，但是，与党和人民对我们的新要求相比，与档案事业发展面临的新形势需要相比，我国的档案安全保障能力仍需进一步提高，档案安全在各个方面有待进一步增强，因此，我们必须进一步从思想教育、制度建设、内部管理、设施建设、原件保护、信息保护、技术应用等各个方面，全面建立确保档案安全保密的档案安全体系。前几年，我们在贯彻落实科学发展观的过程中，已经提出了建立覆盖人民群众的档案资源体系和方便人民群众的档案利用体系。今天，同这两个体系建设相呼应，我们还应该建立确保档案安全保密的档案安全体系。我们应该从档案事业发展战略的高度来及时提出这个任务，并动员全国各级档案部门和广大档案工作者，上下一心，共同努力，积极完成这一任务。

一、为什么要建立档案安全体系

（一）是落实中央领导同志档案安全保护工作一系列重要指示的需要

几年来，中央领导同志对档案安全保密工作十分重视，作出了一系列重要指示。中共中央政治局常委、国务院总理温家宝在2007年3月所作的政府工作报告中，专门要求搞好档案保护。2008年7月，温总理又就电子文件的安全问题作出重要批示。落实中央领导同志的一系列重要指示，需要全面地提高档案安全工作的地位与层次，全方位地做好档案安全保密工作，从各个方面建立确保档案安全保密的档案安全体系。

（二）是防止国内外敌对势力窃取我国核心档案信息资源的需要

“冷战”结束后，非传统领域的国家安全问题日益凸显。其中，信息资源是各国特别关注和必然争夺的战略性资源之一。信息安全问题正成为严重影响我国国家安全的非传统安全隐患之一。国际国内有不少案例都反映出，敌对势力正越来越多地通过各种途径、采用各种手段非法获取我国档案信息特别是新型电子档案信息，这是新形势下档案安全工作必须迫切应对的严峻挑战。我们必须从各个方面构建起确保档案安全保密的“防火墙”。

（三）是预防和减轻自然灾害、人为灾害对档案造成损失的需要

地震、水灾、火灾等自然灾害以及战争、恐怖袭击、群体性社会事件等人为灾害时有发生。它们的发生都具有不可预知性和不可抗拒性，对档案造成的破坏也时有发生，有的甚至是毁灭性的。美国“9·11”恐怖袭击事件、美国伊拉克战争等都曾造成大量档案毁灭。德国科隆的地铁造成科隆档案馆的垮塌。2008年5月我国发生的汶川大地震，对当地及周边地区档案馆建筑造成了巨大破坏，对档案造成了严重损毁。最近青海玉树发生的地震，距离汶川地震还不到两年的时间，再次给档案防灾减灾工作敲响了警钟。还有拉萨严重暴乱、贵州瓮安事件、甘肃陇南事件等社会事件中，也有档案受到损毁。全面提高档案部门的安全保障能力，抵御各种灾害侵袭，是当前各级档案部门不可回避的一项迫切任务。

（四）是解决公共档案信息服务与档案信息安全之间矛盾的需要

公共档案信息服务的加快推进，特别是《政府信息公开条例》的实施，对档案信息开放提出了新的要求，档案信息安全矛盾也逐步暴露出来。一些地方在强调服务的过程中，对文件开放鉴定不够严格细致，导致有些不该公开的文件公之于众，不该上网的信息在网上流传，严重损害了国家利益和当事人的相关权益。只有建立好档案安全体系，才能很好地解决信息公开与信息安全的矛盾，使档案信息安全地被利用。

（五）是应对新技术条件下数字档案信息安全挑战的需要

信息技术的飞速发展，电子文件的大量产生，给档案工作带来了新的工作内容，同时也给非传统载体档案信息安全带来了新的难题。确保电子文件的齐全完整、真实有效，让今天的电子文件在几十年、几百年后还能被人读取利用，是一个需要特别注意的重大问题和特别需要解决的根本问题。不建设好档案安全体系，今天的电子文件和数字档案在若干年后将无法读取，信息空白的惨剧将无法避免。

（六）是消除档案部门各种安全隐患的需要

从2008年和2009年连续两年我局对省级档案馆的安全督查情况以及我们了解的近几年各地档案安全事故看，许多档案馆、档案室还存在大大小小、这方面或那方面的安全漏洞，例如，有的档案原件在利用中被利用者窃取，造成档案遗失，或者被放乱搞错，造成档案下落不明；有的档案长期被管理者借出库房，放在自己的办公室，脱离管理和监督；有的档案虽然有了各种复制件，但仍以原件提供利用，加剧档案损坏；有的档案已经破损，但未得到及时修复；有的库房漏水或生虫、发霉，对档案安全造成威胁；有的档案人员私自有偿向国外研究人员提供档案数据；有的对电子文件既无备份，也无过硬的保护、保密措施；有的工作人员粗心大意，疏忽马虎，安全意识不强，极不利于档案安全；有的管理不善，监管不力，档案安全漏洞很多。只有建立起完善的档案安全体系，才能堵塞各种安全漏洞，消除各种安全隐患，确保档案安全。

二、我国档案安全体系建设的主要任务

（一）提高思想认识，为档案安全构筑坚固的思想防线

在影响档案安全的各种因素中，人是决定性的因素。档案安全的最大保障是人的认真，档案安全的最大危险是人的疏忽。许多档案安全事故的发生，就源于人的认识不到位、思想不重视，疏于防范；许多自然灾害中档案损失的大小，完全取决于人们是否重视档案安全并采取了有效防范与抢救措施。所以，档案安全体系建设的首要任务在于加强人的安全思想建设，提高人们特别是档案人的安全意识，把安全第一当作档案事业的一项重要战略，把档案安全上升到战略的高度来认识，为档案安全构筑起坚固的思想防线。

一要树立“档案安全事关党和国家根本利益”的思想。档案是我们党和国家的可靠凭证和珍贵资源，是各个单位和广大人民群众维护自己合法权益的有效依据，档案安全事关党和国家及人民群众的根本利益。如果档案发生丢失或泄密等安全问题，就会损害我们党、我们国家、我国广大人民群众的合法权益和根本利益。从国内外的历史和现实情况看，档案安全无小事。有的引起一

些人的权益受损害，有的引起执政党和政府威信的下降，有的造成经济损失，有的引发群体性事件，有的导致社会动乱以及政府下台。我们一定要引以为戒，千万不要以为档案丢失或泄密，只关系到档案工作，而要看到，档案安全事关重大，事关全局，事关党和国家的根本利益。不仅档案部门要重视，全党、全国、各行各业都要重视。

二要树立“安全第一”的思想。档案安全，始终是档案工作的生命线和底线，是档案部门的基本任务和第一要务。确保档案安全，是党和人民对档案工作者的基本要求，是档案工作者的基本职责和天大责任。对档案部门、档案工作者来说，安全永远第一，安全重于泰山，安全高于一切；确保档案安全是本职、是天职、是称职，不抓档案安全是失职、是渎职、是不尽责，抓不好档案安全是不称职，要负全责，要免职、撤职。

三要树立“安全问题无所不在”的思想。历史和现实的经验告诉我们：火灾、水灾、震灾、害虫、霉菌、灰尘、紫外线、有毒有害气体等自然因素的影响，计算机病毒、技术故障、载体寿命等技术因素的影响，战争、群体事件、人为攻击、人为窃取、大意疏忽等人为因素的影响，无时无刻不在影响档案的安全，无时无刻不对档案安全构成威胁，无时无刻不需要我们去预防、去阻止、去保护。什么时候忽视、放松了档案安全，什么时候就存在发生档案安全事故的可能。所以，一定要时刻绷紧档案安全这根弦，时刻诵念档案安全这本经，时刻抓好档案安全这件事。

四要树立“安全问题人人有责”的思想。档案工作中，安全保密问题涉及方方面面，非常广泛，几乎同从事档案工作的每个人都有关。直接接触档案的人员固然有责，不直接接触档案的人员也不是无责。比如，值班看门的不尽责，会让无关人员接触档案，增加安全隐患；管电、管水的不尽责，会发生电线起火、水管跑水等事故，直接损毁档案；使用计算机的不尽责，会造成电子文件信息丢失或失密；制定业务政策的不尽责，会造成档案因指导失误而该归档的不归档、不该销毁的被销毁，从而使档案大面积受损。因此，要全员开展档案安全教育和培训，提高每个人的档案安全意识和技能，使每位档案工作者和每个档案工作岗位都成为保护档案安全的一根桩或一道墙，而不是成为妨害档案安全的一个引信或一个漏洞。

（二）加强安全管理，为档案安全提供健全的制度保障

一要完善并执行档案安全法规。各级档案部门，在档案法、档案法实施办法、档案管理条例等法律法规的修改中，要增加档案安全保密方面的内容，使档案安全在档案法律法规中不缺位、有地位。要制定有关档案安全的专门规章和具体制度。要在档案安全法律法规、规章制度中明确对违反者处罚的具体规定，并加大对违反者处罚的力度，也就是说要有硬规定、硬办法，在档案安全问题上实行“一票否决制”，或者设立“高压线”，从而使档案安全法规制度具有威慑力、震撼力、约束力，真正起到作用、发挥实效。特别是要加大对法规制度执行情况的督促检查，切实对违反档案安全法规制度的人和事进行查处。对执行中的漏洞，查出一个，堵上一个；对查出的问题，发现一起，查处一起。从而使档案安全法规制度不仅在纸上完整制定，也在实际中完整执行，能够真正发挥实效。

二要完善并采用档案安全技术标准。在档案标准体系中，要把档案安全列入重要位置。对重要或急需的档案安全技术标准，要组织全国有关专家，举全国档案界之力，集体攻关，集中制定，及时发布。对那些已被实际工作证明效果好的、适于采用的技术标准，各级档案部门要积极采用，以使档案安全统一化、标准化、规范化。

三要积极制订并贯彻执行档案安全业务指南。有些暂时还不能制订为法规或技术标准的档案安全措施，可以先制订为业务指南，供档案部门作为参考和借鉴。汶川地震后，国家档案局组织编写、发布了《档案馆防治灾害工作指南》，这是指导我国各级档案部门开展防灾减灾工作的重要参考材料，是档案工作者参加防灾、抗灾、救灾教育培训，提高档案人员安全能力的重要教材。我们这次会议把这个指南的宣传贯彻也作为内容之一，目的是要进一步唤起广大档案工作者对防灾减灾工作的高度关注，增强大家的防灾减灾意识，提高大家的防灾减灾能力，希望大家今后加大对这个指南的学习宣传与贯彻执行。今后还要组织力量制订其他如档案抢救和保护、电子文件保存、档案保密等方面的档案安全业务指南，以进一步推动档案安全知识和技能的普及。

四要加强内部管理。要层层落实档案安全责任制，层层签订档案安全保密承诺书。要采取各种奖惩办法，把相关人员在档案安全保密方面的表现同他的个人利益挂钩。要采取各种切实可行的办法，确保各个工作环节中档案的安

全保密。要建立档案安全保密记录，使档案安全事故发生后可以进行追溯性检查甚至追回档案。

（三）加强基础设施建设，为档案安全提供更好条件

一要加强馆库建设。档案库房是档案的巢或家。“覆巢之下，安有完卵。”因此，要想确保档案安全，必先建好档案馆库，为档案建造一个安全的巢、坚固的家。历史的经验告诉我们，好的档案馆库可以在灾害发生时最大限度地保护档案安全，减少档案损失。要严格按照《档案馆建设标准》和《档案馆建筑设计规范》，加强档案馆和档案库房建设。要争取把档案馆库建设纳入政府或部门的建设规划。档案馆库建设要充分考虑防震、防火、防水、防山体滑坡、防污染等环境因素，不要建在地震带或地质断裂带上，不要建在火源多的地方，不要建在低洼处，不要建在山脚下，不要建在污染源附近。要尽量采用防火、防水、无污染的建筑材料。要在设计上尽量减少强光、尘土、高温高湿、有害气体等对档案的危害，并充分考虑档案的现有数量和未来增长量，留足库房空间。要尽快消灭“无库馆、室”或“危房馆、室”，积极建设面积达标、能够确保档案安全的档案库房，建好保障档案安全的外围屏障。

二要加强安全设施建设。所有档案库房有条件的都要安装自动报警、自动灭火设施，没有条件的至少要配备灭火器等，以便万一发生火灾时及时扑灭。温湿度不利于档案安全的地区的档案库房，要安装温湿度调控设施，以保证库房温湿度保持在不损害档案安全的范围内。存放音像档案、电子档案等特殊载体档案的库房，更要安装特殊的温湿度调控和防磁等设施。涉密计算机房等还要有信息屏蔽设施。对所有涉及档案原件的场所，都要安装监控设施，以加强对档案原件的监控。凡应用电子文件的档案馆、室，要安装经过检测的档案信息系统，以确保电子信息在传输、存储中的安全。涉密档案的扫描、存储、复印、传真、缩微等设备，要经过安全检测，以防档案信息被窃取。使用档案装具也要以有利于档案安全为第一原则，而不是以节省空间、节约成本或美观好看为第一原则。实践证明，档案多节柜是最有利于档案安全的装具，应恢复并扩大使用。

三要采用先进的技术防范手段。先进的安全防范技术可以弥补馆库建设、基础设施建设等方面的先天不足，弥补人们在安全保密方面的懈怠疏失，可以为档案安全加一道“技术保险”，从而进一步提高档案安全系数。各级档

案部门要积极采用各种先进的安全防范技术手段，如指纹识别、虹膜识别、脸部识别、红外报警、磁条防盗、条码管理、水印防伪、电子文件封装、信息防火墙等，以确保档案安全保密。

（四）大力保护档案原件，确保档案原件安全

一要尽量尽快封存原件。档案原件在管理、利用过程中极易受损，因此要对档案原件实施特殊保护，进行封存管理。县以上各级档案馆凡是已有缩微、复印、数字化扫描等复制件的档案原件，要封装保存，除核对原件、抽查虫霉等特殊情况外，一般不再开封，以最大限度地延长档案寿命，确保它们的安全。对还没有各种复制件的档案原件，要尽快运用数字化扫描、缩微等手段加以复制，以尽快封存原件。凡有复制件的档案，无论是馆内利用，还是馆外利用，一律以复制件代替原件利用。封存原件，最好用无酸又阻燃的纸箱，或用档案多节柜，加以密封保存。密封保存，对档案是一种特殊的保护措施，平时可以防盗、防尘、防潮、防光、防鼠等，遇到紧急情况时又便于转移；即使遇到地震，密封箱柜也能起到保护档案的作用。这一措施，对纸质档案原件的保护作用很大，县以上各级档案馆要普遍重视，积极采取，迅速行动，以对纸质档案原件加强保护。要先行试点，待试点取得经验后再大面积铺开。要精心选取封装材料，精心设计封装物的外部尺寸，并要使之便于搬运，以最大限度地节省空间，并与现有装具匹配，同时便于在紧急情况下转移搬运。

二要及时对档案进行抢救修复。对已破损的档案要及时修复，防止进一步恶化；对易碎、易裂的档案要及时加固，以防破损；对已褪色退变的档案要迅速进行抢救性恢复，恢复后并及时复制，以保存档案信息；对易褪色或字迹扩散的档案，要及时采取措施加以预防。对产生霉变的档案，要及时除霉去污。对需要倒带的胶片、磁带档案，要定期倒带，以防粘连。

三要加速开展纸质档案数字化工作。纸质档案数字化后，就可用数字化产品代替原件提供利用，从而起到不动原件、保护原件的作用。所以，档案数字化不仅方便了档案利用，而且保护了档案原件，应该加快步伐搞。要把纸质档案数字化作为一项档案安全工程和档案方便利用工程，作为档案信息化和档案管理现代化工程，作为档案馆（室）的一种方向性工作、必搞性工作、基础性工作来看待，下力量搞，加快档案数字化进程。特别要优先对利用率高的档案进行数字化。数字化应以全宗为单位普遍进行，而不宜在一个全宗内只挑选部分进行，否则起不到替代原件利用的作用。

（五）认真管好电子文件，确保电子文件安全

电子文件是一种正在大量产生的新型载体档案。它有着信息易被远程控制与改动、信息易于消失、必须利用相应设备才能读取等先天性致命弱点，我们必须站在对历史负责的高度，严格按照《电子文件管理办法》的各项要求，认真管好电子文件，确保电子文件安全。

一要明确归档范围。凡作为纸质文件内容应该归档的电子文件，都应该归档保存，并纳入档案管理范围。与归档纸质文件内容相应或相关的视频、音频文件，以及业务数据库、公务电子邮件、政府网站内容等也应该归档保存，以使我国党政机关、企事业单位的电子信息更全面地得到保存。

二要统一技术应用标准。应用标准不统一，将给电子文件的集中管理、广泛使用、长期保存等带来极大困难。目前，在中央办公厅牵头领导下，国家档案局正会同有关部门一起研制电子文件的有关技术标准。对这项工作，我们将集中全国档案界之智，运用各方面之力，尽力推动有关技术标准的早日出台和统一应用。在统一技术标准出台之前，各地要尽量使用兼容性强、适应范围广的硬件和软件，以利于将来本地区电子文件同全国统一标准的接轨使用。

三要建立本地区电子文件中心。各级国家档案馆要积极建立本地区的电子文件中心，通过在线接收、离线接收等方式，对本馆接收档案范围的各单位的电子文件，进行集中保存、集中备份等。已建立的地方要总结经验，进一步做好电子文件保管、保护、保密、迁移、备份、提供利用等各方面工作；没有建立的地方要到建得好的地方去取经学习，借鉴他们的成功经验，应用他们的成熟技术，吸取他们的教训，在更高起点上建好自己的电子文件中心。

四要严格对电子文件进行安全备份。凡未向电子文件中心移交电子文件的单位，要将本单位所有电子文件在异地备份一套，其中划入永久保存的，还要转换成纸质或缩微胶卷，实行异质备份，以确保电子文件安全。已建立电子文件中心的，由电子文件中心统一进行电子文件的异地异质备份。原则上，无论是档案馆，还是档案室，所有应归档保存的电子文件都应至少有一套异地备份，所有划入永久保存的重要电子文件，都要尽快转换成纸质或缩微胶卷保存。

电子文件由于其具有天生的难以克服的脆弱性，国内外过去都已经发生过不少电子文件或者信息已悄然丢失或者信息现在无法读取的悲剧，我们必须引以为戒，避免再重蹈前人覆辙。而异地备份特别是异质备份目前是确保电子文件信息绝对安全的最根本措施，各级档案部门必须站在对历史负责的高度和对本职工作负责的高度，来充分重视这项工作，积极开展这项工作，否则，不少重要的电子文件就可能在我们手上丢失，或因我们的失误而永远消失，从而给国家利益、人民利益造成重大损失，给历史留下不可弥补的遗憾。

五要加强对电子文件信息系统和载体的安全检测。要按照国家规定的信息安全分级、等级标准建立电子文件的信息系统和安全防护体系，加强网络安全管理，执行各项严格的安全管理制度，保障设备和软件安全可用、信息不会被轻易篡改或窃取。要加强对内部系统、内部使用的涉密计算机及涉密载体的安全保密措施，严防文件在内部传输过程中被窃密。要对电子文件的存储介质进行检验和认证，确保存储介质长期可用。

六要大力开展电子文件的安全保护技术研究。电子文件保真技术、保密技术、长期可读技术，对电子文件的安全管理至关重要。各级档案部门要积极同有关单位合作，大力研究这三个重点领域的电子文件安全保护技术。这些技术的任何突破或进展，都将对电子文件的安全更为有利，都会对我国档案界和国际档案界作出可贵的贡献。我们应该在这方面进行科研攻关，争取实现新的突破和重大进展。

（六）切实搞好安全备份，确保万一情况下的档案安全

历史和现实告诉我们，毁灭性自然灾害和人为灾害不可避免，随时都可能发生，从而对档案造成毁灭性损失。为了确保各种毁灭性灾害发生时档案不受到毁灭性损失，我们必须对档案实行安全备份。

一要切实开展档案备份工作。县以上各级档案馆不但对电子文件要进行全面备份，对其他档案也要按其重要程度，循序渐进地进行全面备份。有多套纸质档案的，要用多套纸质档案备份；只有一套纸质档案的，要制作成缩微胶卷或数字光盘。此外，照片、录音、录像等档案，也要积极通过复制、转换为数字光盘等手段，进行备份。

二要实行异地存放。现在不少单位，档案有复制的或多套的，都放在同一个库房中或同一座大楼里，没有异地存放，这就达不到安全备份的目的。档案安全备份，既是要防止火灾、虫灾、盗窃、温湿度损害等较小范围破坏对档案的损害，更主要的还要防止地震、洪水、战争、群体性事件等较大范围破坏对档案的损害。因此，最好实行远距离、跨区域的异地存放。按照国家档案局的要求，全国副省级市以上国家档案馆现在已经全部互结对子，互为对方提供档案异地备份库。凡已建立异地备份库的，要迅速把本单位的重份档案或已复制档案至少一套，送往异地库存放备份，以确保本单位在发生万一情况使档案遭到毁灭性损失时，用备份档案来避免或弥补档案损失。

三要落实备份制度。要建立健全并进一步扩大实行馆际之间互为备份制度，地市级档案馆也要参照副省级市以上档案馆的做法，互结备份对子，互为对方提供异地备份库。各省级档案局要制定本行政区内地市级档案馆异地备份的具体方案，并督促推进实施。备份馆双方应就权利与义务、备份复制件交接、保管条件、安全管理等事宜充分沟通协商，签订协议。要制定完善的备份策略，对备份范围、备份技术、备份介质、备份方式等作出明确规定。要抓紧进行档案备份复制件制作，无论采取何种备份介质和备份方式，都要在备份过程中严格执行安全管理，确保档案原件及复制件安全。要认真做好档案备份交接工作，确保档案实体及档案信息的安全。要加强备份复制件或备份数据库维护，确保备份档案或数据安全。

（七）建立档案开放利用审核机制，确保档案信息安全

一要对拟开放档案进行审核和审批。凡按规定必须实行档案开放的单位，要严格按照有关规定，组织专人，对拟开放档案进行逐页审核，提出开放意见并报有关部门审批。未经开放审核、审批的档案，一律不得对外开放，严防有损国家安全和国家利益以及公民权益的不宜公开档案被公开利用。凡未开放的档案，要按规定进行审核和提供。

二要对拟在网上公开的信息进行审核和审批。要严格对上网文件、档案进行审查，严防把应保密的文件、档案上传到非涉密网络上。凡拟在网上公开的已开放档案、政府公开信息及其他信息，各单位也要严格按照规定进行认真的审核、审批，绝不能把各种不应上网公开的信息拿到网上发布，以免造成各种不良社会影响，确保档案信息安全。凡以其他形式公开的档案，也要经过审核、审批，层层把关，严防把不宜公开的档案误公开。

三、建设档案安全体系的几点要求

（一）加强领导，统筹协调

各级档案部门要高度重视档案安全工作，成立专门的领导小组，把档案安全工作真正摆上议事日程，明确领导责任。一把手要对档案安全负总责、负全责，一级抓一级，层层抓落实，形成集中统一、上下衔接的档案安全工作领导体系。要加强档案安全工作的日常管理，建立全员参与、群防群治的工作环境，逐步形成人人抓安全、事事重安全、时时保安全的良好局面。

（二）制定预案，做好演练

要按照《档案工作突发事件应急管理办法》和《档案馆防治灾害工作指南》等要求，建立应对自然灾害及其他突发事件的防范和应急处置机制，制订相关工作预案；要设立档案安全应急处置协调小组，保证突发事件应急处置工作的有效进行，最大限度地预防和减少突发事件对档案造成的危害；要按照应急预案要求，经常开展演练，提高应急处置执行能力。各级档案部门还要积极争取参加本级政府的灾害和突发事件应急领导机构，并在灾害或突发事件发生后要求及时抢救档案。

（三）扩大宣传，加强培训

要加大对档案安全的宣传教育力度，通过办讲座、举行报告会、搞知识竞赛、办展览或看展览、看录像等形式，普及档案安全知识，提高档案安全意识。要经常开展档案安全培训，通过办培训班、搞演练等形式，对有关人员进行全员培训，提高档案安全技能和水平，培养造就一支责任意识强、技术水平高、业务素质好，能确保各环节档案安全保密的专业队伍，为档案安全提供人才支撑。

（四）加强科研，提供支撑

要研究制订档案安全相关科研规划，加强档案安全相关标准规范的研究制订，结合工作实际，针对防灾减灾、数字档案信息安全保障、档案抢救修复技术方法、电子文件真实性保证和长久保存方法等关键理论和技术方法进行研究攻关，不断提高档案安全的理论支撑和技术保障能力。要采取有效措施推进档案安全相关新技术、新设备、新方法的推广应用，促进档案安全保障能力的快速提升。

（五）开展督查，狠抓落实

各级档案部门要狠抓落实，强化档案安全各项规章制度的执行。因为再好的制度，再严密的规定都不会自动实施。没有执行力的制度无异于掩耳盗铃，不可能有好的效果。目前部分单位存在重口头或纸头而轻落实、轻执行的现象，相关制度在具体执行过程中标准降低、随意性增大，使制度流于形式，不能发挥监管作用。安全督促检查工作是落实档案安全工作的重要手段。国家档案局将继续每年对省级和副省级市档案馆以及中央国家机关、中央企业档案部门进行安全保密专项督查，各级档案行政管理部门也要对本地区档案馆和机关、企事业单位档案部门进行安全保密检查，发现隐患的，及时下达整改通知并限期改正；发生安全责任事故的，要严肃处理，依法追究责任人和相关领导的责任。各级国家档案馆和档案室要对档案安全保密进行专项自查，检查各项规章制度是否健全，是否得到严格执行；检查各个工作环节、各个工作部位是否存在安全漏洞和安全隐患；检查各种安全设施是否齐全有效，等等。通过检查，落实整改措施，强化内部管理，及时排除各种安全保密隐患，把档案安全保密落到实处。

（节选于《在全国档案安全体系建设工作会议上的讲话》，
该文原载于《中国档案》2010年第6期）

以对历史负责的态度，确保数字档案安全

——在国际档案圆桌会议上的专题发言

感谢会议组织者安排这个题目，让一些国家档案馆馆长谈对数字档案的看法。这个题目，不仅对当代各国的档案工作者极为重要，而且对未来人类文明的延续与进步也同样重要。因为数字档案的保存战略稍有不当，体现数字时代人类智慧与进程的数字档案就将消失殆尽并无法复得，当今的人类记忆和文明记载就将成为空白，人类文明的延续和进步都会因此而受到影响，今天的档案工作者就将铸成无法弥补的历史大错。因此，我很乐意在这里谈一点我作为中国这个数字大国的国家档案馆馆长对数字档案的认识，谈一谈我们应该怎样慎重地履行我们的“数字权力”，以确保数字档案的安全。

数字档案就是以数字信号记录的文件或档案，也就是人们所说的电子文件或电子档案。它是在数字设备及环境中生成与传输，以数码形式存储于特定载体之上，必须依赖于专用设备和软件才能读取的一种记录。随着数字技术的日益普及，今天，数字档案正大量产生，并日益成为档案的主体，逐渐取代传统的文字或图像、声音等信号的档案。但数字档案的永久保存又是一个极大难题。法国《科学与未来》月刊今年6月号发表法国科学院和技术院的一份报告警告说：“在数字信息世界中没有什么是永存的：如果我们对永久保存这些信息不予重视，那么，无论在CD、DVD还是硬盘或U盘中存储的一切信息都会在某一天突然消失。”因此，怎样安全保存数字档案应该引起档案工作者日益强烈的关注。

从档案安全保存的角度看，数字档案有几个致命性、先天性的缺点：

第一，它不能直接识读。人们只用眼睛不能直接识读数字档案的信息，

而必须通过特定的设备和软件，把数字信号转换成人们可识读的文字或图像、声音等信号，人们才能读取它。而这些特定的设备和软件，升级换代、更新淘汰的速度又非常快，往往几年一换代，几十年就会被完全淘汰，不复生产甚至消失于世。当这些特定的设备和软件全部消失时，所有依赖于它们的数字信息也会随之而无法读取，永远消失。

第二，它的信号极易消失。数字档案在形成、传输、保存、利用等过程中，具有很大的不稳定性、不安全性：电流的暂停、设备的故障、病毒的突然发作、人为的远程攻击、存储载体的变形受损及老化与磁化等，都可能使数字信息瞬间消失，甚至无法恢复，永远丢失。而且这些情况往往无任何先兆，人们防不胜防，常常措手不及，一失足便成千古恨。

第三，它的信息容易被篡改。数字档案在形成与传输过程中，容易被人远距离地进入系统悄悄篡改，而且篡改之后还难以被发觉，无法校正。人们精心保存的往往是经过篡改的、失真的档案。

此外，它的信息也容易被远距离地截取窃获，造成需要保密的内容失密。

总之，数字档案具有易于失读、失真、失息、失密等致命性缺点。这一致命缺点，是它与生俱来的，一时难以克服，从而使它极不利于作为证据而长久地安全保存。数字时代的档案工作者，要充分认识到数字档案的这些缺点，并有权力采取根本性的手段，去防范和克服它的致命缺点，确保它的安全。

我这里所说的根本性的手段，指的是对重要的数字档案进行转换，把数字信号及时转换成文字、图像、声音等信号，把数字档案及时转换成纸质档案、缩微胶卷、声像档案等，也就是进行异质转换或异质备份，而不仅仅只是进行同质迁移或同质备份。

这种异质转换的档案，第一因为已非数字信号，读取时对设备和技术的依赖性小，人们可以长期读取，因而适于长久保存；第二因为已经脱离电子设备和环境，信息不会轻易丢失，更加安全；第三因为信息已被“固化”到新的载体上，不会遭人远距离悄悄篡改，故其内容比其母本的数字档案更加真实，可以用来检验其母本信息是否原始、真实，是否被篡改过，甚至可以用来作为校正其母本的真实版本或可靠版本，从而成为真实可信的凭证，成为真正意义上的档案。

对数字档案要不要进行异质转换或异质备份，在各国档案界一直有着不同的认识。有人认为这是多此一举，是一种技术倒退，是一种人力财力的浪费，甚至认为这会破坏数字档案的原始性。因而在很多国家、很多单位，都没有对数字档案进行异质转换或异质备份，以致造成不少数字档案或悄然消失、或无法读取的历史悲剧和惨重损失。这一结果十分令人痛心，也十分令人担忧。

我认为，用根本性手段确保数字档案不但在今天安全，而且在几十年、几百年后还可读取，确保把今天的数字记忆传给未来，是各国档案工作者的天然历史责任。对于我们这些专门负责档案信息长久保存的档案工作者来说，特别是对于我们这些有权力确定对数字档案采取何种安全保护手段的各国档案部门负责人来说，怎样确保数字档案安全可靠与长久可读，是一个需要特别注意的重大问题，也是一个需要特别解决的根本问题。解决这个问题，需要的并不仅仅只是技术，更需要长远的历史眼光和强烈的职业责任感。如果我们明知数字档案有各种与生俱来的致命缺点而不采取根本性的手段去克服，那就是一种短视，是一种冒险，是对我们神圣职责的亵渎。这根本违背了人类赋予我们的历史使命！我们没有权力去做这样的巨大冒险！

也许，从财政的角度看，数字档案异质转换要花费相当的财力与人力，但与确保数字档案真实、长久地保存，为人类的发展和文明的进步提供借鉴相比，我们无疑是值得的。况且，数字档案在今后无休止的“不断迁移”所花费的财力与人力，加起来一定会比现在一次性的异质转换还要多，那么我们就更有必要对数字档案进行异质转换了。

也许，从技术的角度看，数字档案的载体寿命可以长达几十年甚至几百年，但是，从过去的实践看，几十年、几百年后，能够读取今天数字档案的那些设备或软件却可能早已消失了，那时，这些数字档案便也无法读取了。这样的事情，在过去的录音档案、录像档案上曾经发生过，在早期的数字档案上也曾经发生过。在我的身边，一些四十多年前的录像带，今天已经因为找不到能播放它们的设备而成为死的物品了；一些二十多年前的数字档案，也已经因为当年与之匹配的设备与软件的消失而无法读取其信息了。我知道其他国家也发生过类似的悲剧。难道这些教训还不足以让我们明智起来和清醒过来吗？

也许，人们可以有一千条、一万条理由不赞成目前对数字档案进行异质转换或异质备份，但我们却有一条最根本的理由要赞成和坚持这样做，这个根本理由是：确保数字档案的绝对安全是档案工作者的首要职责和根本使命。在数字档案的各种致命性缺点被完全克服之前，我们将不得不这样去认识，不得不这样去做。

早在20世纪，国际上一些有识之士就担忧：今天的信息时代，未来可能会成为信息空白的时代。这是多么重要、多么具有先见之明的警告和提醒呀！今天，要想避免过去那些令人痛心的数字档案信息消失的悲剧不再重演，避免上述有识之士的担忧成为现实，那么，对数字档案暂时采取异质转换或异质备份的手段仍然是最有效、最根本的办法。否则，数字档案的未来将是不幸的，人类文明的未来也将是不幸的。

目前，在中国，我们对数字档案的安全一直是特别重视的，我们为确保数字档案安全所采取的措施一直是慎重的、稳妥的，甚至被有些人讥讽为是保守的、倒退的。我们一直要求对重要的数字档案，凡可转换的，必须转换为纸质档案、缩微胶卷等，并与数字档案一同保存。我们把这作为数字档案国家管理战略的一个基本点。我们在考虑数字档案的管理战略时，不仅考虑它的今天，而且考虑它的明天和后天；不仅从财政与技术的角度去考虑，而且从我们的职责与使命的角度去考虑；不仅从档案工作自身去考虑，而且从人类文明与社会进步这一更宽的角度、更大的视野、更高的使命去考虑。因此，我们不仅注重数字档案的法律地位、标准化、可兼容性、可迁移、保护、修复、多套异地备份等问题，而且一直强调、普遍要求并积极实践对重要的数字档案进行异质备份，及时转换成缩微胶卷、纸张等其他载体。每当我意识到自己肩负的历史责任时，我都感觉到我没有权力不这样去认识、不这样去要求、不这样去做。我已经在许多场合呼吁更多的人来这样做，今天我还要在这个重要的场合，来呼吁我的各国同行都来这样做，以对历史负责的态度，确保数字档案的安全。如此，那将不仅是数字档案之幸，更是人类文明之幸！

当然，随着技术的进步，数字档案的各种致命缺点终将会被一一克服，我们终将有一天无须再对数字档案进行异质转换。为了这个目标，我的国家的同行们，在座各国的同行们，现都正在认真研究各种可行的技术，努力攻克各种技术难关，这使我们看到了希望。但是，在这一天到来之前，我们还是要继续不得不采取异质转换这种最根本的办法。另外，即使到了那一天，我也不会认为我们今天的做法是不必要或毫无意义的。那时的人们仍将会感谢我们今天所做的一切。因为我们尽了这个时代赋予我们的职责，我们为人类文明做了我们能做的事情。

（原载于《中国档案》2010年第10期）

把档案工作放在机关工作更重要的位置上予以加强

各中央和国家机关一定要在新形势下进一步重视档案工作，进一步完善档案工作体制机制，促进本单位档案工作再上新的台阶。要切实加强对档案工作的领导，把档案工作纳入本单位工作计划或规划，纳入议事日程，定期听取档案工作汇报，及时研究解决重大问题，把档案工作放在机关工作更重要的位置上予以重视、予以加强，为档案工作的顺利开展提供体制、机制、人力、财力、物力保障，使档案工作与机关其他各项工作同步发展、协调发展。

第一，要进一步提高对机关档案工作的认识。机关档案是机关所有人员、财产、物资、事务的原始记录，它不仅是机关内部管理和进行社会管理的基础，也是机关实行公共服务的基础。机关档案如果管理不好，发生混乱或者散失，将大大降低机关的管理效率和服务水平。机关档案工作是机关各项工作的基础和不可缺少的一环。搞好机关档案工作，首先有利于机关人力资源的开发，物流、资金流的管理控制，有利于提高机关办文、办会、办事的效率。我到许多中央和国家机关的档案部门，了解过其档案的利用情况，发现各机关的职能部门很少没有到档案室查过档案的，各机关的档案很少有没被利用过的，利用的方面无所不有，有的为制定政策、规划，有的为打经济官司，有的为工作查考，有的为编史办展，甚至几十年前形成的档案，早已移交到我们中央档案馆了，现在还往往经常来调用，甚至是成批地、几丨卷、几百卷地调用。其中既有机关工作查考利用的，也有机关人员为解决个人问题而利用的。所以，机关档案的作用首先是有利于机关的管理与服务，充分发挥本机关职能，其次才是有利于国家历史资料的积累与完整；首先是对本机关具有现实作用，其次才是对社会具有历史作用。搞好机关档案工作，首先得益的是本机关，然后才是全社会。重视机关档案工作，是机关领导人员和管理人员的本职工作和应尽职责。

第二，要进一步重视机关的各种专业档案，尤其是涉及民生的各类档案。过去，大家谈到机关档案，首先想到的是文书档案，红头文件，而对机关或系统的许多专业档案没有太重视。现在来看，各种专门档案、业务档案，特别是涉及民生的那些专业档案，越来越重要，越来越需要引起重视，要下力气抓好。像土地档案、山林草场档案、住房档案、婚姻档案、保险档案、医疗档案、健康档案、学籍档案、干部人事档案、企业职工档案、就业档案、住房公积金档案、诚信档案、知识产权档案、户籍档案、财会档案等，都是覆盖亿万人口、涉及广大人民群众切身利益的，如果管理不善丢失，将会严重损害机关形象与党和国家形象，甚至会产生社会动荡，导致政府官员下台。日本养老金档案丢失导致自民党丧失执政地位和安倍晋三首相辞职，东京电力公司篡改核电站安全档案而引起社会公愤等事件，都足以说明涉及民生的专业档案对机关、对国家的极端重要性。我们必须引以为戒，进一步重视本机关的各类专业档案，尤其是涉及干部职工权益、涉及广大人民群众切身利益的民生方面的专业档案，一定要提高认识，转变观念，下力气建好、管好、用好，使机关档案工作更全面、更有效地开展好。

第三，要进一步健全和完善机关档案工作管理体制。机关档案部门是机关党务、政务信息的总汇机构，是各中央和国家机关领导的重要参谋和助手，具有综合性和基础性的特点。各中央和国家机关的档案部门在办公厅（室）的直接领导下开展档案工作，是多年来被实践证明了的机关档案工作的成功体制，也是《机关档案工作条例》的明确规定。这样的管理体制有利于机关档案部门履行其法定工作职责，有利于依法对本单位、本系统的档案工作进行指导、监督与检查，有利于统一管理本机关全部档案。目前，少数单位把档案机构有的放在后勤中心，有的放在机关服务中心，有的放在其他工作部门，这样做是否利于档案工作值得考虑。希望有关单位总结经验，把健全和完善档案工作管理体制作为依法管理档案的一件大事来抓，切实抓出成效。

第四，要进一步关心档案干部成长，调动他们的主动性和积极性。人的因素是决定机关档案工作发展的关键因素。各单位要采取有效措施，提高机关档案工作者的政治素质和业务素质，为他们提供良好的工作氛围和条件。要努力为档案工作者办些实事，统筹解决涉及他们切身利益的职级待遇、编制等问题，不让这些默默无闻、埋头干事的人吃亏。当前，少数单位因管理体制原因，仍有一些档案人员的编制问题没有得到很好解决，对档案人员没有做到与机关其他人员一视同仁。这既影响了档案人员的工作积极性，也影响了档案工作的开展。希望有关单位从关心档案事业的发展、关心档案干部的成长出发，妥善解决这一问题。

第五，要进一步加大对档案工作的基础投入。一要加大对档案人员培训的经费投入，包括让他们出去考察学习，开阔眼界，不断提高档案人员的业务素质。二要加大对开展档案工作的软硬件投入，如改善档案安全保管条件，提供档案信息化建设的必要经费等。

第六，要给机关档案部门出课题、压担子，进一步提高机关档案工作服务能力。机关档案工作服务要落实到三个方面：一是要为机关领导决策做好服务；二是要为各工作部门做好服务；三是要为人民群众做好服务。要把为党和国家工作大局服务作为档案工作的着眼点、着重点和着力点，不断拓展档案服务领域，在服务深度和广度上下功夫，充分发挥档案在全面建设小康社会中应有的作用。近年来，各有关中央和国家机关档案部门围绕党和政府推进社会主义新农村建设、实施积极就业政策、加强环境治理政策、完善社会保障、建立服务型政府和诚信社会、社区建设等重点任务，积极开展了加强农业和农村档案工作、社保档案工作、环保档案工作、信用档案工作、社区档案工作等，为全面建设小康社会提供了有效服务。要不断总结这方面的经验，坚持“服务为先”战略，不断创新服务方式，改进服务手段，增强档案部门的公共服务能力，全面完善方便人民群众的档案利用体系，最大限度地满足社会对档案服务的需求。

（节选于《在中央和国家机关档案工作会议上的讲话》，
该文原载于《中国档案报》2011年4月4日）

大力推进“存量数字化”和“增量电子化”，努力建设数字档案馆（室）

一、为什么要召开这次会议

数字档案馆（室）是数字时代或者说大数据时代档案馆（室）的发展方向，是现代的新型档案馆（室），是对传统档案馆（室）的升级，是“第二代”或“升级版”的档案馆（室）。档案工作是否现代化，我国能否成为档案强国，其显著标志就是看是否建成数字档案馆（室）。可以说建设数字档案馆（室），是实现我国档案工作现代化，把我国建成档案强国的一项迫切任务和重要内容。

尽管国家档案局在2005年就提出要建立一批数字档案馆，但到目前为止，全国真正建成的数字档案馆（室）并不很多。像江苏这样的经济发达省份，到目前全省也只有5A级数字档案馆、室各3个，4A、3A级数字档案室各4个，其他省份可想而知。这种状况很难让人满意。2012年，一个中部省份的县级档案局长同我说，在他们那里，档案馆（室）如果不把档案数字化，就无法同其他部门对接，因为各部门日常办公传送的都是数字形态的东西，都通过电子网络传送，纸质或其他非数字形态的根本不好使、不对接。这席话道出了建设数字档案馆（室）的迫切性、必要性和实用性，也增加了我推进全国档案数字化的决心。因此，我在去年年底召开的全国档案局长馆长会议上，提出了2020年全国档案馆档案数字化数量比2010年翻两番的硬指标，日的就是要强力推动档案数字化工作，扎实推进数字档案馆（室）建设。

这个指标提出后，不少同志对该不该这样提、能不能实现还有顾虑、有疑问。为了用事实打消疑虑，统一思想，推进档案数字化工作，我开始注意档案数字化工作的先进典型。很快，我看到太仓市实现档案馆和进馆单位档案室档案百分之百数字化的消息，当即决定今年在太仓开现场会，让全国都来看现场、学先进，树信心、鼓干劲，让大家都像太仓一样，下决心、花力气去推进档案数字化工作，加快数字档案馆（室）建设。

看了太仓，我同大家一样，感到震撼、震动，也感到骄傲、光荣。感到震撼、震动，是因为太仓从1999年开始，就一步一步、扎扎实实地搞档案数字化工作，而且十几年不改变，就像习近平总书记说的那样，一颗钉子钉下去，一张蓝图画到底，在全国率先实现了全市“两个百分百”的目标，使档案数字化工作在全国走在了前列，成为了模范。他们做的已超出我的想象，因为我想，单把馆藏档案全部数字化目前是可以实现的，以前已有过个别的先例，但同时把所有进馆单位档案室的档案也都数字化，甚至再过几个月就将把全市的村级档案也百分之百数字化，这是很不容易、很难实现的。感到骄傲、光荣，是因为像太仓这样在一个县级行政区域内做到“两个百分百”的，在世界各国中也是先进、走在前列的，属于不多见的奇迹，可以代表“档案强国”的水平，值得各国档案界学习，值得中国档案工作者骄傲。

当然，也许有人会说，太仓在中国东部沿海，是经济发达地区，有钱，能办成这样的事，但经济欠发达地区没钱，可能学习不了。正好几个月前，我到内蒙古调研，在伊金霍洛旗档案馆，看到了又一个档案数字化工作的先进典型。这个旗既是民族地区，又属西部地区，但他们从2008年开始，只用了5年时间，就把馆藏共500万页纸质档案和资料还有声像档案全部数字化，并在局域网上进行目录检索和全文查阅。这次会上，我们也特请他们来介绍经验，目的是告诉大家民族地区、西部地区的县级档案馆是怎样实现档案数字化的。刚才介绍经验的几个单位中，一史馆代表了馆藏量巨大的中央级档案馆，他们现在的数字化工作规模，是世界各国档案馆中少有的，再有三四年时间，他们将把馆藏1000万件纸质档案全部整理并数字化，那将又是一个世界奇迹；北京市档案馆代表了省级档案馆，而且是馆藏量居省级前几名的大档案馆，他们将在两三年后，把馆藏200多万卷档案全部数字化。湖北十堰市档案馆，代表了中部地区的地市级档案馆，目前他们已把馆藏近15万卷档案的95%以上都数字化了，不久即可100%数字化。太仓市和伊金霍洛旗档案馆，则分别代表东部和西部的县级档案馆。这样，我们各级档案馆都有范例，东、中、西部都有可学的榜样。此外，还有中央级、省级机关数字档案室建设和在全市范围内全面实现电子档案接收等方面的先进经验。因此，我们这次会议推出的是一群榜样、一批先进，目的是引导各级档案馆（室）学习先进，按照这些单位已经做到的赶快去做，不要再畏难不前、止于观望。我们这次会议的目的就在于树立一批可供学习的数字档案馆（室）建设先进典型，倡导各级档案馆（室）以实际行动开展数字化，实现“数字转型”“数字升级”“数字换代”，在全国档案系统形成“数字导向”，推动建成更多的数字档案馆（室），让我国档案事业实现适应时代的、跨越式的“数字崛起”，成为真正的档案强国。

二、我国数字档案馆（室）建设的目标和主要任务

当前，随着信息技术的飞速发展和互联网络的无限延伸，数字化、网络化、信息化已深刻地影响了人们的工作、学习、生活和娱乐，数字不再只和计算有关，更使人的生存方式发生了巨变，我们已不可逆转地进入了大数据时代。纵观档案发展史，从简牍到电子，档案工作无不是适应科技发展而不断更新档案管理内容和手段才获取更大发展的。面对大数据时代的机遇与挑战，我们必须全面推进数字档案馆（室）建设。

大数据时代在不断改造传统产业的同时，也对传统档案管理模式提出了挑战。在数字信息技术环境下，电子载体和数字传播方式的异军突起，信息处理方式的变革，电子文件的爆炸式增长，使得档案的传统载体形态开始向数字形态过渡，档案管理和利用的主要环境逐渐向电子环境迁移。传统档案馆（室）必须向数字档案馆（室）转变，才能适应档案环境的新变化，开拓档案工作的新局面。

我国数字档案馆（室）建设的目标是：用15年左右的时间，建成以数字资源为基础、安全管理为保障、远程利用为目标的数字档案馆（室）体系，使各级各类档案馆（室）能够实现对电子文件的归档和管理并按规定及时移交；县以上各级国家档案馆基本建成数字档案馆，能够接收和保管各进馆单位归档的电子档案，对馆藏传统载体档案全部数字化，实现馆藏档案的数字化利用、馆藏开放档案的互联网利用以及馆藏电子档案的安全保存和长期可利用；县直机关以上档案室传统载体档案基本数字化并实现数字化利用。

为了实现这一目标，我们必须重点抓好以下几项工作。

（一）按照“存量数字化”的要求，大力推进传统载体档案数字化

各级档案馆（室）的现存档案，目前大多还是传统载体而非数字形态的，因此，数字档案馆（室）建设的首要任务，就是要把纸质档案、音像档案等传统载体的档案数字化。这是一场硬仗，是一项工作量巨大的艰难任务。但是，这项任务早晚都得完成。不完成这项任务，档案馆（室）就不能实现转型升级，就必然要在大数据时代落伍，就肯定不能跨进现代化的“门槛”。

传统载体档案数字化，对档案馆（室）有着多方面的作用和意义。

第一，它是确保传统载体档案安全的保障。传统载体档案在数字化后，将来的整理、编目、统计、查阅、编研、开发等各项工作，都可不再动用档案，并可对档案进行封存管理，从而大大减少了对档案的各种人为损害或自然侵害，大大提高档案的安全系数，从而保障档案的安全。把传统载体档案数字化，实质上是向数字化要安全，用数字化保安全。

第二，它是实现档案精细化、自动化管理的基础。在数字化之前，必须对传统载体档案进行文件级编目、录入计算机，逐卷、逐件、逐页地编号，破损的加以修裱，卷折的加以展平等，这些基础工作完成后，可使档案达到精细化管理和自动化检索。实际上，数字化带动了档案基础工作的全面完成，使档案管理状况得到全面改善，使档案管理水平得到全面提升。2008年，我们提出在档案馆（室）业务工作中实施“数字化带动”战略，道理就在于通过数字化能全面提升档案馆（室）各项工作水平。

第三，它是实现为人民群众便捷服务的最好途径。数字化档案的最大优点在于它可以通过网络传送，实现档案信息的远程利用、便捷利用、多人异地同时利用；同时还可以通过大数据技术，对档案信息进行充分的、全面的、跨全宗甚至跨收藏单位的整合，并进行自动检索，可以说，数字化使档案利用以最新的手段、在最大的范围发挥出最大的效益，它使任何人都可以不用到档案馆（室）去，而只通过网络，就可以非常便利、迅速地利用、复制到档案。在当今技术条件下，没有任何其他办法比这更便利于档案利用、更能有效地进行档案信息资源开发。任何一个档案馆（室），如果不把传统载体档案数字化，那么，要想最便利迅捷地为最广大人民群众提供利用，要想最充分地整合、开发档案资源，都将只是一句空话、一个传说。把传统载体档案数字化，实质上是向数字化要便捷服务，用数字化促便捷服务。

第四，它将大量节省档案馆（室）的日常工作，把工作人员从繁重、复杂的劳动中解放出来。以纸质档案为例，数字化以后，在本全宗新的档案接收进馆时，不用为了把先后进馆的一个全宗档案放在一起而倒换档案；阅览、编研、办展、拍电视等利用档案时，都不用到库房去一件件提调档案，也不用在归还入库时逐件、逐页地清点档案；在进行档案统计时，也不用逐卷、逐件地对档案进行清点；档案封存管理后，也会省去大部分的日常管理工作。因此，尽管数字化会一次性耗费大量的人力，但数字化后又能长期节省大量的人力。

第五，它是传统档案馆（室）向现代档案馆（室）转型升级的标志。数字化促进了档案工作由传统的管理、利用模式向现代的管理、利用模式转变，使档案馆（室）实现了真正意义上的现代化。在今天，检验一个档案馆（室）是否现代化，关键要看其传统载体档案是否数字化。如果一个档案馆（室）的传统载体档案还没有数字化，还没能进入网络提供利用，利用者利用档案还必须到档案馆（室）来，档案馆（室）还是靠手工提调、原件提供，档案还不能实现大范围整合与检索，不能实现全社会共享，那么，这个档案馆（室）就决不能说是现代化的。

第六，它是档案馆（室）同社会上其他部门实现对接的需要。在办公自动化、信息传输网络化日益普及的情况下，社会上很多部门已经实行了无纸办公和信息的网络传送。传统载体档案不数字化，根本无法与其他单位对接，无法融入社会。

在数字档案馆（室）建设中，目前存在着一种偏向，就是注重数字化硬件系统、软件系统的建设，而忽视对数字内容的积累，忽视传统载体档案的数字化，以至于在先进的系统中缺少内容，就好像高速公路建好了，但路上没有车或车很少，没有起到实效。今后，我们必须彻底扭转这种情况，提醒各级档案部门，数字档案馆（室）建设必须“内容为王”，着重数字内容的积累，着重传统载体档案数字化。下一步，国家档案局在发布的数字档案馆测评指标体系中，将把传统档案数字化数量比例作为“一票否决”的硬指标，只要这个比例达不到，其他工作做得再好，也不能评定是数字档案馆（室）。我们将通过这个“指挥棒”来引导全国各级档案馆（室）从拼设备转向拼内容，推动传统载体档案数字化工作快速进展。

传统载体档案数量巨大，数字化任务十分艰巨。认识到这项工作的重要性、必要性并不太难，难的是克服一系列困难，动手去做。怎么做好这项工作呢？结合各单位的经验，我认为要注意以下几点。

第一，要下大决心。有人可能认为数字化最难点在于找到钱，但我认为最难点在于下决心。像其他事情一样，档案数字化工作的最大困难在于“畏难”。开展这项工作，首先要像最近一本书名那样，做到“心胜”。如果心态是畏难的，不敢下决心，那么，有了钱他也不敢干、不会干；反之，如果痛下决心，那么，没有钱可以争取到钱，有什么困难可以克服什么困难。我就有这种体会。前几年，我们中央档案馆按常规按部就班地只由数字化部门的几个人搞数字化，每年只搞十几万页；2011年和2012年，我们痛下决心，用超额按页付酬、超额达到一定数量可以评先、出国等一系列优惠政策，鼓励本单位各部门职工，利用工作和业余时间，集中搞，两年就搞了400多万页。2010年之前，一史馆的档案数字化一直由于缺少工作场地而进展很慢，2010年中办领导给一史馆提出5年左右完成全部档案数字化的硬任务后，我们痛下决心，外租库房，腾出几个库房作场地，大规模引进专业公司开展档案整理和数字化，两年多时间就整理档案360多万件，数字化档案近2000万页，大大加快了进度，估计再干3年到4年，即可把档案全部整理和数字化。因此，我希望各级档案馆（室）的领导，对传统档案数字化工作，一定要破除畏难情绪，敢下决心，痛下决心，没有开始干的一定要下决心开始干；已开始小规模慢慢干的，一定要下决心大规模加快干。

第二，要整体规划，循序渐进，持续进行。整体规划要统筹考虑经费、人员、场地、设备、技术、档案内容、整理与扫描及质检工作的匹配、档案和数据安全、备份载体、数据管理等各个方面，作出整体安排，不能锣齐鼓不齐，顾此而失彼。循序渐进，就是优先搞利用率最高、人民群众最需要或可以先开放的那部分档案，然后再搞其他档案，一部分、一部分地搞。我们中央档案馆就选择的是利用率占全部档案利用率一半以上的一个最重要全宗先突击进行的。不少基层档案馆，都优先搞民生档案的数字化，也是一种正确的选择。因为为民所用，是档案数字化的核心价值。持续进行，就是一颗钉子钉下去，一年接着一年干，一茬领导接着一茬领导干，不要中断，直到搞完为止。

第三，要运用各种人员力量、各种激励手段。数字化前处理和加工需要大量的人员。人员力量，要充分运用本单位人员和外请人员两种力量。本单位人员可以有工作时间干的和业余时间加班干的，外请人员可以有高校等合作单位的技术人员、档案形成单位的人员、外包专业公司的人员等。可以或有条件让外请人员干的，可大量聘外请人员干，以加快速度。无论对哪类人员，都要充分运用各种有效的激励手段，比如超额奖励、开展竞赛、评比先进等，来调动人员积极性，提高数字化速度和工作效率。事实证明，有激励手段，一个人可以顶几个人用。

第四，要注意安全。安全首先是档案实体安全，要以严格清点、全程录像监控、轻拿轻放、严禁把档案带出工作场所等各种手段，确保数字化过程中档案一件不丢、一件不坏、一件不乱。其次是档案数据安全，要以各种最严厉的手段，确保外请人员对数字化信息不带出场外、不据为己有、不随意传输。为了确保档案安全，我们中央档案馆首先把准备加工的档案中所有标密的档案全部挑出来进行鉴定，能解密的随时解密，然后把所有不涉及国家秘密的档案外包给专业公司加工处理，所有涉密的档案皆由馆内职工加工处理，以此确保外请员工不接触国家秘密。外包公司与我馆签有保密协议，加工设备皆由我馆提供并封闭所有下载端口，公司任何人都不能下载加工数据，确保任何数据不会外泄。同时，我们还有其他一系列安全措施，确保档案安全、主机安全、网络安全、数据安全。这些有效办法，可供各单位借鉴采用。

第五，要注重质量。不但要保证扫描后的数字档案内容完整、画面清晰，与原件一一对应，还要确保其具有法律效力。不能出现漏扫、错扫、扫描不清、扫描不全等情况。要通过全程质量控制、全面质量检查等方法来确保数字化质量。为了促进传统载体档案数字化工作，国家档案局将从今年开始，每年年底对副省级市以上档案馆和中央国家机关档案室的档案数字化进展情况在全国范围进行通报。请各省档案局也从今年起，每年年底对各地、县档案馆和省直机关档案室的档案数字化进展情况在全省范围内进行这样的通报。通报内容不要太复杂，只通报传统载体档案今年完成数字化数量（画幅）、约占馆藏传统载体档案总量的百分比这两个关键数据，并分别按完成数量和比例大小进行两种顺序的排列，以促进后进单位的工作。我们要用通报这个手段，来进一步鞭策各级档案馆（室）加大数字化工作力度。

（二）按照“增量电子化”的要求，全面开展原生电子文件的归档、接收工作

随着办公自动化的日益普及，绝大多数档案形成单位的好多文件现在都有电子文件，新形成的档案都有电子档案。因此，今后各级档案馆（室）的新增档案，多数都已经是数字档案。我们必须从源头抓起，及时地把新形成的电子文件归档保存，并进一步及时地接收进档案馆备份保存。这样，一方面避免新形成的电子文件散失无存，一方面也使新增的档案将来不用再搞数字化。目前，有关电子文件管理的标准、规范日渐完善，电子文件归档、接收工作的条件已基本成熟。如果再不开展这项工作，将导致纸质档案不断进馆、馆藏传统载体档案数字化工作永无止境，并造成国家人力、财力、物力重复浪费。

各级档案馆（室）要把做好电子文件的归档、接收作为数字档案馆（室）建设的大事来抓。各级档案室要切实履行好收集管理本单位各类档案的职责，把本单位所有应归档的电子文件及时集中归档，做到应归尽归，并按规定向有关档案馆或电子文件备份中心移交，做到应交尽交。各级档案馆要积极建设电子文件备份中心，及时地对本级各机关电子文件进行在线接收或离线接收，并相应进行脱机异地备份，确保电子文件的安全。

一要合理规划。各地要结合实际，按照“典型示范、梯次推动、全面开展”的原则，尽快制定电子文件归档、接收路线图和日程表，作为今后一段时间内电子文件管理的指引和目标。电子文件管理比较先进的地区和单位要积极进取，将局部优势、个别优势扩大为整体优势、全面优势。电子文件管理相对薄弱的地区和单位要克服畏难情绪，充分发挥后发优势，在推动工作中解决问题、取得进展。

二要严格规范。各地要以数字档案馆（室）建设为契机，认真梳理电子文件管理的标准和规范，研究确定文书、录音、录像等各门类电子文件归档范围和保管期限，明确电子文件归档和接收要求，保证归档或接收的电子文件收集齐全、整理有序、命名科学、格式规范、元数据合理有效，实现齐全完整、标准规范的优质档案信息资源建设目标。

三要加强交流。电子文件的归档、接收工作是新鲜事物，尤其需要注意经验的积累和实践的验证。要大力加强本地区各单位、本地区与其他地区的工作交流，把这些交流当作普及业务知识、交流先进经验、推动工作进展的重要

手段，通过推广好经验、好做法，在电子文件的归档、接收工作中形成先进促后进，后进追先进的生动局面，推动电子文件管理水平整体上台阶。

为了推动这项工作，各级档案局从今年起，也要对本级国家档案馆各进馆单位档案室的电子档案集中归档情况和向档案馆移交情况，与传统载体档案数字化情况一并通报。

（三）按照两个《建设指南》的要求，大力加强数字档案馆（室）的硬件、软件建设

硬件和软件建设是数字档案馆（室）的基础和前提条件。从全国来看，目前还有相当数量的档案馆（室）在硬件、软件建设方面存在“硬件不硬、软件很软”的状况，基础设施建设离档案信息化的要求还有相当距离。各级档案部门要紧紧依靠当地党委和政府，争取政府电子政务建设部门的支持，将数字档案馆（室）硬件、软件建设与区域电子政务和信息化硬件、软件建设相衔接，作为电子政务基础设施建设的重要一环同步实施。

要坚持硬件、软件建设两手抓，推动硬件建设、软件建设协调发展、互相促进。具体来说，在硬件建设上，要根据实际情况，整体规划，研究提出符合实际的硬件建设方案和要求，既不要贪大求洋，又要能充分满足数字档案馆（室）的建设需求。有些需求较大的硬件项目，可以一次规划、预留空间、分步实施，不一定一次到位。在软件建设上，要注意软件的标准和统一。要以贯彻实施《数字档案馆建设指南》和将要发布的《数字档案室建设指南》为契机，着眼“文档一体”“馆室一体”，推动开发、使用符合国家标准的，架构合理、功能齐全、扩展灵活、简单易用的软件产品，将原先档案实体辅助管理软件，升级、扩展为适应办公自动化环境的新一代档案管理软件。要创造性开展工作，抓住各单位办公自动化或档案软件建设、升级的契机，通过统一要求、加强指导、配发软件等方式，力争使本地区数字档案馆（室）的软件建设合乎标准、规范统一。档案部门在硬件、软件建设中要争取主动，增强话语权，在涉及档案资源内容管理、处置权限等方面坚定立场，确保档案信息资源管得住、管得好。

（四）按照“安全第一”的要求，全面提升数字档案馆（室）的抗风险能力

在信息技术条件下，数据的改动更为便捷，数据的载体更为脆弱，数据的存储密度更大，数据管理的方式更为复杂多样，因此，数字档案馆（室）必须把数据安全放在第一位，从各个环节确保数字档案信息的可靠、可用、不泄密、不被非法更改与获取。

数字档案馆（室）从建设伊始，就要对数字档案的安全问题给予充分重视，严格遵循国家相关标准和技术规范，建设安全保障体系，通过基础设施建设、组织制度完善和安全技术保障等多种手段，来实现和保证数字档案信息安全。一要按照《档案信息系统安全等级保护定级工作指南》，尽早完成对本单位非涉密档案信息系统的定级，并按照《信息系统安全等级保护管理办法》要求和相关的标准，在当地公安部门指导下进行等级测评，对发现的安全问题及时、认真地整改。对涉密的档案信息系统建设管理应遵守国家保密行政管理部门的规定，进行涉密信息系统的分级保护。二要针对数字档案资源是否涉密、数据格式的类型以及与实体档案的关系，进一步细化与规范数字档案资源的归档、进馆、保管、保护、鉴定、降密解密、复制加工以及利用等业务流程要求，并建立起权（限）责清晰、可行性强的管理制度。三要提升数字档案馆（室）的抗风险能力，针对信息技术条件下存在的数据窃听、电磁泄漏、电力中断、载体损坏、自然灾害、非法访问、计算机病毒、黑客攻击、系统超负载、假冒身份、权限扩散、数据篡改、操作失误等风险，制定相关技术措施，强化管理与审计手段，完善应急预案，建立起灾难恢复机制，提高应急处置能力。四要争取地方财政进一步加大对档案信息安全建设的投入，在信息系统建设伊始，就将信息安全等级保护建设、等级测评、整改、信息安全服务和培训等费用纳入相关预算。

（节选于《在全国数字档案馆（室）建设推进会上的讲话》，
该文原载于《中国档案》2013年第11期）

做好新形势下档案工作、建设档案强国的纲领性指导文献

——学习《关于加强和改进新形势下档案工作的意见》体会

最近，中共中央办公厅、国务院办公厅联合印发了《关于加强和改进新形势下档案工作的意见》（以下简称《意见》）。这是1994年以来中共中央办公厅、国务院办公厅印发的第一个关于档案工作的文件，是新中国历史上党中央、国务院全面系统指导档案工作的又一个纲领性重要文献，体现了党中央、国务院对档案工作的高度重视和巨大支持。这一文件高瞻远瞩，总揽全局，着眼改革，把握重点，适应全面深化改革的新需要和档案工作发展的新变化，对档案和档案工作的重要性作出了新概括，对各级党委政府和各地区各部门各单位如何重视、支持档案工作提出了新要求，对如何进一步完善档案工作体制、健全三个体系、加大支持力度提出了一系列明确而具体的措施，吸收了新阶段、新环境下全国档案部门正确解决了问题所获得的新经验，创造了新话语、新体系，更新、发展、丰富了中国特色档案工作理论与体系，为我国档案事业规划了新格局，画出了新蓝图，建立了新坐标，树起了新标杆，为我们如何深化档案工作改革、建设档案强国画出了路线图，对做好新形势下档案工作、建设档案强国具有重要的指导作用和强大的推动作用，将使各级党委政府和各地区各部门各单位更加重视和支持档案工作，使各级档案部门更有方向、更有目标、更有动力开展档案工作，从而推进我国档案事业进入新境界，迈上新台阶。《意见》是我国档案事业发展历史上又一个具有里程碑意义的重要指导文献。

《意见》开始起草于2009年，起草和修改过程中曾参考了近几年党中

央、国务院和中办、国办关于加强其他工作的意见的体例和写法，参考了各省、市、自治区以“两办”名义下发的有关加强档案工作的意见，召开过各省、市、自治区档案部门负责人座谈会，两次下发各省、市、自治区，各中央国家机关和中央企业档案部门征求修改意见，大的修改曾几易其稿，小的修改不计其数，有关部门在印发前，又曾多次征求文件涉及的有关中央部委的修改意见。因此可以说，这个文件是集各地档案工作实际经验、集全国档案工作者集体智慧的产物，是体现社会各方面对档案工作关心与支持的一个结晶。

《意见》除总论外，共有5个部分23条5700多字。其主要内容可以概括为3句话，即完善工作体制，健全三个体系，加大支持力度。

我从以下8个方面谈自己对《意见》的学习体会。

1.《意见》对档案和档案工作的地位与作用作了新概括

这主要体现在总论部分。关于档案的地位与作用，《意见》说：“档案作为党和国家各项工作和人民群众各方面情况的真实记录，是促进我国各项事业科学发展、维护党和国家及人民群众根本利益的重要依据。”这是根据这些年我们党实行一系列惠民政策后，档案内容出现了很多涉及民生的新内容，档案利用出现了人民群众成为利用主体的新变化等情况而对档案地位与作用作出的新概括，其重点是增加了档案是人民群众各方面情况的真实记录、是维护人民群众根本利益的重要依据这一新提法，表明档案不但是党和国家各项工作的真实记录，是促进我国各项事业科学发展、维护党和国家根本利益的重要依据，而且也是人民群众各方面情况的真实记录，是维护人民群众根本利益的重要依据，从而突出强调了档案与人民群众的紧密关系和对人民群众的重要作用。

关于档案工作的地位和作用，《意见》说：“档案工作是党和国家工作中不可缺少的基础性工作，做好档案工作是各地区各部门各单位的重要职责。”“做好新形势下档案工作，对于推动经济社会科学发展、维护国家安全和社会稳定、维护人民群众合法权益，提高党的执政能力和政府管理水平，具有重要意义。”在地位方面，突出强调了档案工作具有“不可缺少”的“基础性”地位，而不是一项可有可无的补充性、装饰性工作；也突出强调了做好档案工作是各地区各部门各单位的重要职责，而不只是档案部门的职责。在作用方面，重点概括了四个主要方面的作用：一是推动经济社会科学发展，这包括经济建设、文化建设、生态文明建设等；二是维护国家安全和社会稳定，这包括社会建设；三是维护人民群众合法权益，这是近些年档案重要作用的新体现，也是我们这几年重点强调的，强调这一点也是为了突出档案与人民群众的紧密联系；四是提高党的执政能力和政府管理水平，这包括政治建设、党的建设、军队和国防建设以及其他各项工作，直接体现着我们国家的第五个现代化——国家治理体系和治理能力的现代化。目前，在我国，档案和档案工作已成为社会运行和国家治理的基本要素之一和基础支撑之一，像毛细血管那样分布到国家和社会的各个领域，并以前所未有的深度和广度，支撑、影响、改变着经济发展、社会运行和人民生活，推动社会管理创新，促进国家治理体系和治理能力的现代化。《意见》对档案工作作用的新概括，不仅把档案工作同经济社会发展联系起来，同维护国家安全、维护社会稳定联系起来，而且还同维护人民群众合法权益联系起来，同提高党的执政能力、提高政府管理水平联系起来，既涵盖了档案工作对社会各方面的作用，又突出了几个重点领域、重要方面，符合近几年我国档案工作作用既覆盖到过去的各个旧领域、又延伸到当今一些新领域的新变化，符合档案工作的当前实际和未来趋势，对我们正确地、全面地认识档案工作作用，有针对性地积极主动做好档案工作，具有重要意义。

2.《意见》指出了档案工作在新形势下面临的主要问题

《意见》说："当前，面对新形势新任务新要求，档案工作还存在一些不适应的地方，主要是：一些地区和部门不够重视档案工作，档案事业发展的保障条件需要进一步改善，档案收集模式、管理手段、服务机制需要进一步创新，档案干部队伍素质需要进一步提高。"这实际上指出了档案工作在新形势下面临的主要问题，重点的有四方面的问题，简单地可以概括为：一是不够重视。也就是一些地区和部门不够重视档案工作，没有把档案工作看作不可缺少的基础性工作，作为自己的重要职责，而看作可有可无，说起来重要，忙起来不要。二是保障不足。有的无人分管或只分工不真管，没有领导保障；有的不给足够的基建经费、设备经费、业务经费，没有经费保障；有的不按规定设机构、给编制、定职能、配人员，没有行政保障，等等。三是档案收管用不到位。也就是档案的收集模式、管理手段、服务机制还是老一套，没有适应新情况新变化而加以创新，因而还不到位，不能有效地把档案收全、管好、用活。四是人员素质不高。主要是现在档案内容大大丰富了，载体形态和管理、利用手段大大改变了，档案工作覆盖的领域和档案工作发挥作用的领域大大延伸了，但档案人员的思想观念、知识结构、技术手段、管理办法都没有相应地改变，人员素质没有得到相应的提高，因而影响档案工作的有效开展和有效服务。这些问题在各地区各部门各单位都较普遍地存在，是当前档案工作中的实际情况。《意见》明确指出了这些主要问题，有利于我们今后有的放矢地采取针对性措施，去解决这些问题，改进档案工作现状，进一步提高档案工作水平。

3.《意见》提出了做好新形势下档案工作的总要求

《意见》指出："要深入贯彻落实党的十八大和十八届三中全会精神，以邓小平理论、'三个代表'重要思想、科学发展观为指导，以建立健全覆盖人民群众的档案资源体系、方便人民群众的档案利用体系、确保档案安全保密的档案安全体系为目标，进一步完善档案工作体制机制，加大对档案工作的支持保障力度，推动档案事业科学发展。"这是对做好新形势下档案工作提出的总要求，或者说是指导方针，同时也是这个文件的总纲，或者说是核心内容。这段话可以浓缩成三句话：完善工作体制，健全三个体系，加大支持力度。这个总要求或者说是指导方针，将在今后一个较长时期内对全国档案工作起着重大指导作用，成为今后一个时期内我国档案工作新的着力点和新的努力方向。

4.《意见》对档案工作体制有新提法

《意见》的第一部分，是完善档案工作体制机制，共有五条。

第一条是坚持统一领导、分级管理原则。第一次明确提出要"坚持并不断完善党委和政府领导、档案部门归口负责、各方面共同参与的档案工作体制，确保分工明确、各司其职，密切配合、形成合力，促进档案事业协调发展"。这里说的档案工作体制，核心是三句话：

一是党委和政府领导。这就明确了档案工作既归党委领导，又归政府领导；既是党的工作，又是政府工作，一般的应由党委牵头领导。这种领导体制，是从1959年我国实行党政档案工作统一领导体制后一直实行的。这一领导体制，符合我国国情，有利于档案工作的统一领导和高效开展。

二是档案部门归口负责。我国不仅在县以上各级行政区域设有档案行政管理部门和国家综合档案馆，而且在各个机关、企业、事业单位、社会组织设有档案室，负责管理本行政区的档案事务和开展本单位的档案工作。因此，我国档案工作统一由档案部门归口负责。各行政区的档案工作监督指导统一由各级档案行政管理部门专门负责，各行政区的各部门重要档案统一由本级国家综合档案馆集中管理，各单位的各类档案统一由本单位档案室集中管理。档案部门是档案工作的主管部门，在档案工作上负总责、负全责。这样，既可以防止档案工作政出多门、无人负责，又可以防止档案多头管理、分散流失。

三是各方面共同参与。档案是在各项工作中形成的，档案工作是各项工作的组成部分，因此，档案工作也需要各个单位、社会各个方面的共同参与和重视支持，单凭档案部门单打独斗，很多问题解决不了，档案工作难以从根本上做好。因此，档案工作必须有各方面的共同参与。

档案工作体制的这三个方面，是一个有机整体，不可割裂，单纯强调哪一方面，都不完整，都不全面，都不正确。

对档案工作体制的这一表述，是第一次出现在党和国家的档案工作文件中，是一种新的概括、新的提法，对档案工作体制中的各方面主体作了明确规定，对各个主体的角色和应负的责任作了明确定位。各级档案部门要明确自己的定位，找准自己的位置，积极履行好自己“归口负责”的职能，同时努力争取党委政府或本单位党政领导对档案工作加强领导，努力争取档案形成部门、档案利用部门以及其他相关部门共同参与，不断把档案工作做得更好。

第二条是切实提高档案行政管理部门依法履职能力。特别强调“各级党委和政府要为本级档案行政管理部门依法履行档案行政执法职能提供条件”。这应该包括赋予其行政执法职能、为其配备行政执法人员、为其创造行政执法的其他各项条件等。各级档案行政管理部门要向本级党委政府积极争取这些支持。同时《意见》也对各级档案行政管理部门提出了工作要求，包括：“依法管理本行政区域内机关、单位的档案事务，严肃查处各类档案违法案件”“积极指导国有企业开展档案工作，引导、帮助非公有制经济组织和社会组织做好档案工作；积极创建基层档案管理新模式，拓展档案工作新领域”。各级档案行政管理部门要按照这些要求，主动履职，特别是要注意在新的历史条件下，积极引导和帮助非公有制经济组织如民营企业、新型社会组织如农民专业合作社等做好档案工作，不断拓展档案工作的新领域，做到档案形成到哪里，哪里需要档案服务，档案工作就开展到哪里。

第三条是扎实推进各级国家综合档案馆建设。强调“县级以上党委和政府是本级国家综合档案馆的建设主体，要按照《档案馆建设标准》和《档案馆建筑设计规范》要求”，建设国家综合档案馆，消除“无库馆”“危房馆”现象。这是在我们党和国家的档案工作文件中，第一次明确县级以上党委和政府是本级国家综合档案馆的建设主体，明确了县级以上党委和政府在建设本级国家综合档案馆方面责无旁贷的主体责任。尚没有建成符合要求的综合档案馆的地方，档案部门要主动积极地向党委政府汇报这一要求，争取党委政府尽快按照这一要求建设好综合档案馆。

在我国现行档案馆的设置体系中，处理好综合档案馆和专业档案馆的关系是一个极为重要的问题。《意见》强调了三个方面。

一是强调要“统筹规划、科学设置并严格审批建立同级专业档案馆，明确规定档案接收范围，防止重复建设和资源分散”。

二是强调“有条件的国家综合档案馆要通过整合档案目录、档案信息、档案实体和设置分馆等形式，整合本级其他专业档案馆的档案资源”。这为各级各类档案馆在各有分工并各有侧重的基础上整合档案资源、处理好各自关系指明了新的路径和方法。各级各类档案馆应该积极尝试按照这些新的路径和方法去整合档案资源，实现档案资源共享。

三是强调“各级专业档案馆接受同级档案行政管理部门的监督指导”。这就明确把各级专业档案馆置于档案行政管理部门的监督指导之下，可以有效防止出现有的专业档案馆自行其是不服从同级档案行政管理部门监督指导的情况。各级专业档案馆都要按照这一要求，摆正位置，自觉接受同级档案行政管理部门的监督指导，理顺档案管理关系。各级档案行政管理部门也要按照这一要求，积极地、理直气壮地行使对同级专业档案馆的监督指导职能，不使这一职能受到削弱甚至偏废。

各级国家档案馆是我国档案工作的主体。接收并提供利用档案，是档案馆的主要功能。《意见》第三条还要求：“各级国家综合档案馆要依法集中接收保管本级党政机关、企事业单位、社会组织的各类档案（包括电子档案，下同）及政府公报等政府公开信息，同时不断扩大档案接收范围，接收本级各单位所属机构的档案；按规定向社会提供利用，切实提高档案公共服务能力。”这里，对国家综合档案馆的接收范围，重点强调了三点：一是各种机构的档案，不但包括本级的党政机关、企业、事业单位、各种社会组织，而且包括这些机构的一些所属机构，也就是重要的二级机构；二是各种载体的档案，特别是包括电子档案；三是包括政府公开信息，即已公开的政府现行文件。各级国家综合档案馆要按照以上这些要求，修改接收范围，依法集中接收相关档案。

第四条是建立档案室工作新格局。这一条对各法人单位做好本单位档案工作提出了要求：“各级党政机关、企事业单位（包括境外派出机构）、社会组织，要根据工作实际需要，加强档案管理工作，做好本单位本系统的文件收集、整理、归档工作，集中收集保管本单位各类档案并提供利用，开展档案数字化、档案编研、档案业务交流、人员培训等，按规定向同级国家档案馆移交档案。”“各级党政机关、企事业单位要大力支持档案部门加强统筹协调和业务指导，确保归档文件材料符合要求；把档案信息化纳入本单位信息化建设整体规划，统一部署、同步实施，确保档案部门实现对电子文件形成、积累和归档的全程监督指导。”这些要求，既是对各单位领导提的，也是对各单位档案部门提的。按照这些要求做好本单位档案工作，既是各单位领导的职责，也是各单位档案部门、档案人员的职责。各单位专兼职档案人员要积极争取本单位领导为做好档案工作提供必要支持，同时也要按照这些要求，认真全面地履行自己应尽的各项职责。特别是其中有些职责、任务，是以前的党和国家档案工作文件中没有提到的，是新形势下党和国家对机关档案工作提出的新要求，如开展档案数字化、档案信息化，实现对电子文件形成、积累和归档的全程监督指导等，对这些新的工作职责一定要与时俱进地履行好、完成好。

这一条还要求“有条件的地方要对机关档案机构和人员进行有效整合，进一步降低行政成本，提高工作效能”。这主要指的是对集中在一起办公的党政机关，可以不必每个机关都单设档案室，而可统一设立文件中心或联合档案室等档案机构，集中办理同一办公区内各机关的档案归档、保存、管理、提供利用等事务。这是未来机关档案工作必走的科学化、合理化道路。有条件的地方现在就应做起来。另外，这一条还要求“村、社区及其区域内的非公有制经济组织、社会组织要设立档案室或指定专人负责档案工作，收集保管本单位档案并提供利用”。这样，就保证了档案工作实现对全社会所有法人单位的全覆盖。从机关讲，上自中央国家机关，下到村支部、村委会、居委会、社区管委会；从企业讲，不管是公有制的企业，还有非公有制的企业；从社会组织讲，不管是全国性的社会团体，还是行业性或地区性的社会团体以及某个行业的地区性团体，只要他们是经过合法机关批准登记的法人单位，只要他们从事社会或经济活动，就应该建立档案工作，有人甚至有机构来从事档案的收集、管理与利用。

第五条是规范并支持社会力量参与档案事务。这是一个新的提法、新的内容，以前的党和国家档案工作文件中都没有这样提过，更没有专门讲过这个问题。这体现了档案工作的新变化、档案工作社会环境的新变化以及我们对档案工作认识的新变化。怎样规范并支持社会力量参与档案事务呢？这一条中至少提出了六个方面。

一是“充分发挥档案学会等社会组织的作用”。

二是“推广政府购买服务，凡属事务性管理服务，引入竞争机制，通过合同、委托等方式向社会购买”。这是党的十八届三中全会关于全面深化改革的决议的新精神，今后要在档案部门全面贯彻。各级档案部门要积极按照这条新的要求，把自己的工作系统地梳理一下，排排队，看哪些服务可以向社会购买，用社会力量来开展，以解决档案部门多年来只增任务不增编制、人少事多、人手不足的矛盾。

三是“规范并支持档案中介机构、专业机构参与档案事务”。这是对近些年新出现的有关情况而提出的新要求。这几年，不少非档案系统的中介机构、专业机构参与档案事务，进行档案保管、档案编研、档案整理与数字化扫描、档案信息化系统维修或托管等，其中有些机构具有复杂背景，有些机构管理不严、违规操作，给我国档案信息安全带来很大隐患，有的甚至造成了失泄密事故，给党和国家利益造成损失。各级档案部门必须按照“规范并支持”的明确要求，对中介机构、专业机构参与档案事务认真进行规范，严格加以管理，根除安全隐患，把安全作为“规范和支持”的前提，只有安全可靠的才予以支持，安全方面不可靠的一律不支持、不允许、不放行、不使用。

四是“支持企业、社会组织和个人依法设立档案事业发展基金”。这也是根据近年新出现的情况而提出的。目前个别档案部门已经吸收社会基金设立了档案事业方面的基金，有的正在筹备设立。只要投资者没有附加政治条件，又有利于促进档案工作开展和档案事业发展，国家应予支持。有关档案部门要按照这条要求，严格加强对基金的规范管理，管好用好基金，用正确的钱，正确地用钱，并用到正确的地方，防止基金使用中出现各种违法违纪问题。

五是“支持有条件的家庭建立家庭档案”。有条件的家庭建立家庭档案，是近年出现的一种新生事物。家庭档案的建立，调动了很多家庭的建档积极性，并为国家、为社会、为家庭积累了大量的档案资源，不但有利于家庭，而且也有利于国家、有利于社会。各级档案部门要继续以各种形式，大力支持有条件的家庭建立家庭档案，让我国档案资源实现从国家、法人单位向家庭、向个人的延伸和覆盖，让档案工作活跃于社会的每一个细胞，植根于社会的最基层和社会最广大、最深厚的土壤中，牵手亿万群众，从而获得无限生机和蓬勃活力。

六是“支持个人保管、展示其收藏的档案，并向国家档案馆捐赠或寄存档案，对捐赠重要、珍贵档案的，给予一定奖励”。这些年，我国一些地方出现了“家庭档案馆”或“个人档案馆”，《意见》中明确予以支持。今后，各级档案部门对家庭或个人建立档案馆、保管并展示其收藏的档案资料的，应该允许、支持和鼓励。同时，对向国家档案馆捐赠重要或珍贵档案的，要按此要求“给予一定奖励”。当然，《意见》也明确要求各级档案行政管理部门对家庭和个人档案中对国家和社会有保存价值或应当保密的档案，依法加以监督和管理。

5.《意见》对档案资源体系建设提出了新措施

《意见》的第二部分，是建立健全覆盖人民群众的档案资源体系，共有四条。

第六条是加大档案收集整理力度。重点提出三方面要求。

一是“各地区各部门各单位要把档案工作与其他工作同规划、同部署、同落实，做到全面覆盖”。比如在部署农村土地确权颁证工作时，同时部署土地确权颁证档案工作。这是对各级领导的全方位要求，可以确保档案收集齐全。

二是“各级党委和政府成立专项工作机构或协调机构时，根据需要吸收档案部门参加，确保建立档案与开展专项工作同步进行”。例如在成立奥运会筹委会、集体林权制度改革领导小组时，吸收档案部门参加。这样做，有利于档案部门提前介入，从头参与，从根本上保证重大专项工作的档案收集齐全。

三是“县级以上各级档案行政管理部门要加强对档案收集整理工作的监督指导，特别是对重点工作、重大活动、重大建设项目、重大科技项目、重大生态保护项目以及新领域、新专业、新机构、新社会组织等，要监督指导有关方面及时建立档案工作制度”。

第七条是完善归档制度。重点强调了以下三点：

一是各单位档案机构要“及时制订或修订本单位各类文件材料的归档范围和保管期限表，报同级档案行政管理部门审核后实施”。过去由于没有这类规定，各单位的文件归档范围和保管期限表都未报送同级档案行政管理部门审核，以致有些制定得不全面、不科学、不合理。有了这一明确要求后，各单位档案部门今后应该自觉地做好两件事：一是不但及时制订或修订文书类，而且及时制订或修订其他专业类（如财会类、科技类、基建类、声像类、电子类等）文件材料的归档范围与保管期限表；二是将它们报同级档案行政管理部门审核，并在审核批准后实施。各级档案行政管理部门要切实、认真、大胆地履行好这一新的职责。

二是“凡是应归档的文件材料”包括各种载体的，“要向本单位档案机构移交，任何部门和个人不得据为己有或拒绝归档”。各个档案室都要根据这一条，理直气壮地向任何部门和个人收集应归档的各类文件材料。

三是“对损毁、丢失档案的，档案行政管理部门要依法查处，并督促档案形成单位积极予以补救”。这条关于补救的要求，是以前党和国家档案工作文件中从来没有的内容，是根据这些年出现的新情况而提出的新要求。因为不少单位历史上因各种原因把涉及个人各种权益的档案、涉及本单位历史的档案损毁了或者丢失了，以致很多人的个人权益受到损害，很多单位的历史成为空白。今后，对发生这种情况的，档案行政管理部门除了依法查处外，还必须督促档案形成单位，通过征集、复制、补制等各种办法，进行补救，尽可能地恢复档案面貌，弥补档案损失，保证相关人的合法权益不受损害，促进社会和谐稳定。

第八条是重视做好民生档案工作。这是在党和国家关于档案工作的文件中第一次对做好民生档案工作提出要求。其中分别对各级档案行政管理部门、档案馆和档案室如何做提出了具体要求。

第九条是科学整合档案信息资源。重点强调了三个方面。

一是第一次明确提出要“建立以档案行政管理部门为主导、各行业主管部门密切配合、档案馆（室）集中统一管理的档案资源管理架构”。所谓档案行政管理部门为主导，就是说各级档案行政管理部门要主动提出本级各类档案资源的归宿与流向、各类档案馆及档案室的布局与各自接收范围或任务分工等方面的总体设计和具体约束，以便各方面有所遵循和加以配合。所谓各行业主管部门密切配合，就是说各行业主管部门在档案资源管理方面要服从档案行政管理部门的总体设计，并配合其做好工作，不得自行其是，另搞一套。所谓档案馆（室）集中统一管理，就是各单位的各类档案由该单位档案室集中统一管理，本行政区域内各个相关单位具有永久或长期保存价值的档案，由各级各类档案馆集中统一管理。

二是对档案处置提出了明确要求：“在机构改革、企业改制、行政区划调整等过程中，有关部门要会同档案行政管理部门及时规范档案流向，妥善进行档案处置，严防档案流失”，特别是还明确指出：“对处置不善、造成档案流失的，依法追究有关单位和人员责任。”这里对在机构改革、企业改制、行政区划调整等过程中有关主管部门妥善处理档案的责任作了明确规定，对防止今后各种情况下的档案流失具有重要意义。

三是强调了档案资源的整合，要求各级“档案行政管理部门要统筹规划，支持和鼓励打破部门和条块分割，整合同一单位内不同部门、同一地区各档案馆（室）及不同地区档案馆（室）的档案资源，推动档案资源科学配置和高效利用”。这里不但提出了“推动档案资源科学配置和高效利用”这一新的要求，而且提出了三个不同层次的档案整合任务，一是整合同一单位内不同部门的档案；二是整合同一地区各个档案馆、档案室的档案；三是整合不同地区各个档案馆、档案室的档案，为档案资源整合提出了明确的方向，提供了广阔的空间。

6.《意见》对档案利用体系建设提出了一系列新措施

《意见》的第三部分，是建立健全方便人民群众的档案利用体系，共有五条。

第十条是创新服务形式。首先要求“各级党委和政府要把提供档案信息服务作为公共服务的一部分，统筹安排档案服务、政府公开信息服务和其他公共服务，努力提供一站式服务，做到便民利民”。这是以往党和国家关于档案工作的文件中所从未有过的新内容。那么，怎样才能做到这一点呢？就是各地在新建设的行政服务大厅中，要把档案利用服务、政府公开信息查阅服务纳入其中，让人民群众享受“一站式”服务的便利。其次要求“各级国家档案馆要严格按照档案法积极开展档案鉴定工作并开放应开放的档案”。最后要求各个档案馆、室创新各种形式，提供利用档案，开发档案资源，以最大限度地满足社会需要。

第十一条是强化服务功能。分别从服务对象和服务内容上对档案部门提出要求。

第十二条是加大开发力度。要求档案馆、室加强对档案的加工开发，把档案用活，让档案升值，也就是把“死档案”变成“活信息”，把“档案库”变成“思想库”。

第十三条是加快推进传统载体档案数字化。首先要求“各地区各部门各单位要把数字档案馆（室）建设列入信息化建设整体规划，从人力、财力、物力上统筹安排，切实推进档案存储数字化和利用网络化”。其次要求各个档案馆、室“大力开展传统载体档案数字化工作，及时以数字化档案代替原件提供利用，对已实现数字化的档案原件妥善保管，一般不再提供利用”。同时还针对近年一些地方出现档案数字化过程中失泄密的情况，明确要求“采取措施严防数字化过程中信息丢失、外泄和秘密泄露，对涉密档案进行数字化要严格遵守保密规定”。

第十四条是促进资源共享。首先要求各级党委和政府“积极推进城乡档案信息资源共享，支持档案馆（室）把可公开的各类档案、信息上传网络，开展远程利用”。其次要求“逐步把各级国家综合档案馆已开放的档案以及各级政府的公开信息”上传到网络平台上，“真正建立起方便人民群众的档案利用体系”。同时，也针对近几年政府信息公开和档案开放过程中发生的失泄密事件，提出了“要建立健全档案信息公开发布保密审查制度，严格档案信息公开保密审查，确保公开的档案信息不涉及国家秘密和个人隐私”的新要求。

7.《意见》对档案安全体系建设提出了一系列新措施

《意见》的第四部分，是建立健全确保档案安全保密的档案安全体系，共有五条。

第十五条是加大安全保密执法检查力度。明确提出要“建立健全人防、物防、技防三位一体的档案安全防范体系”。

第十六条是建立完善档案安全应急管理制度。首次要求“各地区各部门各单位要建立档案安全应急处置协调机制和档案安全应急管理制度，制定应急预案，把档案馆（室）列入重点保护范围，确保档案安全受到危害时得到优先抢救和妥善处置，把损失降到最低限度”。这是根据近几年汶川地震、陇南事件等重大自然灾害和社会事件发生时把档案列为重要物资优先抢救而使档案免受损失的经验而提出的新要求，实行后将有效保证今后突发事件发生时档案能得到优先抢救和妥善处理。

第十七条是切实改善档案保管保密条件。

第十八条是对重要档案实行异地异质备份保管。提出了对重要档案实行异地备份保管，对重要电子档案实行异地异质备份保管的新要求。这是针对21世纪以来国内外诸多自然灾害和人为灾难中档案受损教训而提出的一项富有远见的战略要求，足以确保任何情况下档案的绝对安全，足以克服电子档案在安全方面的脆弱性和不可靠性。

第十九条是保障档案信息安全。从制度、信息系统、存储介质、网络等方面，对如何保障档案信息安全提出了要求。

8.《意见》就加大对档案工作的支持保障力度提出了新要求

《意见》的第五部分，是加大对档案工作的支持保障力度，共有四条。

第二十条是加强对档案工作的领导。要求各地区各部门各单位从以下8个方面入手，加强对档案工作的领导。一是“指定专人分管档案工作”；二是“切实把档案工作纳入本地区经济社会发展规划”；三是“纳入本部门本单位事业发展规划和年度工作计划”；四是“列入工作考核检查的内容”；五是“定期听取档案部门工作汇报”；六是“定期进行督促检查”；七是“及时研究并协调解决档案工作中的重大问题”；八是“为档案工作顺利开展提供人力、财力、物力等方面保障”。

第二十一条是完善档案事业投入机制。明确要求“各级党委政府要把档案馆建设纳入基础设施建设项目”，“科学合理核定档案工作经费”并“列入同级财政预算”。“加强对档案科研和教育工作的支持”。

第二十二条是加强档案干部队伍建设。明确要求各地区各部门各单位要“为档案干部学习培训、下基层挂职锻炼、交流任职等创造条件”，“为档案部门配备坚强有力的领导班子”；帮助档案干部“解决各种实际问题和后顾之忧”等。

第二十三条是加强档案宣传工作。对档案部门如何加强档案宣传工作提出了明确要求。

通过学习，我感到《意见》有两个突出的特点值得注意。

一是对各级领导提出了很多具体的要求，所以含金量很高。《意见》不但在开头部分就明确提出“做好档案工作是各地区各部门各单位的重要职责”，而且在各个部分中分别具体地对各级领导提出要求，其中：对“各级党委和政府”提出要求的共有6处（分别见第二、三、六、十、十四、二十一条）；对“各地区各部门各单位”提出要求的共有5处（分别见第六、十三、十六、二十、二十二条）；对“各级党政机关、企事业单位、社会组织”提出要求的有1处（见第四条），对“有关部门”提出要求的有1处（见第九条）。这是历来党和国家关于档案工作的文件中对各级领导提出要求最多、最全、最具体的一个文件，为各级领导如何重视、支持档案工作指出了明确的路径和办法。各级档案部门要把这些要求摘录出来，向本级党委和政府或本单位领导汇报，并根据这些明确要求争取领导的应有支持，促进档案工作的更大进步。

二是对档案部门当前的各种有效和可行做法加以总结和肯定，并且提出了一些档案部门在目前还没有实行但在今后应该和可以实行的新的意见，新意很多，亮点纷呈。例如，上面提到的对档案和档案工作地位、作用的新概括，对档案工作体制、档案资源管理架构的新提法，对各级党委政府和各地区各部门各单位重视支持档案工作的新要求，对加强档案资源体系、利用体系、安全体系建设的新措施，都具有鲜明的时代特色，充分反映了新形势下档案工作的新特点、新经验、新创造，具有创新性、前瞻性，充满改革精神和时代感、新鲜感。因此《意见》不但对当前的档案工作具有现实的指导性，而且对今后的档案工作具有超前的指引性，为我国的档案工作理论与实践作出了新的开拓、新的发展，是今后一个时期全面引领我国档案工作改革、全面指导我国档案工作实践的纲领性文件，对促进我国档案工作在新形势下实现新提高、更快实现档案强国目标具有重要意义。

我们一定要认真学习、大力宣传、积极贯彻、全面落实这个文件，把思想、认识、话语、行动都统一到这个文件上来，全力以赴，持续努力，把条条要求变成种种实况，把美好蓝图变成现实情景，使档案工作为实现“两个一百年”奋斗目标、实现中华民族伟大复兴的“中国梦”作出更大贡献！

（原载于《中国档案报》2014年5月8日）

做好档案工作中的“加减乘除法”，写好档案工作之“本”

2015年全国档案工作要深入贯彻落实习近平总书记系列重要讲话精神和党的十八大和十八届三中、四中全会及中央经济工作会议精神，进一步落实两办《意见》，以服务全面推进依法治国为中心，推进几项重点工作。

（一）深入贯彻落实党的十八届四中全会和中央经济工作会议精神

党的十八届四中全会通过了《中共中央关于全面推进依法治国若干重大问题的决定》（以下简称《决定》），吹响了全面推进依法治国的进军号。档案是法律凭证，是依法治国的基础。全面推进依法治国，需要档案的全面支撑，这为档案工作在社会各方面发挥更大作用提供了宽广舞台和更好机遇。我们必须在档案工作中全面贯彻落实全会精神。

一要按《决定》要求建好司法档案。要把全会《决定》中明确提到的各种记录、文书等司法档案建立好、利用好。各级档案行政管理部门，要按照《决定》中关于“建立执法过程记录”“建立领导干部干预司法活动、插手具体案件处理的记录”“建立司法机关内部人员过问案件的记录”“健全公民守法信用记录”“建立生效法律文书统一上网和公开查询制度”等要求，指导同级司法部门，新建立执法档案、领导干预司法档案、内部人员过问案件档案，进一步健全信用档案，认真审慎地做好有关法律档案的上网和公开查询工作。

二要建好档案凭证，服务法治中国。要围绕全面推进依法治国的任务，建立、健全各方面档案，提供档案服务，为建设法治中国全面提供真实系统的档案凭证。做到凡是对国家、对法人、对公民维护合法权益具有法律凭证的档案，都建立起来并收集好、管理好、利用好。

三要进一步加强档案法治建设。明年，我们将加快《档案法》修改进程，重点是把党的十八届三中、四中全会和两办《意见》精神体现进去，使之适应档案工作的新形势、新变化，适应党和国家对档案工作的新要求，适应档案工作者的新期待；将出台和修订一批新的并清理和废止一批旧的档案行政规章；继续推进各级档案部门精简行政审批，取消各种不合理收费；继续联合全国人大和国务院法制办开展档案行政执法检查。

不久前结束的中央经济工作会议，部署了2015年全国经济工作。我们也要用这次会议精神，指导明年和今后的档案工作。

一要按照会议提出的在经济调整中“做好加减乘除法”的要求，做好档案工作中的“加减乘除法”。加法就是继续增加对新的档案形成者的指导、对新产生档案的收集、对新档案保护技术的应用，增加新的档案利用内容、新的档案利用方式渠道、新的档案利用者；减法就是减少未建立档案工作的单位数、未纳入档案部门管理的档案数、应进馆而未进馆的档案数，减少未整理、编目、鉴定、数字化、开放的档案数，减少档案安全的隐患等；乘法就是通过积极利用新的档案存储载体、传播媒体、信息技术而降低档案管理成本、放大档案利用效益，通过调动档案工作者创造性、积极性而提高档案工作效率和质量；除法就是在档案工作的各个方面都扩大分子，缩小分母，提高档案的查全率、查准率，提高本单位为档案事业发展的贡献率，提高档案工作对经济社会发展的贡献率。

二要按照会议提出的主要任务，做好相关档案服务。比如，按照积极发现培育新的经济增长点的要求，指导建立相应产生的各种新档案；按照加快转变农业发展方式的要求，加强农村家庭经营档案、农产品安全档案、农业补贴档案、农民职业培训档案，以及土地的承包、确权登记、流转等档案的收集和管理；按照推动企业兼并重组、加快企业“走出去”的要求，做好改制、调整企业的档案处置工作和境外企业的档案工作；按照推进城镇化健康发展的要求，加强城镇建设档案的规范、有序管理；按照坚持不懈推进节能减排和保护生态环境的要求，高度重视并大力加强对各种环境保护、生态保护档案的管理；按照关于加强保障和改善民生工作的要求，加强各类民生档案的收集、整理和开发利用；按照深化社会保障制度改革的要求，继续做好社保档案工作。

（二）深化对两办《意见》的贯彻落实

中共中央办公厅、国务院办公厅《关于加强和改进新形势下档案工作的意见》，是党中央、国务院在新形势下全面加强和改进档案工作的纲领性、指导性文件，反映了党和国家对档案工作的新要求，是各级档案部门今后争取各方面支持、做好档案工作的“尚方宝剑”。各级档案部门要紧紧抓住这个机会，积极用好这个文件，推动文件在本地区本系统本单位落地生根。

两办《意见》的核心内容可归纳为3句话，即“完善体制机制，健全‘三个体系’，加大支持保障”。这3句话，包括了5个方面，它们共同组成了档案工作之“本”。“本”字一共5笔，每一笔可代表这5个方面中的一个：上边的一长横代表体制机制，中间的一竖代表安全体系，左边的一撇代表资源体系，右边的一捺代表利用体系，下边的一短横代表支持保障。其中，一撇一捺同时又是一个“人”字，表明档案资源体系和利用体系建设都要以人为本，以人为核心，做好档案工作必须写好“人”字；还有，以安全体系作为中间的这一竖，是因为安全是贯穿于档案工作各个方面、各个环节的，是档案工作的中心。各级档案部门贯彻落实两办《意见》，要把重点放在这3句话5个方面上。

首先，要抓紧推动出台本地区本系统本单位实施两办《意见》的文件。凡是还没有出台的，档案部门一定要在2015年内推动出台，并要争取在实施文件中有一些含金量高的实质性内容。凡未完成这一任务的档案部门，要把这作为2015年的一项刻不容缓的硬任务去完成或去督促检查。已完成这一任务的要抓紧对文件逐项落实。明年，我们将利用定期发通报、开展专项督查等方式，来促进这项任务的全面完成。

其次，要按照两办《意见》，重点加强相关工作。在完善体制机制和加大支持保障方面，各地在机构分类改革中，要按照两办《意见》切实提高档案部门的履职能力。各级档案部门要加强向领导的请示汇报，每年至少向党委政府或本单位领导汇报一次工作，特别是要积极主动地为领导和有关部门服务，以多请示、多汇报、多服务来争取领导和社会的重视和支持。要大胆履行好自身职责，凡属档案，都理直气壮地去管理；凡属档案事务，都放心大胆地去抓；凡属档案服务，都积极主动地去开展。要积极发挥各种社会力量的作用，利用更多的社会力量参与档案事务。除按《意见》提出的那些要求去做外，还要学习浙江的新做法，通过建立民间档案收藏者社团的办法，加强同民间档案收藏者的联系，用新的眼光看待他们，用新的方法团结吸引他们，充分发挥他们的作用，把档案工作的触角伸到民间，延向个人，扩大档案工作的覆盖面。在健全档案资源体系方面，要突出一个“全”字，注意一个“新”字，把各种新形成的档案，包括新的档案形成者的档案、新的专业档案、新的载体档案等，全面建立起来，做到应建尽建、应归尽归、应收尽收。在健全档案利用体系方面，要突出一个“活”字，注意“主动”和“方便”这两点，主动地用各种形式和渠道开发档案资源，把档案用活，并让广大人民群众非常方便地利用到档案和政府公开信息，实现档案利用量的扩大与质的提升。在健全档案安全体系方面，要突出一个“保”字，就是要有底线思维，通过人防、物防、技防，通过定制度、搞检查、抓整改，严防死守，坚决保住安全保密这个底线。“三个体系”健全与否，关系档案工作的好坏。因为检验档案工作好坏的标准，主要看档案收得全不全、用得好不好、安全不安全。

（三）提升档案工作服务能力

我们是档案工作者，但我们做的绝不只是档案的事，我们还要大力做服务社会的事。做好服务，才能让档案工作体现价值、发挥作用、提高地位。当前，我国档案工作已深深融入经济社会发展各领域，社会各方面需要档案服务和档案部门不能完全满足这些需要，仍然是我国档案工作的主要矛盾之一。各级档案部门必须努力弥补公共服务这个弱项。所以，我们要继续增强服务能力。

第一，要贯彻落实中央领导关于历史档案开发利用工作的重要批示精神，增强档案工作服务大局的能力。今年，习近平总书记和栗战书同志对历史档案的开发利用工作多次作出重要批示。各级档案部门要积极贯彻落实这些重要批示精神，深化档案开发利用工作，更加积极主动地利用历史档案服务党和国家大局、服务现实需求。明年是中国人民抗日战争暨世界反法西斯战争胜利70周年，我们将推出20多个项目，配合这一重大纪念活动，开展爱国主义教育，落实中央领导的重要批示。其中，已经中央领导批准的有4个项目：一是一部电视片，是与中国国际广播电台联合摄制的365集文献电视片《抗战史上的今天》，以一年365天的时间为顺序，每天选择1个抗战史上与这一天有关的事件或人物，讲述1个故事，每个故事为1集，每集5分钟，全片通过365个故事全景式地反映抗战历史。材料全部用抗战时期的影像、照片、文件、报刊报道等历史档案。这部电视片将从2015年1月1日起播出，每天1集，到12月31日止。不但将在国内电视台，而且将在一些国外电视台播出；同时将在中国国际广播电台用几十种语言对国外广播，并将通过该台的互联网及手机等移动互联网平台实现广泛传播；另外还准备通过公共交通上的电视进行传播。这将是我国真正意义上“走出去”、在国内外传播最广泛的一部档案文献电视片。二是一部网络视频，名为《档案天天看——馆藏抗战档案系列》，365集，也是以一年365天为序，每天选择1件抗战史上这一天形成的档案公布，将从2015年1月1日起到12月31日止，在我局网站和中国网、人民网等网站上推出。三是一个展览，叫《伟大贡献——中国人民抗日战争档案图片展》，由我局和文化部共同举办，将于明年在世界100多个国家展出。这也将是我国“走出去”国家最多的一个档案展览。四是一本书，书名叫《中央档案馆藏日本战犯笔供汇编》，把当年被我国改造释放的日本战犯的笔供，原文影印出版，在国内外发行，全书共有100多册，集中揭露日军在侵华战争中的残暴罪行。各级档案部门明年也要充分利用纪念抗战胜利这个机会，结合馆藏实际，运用多种形式特别是充分运用各种新兴媒体，以档案开展纪念活动，在全社会纪念抗战的大合唱中，唱响唱好档案声部。另外，各级档案部门也要根据领导需要，配合各项中心工作、重点工作，主动提供档案信息，做好为大局服务这篇大文章。

第二，要增强档案工作服务经济社会发展的能力。全面建成小康社会、全面深化改革和全面推进依法治国的新进程，对档案工作服务经济社会发展提出了新要求。各级档案部门要更加积极主动地为经济社会发展提供各种服务，为促进经济社会发展作贡献。明年，在企业档案工作方面，我们将进一步扩大企业电子会计档案管理试点范围和成果，帮助企业提升管理水平、降低运营成本；将联合最高法、工商总局对破产、关闭企业的档案归属与流向情况进行调研，制订破产、关闭企业档案处置意见。在建设项目档案工作方面，我们将继续按照国务院关于长江三峡工程整体竣工验收的总体安排，做好档案专项验收。与之相关的各级档案部门，要切实完成好相关任务。我们还将继续开展国防科技工业固定资产投资项目档案工作检查，继续对各省进行建设项目档案工作巡回检查。在农业农村档案工作方面，我们将推广社会主义新农村建设示范县工作成果，继续抓好农村土地承包经营确权登记档案、集体林权制度改革档案的全面建立，适时出台村级档案管理办法，修订乡镇档案工作办法，为社会主义新农村建设服务。希望各级档案部门都在为企业、为建设项目、为新农村建设服务方面多出一些实招。

第三，要增强档案工作服务文化强国建设的能力。各级档案部门要充分利用好档案这一文化“母资源”，积极为社会主义文化大发展大繁荣服务。要坚持做好档案编研工作，充分挖掘档案的历史和文化价值，选好主题，创新形式，打造出一批档案文化精品。明年各级档案部门还要继续围绕“国际档案日”集中开展一系列形式多样、内容丰富的宣传活动，要善于利用大众媒体的影响力，包括纸媒、电视、网络，尤其是新兴的网络社交平台宣传档案工作，让社会上更多的人尤其是年轻人关注档案文化。要继续开展中小学档案教育社会实践基地建设和中国档案文献遗产评审工作。

第四，要增强档案工作服务民生的能力。档案为民生服务，不仅体现在各级档案馆、档案室，而且更大量地体现在各级行政服务中心。今年我看了厦门市行政服务中心，那里集中了市直机关六七十个部门的服务窗口，每天平均接待1万人，仅社会保障这一个部门的服务窗口，每天就接待5000人左右。还看了浙江、广东的一些乡镇和村、社区的服务中心，每天也接待很多群众。我注意到很多窗口的接待工作都与档案有关，实际是“利用旧档案”或“建立新档案”。档案部门也为之提供了大量档案信息，支撑了这些窗口的服务。从这些窗口的服务，我看到档案工作服务民生的范围之广、影响力之大，远出于我们的想象。各级档案部门一定要切实把民生档案收集齐全，为服务民生打下基础；同时优先把民生档案整理并数字化，通过远程利用，让广大人民群众不出社区，就可便捷地用到所需档案，得到所需凭证，从而全方位地提升服务民生的能力。另外，还要研究探索如何把这些窗口的利用档案服务，纳入档案利用统计的范围，从而更全面准确地反映档案服务民生的效益。

（四）加强档案基础业务建设

第一，在档案收集上分类指导，确保档案应收尽收、应归尽归。要继续贯彻国家档案局8、9、10号令。明年，已按9号令完成收集档案范围细则修改的档案馆和已按8号令完成文件归档范围和保管期限表制定的机关档案部门，要继续随着改革的推进和机构的调整，及时修改已制订的文件，确保档案应收尽收、应归尽归。明年，我们将按照10号令要求，加大对中央企业文件归档范围和保管期限表的审批工作，争取完成50家左右。请目前还没有制订、报批的中央企业，抓紧制订、报批。也请地方各级档案行政管理部门，抓好本级管理的国有企业文件归档范围和保管期限表的制订、报批工作。我们还将通过召开座谈会、实地调研及巡回检查的方式，加强对各地贯彻落实10号令工作的指导和监督。

第二，在档案保护上继续努力，确保档案得到妥善保管。明年是国家重点档案抢救和保护项目实施的最后一年，我们将争取财政部增加对这项工作的经费支持，并将和财政部共同对该项目的实施情况进行检查，重点是查近年来补助费的使用情况、各级地方资金的配套情况、档案抢救和保护的成果，同时，我们也将在此基础上研究确定“十三五”期间开展有关档案保护开发的新项目。各级档案部门明年要一方面继续实施好年度档案保护项目，一方面研究并争取本级财政在“十三五”期间对档案保护有更大投入。

第三，在档案管理上提供政策引导，确保档案管理规范合理。明年，我们将发布修订后的《归档文件整理规则》，制订《机关档案工作规定》《归档文件装订规范》，修订《国家重大建设项目文件归档与档案整理规范》，出台城市社区档案、会计事务所档案、测绘档案、安监档案、招投标档案、民用机场项目档案、开发区档案的管理规定等；继续加大社保业务档案的管理力度；通过建立台账的方式继续推动中央国家机关所属机构的档案工作；继续加大《金融企业业务档案管理规定》和《煤矿建设项目档案管理规范》的宣传贯彻力度。

（五）加快档案信息化建设

第一，要继续加快数字档案馆（室）建设。数字档案馆（室）是现代化、升级版的档案馆（室）。建设数字档案馆（室）是档案工作现代化的方向，是档案信息化的重点，是建设档案强国的着力点。明年，我们将研究出台《企业数字档案馆建设指南》；开展数字档案馆系统测试工作；出台《数字档案室建设指南解释》，同时选取一定数量的机关开展试点。

第二，要继续实施“存量数字化、增量电子化”战略。明年，在传统载体档案数字化方面，各级档案部门要继续按照已经制定的路线图、时间表推进工作，按期完成数字化的任务，确保超额或提前实现传统载体档案数字化10年翻两番的全国总体指标。在电子档案接收管理方面，我们将制订《电子档案准确性、完整性、可用性、安全性检测规范》《海量电子文件数据存储指南》《电子档案异质异地备份操作指南》《企业电子文件归档和电子档案管理指引》等一批操作性强的文件。各级档案馆（室）要大力做好电子档案的接收，同时要把法人单位的门户网站、政务微博、政务微信等新兴发布平台的信息归档提上日程，作为一项新的迫切任务加以完成。因为法人单位的门户网站等是本单位行使职能的平台之一，门户网站等信息必须像其他行使职能的文件一样纳入归档范围。各级机关、企事业单位、社会组织档案部门要完成本单位门户网站等信息全部归档的任务。各级国家档案馆要先完成本级党政机关网站等信息归档，再逐步完成本级管理的国有企业、事业单位、社会组织网站等信息归档。一级完成一级，合力完成全国网站等信息归档的任务。

第三，要继续推进档案信息资源共享。明年，我们将继续推进全国开放档案信息资源平台建设，并将着手建设全国政府公开信息平台建设，用网上采集的办法，逐步把全国已上网开放档案和政府公开信息集中收集起来，方便社会利用。各级档案部门，明年要继续以各种手段或形式推进档案信息资源共享，积极把已开放档案分批鉴定，放到网上，积极把本级各部门的政府公开信息采集到一个平台上，并通过各种已有的信息平台或传播渠道，把他们传播到村里巷里、千家万户；积极与相关档案部门联合，开展跨馆室、跨地区共同出具档案证明，从而最大限度地促进档案资源共享，发挥档案作用，方便群众利用。

第四，要努力以档案信息化推进社会治理体系和治理能力现代化。今年我在广州地铁公司看到，也通过《中国档案报》对深圳市建筑工务署档案信息化的报道了解到，在他们那里，档案信息化已把档案嵌入或渗透进本单位、本系统的各个岗位、各个流程、各个环节，成为该单位、该系统领导进行现代化管理的工具。这是档案信息化的未来发展方向和必走之路。档案信息化一定不能只限定在档案馆、室的档案和档案部门，而要扩大到本单位、本系统的所有即时信息，应用到本单位、本系统的所有部门、所有人，使之成为本单位、本系统管理者进行现代化管理的新型、有效工具，从而使档案信息化融入社会信息化，并推动社会治理体系和治理能力现代化，使档案信息化的作用最大化。有大局观、有远见的档案工作者都应该这么做。

（六）进一步强化档案安全管理

第一，要健全人防、物防、技防三位一体的档案安全防范体系。要进一步完善并严格执行档案安全保密制度，强化安全保密教育，注意远离档案安全的“黑暗角落”，注意各种可能引起糟糕后果的“小冲击”，防止各种危险的细节发生“魔鬼循环”而导致严重的安全后果。明年我们要进一步加大对中西部地区县级档案馆建设的支持和督办力度，确保“十二五”期间内投资项目保质保量地完成。今年，我们对11家馆库面积未达标且新馆建设未列入

“十二五”规划的副省级以上档案馆进行了通报，引起了当地党委政府的高度重视，目前，有9家档案馆的建设已得到了落实，只剩青海和西安两家还没有落实。明年，请各省档案行政管理部门也对全省未达标且新馆建设未列入规划的地、县级档案馆进行通报，加以促进；同时也希望档案馆建设尚未达标的档案馆，积极争取党委政府支持，落实档案馆建设主体责任，新建扩建档案馆，为档案筑起“安全巢”。要综合运用各种先进的技术手段对档案进行有区别的综合性保护，尤其要大力推进纸质档案的数字化，以数字化档案代替原件利用，更好地延长纸质档案寿命。同时，要科学选择档案数据存储载体，加强存储载体保护，严防数据丢失。要抓好档案数据备份，县以上档案馆要对档案实行异地备份，对重要电子档案实行异地异质备份。

第二，要确保档案实体安全。要加大破损档案的修复和保护力度。利用档案时，一定要尽量以复制件代替原件利用，最大限度地延长档案寿命，更不能把档案原件长时间借出档案馆室；已有复制件的一律以复制件提供利用，还没有复制件的，应及时复制提供利用；档案室不得已而需要原件借出利用的，一定要办理手续，及时催还。保管档案时，一定要定期清点核实，归位准确。在传统载体档案数字化过程中，一定要最大限度地保护原件，做到一件不丢，一件不损，一件不乱。

第三，要切实保障档案信息安全。明年我们将发布《档案信息系统安全基本要求》并开展检查，查摆问题，整改加固，确保档案信息系统安全；将修改档案开放和划控、解密的规定，为档案开放上网提供规范，划出禁区。各级档案部门要严格执行档案开放利用审核程序，加强对拟公开档案和拟上网政府公开信息的审核，对上网文件、档案进行严格审查，严防把应保密的文件、档案传到互联网上，确保档案在开放中安全开放；要严格规范数字化外包管理，认真审查监管，杜绝外包单位获取涉密档案信息。

第四，要严格落实安全责任制。各级档案部门一把手要对档案安全负总责，建立健全档案安全体系，一级抓一级，层层抓落实。要继续开展档案安全保密检查，对发现的安全隐患和薄弱环节，及时督促整改落实。尤其是对发生档案安全事故的，必须对有关领导和责任人进行“双追究”。

（节选于《在全国档案局长馆长会议上的讲话》，
该文原载于《中国档案报》2014年12月29日）

后记：让档案活起来、亮起来，是档案工作者的最大愿望

我从1982年参加档案工作，至今已经35年了。其间写过一些文章或讲话，其中有关于档案史和档案内容研究的，有关于档案工作理论与实践的。中国文史出版社编辑出版《政协委员文库》，我借机分别节选其中的精要，辑为一书，取其中的一句话，题为“让档案活起来、亮起来”。

（一）

让档案活起来、亮起来，是档案工作的根本宗旨、最终目的和检验标准，是我从事档案工作35年的真切体会和至深感悟，也是我历来在档案工作中始终坚持和一贯强调并也身体力行的主旨。它是我作为档案工作者一生的最大愿望。书中辑录的文章，基本都贯穿着这根红线，体现着这个主题。今天，当本书将要面对读者时，我把这个主题揭示出来，作为赠言和礼物，送给全国的档案工作者和所有关心档案的人。我想用这个主题，继续唤起更多的人，关心档案，利用档案，重视档案的开发，盘活档案资源，搞活档案工作，用档案中的智慧之光，照亮人类，照亮社会，让档案在现实中发光闪亮，让档案工作在社会上放射光芒。

档案是人们过去活动的记录。让档案活起来，就是把死的档案激活，把过去的记忆复活，把档案资源盘活，把档案工作搞活，从而让档案鲜活起来，让档案工作活跃起来，让它们活现于世、活跃在现实生活中，继续为今天、为今人，为现实中的人和事，为人们的各方面活动服务。

档案是前人智慧的结晶。让档案亮起来，就是通过对档案的开发利用，

重新发现档案，重新让档案发光、发亮，掸去蒙在档案上的灰尘，拨亮前人的智慧之灯，擦亮历史的鉴戒之镜，让档案中的智慧光明，照亮今人的心，照亮世人前行的道路，照亮人类未来的方向。

（二）

让档案活起来、亮起来，事关每位档案工作者。它是每位档案工作者的重要职责，需要档案工作者一代接一代地去践行。档案是凭证、是依据，有故事、有智慧，能助人、能鉴人。但是，它通常不会自动如此，而往往需要档案工作者去寻隐、去淘金，去发现、去点化，去激活、去点燃。如果说，档案是一根金针，那么，这根金针只有经过档案工作者这些绣娘之手，才能度与他人，起到济人、慧人的作用。档案，原本是一堆纸、一堆胶片、一堆磁带或一堆硬盘，只有档案工作者把它们整理、编目、著录甚至数字化、放到网络上，才好检索，才好寻找，才能让人利用。如果档案工作者把它们用各种形式开发出来，把其中的记忆激活，把其中的慧点挑明，把其中的故事讲出，把其中的规律揭现，则可让档案被更多人利用，发挥出更大的价值。档案工作者的一切努力，最终都是为了让档案活起来、亮起来，对现实、对社会、对人类起到更多的作用，作出更大的贡献。

今天看来，书中的一些观点或提法，对于档案工作仍然没有过时，对促进档案工作者进一步让档案活起来、亮起来，仍然具有认识价值、启发意义和借鉴作用；一些愿望或想法，尚未全面实现，仍需后来者继续努力。比如：

关于提高社会的档案意识，必先提高档案界的社会意识的观点。

关于“大编研”的提法和档案工作者应该树立“大编研”的观念，从“小编研”向“大编研”转变的观点。

关于建立家庭档案是档案进入千家万户的很好切入点，是档案工作走向草根阶层的重要形式；它有利于家庭、有利于社会、有利于档案工作；它是中国档案工作者的一项创举，是中国对国际档案界的一个新贡献的观点。

关于档案法规要体现以人为本思想，重视所有涉及人的档案的全面收集和利用，突出为广大人民群众服务的观点。

关于要在档案工作中实现“两个转变”、建立“两个体系”，即转变重事轻人、重物轻人、重典型人物轻普通人物的观念和认识，重视所有涉及人的档案的价值，建立覆盖人民群众的档案资源体系；转变重机关团体利用、轻个人利用，重为机关团体服务、轻为群众服务的观念和认识，像重视机关团体利用那样重视人民群众利用，建立方便人民群众的档案利用体系的观点。

关于统筹城乡档案工作协调发展，建立覆盖新农村建设各个方面和全体农民的农村档案工作体系的观点。

关于档案报刊应常变常新的观点。

关于在目前应对电子文件进行异质备份，以有效解决其保真、保密、保存、保读取等难题的观点。

关于建立确保档案安全保密的档案安全体系，确保档案实体安全和信息安全；档案安全事关党和国家根本利益、安全问题无所不在、安全问题人人有责；档案安全是档案工作的生命线和底线，安全永远第一的观点。

关于在档案工作中树立“大档案”“大服务”“大安全”的观念，实施以人为本、服务为先、安全第一“三大战略”的观点。

关于机关档案是机关所有人员、财产、物资、事务的原始记录，不仅是机关内部管理和进行社会管理的基础，也是机关实行公共服务的基础；机关档案工作是机关各项工作的基础和不可缺少的一环；搞好机关档案工作，首先得益的是本机关，然后才是全社会，要把档案工作放在机关工作更重要的位置上予以加强的观点。

关于要将档案宣传纳入全国宣传工作之中，努力形成“档案大宣传”的格局，使档案宣传成为全国宣传工作的知名品牌；档案宣传要善于从档案里找故事，把枯燥的档案变成有趣的故事，善于用现实的眼光寻找历史的档案，把档案变成现实的延伸、现实的背景、现实的参照，加强档案同现实的联系，使档案具有鲜活力，让人具有新鲜感，从而提高档案宣传吸引力的观点。

关于建设档案强国的观点。

关于民生档案是党和政府各部门保障和改善民生工作中形成的真实记录，是维护人民群众各项权益的原始凭证；做好民生档案工作，是档案工作服务大局的新方向、新任务，是发挥档案“存凭、留史、资政、育人”重大作用，履行档案工作“记录历史、传承文明、服务社会、造福人民”基本职能，完成档案工作者“为党管档、为国守史、为民服务”神圣职责的重要方面；做好民生档案工作的指导方针是：“记录民生、保障民生、服务民生”，总体原则是：“以改善民生为重点的社会建设开展到哪里，民生档案工作就延伸到哪里”的观点。

关于档案工作者在文化建设中，一要把档案转化为文化产品，既要把档案转化为大众或流行形式的文化产品，让它“传得开”，又要努力把档案产品打造成文化精品，让它“立得住”“留得下”；二要为文化建设提供档案，包括为小说、电影、电视、戏剧等的创作和史志、论著等的编写，以及为古城重建、古迹遗址恢复、文化设施建设、大型文化活动开展等提供档案；三要为文化建立档案，帮助文化建设者在各项文化建设中建立档案，主动记录即将消失的各种文化现象，为“濒危文化”建立档案；四要建立档案文化，建设档案系统的行业文化的观点。

关于数字档案馆（室）是数字时代或者说大数据时代档案馆（室）的发展方向，是现代的新型档案馆（室），是对传统档案馆（室）的升级，是“第二代”或“升级版”的档案馆（室）；数字档案馆（室）建设必须“内容为王”，着重数字内容的积累，因此要按照“存量数字化”的要求，大力推进传统载体档案数字化，并按照“增量电子化”的要求，全面开展电子文件的归档、接收工作的观点。

关于档案工作者要通过各种形式为社会奉献更多的档案产品，让档案从库房“走出来”，让它“活起来”“亮起来”；档案工作者要积极承担起为国家守历史、为人类存记忆的神圣使命的观点。

关于档案工作必须不断创新，只有创新，才能带来档案工作大精彩、形成档案事业大格局；具备创新精神或创新思维，比具有相关知识或技术更重要；有了创新精神，就能在工作中随时冒出创新的思想火花、作出创新性的决策或举措，从而有所改进和提高；创新人人皆可为之，只要你试图改变点什么，就能使你的工作有所改变——或者是内涵式的提高，或者是外延式的扩展等观点。

关于做好档案工作中的“加减乘除法”，写好档案工作之“本”的观点；

关于档案学会要端正学风和端正会风的观点。

关于以2014年中办、国办《关于加强新形势下档案工作的意见》发布为标志，我国档案工作正处于一个以服务大局和服务民生为中心、以“三个体系”建设为重点、事业发展得到有力保障的新常态，这个新常态与以往有很多不同、当前已不可逆转、今后还将较稳定地持续一个时期的观点。

关于各级行政服务中心的服务内容，一是“利用旧档案”，二是“形成新档案”；它们的服务对象，实际上主要也是档案利用人群，档案部门应该研究他们利用档案的内容、特点、趋势、存在问题等，并把他们纳入档案利用的统计范围的观点。

关于档案工作在很多情况下，都既是前一件事情的末端，又是后一件同类事情的开端，档案工作者必须转变旧的“档案工作是末位工作”“档案工作者是收容队”的观念，树立新的“先行”意识，尽可能地用档案工作为其他工作起头、开路、领跑，当先行者、排头兵、引领人；要先行介入对上游工作的管理，主动进行“前端控制”；要主动提供档案，引发领导决策、引领有关工作的观点。

关于档案工作者要有网络思维特别是移动网络思维，积极运用网络特别是移动网络，为档案工作插上现代的网络翅膀和移动翅膀，使档案飞翔起来、移动起来，无远弗届、无处不到，从而在网络版图上不断开疆拓土、扩大份额的观点。

关于要注意把网络信息存档、让网络信息变成档案永久流传后世，这是档案工作者作为“记录保存者”和“记忆守护者”的天然使命和当然责任，我们必须担当起挽救信息时代人类信息自然流失这一历史责任，为今天的信息社会存档，替未来的人类留凭证、留智慧、留记忆、留痕迹的观点。

关于档案工作者要有合作思维，善于同各方面合作，实现共享共赢的观点。

关于档案工作者要有人本思维，在档案工作的各方面都坚持以人为本、以人为核心、以人为出发点的观点等。

这些观点，有的在提出后，当即受到广泛关注并得到热烈响应，成为广大档案工作者的共识，在全国各级档案部门得到践行；有的在提出后，开始受到一些人的质疑，但慢慢也为实践所证实，因而又成为更多人的共识，被更多人付诸行动。因而，它们都对当时的全国档案工作形成很好的引领和很大的推动。还有的观点，属于革命性、颠覆性的观点，超出了很多人的传统观念，在提出后，一时还没有被广泛认识和实行，目前我还在用各种方法向更多人进行宣传，并正在得到更多人的赞同，它们的认识价值仍然存在，相信会成为更多人的共识，会对今后的档案工作有所促进。因此，书中的很多观点，不但具有理论性，在理论上结出果实，而且具有实践性，在实践中也结出了果实；不但对中国的档案学理论作了丰富和发展，而且对中国的档案工作形成引领和推动；不但对于过去的档案工作者有认识和践行的价值，而且对于今后的档案工作者也有认识和践行的价值；不但对中国档案学理论有所创新，而且对世界档案学理论也有所创新。

（三）

让档案活起来、亮起来，也事关现实中的每个人。它能让每个人都能更便捷、更广泛地利用到档案，更多、更好地享到档案之利、受到档案之惠。档案中的各种凭证，能让每个人的合法权益得到维护；档案中的各种智慧，能让每个人从中受益。档案既能让人与人之间的外部关系得到合理的调整，让人们相处得更加和谐，也能让人们的内心世界更加充实、更加丰富、更加光明，让人们以前人的经验、教训、智慧、哲理为自己的指导、为自身之鉴戒，从而让自己站在前人的肩膀上，站得更高，看得更远、更清，想得更深、更全。本书中的不少内容，不独对于从事档案工作的人有认识价值，而且对于其他人也有认识价值。比如：

关于亚洲档案学发展的介绍和对中国古代档案学文献的介绍，可以让人们对五千年来的亚洲档案史、中国档案史以及中国档案学在亚洲档案学中的贡献和地位，有概略的了解和清晰的认识，让人们从外国人和古人的智慧中和做法上，去体会档案的价值和作用，并认识和重视档案工作。

关于中央档案馆藏中共一大档案和美军观察组档案的介绍，可以让人们对中共一大的各方面情况，对美军观察组到敌后抗日根据地考察的来龙去脉与实际收获，特别是对美军观察组对于中国共产党的认识、人民战争的认识、中共在抗日战争中作用的认识等，有更清楚的了解和更全面的认知。

关于从中共成立到执政期间档案文献得出的六点启示，即：1.党必须解放思想，用人类最先进的思想指导自己，同时又不把它当作教条束缚自己；2.党必须实事求是，深入研究中国的实际和当下的实情，认识中国的特质和当前的特性，把眼下最需要解决的问题和最能够依靠的力量搞清楚，将马克思主义基本原理与中国实际相结合，走出适合国情的路子来；3.党必须与时俱进，不断根据国内外形势的新变化和人民群众的新需求，创造出自己的新理论，对马克思主义作出新发展，形成马克思主义中国化的新成果；4.党必须始终代表中国先进生产力的发展要求、先进文化的前进方向、最广大人民的根本利益；5.党必须始终坚持以人为本，立党为公，全心全意为人民服务，始终把人民满意作为制定一切政策的出发点，用一切办法团结最大多数人，调动各方面的积极性；6.党必须始终用党的理想和先进思想去教育人民，把先进分子的思想化作广大群众的思想，把先锋队的行动变为广大群众的行动，让广大群众与党同心同力，共同完成党的伟大事业。这从中国共产党理论宝库中提炼出的重要启示，对于全体党员和全国人民都具有积极的认识意义，对于各国的执政者也有着借鉴意义。

关于社会各方面都应通过建立档案来规范社会管理、提高管理水平的观点；关于家庭建档有利于家庭权益的维护、家庭事务的管理、家庭矛盾的解除、家庭品位的提高、家庭经济的发展、家庭成员的健康、家庭史料的积累的观点，可以促进人们自觉地在工作和生活中，建立档案、留存档案，从而为自己留凭证、为他人留参考、为社会留史料、为历史留记忆，这对人们素质的提高、社会的发展、文明的进步，都是非常有益的。

关于“人的档案最重要”的观点，关于加强民生档案工作、用民生档案服务民生的观点；关于档案资源体系要覆盖人民群众、档案利用体系要方便人民群众，用各种手段促进档案资源社会共享的观点的提出和实行，都让更多人得益受惠。

因此，本书不仅面向全国百万档案工作者，而且也面向全国亿万人民；不仅希望唤起百万档案工作者用“让档案活起来、亮起来”的实际行动惠及亿万人民，而且希望唤起亿万人民以对”让档案活起来、亮起来“的积极期待而更加重视和支持档案工作。